T0298794

السلام الخادع

من مؤتمر مدريد إلى انتفاضة الأقصى

الطبعة الأولى

1421 هـ - 2001 م

رقم الايداع لدى دائرة المكتبة الوطنية
(144/ 1/2001)

ر.أ.: (144/ 1/2001)
رقـم التصنيـف : **327,72**
المؤلف ومن هو في حكمه : **أ.د. "محمد علي" عمر الفرا**
عنـوان الكتاب : **السلام الخادع من مؤتمر مدريد إلى انتفاضة الأقصى**
الموضـوع الرئيـسي : **1- السلام**
2- تاريخ فلسطين
بيانـات النـشر : **عمان : دار مجدلاوي للنشر والتوزيع**
* - تم اعداد بيانات الفهرسة الأولية من قبل دائرة المكتبة الوطنية

مجدلاوي

عمان - الرمز البريدي: 11118 - الأردن
ص.ب: 184257 - تلفاكس: 4611606
(ردمك) ISBN 9957 - 02 - 060 - 9

الـسلام الخادع

من مؤتمر مدريد إلى انتفاضة الأقصى

1991 - 2000 م

أ.د

"محمد علي" عمر الـفرا

مجدلاوى

الإهداء

إلى الذين افتدوا المسجد الأقصى المبارك ودافعوا عن فلسطين ومقدساتها وجادوا

بأرواحهم الطاهرة ...

إلى الذين رووا تراب فلسطين الطهور

بدمائهم الزكية ...

إلى كل أسرة ثكلى ...

إلى كل من نكب في ماله وممتلكاته في هذه الحرب الشرسة التي يشنها الصهاينة

الحاقدون على شعبنا الفلسطيني الصامد المرابط البطل ...

أهدي هذا الكتاب

المحتويات

الفصل السادس

أوهام طروحات حركات السلام

الفصل السابع

انتفاضة الأقصى تسدل الستار على سلام أوسلو

بسم الله الرحمن الرحيم

مقدمة

تعتبر اتفاقية كامب ديفيد التي وقعها كل من الرئيس المصري " أنور السادات" ورئيس الوزراء الإسرائيلي " مناحيم بيغن" في ١٩٧٨/٩/١٨ ، والتي أعقبها توقيع معاهدة السلام المصرية - الإسرائيلية في ١٩٧٩/٣/٢٦م ، البداية الحقيقية والعملية للمسيرة السلمية بين العرب وإسرائيل .

وبناء عليه فإن جميع الأحداث التي وقعت على الساحة العربية بعد ذلك كانت بمثابة تداعيات لهاتين الاتفاقتين ، على اعتبار أنهما أكبر حدثين هامين أثرا على القضية الفلسطينية ، وعلى مجمل العلاقات العربية - العربية ، وشكلا منعطفا خطيرا في مسار الصراع العربي - الإسرائيلي .

لقد كان الرفض العربي على المستويين - الرسمي والشعبي - قويا لهاتين الاتفاقيتن ، واعتبر ذلك خروجا على الإجماع العربي .

ولمواجهة هذا الموقف الخطير عقد مؤتمر القمة العربي التاسع في بغداد في الفترة الواقعة بين ٢ و ١٩٧٨/١١/٥م ، وأصدر قرارات جاء فيها :

" لما كانت اتفاقيتا كامب ديفيد تمسان حقوق الشعب الفلسطيني ، والأمة العربية في فلسطين ، والأراضي العربية المحتلة ، وتمتا خارج إطار المسؤولية العربية الجماعية ، ولما كانتا تتعارضان مع مقررات مؤتمرات القمة العربية ، ولاسيما مقررات الجزائر والرباط وميثاق الجامعة العربية ، وقرارات الأمم المتحدة المتعلقة بقضية فلسطين ، ولا تؤديان إلى السلام العادل الذي تنشده الأمة العربية ، فإن المؤتمر يقرر عدم موافقته على هاتين الاتفاقتين ، وعدم التعامل مع ما يترتب عليهما من نتائج ، ورفض كل ما يترتب عليهما من آثار سياسية واقتصادية وقانونية وغيرها من آثار ."

كان من أهم نتائج كامب ديفيد خروج مصر ، وهي أكبر دولة عربية من معركة الصراع العربي ـ الإسرائيلي ، مما أضعف الموقف العربي ، وأحدث شرخا فيه أخذ يتسع ممهدا الجو لنزاعات عربية بلغت مداها بغزو العراق أرض الكويت واحتلالها في فجر الثاني من آب/ أغسطس ١٩٩٠م ، مما فجر أزمة عربية ودولية ، وأدى إلى نشوب حرب الخليج الثانية ، وقيام الولايات المتحدة وحلفائها بشن هجوم كاسح على العراق باسم " عاصفة الصحراء " في ١٩٩١/٢/٢٥م وإجباره على الانسحاب من الكويت ، وتدمير بنيته التحتية . وكان من نتائج حرب الخليج هذه ، انقسام الصف العربي الذي لا يزال يعاني منه العرب حتى اليوم .

بخروج مصر من الجامعة العربية ، وانتقال مقر الجامعة من القاهرة إلى تونس ، وبصدور قرار في مؤتمر القمة العربي العاشر الذي عقد في تونس في الفترة ما بين ٢٠ و ١٩٧٨/١١/٢٢م ، والذي نص على " الاستمرار في تطبيق أحكام المقاطعة على النظام المصري طبقا للمبادئ المقررة في هذا الشأن ، وبصورة خاصة في مؤتمر بغداد والمؤتمر الثاني والأربعين لضباط اتصال المكاتب الإقليمية للمقاطعة ." ، دخل الوطن العربي في حالة أشبه بحالة التيه ، مما شجع إسرائيل على الانفراد بكل قطر عربي .

فعلى سبيل المثال قام الطيران الإسرائيلي في ١٩٨١/٦/٧ بقصف المفاعل النووي العراقي قرب بغداد وتدميره . وعلى اثر اعتداء مدبر على السفير الإسرائيلي بلندن في ١٩٨٢/٦/٣م ــ وتعللت به إسرائيل ـ شن الجيش الإسرائيلي هجوما كاسحا بدأ باحتلال جنوب لبنان ، وواصل زحفه حتى وصل العاصمة بيروت . وأسفر هذا الهجوم عن خروج منظمة التحرير الفلسطينية والمقاتلين الفلسطينيين من لبنان في ١٩٨٢/٨/٣١م ، بعد صمودهم ثمانين يوما .

بعد مضي اثني عشر عاما وثمانية أشهر وأربعة أيام من توقيع معاهدة السلام المصرية ـ الإسرائيلية عقد في العاصمة الإسبانية مؤتمر مدريد للسلام في الثلاثين من شهر تشرين أول / أكتوبر١٩٩١م . وحضرت هذا المؤتمر وفود عربية ، وقبلت التفاوض

مع إسرائيل مباشرة برعاية الولايات المتحدة الأميركية ، والاتحاد السوفياتي آنذاك . وجرى هذا التفاوض على شكل مسارات هي المسار السوري واللبناني ، والمسار الأردني والفلسطيني . وانتقل التفاوض بعد ذلك إلى واشنطن .

انتهت المفاوضات بتوقفها على المسار السوري واللبناني ، بينما كانت منظمة التحرير الفلسطينية تفاوض الإسرائيليين سرا في أوسلو دون علم وفدها المفاوض برئاسة الدكتور حيدر عبد الشافي في واشنطن . وكانت نتيجتها توقيع اتفاقية أوسلو في البيت الأبيض في ١٩٩٣/٩/١٣م . أما المفاوضات على المسار الأردني فقد أسفرت عن توقيع معاهدة سلام في وادي عربه بتاريخ ١٩٩٤/١٠/٢٦م .

يعتبر مؤتمر مدريد المحطة الهامة الثانية في مسيرة السلام بين العرب وإسرائيل ، وهو في الوقت نفسه نقطة تحول هامة في الموقف العربي من الصراع العربي ـ الإسرائيلي ، وقبول العرب السلام خيارا استراتيجيا مع إسرائيل ، بعد أن كان واحدا من خيارات متعددة .

وإذا كنا قد اعتبرنا مؤتمر مدريد محطة هامة في الصراع العربي ـ الإسرائيلي ، فإن اتفاقية أوسلو كانت الأخطر على مسار القضية الفلسطينية ، لأنها قدمت تنازلات للإسرائيليين ما كانوا يحلمون بها ولا يتوقعونها . إلا أن هناك من يقول بأن الطرف الفلسطيني كان من أهم أهدافه دخول قيادته لتمكينها من وضع أقدامها على جزء من وطنها وحتى تنقل صراعها مع عدوها على أرضها ، بعد أن أبعدت عن حدود بلادها في عام ١٩٨٢م ، لتعيش في المنفى بعيده عنه آلاف الأميال ، مما أضعف من قدرتها على التحكم في توجيه الانتفاضة آنذاك ، وخشيتها من بروز قيادات في الداخل تنافسها .

لقد جوبهت اتفاقية أوسلو برفض عربي وفلسطيني ، واتهمت القيادة الفلسطينية آنذاك بالتنازل والتخاذل ، وحملت مسؤولية تحويل القضية الفلسطينية من قومية إلى قطرية ، على الرغم من أن هذا التحول قد بدأ بالفعل منذ اتخذ مؤتمر القمة العربي السابع الذي عقد في الرباط ما بين ٢٦ و ١٩٧٤/١٠/٣٠م ، قراره الشهير بأن

" منظمة التحرير الفلسطينية دون سواها هي الممثل الشرعي الوحيد للشعب الفلسطيني . "

كان من أهم الانتقادات التي وجهت إلى اتفاقية أوسلو غموض كثير من بنودها، مما ترك للجانب الإسرائيلي تفسيرها حسب مصالحه . وبسبب هذا الغموض عقدت الكثير من المؤتمرات واللقاءات كلما واجه الطرف الفلسطيني تعنتا من الجانب الإسرائيلي وتصلبا في مواقفه حين التنفيذ . وبدأت هذه اللقاءات بلقاء القاهرة في ١٩٩٤/٢/٩م وطابا في ١٩٩٥/١٠/٢٨م و" واي بلانتيشن " في ١٩٩٨/١٠/٢٣م وفي شرم الشيخ في ١٩٩٩/٩/٥م .

ومن الانتقادات الأخرى التي وجهت لاتفاقية أوسلو موافقة الفلسطينيين على تأجيل بحث أهم القضايا وأخطرها إلى المرحلة النهائية من مراحل المسيرة السلمية . وهذه القضايا هي : القدس واللاجئون ، والاستيطان ، والمياه ، والدولة ، والحدود ، والسيطرة على المعابر . وقد استغلت إسرائيل عامل الوقت واستفادت من هذا التأخير لخلق حقائق جديدة على الأرض ، فقامت بمصادرة كثير من الأراضي الفلسطينية ، وأقامت عليها المزيد من المستوطنات ، ووسعت القائم منها ، وأسرعت في خطوات تهويد القدس العربية ، وتغيير معالمها العربية والإسلامية .

بعد مضي سبع سنوات من توقيع اتفاقية أوسلو بدأت مفاوضات القضايا المؤجلة وفيها رفضت إسرائيل عودة اللاجئين والانسحاب من القدس ، وأصرت على بقائها هي والمسجد الأقصى ـ تحت سيادتها وواصلت سياستها الاستيطانية ، وشقت العديد من الطرق الالتفافية التي مزقت مناطق السلطة الوطنية ، وأبقت على الكتل الاستيطانية الإسرائيلية التي تقوم بمهمة الحواجز التي تحول دون اتصال الأراضي الفلسطينية ببعضها البعض ، مما وضع العقبات والعراقيل أمام قيام دولة فلسطينية في المستقبل ، وجعل الانتقال بين المدن والقرى الفلسطينية مهمة صعبة ، وخاضعا لسيطرة الحواجز الإسرائيلية التي كثيرا ما تلجأ إلى منع انتقال السكان من مكان إلى آخر . كما

أن سيطرة إسرائيل على المعابر والمنافذ ممثلة في الجسور ، ومطار غزة ، ومعبر رفح ، يسلب الدولة الفلسطينية أهم مقوماتها ، ويجعلها تحت رحمة إسرائيل وحبيسة إرادتها ، ويعرقل قيام تبادل تجاري واقتصادي بين الفلسطينيين والدول العربية ، ويجعل اقتصادهم يدور في فلك الاقتصاد الإسرائيلي . وفي الوقت نفسه تصر إسرائيل على السيطرة على موارد المياه في الضفة الغربية وقطاع غزة ، لتكون هذه الموارد لصالح الإسرائيليين ، مما يفقد الدولة الفلسطينية سيادتها على أرضها .

لقد أثبت هذا التعنت الإسرائيلي على أن الإسرائيليين غير راغبين في السلام ، وأن اتفاقية أوسلو وصلت إلى طريق مسدود ، وتأكد فشلها ، وأيقن الفلسطينيون بأن السلام كان بالنسبة لهم خدعة ، وكذبة كبرى ، انخدعوا بها . وكان هدف هذا السلام الزائف إضاعة الوقت ، واستنفاذ الجهد ، ولذلك جعلنا عنوان كتابنا هذا " السلام الخادع" .

كانت ردة فعل الفلسطينيين على فشل السلام ، الانتفاضة التي بدأت في التاسع والعشرين من شهر أيلول/ سبتمبر هذا العام (٢٠٠٠م) ، وكان سببها المباشر زيارة " اريل شارون " سفاح مجازر صبرا وشاتيلا في لبنان عام ١٩٨٢م ، للمسجد الأقصى وتدنيسه لباحاته .

تشمل موضوعات هذا الكتاب على عدد من المقالات بدأت في كتابتها منذ بدئ التحضير لمؤتمر مدريد للسلام في عام ١٩٩١م ، وحتى الانتهاء من إعداد الكتاب ودفعه للطباعة . وفي هذه المقالات عبرت عن آرائي ووجهات نظري في المسيرة السلمية منذ بدايتها ، وحاولت فيها استشراف أبعادها المستقبلية .

قمت بترتيب المقالات في فصول سبعة جاءت عناوينها على النحو التالي : مؤتمر مدريد للسلام ، أوسلو وأوهام السلام ، نتنياهو يعطل المسيرة السلمية ، باراك يفرغ أوسلو من محتواها ، السلام يتحطم على صخرة اللاجئين والقدس ، أوهام طروحات حركات السلام الإسرائيلية ، انتفاضة الأقصى وإسدال الستار على سلام أوسلو .

وحتى يتم ربط المقالات مع بعضها قمت بكتابة مقدمة لكل فصل أعرض فيها مواضيع المقالات وتسلسلها .

لقد جاء نشر المقالات في هذا الكتاب استجابة لنصيحة عدد من الأصدقاء ـ وبخاصة الأخ الأستاذ الجليل الدكتور ناصر الدين الأسد ـ الذين أشاروا علي بجمعها وطبعها في كتاب حفظا لها من الضياع ، وتعميما للفائدة ، فلهم جميعا شكري وتقديري. والشكر موصول أيضا للصديق الناشر الأستاذ إبراهيم مجدلاوي الذي أبدى استعداده لنشر الكتاب . وأدعو الله أن أكون قد وفقت في تحقيق رغبة كريمة أبدوها . وفي الوقت نفسه أشكر السيد/ عصام إسماعيل الصقر الذي قام بطبع مقدمة الكتاب ومقدمات فصوله .

المؤلف

" محمد علي " عمر الفرا

ضاحية الحمر ـ عمان

كانون الثاني / يناير ٢٠٠١

الفصل الأول

مؤتمر مدريد للسلام

في الثلاثين من شهر تشرين الأول / أكتوبر ١٩٩١م افتتح في العاصمة الإسبانية مدريد مؤتمر السلام برعاية الرئيسين الأميركي " جورج بوش " والسوفياتي " ميخائيل غورباتشوف " وبحضور رئيس الوزراء الأسباني " فليب غونزاليس " .

وقد حضرت المؤتمر وفود عربية تمثل سوريا برئاسة وزير خارجيتها فاروق الشرع ، والأردن برئاسة وزير خارجيته آنذاك الدكتور كامل أبو جابر والدكتور عبد السلام المجالي رئيس الجانب الأردني في المفاوضات الأردنية ـ الإسرائيلية ورئيس مجلس الوزراء فيما بعد . وضم الجانب الأردني وفدا فلسطينيا برئاسة الدكتور حيدر عبد الشافي ، تشكل بالتشاور والتنسيق مع منظمة التحرير الفلسطينية . أما الوفد الإسرائيلي فكان برئاسة " اسحق شامير " رئيس وزراء إسرائيل آنذاك .

لقد سبق عقد هذا المؤتمر اتصالات مكثفة قامت بها حكومة الولايات المتحدة الأميركية التي وجدت بأن الفرصة مواتية لحل مشكلة الصراع العربي ـ الإسرائيلي ، وتصفية القضية الفلسطينية بعد أن تمكنت مع حلفائها من شن هجوم كاسح على العراق ، كما سبق ذكره في مقدمة الكتاب .

تمكنت الولايات المتحدة الأميركية من إقناع العرب بأن قراري مجلس الأمن رقم ٢٤٢ ورقم ٣٣٨ سيكونان الأساس لمحادثات السلام . ومن المعلوم بأن القرار الأول صدر في ١٩٦٧/١١/٢٢م أي عقب حرب الخامس من حزيران / يونيو ١٩٦٧م وينص على عدم جواز السماح بالاستيلاء على الأراضي بالقوة ، وأن على القوات الإسرائيلية المسلحة الانسحاب من الأراضي التي احتلت في الصراع الأخير .

أما قرار مجلس الأمن الثاني رقم ٣٣٨ فقد صدر في ١٩٧٣/١٠/٢٢م أي عقب حرب تشرين أول / أكتوبر عام ١٩٧٣م ، ونص على وقف إطلاق النار والبدء فورا بتنفيذ قرار مجلس الأمن رقم ٢٤٢ .

وقد أكد الرئيس الأميركي " جورج بوش " على ذلك في كلمته التي

ألقاها في يوم افتتاح مؤتمر مدريد حيث قال بأن القرارين ٢٤٢ و ٣٣٨ هما الأساس لمحادثات السلام وأن " الجميع يعرف معنى القرارين ، وأن دور الولايات المتحدة والاتحاد السوفياتي راعيين لعملية السلام سيكون الدور الفاعل المساعد ، وهذا لا يعني أننا لا نكترث ، وإنما سنبذل مساعينا الحميدة . " وبناء عليه اتخذ المؤتمر شعاره : " الأرض مقابل السلام " .

قبيل انعقاد المؤتمر تمت لقاءات وحوارات فلسطينية ـ إسرائيلية ، ربما كان آخرها لقاء عقد في الفترة ما بين الخامس عشر والتاسع عشر ـ من شهر حزيران/ يونيو ١٩٩١م في ولاية كاليفورنيا الأميركية . وقد كتبت حول هذا الموضوع مقالا عنوانه : " لقاءات وحوارات فلسطينية وإسرائيلية في كاليفورنيا حول آفاق التسوية السلمية في المنطقة العربية ." ونشرته في صحيفة الدستور في ١٩٩١/١٠/١٣م أي قبل عقد مؤتمر مدريد بسبعة عشر ـ يوما ، ولذلك فقد فضلت أن استهل به مقالات هذا الفصل .

كان مؤتمر مدريد احتفاليا بالدرجة الأولى ، فقد انتقلت المفاوضات بعد ذلك إلى العاصمة الأميركية واشنطن حيث اصطدمت عملية السلام وبخاصة على المسارين الفلسطيني والسوري بكثير من العقبات والعراقيل التي كان يضعها الإسرائيليون ، وهدفها إطالة المفاوضات إلى ما لا نهاية وإفشالها وتحميل الفشل للعرب ، وإتاحة الفرصة للإسرائيليين لتهويد الأرض وتغيير الواقع حتى لا يبقى شئ يمكن التفاوض عليه ، وهي سياسة لا تزال إسرائيل تنفذها ولا يختلف عليها حزب العمل أو تكتل الليكود .

كانت المفاوضات قائمة بينما الانتفاضة الفلسطينية التي بدأت في التاسع من كانون الأول / ديسمبر ١٩٨٧م مستمرة ، مما جعل البعض يعتقد بأن من أهداف مؤتمر مدريد إنهاء الانتفاضة التي ألحقت بإسرائيل خسائر فادحة وكشفت حقيقتها العدوانية ، وعرفت العالم بحقيقة القضية الفلسطينية ، وعدالة مطالب الفلسطينيين ، وحقوقهم الثابتة في وطنهم ، وحقهم في تقرير مصيرهم كما كفلته لهم جميع القوانين الدولية . وبهذه الانتفاضة كسب الشعب الفلسطيني عطف

شعوب العالم وتأييدها لنضاله من اجل التحرر ورفع الظلم عنه ، وغير العالم نظرته إلى الفلسطينيين فلم يعودوا في نظره إرهابيين كما كانت الدعاية الصهيونية تصورهم ، وإنما اصبحوا طلاب حرية ودعاة تحرير للوطن . وهناك من يرى بأن الانتفاضة كانت من بين الأسباب الهامة التي دعت إلى عقد مؤتمر مدريد للسلام .

في أثناء مفاوضات السلام لم تتوقف إسرائيل عن أساليبها القمعية في الأراضي المحتلة فقامت بنسف البيوت وإطلاق النار على المتظاهرين وترويع السكان الآمنين ، وتكسير عظام شبان الانتفاضة ، وإلقاء المشتبه فيهم وزجهم في السجون والمعتقلات ، والتفنن في تعذيبهم ، وإبعاد القادة من رجال المقاومة . فعلى سبيل المثال أبعدت حكومة " اسحق رابين " العمالية التي خلفت حكومة اسحق شامير الليكودية في شهر كانون الثاني/ يناير ١٩٩٣م أربعمائة وخمسة عشر فلسطينيا من حماس والجهاد الإسلامي في قفر لبناني خال من السكان والعمران اسمه " مرج الزهور " وهو اسم على غير مسمى .

وفي أثناء سير المفاوضات التي تعرضت إلى التعثر بسبب تصلب الإسرائيليين وتعنتهم قمت بكتابة عدد من المقالات ونشرتها في جريدة الدستور حللت فيها الأوضاع المحلية والعالمية آنذاك ، وطرحت فيها آرائي وأفكاري وتصوراتي على ضوء فهمي للواقع ، وللظروف التي أدت إلى عقد مؤتمر مدريد ، وكنت على قناعة بأن الإسرائيليين لا يرغبون في السلام على الرغم من حرصهم على رفع شعاراته ، لأن لهم مفهومهم الخاص للسلام ، فالسلام عندهم أن يستسلم العرب وبخاصة الفلسطينيين لشروطهم . وقد عبر عن هذا المفهوم رئيس وزراء إسرائيل آنذاك " اسحق شامير " في خطابه الذي ألقاه في حفل افتتاح مؤتمر مدريد ، مما أثار استياء الوفود العربية . وقد رددت عليه بمقال عنوانه : " خطاب شامير : هل هو خطوة نحو السلام أم هو دعوة إلى الاستسلام ؟ " نشر في الدستور بتاريخ ١٩٩١/١١/٤م ، وهو المقال الثاني من مقالات هذا الفصل.

وبينما كانت المفاوضات جارية في واشنطن كان الجدل ساخنا في الوسط

العربي بين من يؤيد السلام مع إسرائيل ومن يرفضه . وكان لكل فريق حجته وأسانيده . ويلخص المقال الثالث آراء الفريقين . وقد كتبته بعد حضوري لندوة صاحبات الأعمال بعمان في ١٩٩٢/٥/٢٧م ، والتي تحدث فيها الدكتور عبد السلام المجالي رئيس الوفد الأردني في مفاوضات السلام آنذاك عن تجربته في تلك المفاوضات ورؤيته المستقبلية لمسيرتها . وقد نشرت هذا المقال في الدستور بتاريخ ١٩٩٢/٦/٢م بعنوان " محاولة لفهم مواقف الأطراف المشاركة في مؤتمر السلام " .

أما المقال الرابع وعنوانه : " ولماذا لا تقيمونها أنتم دولة عربية من النيل إلى الفرات ؟ " فقد كتبته بعد لقائي مع نفر من الفلسطينيين في ولاية كاليفورنيا بالمحامي الأميركي "أندرو هارلي" بمناسبة تأليفه كتابا في عام ١٩٩٢م ، بعنوان "إسرائيل والنظام العالمي الجديد". وفي هذا اللقاء أثير موضوع أطماع إسرائيل لتصبح دولتها ممتدة من النيل إلى الفرات بناء على مزاعم توراتية. فكان رد المحامي على ذلك بالقول: "إذا كانت هذه هي أطماع اليهود ، فإن باستطاعتكم إحباطها والقضاء عليها بتوحيد بلادكم بإقامة دولة عربية تمتد من النيل إلى الفرات".

وبينما كانت المفاوضات جارية في واشنطن بين إسرائيل والأطراف العربية، كانت الانتفاضة لا تزال مستمرة في الضفة الغربية وقطاع غزة ، والذي كانت تدور على أرضه أعنف المواجهات بين الفلسطينيين وجيش الاحتلال الإسرائيلي ، وقد كتبت مقالا آنذاك ونشرته في الدستور بتاريخ ١٩٩٢/٦/٩م بعنوان : " قطاع غزة في مواجهة التحديات ". وهو المقال الخامس من مقالات هذا الفصل ، وفيه ألقيت الضوء على أوضاع القطاع، والتحديات التي تواجهه، والمتاعب التي تلقاها السلطات الإسرائيلية فيه ، وعدم قدرتها على السيطرة عليه ، حتى أن " أسحق رابين " رئيس وزراء إسرائيل آنذاك تمنى أن يصحو من نومه يوما ليجد قطاع غزة وقد أغرقه البحر . وهذا يدل على أن الإسرائيليين كانوا يريدون التخلص من القطاع بأي شكل من الأشكال .

أما المقال السادس فقد كتبته بمناسبة إبعاد حكومة " أسحق رابين "

أربعمائة وخمسة عشر فلسطينيا ، وقلت فيه بأنه لا فرق بين حكومة الليكود وحكومة العمل من حيث نظرتهم إلى الفلسطينيين ... ألم يسبق لرئيسة وزراء إسرائيل العمالية " غولدا مائير " أن أنكرت وجود الفلسطينيين حينما قالت متسائلة في أحد مؤتمراتها " : وأين هـم الفلسطينيون ؟ .

إن هذا الإنكار للوجود يعني المـوت في نظر " اسحق شامير " رئيس وزراء حكومة إسرائيل الليكودية . وقد عبر " شامير " عن ذلك حينما قال بأن :   " الفلسطيني الجيد الذي تقبل به إسرائيل هو الميت " . وقد جعلت عبارة شامير هذه عنوانا لمقالي السـادس والمنشور بالدستور في ١٩٩٢/١٢/٢٢م . وقد تأكد هذا المفهوم في ندوة عقدها التلفزيون الإسرائيلي مساء ١٩٩٣/١/٢٨ م ، بمناسبة إبعاد الفلسطينيين إلى مـرج الزهـور . وقد أيد قرار الإبعاد جميـع المشتركين في الندوة من الإسرائيليين . وقد جاء مقالي السابع ردا على مزاعمهم التي طرحوها في تلـك النـدوة ، ونشرتـه بالدستور في ١٩٩٣/٢/٢ م ، وعنوانه : " هـل يـدرك الإسرائيليـون بـأن مزاعمهم لم تعد تنطلي على أحد ".

وفي أول شهر آذار/ مارس ١٩٩٣م ، علقت إسرائيل مفاوضات السلام مـع الفلسطينيين متعللة بمقتل جندي إسرائيلي آنذاك ، واتهمت الفلسطينيين بـأنهم يعرقلـون عمليـة السـلام ، فكتبت المقال الثامن الذي نشر بالدستور بتاريخ ١٩٩٣/٣/٢م أفند فيه مزاعم إسرائيل وأحملها المسؤولية . وكان عنوان المقال : "على من تقع مسؤولية تعليق مفاوضات السلام ؟ ".

ويجئ المقال التاسع وعنوانه : " هل يحق لنا محاكمة الماضي على معطيات الحاضر؟ " والمنشور بالدستور في ١٩٩٣/٦/٢٣م ، ردا علـى الـذين يصرون علـى جلد الـذات بغير حـق ، ويتهمون القيادة الفلسطينية قبل نكبة عام ١٩٤٨م ، بقصر النظر، لأنها لم تقبل آنذاك مـا كـان يعرض عليها من حلول وطروحات بدءا بمشروع المجلس التشريعي لعام ١٩٢٢م ، وانتهاء بقـرار الأمم المتحدة رقم ١٨١ الصادر في ١٩٤٧/١١/٢٩م ، والذي نص على تقسيم فلسطين بين العرب واليهود وقيام دولتين: عربية ويهودية .

في عام ١٩٩٣م ، زادت المفاوضات بين الفلسطينيين برئاسة الدكتور حيدر عبد الشافي والإسرائيليين في واشنطن تعثرا وكادت أن تصل إلى طريق مسدود لتصلب الإسرائيليين وتعنتهم في الوقت الذي لم يتفق فيه الفلسطينيون على موقف موحد بشأن العملية السلمية ، ولم يضعوا أهدافا واضحة ومحددة لصراعهم مع الإسرائيليين فوجدت الفرصة مناسبة لكتابة المقال العاشر   بعنوان " نحو بلورة موقف فلسطيني موحد " ، نشرته بالدستور في ١٩٩٣/٨/١٧م ، طالبت فيه بضرورة اتفاق الفلسطينيين ـ المؤيدين والمعارضين للعملية السلمية ـ على وضع أسس ومعايير تساعد على اتخاذ موقف موحد لا نتعدى بموجبه الخطوط الحمراء .

لقاءات وحوارات فلسطينية وإسرائيلية في كاليفورنيا حول آفاق التسوية السلمية في المنطقة العربية*

كانت القضية الفلسطينية والتسوية السلمية في المنطقة الموضوع الذي طغى على غيره من المواضيع، والشغل الشاغل للفلسطينيين الذين التقيتهم واجتمعت بهم في الفترة التي قضيتها في ولاية كاليفورنيا الأمريكية زائرا هذا الصيف.

ففي هذا الصيف تمت في الولايات المتحدة الأمريكية لقاءات بين شخصيات فلسطينية وأخرى إسرائيلية تحبذ قيام سلام بين العرب وإسرائيل لاعتقادهم بأن السلام يحقق لإسرائيل ما لا تستطيع الحرب تحقيقه، وبخاصة إذا كانت تريد البقاء والاستمرار في المنطقة والتعايش مع دولها وشعوبها، وتحقق أمنها ومصالحها.

ولعل أهم هذه اللقاءات ذلك الذي نشرت محضره نقابة الصحفيين العرب الأمريكيين في ولاية كاليفورنيا. وقد حصلنا على نسخة من هذا المحضر- والذي اعتبرته النقابة وثيقة تاريخية هامة، وكان هدف هذا اللقاء الذي أعدت له، ورعته هيئات وشخصيات أمريكية تقريب وجهات النظر بين الفلسطينيين والإسرائيليين، وبلورة صيغة مناسبة تصلح لأن تكون أساسا ومرتكزا لتسوية سلمية للقضية الفلسطينية وإحلال سلام عادل ودائم في المنطقة العربية.

عقد هذا اللقاء في الفترة ما بين الخامس عشر والتاسع عشر من شهر حزيران (يوليو) ١٩٩١م، وكان على شكل حوار، ولذلك أطلق عليه (سمنار Seguia)، في Ben Lomond بولاية كاليفورنيا. وكان هدف اللقاء وضع إطار

---

* كتب هذا المقال قبيل عقد مؤتمر مدريد للسلام بنحو ثلاثة أسابيع وبعد عودة الكاتب من الولايات المتحدة الأمريكية حيث كانت الاستعدادات والتحضيرات لمؤتمر مدريد الذي عقد في ٣٠ / ١٠ / ١٩٩١م.

لعملية سلام عام يصلح لأن تقوم عليه علاقات فلسطينية- إسرائيلية. وقد دعي للمشاركة في هذا الحوار عشرة شخصيات فلسطينية وإسرائيلية وهم: دكتور يعمل جراحا للمسالك البولية في الأرض المحتلة، وأستاذة للتربية بالجامعة العبرية، وأحد أساتذة الاجتماع بجامعة بيت لحم، ورئيس تحرير إحدى الصحف المقدسية، من الجانب العربي.

ومن الجانب الإسرائيلي لبى الدعوة كل من موشيه أميراف عضو المجلس البلدي لمدينة القدس، وعضو سابق في اللجنة المركزية لتكتل الليكود، وشلومو الباز أستاذ الأدب المقارن بالجامعة العبرية، والجنرال جورا رام فورمان نائب رئيس أركان سلاح الطيران الإسرائيلي سابقا، وجيليت حسن- روكيم أستاذة الأدب العبري والفولكلور اليهودي بالجامعة العبرية، وموشيه ماؤز أستاذ الدراسات الإسلامية والشرق أوسطية بالجامعة العبرية، والكولونيل المتقاعد أوديد مجدو صاحب ومدير شركة تعمل في تنمية وتطوير المناطق الريفية في إسرائيل.

ودعي إلى هذا اللقاء أحد المسؤولين في اللجنة السياسية في المجلس الوطني الفلسطيني. ونظم هذا الحوار وأداره هارولد ساندرز مساعد وزير الخارجية الأمريكية الأسبق لشؤون الشرق الأدنى وجنوب آسيا، ويعمل حاليا مديرا للبرامج العالمية في مؤسسة كترنج Kettering. وتم اللقاء برعاية مركز ستانفورد للصراع والمفاوضة، ومؤسسة ما بعد الحرب.

وحتى يكون هذا اللقاء جديا وملزما، فقد وقع المدعوون على المحضر والذي اشتملت أهم بنوده على النقاط التالية:

١- يلتزم الفلسطينيون والإسرائيليون التزاما قاطعا بسلام عادل ودائم لشعبين- أي الشعب الفلسطيني والشعب الإسرائيلي. ويتمتعان تمتعا كاملا بحق تقرير المصير وبالاعتراف المتبادل ببعضهما البعض وحق كل منهما بالأمن.

٢- أن يظهر كل من الفلسطينيين والإسرائيليين مقدرتهم على التوصل إلى اتفاقية تخص مشاريع مستقبلهم المشترك. وكذلك التعبير- ولأول مرة- في وثيقة

شاملة وضمن تلك الاتفاقية عن الاعتراف بمنظمة التحرير الفلسطينية.

٣- الالتزام المدعم بالبينة والإثبات بالمعاناة الإنسانية للفلسطينيين الرازحين تحت الاحتلال، وبالتكاليف الباهظة والأخطار الناتجة عن الوضع الراهن وآثارها على الجانبين.

٤- القيام بإجراءات تمكن المشاركين وغيرهم من المواطنين وتساعدهم على توسيع مجال الإجماع السياسي لعملية السلام، والتغلب على مشكلة عدم الثقة المتبادلة بين الجانبين، والكف عن جميع الأعمال اللاإنسانية.

٥- وضع رؤى مفيدة وقيمة للإعداد لعملية سلام عام وكيفية إدارتها.

وقد اعتبر الأعضاء المشاركون في اللقاء هذا المحضر بمثابة أداة سياسية وتربوية يمكن استخدامها من أجل دعوة الفلسطينيين والإسرائيليين للتوقيع عليه كوثيقة بغية الوصول إلى أكبر عدد ممكن من الطرفين، ولأجل عقد ندوات واجتماعات عامة هدفها إظهار الفلسطينيين والإسرائيليين بمظهر المتفقين على تسوية سلمية للنزاع فيما بينهم.

وقد وضع هذا اللقاء ورقة عمل اشتملت على المبادئ والأسس العامة لمشروع سلام فلسطيني- إسرائيلي، ونجملها فيما يلي:

١- إنهاء حالة الحرب، ووقف جميع الأنشطة والأعمال العدوانية في المنطقة.

٢- الاعتراف المتبادل بين كل من دولة فلسطين ودولة إسرائيل والدول العربية.

٣- الاعتراف بحدود ما قبل حرب ١٩٦٧م مع تعديلات طفيفة لكلا الجانبين.

٤- وحتى يمكن إنجاز وتطبيق هذه التسوية التاريخية بين الشعبين فإن ذلك يتطلب تخطي العقبات التي تعترض تنفيذها على قواعد المساواة والتبادلية. ولا شك في أن التنفيذ المرحلي والتدريجي سيساعد على بناء الثقة المتبادلة ويؤدي بدوره إلى تحقيق الأهداف سابقة الذكر، وهذه التسوية السلمية المرحلية ستستغرق مدة زمنية لا تزيد عن خمس سنوات تبدأ من تاريخ توقيع الاتفاقية، وهذه المدة لازمة وضرورية لبناء الثقة المتبادلة بشكل تدريجي، وإنشاء البنية

التحتية والمؤسساتية التي يمكن تصورها للدولة الفلسطينية.

وفي هذه الفترة الانتقالية ينبغي وقف جميع أعمال العنف في إسرائيل وفي الأراضي المحتلة وعلى الحدود، وفي نفس الوقت تتوقف إسرائيل عن بناء المستوطنات بما في ذلك توسعة القائم منها. كما تكف إسرائيل عن مصادرة الأراضي، وتوقف العمل بقوانين الطوارئ، وتعمل على تخفيض قواتها العسكرية الموجودة، في المناطق المأهولة بالفلسطينيين، ويجب على إسرائيل تطبيق مبادئ اتفاقية جنيف فيما يتعلق بأمن السكان العرب الفلسطينيين.

٥- وبالنسبة للقدس، فنظرا لأنها المدينة المقدسة من قبل الديانات السماوية الثلاث، ولكونها مهمة من النواحي التاريخية والوطنية والحضارية لكلا الشعبين، فيجب أن تكون مدينة سلام، وأن الحل السياسي للقدس يجب أن لا يكون على حساب تقسيمها، فقد اتفق على أنه تظل المدينة موحدة، على أنه بعد توقيع معاهدة السلام، وبعد انقضاء فترة الخمس سنوات، فإنه سيكون للقسم العربي من القدس بلديته الخاصة به، وللقسم اليهودي بلديته الخاصة به، وفي الوقت نفسه يكون للقسمين تمثيل متساو فيما يسمى (بلدية القدس الكبرى). وفي هذه الحالة يجب ضمان حرية الوصول والعبادة لجميع المواقع في المدينة وكذلك ضمان حرية الحركة والتنقل عبر المدينة لجميع المواطنين والزوار والسياح.

٦- وفيما يتعلق بحق العودة فبما أن دولة فلسطين هي دولة كل الفلسطينيين أينما كانوا، فإن بإمكانهم العودة في أي وقت يريدون، وستتولى دولة فلسطين تنظيم عودة الفلسطينيين بحسب طاقاتها وقدراتها الاستيعابية بموجب خطة بعيدة المدى، وأن إجراءات من يرغب من الفلسطينيين بالعودة إلى ديارهم في إسرائيل أو تعويضهم عن ممتلكاتهم ستكون بموجب مفاوضات تدار في أثناء عملية السلام. وبطبيعة الحال فإنه ليس هناك تصور لعودة جماعية للفلسطينيين إلى ديارهم، وبناء عليه فإن الإجراءات المتعلقة بتعويضات اليهود لممتلكاتهم التي خلفوها بعد نزوحهم من البلاد العربية إلى إسرائيل

ستكون هي أيضا خاضعة لمفاوضات مشابهة.

٧- إن عملية إعادة توطين وتأهيل اللاجئين الفلسطينيين، وإكسابهم مهارات وفرصا تمكنهم من العيش كمواطنين يقيمون إقامة دائمة في دولة فلسطين أو بالاتفاق مع الدول العربية التي يعيشون فيها الآن تتطلب مساعدات اقتصادية ضخمة.

٨- على المستوطنين اليهود الراغبين في البقاء في دولة فلسطين بعد عقد اتفاقية السلام، أخذ الموافقة من دولة فلسطين حتى تسمح لهم بالبقاء، وعليهم في هذه الحالة الاعتراف بالشرعية الفلسطينية.

٩- يجب إعادة الأراضي المصادرة التي أقيمت عليها مستوطنات في أثناء الاحتلال الإسرائيلي للدولة الفلسطينية، أما المستوطنات التي تم الحصول عليها بالشراء من قبل أفراد بطرق شرعية فتبقى كملكية شرعية لمالكيها، وإذا أراد هؤلاء المالكون الرحيل فيجب تعويضهم.

١٠- عمل ترتيبات لإيجاد طريق عبر إسرائيل يصل الضفة الغربية بقطاع غزة، ويكون هذا الطريق حرا من أية سلطة أو سيطرة أو نفوذ.

١١- ينبغي التوصل إلى اتفاقية تنظم عملية المشاركة في مصادر المياه، وبموجب هذه الاتفاقية ينشأ نظام إقليمي تدخل فيه سوريا ولبنان والأردن وفلسطين وإسرائيل مهمته تنظيم سحب المياه في المنطقة والاستفادة منها.

وعلى أثر هذا اللقاء نشطت عملية الحوار والنقاش بين الفلسطينيين في الولايات المتحدة الأمريكية وبخاصة ولاية كاليفورنيا والتي تناولت الوضع الفلسطيني ومستقبل القضية الفلسطينية في هذه الظروف الراهنة والتي تمر فيها المنطقة العربية بكاملها في منعطف خطير بعد بروز الولايات المتحدة الأمريكية كقوة عظمى ووحيدة على الساحة الدولية.

وفي هذه اللقاءات انقسمت الآراء بين مؤيد للتسوية السلمية ومعارض لها، فالمعارضون يرون بأن الوقت غير مناسب للتسوية لأنها جاءت وكأنها

مفروضة علينا فرضا ونحن نمر في أوضاع متردية وصعبة ولا نملك من القوة المادية والمعنوية ما يمكننا من تحقيق أي مكسب. وهذه الأوضاع تشمل الوضع الفلسطيني، والوضع العربي، والوضع العالمي. فالوضع الفلسطيني سواء كان في داخل الأرض المحتلة أو خارجها سيء للغاية. ومن وجهة نظرهم أن الانتفاضة اليوم بدأت تشهد انحسارا شديدا على الساحة بعد أن استنفدت معظم طاقات الشعب الفلسطيني الرازح تحت نير الاحتلال البغيض، ولن يستطيع الأهل في الأرض تحمل هذه الأعباء وحدهم إلى ما لا نهاية. فالانتفاضة على وشك أن تدخل عامها الخامس دون أن تلقى الدعم أو حتى التأييد والمآزرة من الأشقاء العرب. لقد أصبحت الانتفاضة اليوم عبئا على أهلها الذين أصيبوا بالإحباط بعد أن تخلى عنهم كل العرب وتركوهم يواجهون العدو الذي يتفنن كل يوم في تعذيبهم، ويبتكر الوسائل التي تمكنه من تشريدهم وطردهم من ديارهم. وحتى التأييد العالمي الذي كانت تحظى به الانتفاضة زال وتبخر نتيجة أزمة الخليج وما تلتها من حرب مدمرة.

ونتيجة لأزمة الخليج واندلاع الحرب، وما أسفرت عنه من صراعات وخلافات عربية كامنة، أصبحت منظمة التحرير الفلسطينية أكبر خاسر، على كافة الأصعدة فلسطينيا وعربيا ودوليا، لأنها لم تستطع أن تبتعد عن هذه الخلافات والنزاعات.

أما الوضع العربي فلا حاجة للكلام عنه فالكل يعرف أنه وضع في غاية السوء، إذ لم يشهد تاريخنا المعاصر انقسامات في الصف العربي وتدهورا في الموقف القومي كما هو الآن. ومما يزيد المشكلة تعقيدا وسوءا، أن هذا الانقسام أصاب القاعدة الشعبية مما يجعل عملية رأب الصدع أمرا صعبا جدا، ولا شك في أن هذا الوضع العربي السيء ينعكس سلبا على الفلسطينيين وقضيتهم وكيفية معالجتها وحلها.

وفيما يتعلق بالوضع العالمي، لم يعد هناك معسكر شرقي أو كتلة شرقية تقف في مواجهة الولايات المتحدة الأمريكية التي لا تزال تدعم الكيان الصهيوني

وتمده بأسباب القوة والمنعة، وتشجعه على العدوان واحتلال المزيد من الأراضي العربية. ونتيجة لانهيار الكتلة الشرقية أصبحت الولايات المتحدة القوة العالمية الوحيدة المهيمنة على شؤون العالم ومقدراته دون أن تجد من يقف في وجهها أو يعارض خططها، وصارت هيئة الأمم المتحدة ألعوبة في يدها. وعلاوة على ذلك أصبحت الدول التي كانت ضمن ما يسمى بالكتلة الشرقية، وعلى رأسها الاتحاد السوفياتي تظهر تأييدا قويا لإسرائيل وتتودد إليها، وفتحت أبوابها لليهود ليهاجروا بأعداد لم يسبق لها مثيل إلى فلسطين المحتلة، وأنشأت خطوط طيران مباشرة بينها وبين إسرائيل، حتى تضمن وصولهم إليها فلا يذهبون إلى بلد سواها.

ونتيجة لتلك الأوضاع السابقة فإن الرافضين للمشاركة في التسوية يرون بأننا أصبحنا اليوم لا نملك أية ورقة نضغط بها تمكننا من التوصل إلى حل يحقق الحد الأدنى لمطالبنا المشروعة، وأن الصيغة المطروحة الآن أسوأ بكثير من صيغة كامب ديفيد والتي رفضناها بشمم وإباء. ولذلك فإن حضرنا المؤتمر فإن دورنا سيكون مجرد إسدال الستارة على مأساة لم نساهم في صنعها، ولهذا لا نريد أن نسجل على أنفسنا أمام التاريخ بأننا فرطنا في حقوقنا وحقوق الأجيال القادمة، والأفضل تعليق موضوع التسوية حتى تتحسن أوضاعنا، وتتغير الأوضاع العربية والعالمية.

أما المؤيدون للتسوية، ويمثلون غالبية الفلسطينيين في كاليفورنيا فإنهم يشاركون الرافضين في تحليلهم للأوضاع الفلسطينية العربية والعالمية ولكنهم يختلفون معهم في الرؤى والتفسير، فهم يعتقدون بأن تلك الأوضاع تستدعي حضور مؤتمر التسوية والمشاركة فيه لأجل تقليل الخسائر بحيث تصل إلى حدها الأدنى، وهم يرون بأننا خاسرون في جميع الأحوال سواء حضرنا المؤتمر أو لم نحضره، ولكن حضوره سيكون عملا بالحكمة القائلة: اختر أهون الشرين.

ويعتقد مؤيدو التسوية بأن الولايات المتحدة جادة هذه المرة في فرض التسوية التي تراها مناسبة، وأنها تضمن نجاحها، فالدول الغربية تدعمها، والاتحاد السوفياتي يؤيدها، والدول العربية تقبلها دون تحفظ بل وتسعى إليها. ويقولون بأن الولايات

المتحدة لن تدخر وسعا في الضغط على إسرائيل لقبول التسوية على الرغم من أنها تخدم إسرائيل، ولكن واقع إسرائيل وحقيقتها ترفضان السلام، رغم مناداتها به، لأن السلام من وجهة نظرها يشل يدها في المنطقة العربية، ويجعل لها حدودا ثابتة ومحددة، وهي ترفض أي تحديد لدولتها، لأنها تؤمن بالحدود التوراتية من النيل الي الفرات، وأن تحقيق هذه الحدود يجب أن يتم على مراحل.

ويقول المؤيدون أنه طالما أن التسوية ستفرض علينا سواء شئنا أم أبينا، فإن التغيب عن المؤتمر معناه ترك الساحة، وإعطاء الفرصة للأعداء ليقولوا ما يشاؤون في غيابنا، وبالتالي حرماننا من كل شيء، وفي النهاية إجبارنا على قبول الأمر الواقع، وفي هذه الحالة لن نجد من يقف معنا عالميا وعربيا، بل سينقلب الوضع العالمي علينا، ونصبح مطاردين من قبل جميع الأنظمة والحكومات بحجة أننا إرهابيون ومشاغبون ودعاة قلاقل، وهذا ولا شك يعتبر أكبر خسارة لنا ولقضيتنا.

إن حضور المؤتمر والمشاركة فيه سيجعلنا قادرين علي تقليل الخسائر، وسنظهر في أعين العالم بأننا دعاة سلام، وأصحاب قضية عادلة، ومن الحق والعدل أن يكون لنا كيان معترف به كسائر شعوب العالم، وأن من أبسط الحقوق التي ينبغي المطالبة بها الحفاظ على حقوق الإنسان الفلسطيني في وطنه، وحقه في السيادة على أرضه، وهذه المطالب تؤيدها اليوم معظم دول العالم وشعوبها. ويستحسن أن نشير هنا إلى تصريحات الرئيس جورج بوش والتي استخدم فيها مؤخرا مصطلح الشعب الفلسطيني بدلا من كلمة الفلسطينيين، وعلاوة على ذلك فإن حضور المؤتمر قد يحسن من أوضاع الفلسطينيين وأحوالهم وأسلوب معاملتهم في الأقطار العربية والتي تعتقد بعضها بأن الفلسطينيين يعطلون مسيرة التسوية ويرفضون كل ما يعرض عليهم، ويتسببون في خلق المتاعب والقلاقل مما يستدعي ضربهم وملاحقتهم ومطاردتهم ومضايقتهم.

ويعزو بعض المؤيدين للتسوية تحمس الولايات المتحدة لفرض تسويتها على المنطقة، إلى أن الاتحاد السوفياتي بعد انهيار الشيوعية وتفكك الكتلة الشرقية لم يعد هناك خطر يهدد النفوذ الغربي، ومصالح الولايات المتحدة، والتي

كانت إسرائيل تدعي وتزعم بأنها القيمة على هـذه المصالح، والحامية لهـذا النفـوذ الغربي. أن المنطقة العربية اليوم بكاملها كبقية مناطق العالم أصبحت تحت التأثير والهيمنة الأمريكية ولا حاجة لأمريكا للاعتماد على إسرائيل للقيام بدور الحامي لنفوذها ومصالحها في المنطقة، والإدارة الأمريكية تشعر اليوم بأنه على ضوء هذه المتغيرات العالمية والإقليمية فإن النـزاع العربي - الإسرائيلي والمشكلة الفلسطينية أصبح مزعجا لسياسـة الولايـات المتحدة ومصالحها، وهذا النـزاع بـات يشكل بـؤرة تـوتر شـديدة في منطقـة الشرق الأوسط برمتها. والولايات المتحدة تريد الهدوء والاستقرار للمنطقة بعـد أن سـاد الهـدوء جميـع الجبهـات في العالم بانتهاء الحرب الباردة بينها وبين الاتحاد السوفياتي.

لا شك في أن كل من يحاول تحليل حجج المؤيدين للتسوية والمعارضين لهـا يجـد نفسـه أمام مشكلة إطلاق الأحكام القاطعة فمن الصعب القول بـأن أحـد الفريقين مصيـب والآخـر مخطئ، لأن لكل منهما منطقا لا يمكن إنكاره وإغفاله، وقد يتساءل المـرء عـما إذا كان هنـاك دور هـام يقوم به الفلسطينيون اليوم بعـد أن وضعـت إسـرائيل يـدها علـى كامل التـراب الفلسطيني، ولا تريد التنازل عن حفنة واحدة منه، وماذا بقـي للفلسطينيين بعـد أن صـادرت إسرائيل معظم أراضي الضفة والقطاع، وأقامت عليها العديد مـن المستوطنات وأسكنت فيهـا المهاجرين القادمين من أنحاء العالم وبخاصة من الاتحاد السوفياتي، لقـد أرادت إسرائيل بهـذا العمل صنع حقائق جديدة على الأرض، ولتضع العالم أمـام الأمـر الواقـع، وهـل الـرئيس بـوش والإدارة الأمريكية يملكان القدرة الفعلية لإلزام إسرائيل بالدخول في مفاوضات سـلام وبعـد أن عودت الولايات المتحدة إسرائيل أن لا ترفض لها طلبا، ولا تخيب لها رجاء، حتى بـدا للجميع وكأن اللوبي الصهيوني يوجه السياسة الخارجية للولايات المتحدة الأمريكية، وهل تقبل إسرائيل مفاوضة الفلسطينيين ولو كانوا تحت أيـة مظلـة أو أي غطـاء؟ لأنها تـدعي دائمـا وتـزعم بـأن مشكلتها مع الدول العربية هي مشكلة حدود، ولكنها مع الفلسطينيين مشكلة وجـود، وأنهـا ليست على استعداد لوضع خريطة فلسطين (إسرائيل) على مائدة المفاوضات.

وفي مقابل هذه الأسئلة التي قد توحي للبعض بأنها معارضة مقنعة، ربما تتبادر إلى الذهن أسئلة أخرى قد يظنها القارئ الكريم أنها تصب في خانة المؤيدين، ومن هذه الأسئلة: هل تعليق القضية، وتحميل تبعتها ومسؤولية حلها للأجيال القادمة وبانتظار تحسن الأوضاع يمثل المنطق السليم؟. إن من يتتبع مسيرة القضية الفلسطينية منذ نهاية الحرب العالمية الأولى حتى يومنا هذا ونحن نعتقد بأن ظروفنا سيئة وأوضاعنا رديئة، وأن المستقبل قد يحسن من هذه الأوضاع والظروف فنحصل على حل عادل لقضيتنا، ولكن شيئا من هذا لم يحدث، بل وللأسف الشديد نجد أنفسنا في كل مرة نقبل ما سبق لنا رفضه في الماضي، وإذا نحن علقنا القضية من جانبنا، فإن الطرف الآخر مستمر في مخططاته ومشاريعه التي هي على حسابنا فالتعليق إذن من طرف واحد فقط، وهل حضور مؤتمر السلام المنوي عقده هو بمثابة تنازل عن حقوقنا المشروعة في فلسطين؟ أليس باستطاعتنا حضور المؤتمر والمشاركة فيه وعرض مطالبنا، وإذا وجدنا الوضع لغير صالحنا ننسحب دون أن نلزم أنفسنا بشيء ضار لنا. ولماذا لا نبدي الموافقة هذه المرة ونجعل إسرائيل ترفض ولأول مرة؟. هل نستطيع القول بأن الحل السلمي في ظل هذه الظروف العربية والعالمية الراهنة قد يخفف ما يعانيه شعبنا الفلسطيني في الداخل والخارج من عناء، وما يواجهه من مخططات ترمي إلى تصفيته جسديا.

وعلى ضوء هذه التساؤلات يمكن القول بأن الشعب الفلسطيني اليوم أمام معضلة مربكة، فهو بين نارين، وفي حيرة من أمره، ولا بد له من اختيار أحد أمرين أحلاهما مر.

خطاب شامير ... هل هو خطوة نحو السلام
أم هو دعوة إلى الاستسلام؟؟؟

ربما كان الكثير من الناس الذين استمعوا الى خطاب شامير في الحادي والثلاثين من الشهر المنصرم، أي في اليوم الثاني لحفل افتتاح مؤتمر السلام بمدريد، اعتقدوا بأنه جاء مخيبا للآمال، وأنه كان بمثابة صفعة قوية لهذا المؤتمر والداعين له، ولكن المطلعين على السياسة الإسرائيلية، والمدركين للنوايا والأهداف والأساليب الصهيونية، لم يجدوا في خطاب شامير شيئا جديدا يسبب لهم الصدمة أو الإحباط، فإن كل ما جاء في خطاب شامير ما هو إلا دعاوى زائفة وأباطيل كاذبة سبق للصهيونية أن رددتها ولا تزال ترددها على مسامع الناس، وعملت على نشرها وزرعها في العقول لتصبح حقائق راسخة في الأذهان. وبسبب قصور الإعلام العربي، وللأسف الشديد فإن هذه الأباطيل والدعاوى لا تزال شائعة في كثير من الأوساط الشعبية والرسمية في العالم وبخاصة في أوروبا وأمريكا.

نحن لسنا بصدد سرد هذه المغالطات التي وردت في خطاب شامير والرد عليها، فذلك يحتاج إلى بحث طويل ليس هذا مكانه، ولكننا نود التعرض لبعضها، ومعرفة ما تنطوي عليه من أهداف وأغراض، وما لها من انعكاسات على عملية السلام، وهل بإمكاننا، وعلى ضوء هذا الخطاب، معرفة مستقبل السلام في المنطقة؟.

يقول شامير في خطابه بأن اليهود هم الشعب الوحيد الذي عاش في أرض إسرائيل حوالي أربعة آلاف عام دون انقطاع، وهم الشعب الوحيد الذي تمتع بسيادة مستقلة في هذه الأرض باستثناء مملكة صليبية استمرت فترة قصيرة، وهم الشعب الوحيد الذي كانت عاصمته القدس.

لا شك أن شامير يعرف قبل غيره أن هذا قول خاطئ، وهو يعلم، كما يعلم

الجميع بأن فلسطين كانت وقبل أن تطأها أي قدم يهودية أرضا عربية يسكنها الكنعانيون الذين جاؤوا من شبه الجزيرة العربية، وأن قسما منهم وهم اليبوسيون بنوا عاصمتهم "يبوس" وهي القدس حاليا، إن كل واع في هذا العالم يدرك مدى قدرة الصهيونية على تزييف التاريخ، ومحاولتها وضع تاريخ من الخيال والأوهام، وبخاصة حينما تنكر الوجود العربي في فلسطين منذ فجر التاريخ، ولا تعترف إلا بمملكة صليبية غازية استمرت كما يقول شامير لفترة قصيرة من الزمن، وربما جاء شامير على ذكر هذه الدولة الصليبية لأنها تشبه في كثير من الوجوه دولته اليهودية الحالية، فكلاهما زرع في المنطقة العربية في ظروف متشابهة، وكما زالت الأولى فإن مصير الثانية إلى زوال.

وأنه لمما يثير السخرية قوله عن فلسطين أنها "بالنسبة للآخرين (يقصد العرب) لم تكن أرضا ذات جاذبية، ولم يرغب فيها أحد، ويقول بأن (مارك توين) وصفها قبل مائة عام بقوله بأنها (أرض مهجورة يلفها السواد والرماد والصمت ولا يمكن تخيل أن تبعث الحياة فيها)". فهل معنى هذا أن ارض فلسطين كانت خالية من سكانها العرب، بل ظلت وقفا ودون سكان تنتظر عودة اليهود إليها من كافة أنحاء العالم، والذين لا صلة لهم بفلسطين، وإنما هم كالصليبيين جاؤوا طامعين في المنطقة العربية، ولكنهم أخفوا نواياهم الحقيقية بمزاعم وأباطيل كاذبة، ورفعوا شعارات دينية، الدين منها براء؟!.

ويتهم شامير في خطابه زعماء العرب ويحملهم مسؤولية نزوح عرب فلسطين من ديارهم ويقول: " إن العداء العربي لإسرائيل أفضى اليوم إلى آلام مفجعة للشعب العربي، فقد قتل وجرح عشرات الآلاف، وشجع مئات الآلاف من العرب الذين عاشوا في فلسطين تحت الانتداب من قبل زعمائهم على ترك ديارهم".

وشامير يعرف وكذلك جميع قادة إسرائيل يعرفون بأن هذا القول خاطئ والمراجع اليهودية تعترف بأن ذلك يمثل أسطورة من الأساطير الإسرائيلية، وعلى سبيل المثال يقول الكاتب اليهودي (فلابان سمحا) Flapan Simha في الصفحة

التاسعة من كتابه المسمى "ميلاد إسرائيل: الأساطير والحقائق"، والمنشور في عام ١٩٨٧م بأن الهروب "يقصد هروب عرب فلسطين" كان بتحريض من قادة إسرائيل السياسيين والعسكريين، والذين يعتقدون بأن الاستعمار الصهيوني، وإقامة الدولة "الإسرائيلية" يتطلبان تسفير الفلسطينيين إلى البلاد العربية، وحتى يحقق الصهاينة هذه الأهداف وضعوا - كما يقول سمحا- استراتيجية مفادها تدمير المجتمعات الحضرية الفلسطينية، والاستيلاء على المناطق الريفية المحيطة بها، وذلك حتى يتم حصار المدن فيضطر سكانها إلى إخلائها، وهذا ما أدى إلى سقوط مدن مثل حيفا ويافا وصفد وعكا، ص٩٢- ٩٣ .

ويدحض "سمحا" المزاعم الصهيونية القائلة بأن عرب فلسطين هربوا من ديارهم استجابة لنداء من زعمائهم، فيقول في صفحة ٨٥ من الكتاب: "تشير آلاف الوثائق التي نشرتها الدولة "إسرائيل مؤخرا" وتلك التي لا تزال في الأرشيف الصهيوني، وكذلك مذكرات "بن غوريون" عن الحرب فأنه ليست هناك إثباتات تؤيد هذه الدعاوى الإسرائيلية".

ويستطرد سمحا قائلا في صفحة ٨٧ من كتابه بأنه على عكس ما يزعم الإسرائيليون فإن "الهيئة العربية العليا لفلسطين" أذاعت في شهري مارس وإبريل عام ١٩٤٨م من دمشق بيانا إلى عرب فلسطين تطلب منهم البقاء، وعدم ترك أوطانهم، وأعلنت بأنه يتوجب على جميع الفلسطينيين الذين هم في سن الجندية مغادرة البلاد العربية والعودة إلى فلسطين، كما طلبت من جميع الموظفين العرب في فلسطين البقاء في وظائفهم والثبات في مراكزهم".

لا شك في أن شامير يعرف أكثر من غيره بصفته زعيما لعصابة "ليهي" Lehi والتي كان يطلق عليها "شتيرين" نسبة إلى مؤسسها "إبراهام شتيرن" والذي قتلته السلطات البريطانية في الأربعينات، بأن المجازر التي ارتكبتها العصابات الصهيونية في فلسطين كانت السبب المباشر الذي أدى إلى هروب العرب من ديارهم، وكانت مجزرة "دير ياسين" التي نفذتها عصابتا "أرجون" و "ليهي" في التاسع من إبريل ١٩٤٨م، أولى هذه المجازر.

وعلى الرغم من أن الصهاينة هم الذين طردوا عرب فلسطين بالإرهاب وبقوة السلاح، فإن شامير يتهم العرب لأنهم كما يقول في خطابه "لم يحاولوا تأهيل اللاجئين وإسكانهم في البلاد العربية"، وهو يزعم بأن الدول العربية طردت اليهود والذين اضطروا للرحيل إلى إسرائيل، والتي كما يدعي رحبت بهم، أما العرب الذين بقوا في إسرائيل فهم اليوم على قدم المساواة مع اليهود.

ويزعم شامير بأن حرب ١٩٦٧م كانت دفاعية ولذلك فإن من حق إسرائيل التمسك بالأراضي التي احتلتها. وهو على ما يبدو يستغرب ويستهجن مطالبة العرب وهم يبلغون اليوم أكثر من ١٧٠ مليون نسمة ويملكون مساحة شاسعة تقدر بنحو ١٤ مليون كيلو متر مربع بالأراضي التي احتلتها إسرائيل وهي الدولة الصغيرة التي لا يزيد عدد سكانها عن أربعة ملايين نسمة ولا تزيد مساحتها عن ثمانية وعشرين الف كيلو متر مربع.

ولا يكتفي شامير بمغالطاته وادعاءاته وافتراءاته التي حواها خطابه، وأنه ينكر دور الأمم المتحدة في إنشاء دولته فيقول: "ولم تنشئ الأمم المتحدة إسرائيل فقد خرجت الدولة اليهودية إلى الوجود لأن الطائفة اليهودية الصغيرة في الوقت الذي كانت فيه فلسطين تحت الانتداب البريطاني ثارت على الحكم الامبريالي الأجنبي".

وبطبيعة الحال فإن شامير يهدف من مغالطته هذه نسف قرار الأمم المتحدة رقم ١٨١ بتاريخ ٢٩ / ١١ / ١٩٤٧ والذي كان له الفضل في إنشاء إسرائيل وإضفاء صفة الشرعية عليها، ذلك أن هذا القرار نص أيضا على قيام دولة فلسطينية فالطعن في هذا القرار معناه طعن في شرعية قيام دولة فلسطينية يطالب بها اليوم جميع الفلسطينيين.

وعلاوة على ذلك فإن شامير يطعن في جميع قرارات الأمم المتحدة ويزعم حسب ادعائه بأنها "جاءت نتيجة حشد الدول العربية وتأييد الدول الإسلامية والكتلة الشيوعية" ولذلك فهو يحكم عليها حكما قاطعا فيقول "بأن هذه القرارات هي بمثابة تحريف للتاريخ، ولأنها جعلت من الخيال حقيقة وأن

صدورها كان بمثابة سخرية من الأمم المتحدة وميثاقها".

إن هذا الهجوم الذي شنه شامير على الأمم المتحدة، وطعنه في قراراتها يقصد من ورائه هدم المرتكزات التي يقوم عليها مؤتمر السلام والذي يستند على قرارات الأمم المتحدة ومجلس الأمن وبخاصة القرار رقم ٢٤٢ والقرار رقم ٣٣٨ .

وقد يقول قائل بأن جميع الخطابات التي تلقى عادة في حفلات افتتاح المؤتمرات لا تعبر بالضرورة عن الواقع، ولا يمكن اتخاذها مؤشرا أو دليلا على الأحداث التي تعقبها، فمن الطبيعي أن يبدي كل فريق تشدده، وأن يظهر كل جانب في بادئ الأمر التزامه بالسقف الأعلى من المطالب حتى يترك مجالا للتنازلات فيما بعد، ألم يكن "مناحيم بيغن" في غاية التشدد والتصلب في أثناء محادثات "كامب ديفيد" في عام ١٩٧٨م؟، ولم يكن مستعدا آنذاك للانسحاب من سيناء، فإذا به ينسحب، ويقوم بتفكيك مستعمراته فيها، والتي كان يصر على بقائها؟ ألم يقل شامير في خطابه بأنه يحبذ إجراء محادثات ثنائية مباشرة على أساس اتفاقيات "كامب ديفيد" بهدف توقيع معاهدات سلام بين إسرائيل وجيرانها، والتوصل إلى اتفاق مع العرب الفلسطينيين على ترتيبات للحكم الذاتي المؤقت؟. ألا يدل هذا على أن وراء التشدد الإسرائيلي إمكانية تنازل عن مواقف شامير المتصلبة، وأنه يعرض على الفلسطينيين حكما ذاتيا، وهذا في حد ذاته اعتراف بالوجود الفلسطيني، وبالهوية الفلسطينية وبحق هذا الشعب في حكم نفسه بنفسه؟. أليس بالإمكان، وفي الظروف الدولية الراهنة زحزحة إسرائيل عن موقفها المتصلب والرضوخ للضغوط العالمية وبخاصة الأمريكية، والموافقة على المطالب التي تستند على قراري مجلس الأمن رقم ٢٤٢ ورقم ٣٣٨، واللذين لا يجيزان الاستيلاء على الأراضي بالقوة، ويطلبان من إسرائيل إعادة الأراضي التي احتلتها في حرب ١٩٦٧م، وقد تظاهرت إسرائيل آنذاك بقبول قرار ٢٤٢، ولكنها اختلفت مع الجميع في تفسيره؟.

ربما تكون جميع الفرضيات السابقة صحيحة ومقبولة، ولكن الأقوال لا ينبغي أن تكشف بالضرورة عن النوايا المستترة في النفوس، فإسرائيل منذ قيامها

وهي تتظاهر بالسلام وبالدعوة له ولكنها في حقيقة الأمر تعد العدة للحرب والعدوان، ذلك أن طبيعة إسرائيل عدوانية في الأساس، وهي وإن حضرت مؤتمر السلام فإنما تحضره وهي مرغمة كارهة حتى لا تبدو على حقيقتها أمام العالم، وهي في كل مرة تختبئ وراء الرفض العربي، وتستتر خلف المواقف العربية السلبية.

وقد يتساءل البعض ولماذا ترفض إسرائيل السلام؟ ألم يحقق لها السلام الأمن والاستقرار الذي تدعي بأنها تنشده ويريحها من التكاليف الباهظة التي تنفقها على ميزانية التسلح، في حين أنها في حاجة لاستخدام هذه الأموال والتي معظمها يصلها من الخارج، على تنمية مواردها ودعم اقتصادها وتطويره؟

إسرائيل ترفض السلام لأنه خطر عليها طالما أنه يحول بينها وبين احتلال مزيد من الأراضي العربية. إن إسرائيل تفضل حالة اللاحرب واللاسلم التي تسود المنطقة العربية حاليا وتتملص من أي اتفاقية سلام مع العرب، وترفض تحقيق مطالب الفلسطينيين العادلة، وبدلا من ذلك فإنها تستغل الأوضاع العربية المتدهورة على الدوام لتفتعل حروبا تمكنها من التوسع والامتداد في الوطن العربي لتحقق حدودها التوراتية التي ينادي بها زعماء الصهيونية وقادة إسرائيل وهي من النيل إلى الفرات. ولا شك أن الأوضاع العربية المتردية مواتية جدا لتحقيق الاهداف الصهيونية، وهي أوضاع تغري إسرائيل بالتمسك بالأراضي العربية التي احتلتها في حرب ١٩٦٧م وتشجعها على احتلال المزيد.

وحضور إسرائيل للمؤتمر لا ينبغي أن يفسر على أنه رغبة أكيدة منها في تحقيق سلام مع العرب والفلسطينيين وهي تأمل في إفشال المؤتمر، وتعد العدة لنسفه دون أن يحملها أحد مسؤولية ذلك، فقد تلجأ إلى استفزاز الأطراف العربية المشاركة وتضطرها إلى الانسحاب من المؤتمر، أو تخطط لأعمال في المنطقة العربية أو في جهات معينة في الخارج وتحمل الفلسطينيين مسؤولياتها، وتتخذ من ذلك وسيلة لتعليق جلسات المؤتمر أو تعطيل أعماله، وتخلق وضعا يخفف عنها عبء الضغوط العالمية.

لا شك في أن إسرائيل تراهن على عنصر ـ الوقت ـ لقناعتها بأن إطالة فترة المفاوضات لصالحها، ولذلك فإنها ستعمل بكل طاقاتها وإمكانياتها على وضع العراقيل والعقبات حتى تطول المفاوضات إلى ما لا نهاية، فالأوضاع الراهنة لا تناسب إسرائيل لأنها ولأول مرة تواجه ضغطا عالميا مركزا يطالبها بالالتزام بشروط السلام، وكذلك تشهد إسرائيل ولأول مرة رغبة أمريكية في إحلال السلام في المنطقة العربية، وإسرائيل التي زرعت في المنطقة العربية بفضل القوى الغربية وبخاصة بريطانيا والولايات المتحدة الأمريكية لا تستطيع اليوم الوقوف في وجه هذه القوى مجتمعة.

وإذا كانت إسرائيل قد أذعنت للضغط الأمريكي وحضرت مؤتمر السلام فإنها في حقيقة الأمر تتحين الفرص للانسحاب منه، فهي تعتقد بأن هذه الضغوط قد لا تستمر طويلا فربما تتغير الإدارة الأمريكية أو تتغير مواقفها لسبب من الأسباب أو قد يستطيع اللوبي الصهيوني النافذ في الولايات المتحدة الضغط على متخذي القرار الأمريكي.

وبطبيعة الحال فإن المقارنة بين موقف "بيغن" في "كامب ديفيد" وتراجعه عن مواقفه المتشددة ليست كاملة كما يظن البعض، فإسرائيل انسحبت من أرض سيناء المصرية بعد أن جعلتها منزوعة السلاح وأخضعتها لرقابة أمريكية، وفي مقابل ذلك حققت إسرائيل مكاسب كبيرة، لعل من أهمها إخراج أكبر قوة عربية من ساحة المعركة، وإحداث فجوة واسعة في جدار الصمود العربي.

ولكن إسرائيل ترى الوضع مختلفا بالنسبة للضفة الغربية والقدس وقطاع غزة والجولان، ذلك أنها تعتبر كلا من الضفة الغربية والقدس وقطاع غزة أراضي يهودية كانت محتلة من قبل العرب واسترجعتها، وليست هناك قوة في الأرض تجبرها على الانسحاب منها. وأما الجولان فليست كسيناء فهي تتمتع بموقع استراتيجي يتحكم في شمال إسرائيل وتجعل المستعمرات اليهودية الشمالية تحت رحمة سوريا، كما أن الجولان تعتبر مصدرا مائيا هاما تريد إسرائيل استغلاله.

وفوق هذا وذاك فإن الوضع العربي الراهن لا يشكل أية خطورة على

إسرائيل كما كان عليه الحال قبل مؤتمر "كامب ديفيد" بل على العكس من ذلك فإن إسرائيل هي التي تهدد العرب الذين أصبحوا يحسبون لها اليوم ألف حساب، وهم أحوج منها إلى السلام، ولذلك وبموجب هذه الظروف فإنها ترفض مبدأ مبادلة الأرض بالسلام لأنه لم يعد مناسبا لإسرائيل، وإنما هي تعرض بدلا من ذلك مبدأ جديدا شعاره السلام مقابل السلام.

وبدلا من أن يثبت شامير مصداقيته في حبه للسلام فيوقف بناء المستوطنات في الأراضي الفلسطينية، ويكف عن مصادرة المزيد من الأراضي العربية فإنه وبموجب مبدئه: "السلام مقابل السلام"، يطالب العرب بأن يثبتوا من جانبهم رغبتهم الأكيدة في السلام، والسماح لليهود في البلاد العربية بالهجرة إلى إسرائيل، والاستعداد لبحث سبل التعاون بينهم وبين إسرائيل في الأمور الاقتصادية والتنموية وبخاصة ما يتعلق منها باستغلال المياه.

وينبغي علينا نحن العرب وفي ظل الأوضاع الراهنة أن لا نعتمد على القوى الدولية وحدها، ونحملها المسؤولية كاملة ونعفي أنفسنا من الدور الأكبر الذي يجب علينا القيام به إن كنا نريد إنجاح مؤتمر السلام، وفي الوقت نفسه نريد تحقيق مطالبنا المشروعة والعادلة، فالمثل العربي يقول: "ما حك جلدك مثل ظفرك".

لا شك في أن البلاد العربية تمر اليوم في مرحلة خطيرة من مراحل صراعها مع الصهيونية العالمية. وإذا كان العرب قد خسروا جميع معاركهم الحربية مع إسرائيل لأسباب لا تخفى على أحد فيجب أن لا يخسروا معركة السلام معها اليوم. وبطبيعة الحال فإن لكل معركة استعداداتها ومتطلباتها، ولعل من أهم متطلبات معركة السلام توحيد المواقف العربية على الأقل، إن لم يكن بالإمكان توحيد الصفوف في الوقت الحاضر، وكذلك تبني استراتيجية واحدة، والاتفاق على أهداف واضحة تحقق جميع المطالب العربية، وعدم السماح لإسرائيل بالانفراد بكل طرف عربي. والأهم من ذلك الاستعداد التام للدفاع عن هذه المطالب مهما كان الثمن.

وعلى الرغم من الجهود الطيبة التي بذلتها الأطراف العربية في أثناء المؤتمرات الصحفية التي كانت تعقدها بعد كل دورة من دورات حفل افتتاح مؤتمر السلام بمدريد، إلا أننا كنا نأمل لو كان بالإمكان عقد مؤتمر صحفي عربي موحد تشارك فيه جميع الأطراف العربية، وتساهم في الحديث عن المطالب العربية، وفي الرد على الاستفسارات والتساؤلات التي يطرحها الصحفيون من كافة الجنسيات. إن المشاهد لهذه المؤتمرات الصحفية المنفردة يتصور وكأنه في معرض من المعارض العالمية التي تخصص لكل بلد جناحا تعرض فيه سلعها ومنتجاتها، وتستقبل فيه مختلف الزائرين الراغبين في التعرف على هذه السلع. وإذا كانت إسرائيل لم توافق على لقاء وفد عربي موحد، وأصرت على لقاءات ثنائية بينها وبين العرب، فهل فرضت على هذه الوفود عقد مؤتمرات صحفية منفردة؟ أم أن الطبيعة الانفرادية للعرب هي التي حتمت عليهم ذلك، بمعنى أن الطبع غلب التطبع.

محاولة لفهم مواقف الأطراف المشاركة في مؤتمر السلام

لا شك في الندوة التي أقامها نادي صاحبات الأعمال في عمان مساء يوم الأربعاء السابع والعشرين من شهر حزيران/ يونيو ١٩٩٢م، وتحدث فيها معالي الدكتور عبدالسلام المجالي رئيس الوفد الأردني في مفاوضات السلام عن تجربته في تلك المفاوضات ورؤيته المستقبلية لمسيرتها، وما يمكن أن تحققه من نجاحات جاءت في حينها، على الرغم من أن مسيرة السلام في الشرق الأوسط بدأت منذ ثمانية شهور، وذلك حينما عقد مؤتمر مدريد في نهاية شهر تشرين الأول من العام الماضي.

ورغم انقضاء هذه المدة إلا أن الجدل حول موضوع السلام لا زال قائما حتى قبل انعقاد مؤتمر مدريد، وربما كان الرافضون للاشتراك في مباحثات السلام أكثر من غيرهم إثارة للموضوع، فهم يؤمنون بأنهم أصحاب رسالة لا بد من القيام بها وتحمل عبئها وبخاصة في هذه الفترة الحرجة والحساسة التي تمر بها أمتنا العربية، ويعتقدون بأن السلام لن يتحقق ولن يستطيع العرب التوصل إلى تسوية عادلة ومقبولة طالما لا يملكون من وسائل القوة هذه الأيام شيئا يذكر، وبخاصة بعد أن انتزعت جميع ما بأيديهم من أوراق كانت مصدر قوة لهم ومنعة، والأدهى من ذلك وأمر ما يشهده العرب حاليا من وضع متدهور، وأحوال سيئة، وما وصلوا إليه من انحطاط لم يسبق له مثيل، وما يشهدونه من انقسام في صفوفهم لم يسجله تاريخهم الحديث والمعاصر، وهم يرون بأن ما هو مطروح على العرب ليس سلاما بقدر ما هو استسلام، ولم يعد للعرب من أمل غير الولايات المتحدة الأمريكية التي أصبحوا يعلقون عليها الآمال في تحقيق مطالبهم العادلة، وهم يتشككون في صدق النوايا الأمريكية فالولايات المتحدة هي التي أوجدت إسرائيل وزرعتها في قلب الأمة العربية، ولا تزال تتولاها بالرعاية، وتمدها بكل وسائل البقاء، وتدعمها بكل مقومات الحياة، وتحميها من كل خطر يتهددها، ولم يعد للعرب سند أو حليف في العالم بعد تفكك الاتحاد السوفياتي وانهيار الكتلة الشيوعية، وزوال مجموعة عدم الانحياز التي كانت تدعم القضايا والمواقف العربية

في جميع المحافل الدولية والمؤتمرات العالمية.

ويرى هؤلاء المعارضون بأن مفاوضات السلام الجارية بين العرب والإسرائيليين حاليا أشبه بملهاة هدفها إضاعة الوقت واستنزاف الجهد، وأنها لن تسفر عن شيء فإسرائيل تزداد مع الأيام تشددا وتصلبا، ولن تتنازل عن شبر من الأراضي العربية التي احتلتها في حرب حزيران عام ١٩٦٧م، وأنها لن تسمح حتى في أفضل الظروف إلا بقيام حكم ذاتي هزيل يتيح لسكان الضفة والقطاع تدبير أمورهم الحياتية، وشؤونهم اليومية مثل الخدمات المدنية والقروية، والصحة والتعليم مع إبقاء السيطرة الإسرائيلية على الأرض وما تحويه من موارد طبيعية كمصادر المياه والإشراف التام على قضايا الأمن والدفاع. وستعمل إسرائيل بكل السبل والوسائل لمنع قيام كيان فلسطيني يرقى في المستقبل إلى مستوى الدولة، وما هو مطروح اليوم سبق لإسرائيل أن طرحته باسم مشروع الإدارة المدنية ورفضه أهلنا في الأرض المحتلة. وعلى أية حال فإن لكل من المؤيدين والمعارضين وجهات نظر لا يمكننا إنكارها أو تجاهلها أو التقليل من أهميتها، وفي الوقت نفسه ليس من السهل علينا إطلاق الأحكام القطعية عليها، ونقول بأنها صائبة تماما أو خاطئة تماما، لأنها تعبر عن اجتهادات وفرضيات بنيت على رؤى مختلفة، وهي لذلك تخضع- كما يقول علماء المنطق- للفحص والاختبار، والزمن وحده كفيل بإثبات مدى صحتها أو بطلانها.

ولكن في إمكاننا فهم المشكلة، وتحليل أبعادها بشكل علمي وموضوعي لو حاولنا التعرف على مواقف مختلف الأطراف المشاركة في مفاوضات السلام هذه. ففي اعتقادنا أن الجانب الفلسطيني آثر الاشتراك في عملية السلام على الرغم من أنه غير متأكد من تحقيق مطالبه، وهو يعلم بأن إسرائيل ومعها الولايات المتحدة الأمريكية والدول الغربية لن تسمح بقيام دولة فلسطينية ذات سيادة كاملة، ولا حتى بكيان قد يتطور في المستقبل ليرقى إلى مرتبة دولة حقيقية، كما أن من المشكوك فيه أن تنسحب إسرائيل من جميع الأراضي الفلسطينية التي تسيطر عليها أو حتى معظمها، فهي في حاجة إلى مزيد من الأراضي لإسكان اليهود

المهاجرين الذين تستقدمهم من شتى أنحاء العالم، وبخاصة روسيا وأوروبا الشرقية والأقطار التي كانت تشكل حتى عهد قريب ما كان يسمى بالاتحاد السوفياتي.

وعلى الرغم من هذه السلبيات فإننا نكاد نتفهم الموقف الفلسطيني المؤيد لعملية السلام فالفلسطينيون بحضورهم وجلوسهم على مائدة المفاوضات أجبروا الإسرائيليين على الاعتراف بهم وبوجودهم بعد أن كانوا بالأمس القريب ينكرونهم. وكانت رئيسة وزراء إسرائيل في السبعينات، "جولدا مائير"، تردد عبارتها المشهورة كلما سألها أحد عن حقوق الفلسطينيين "وأين هم الفلسطينيون"؟

إن جلوس الفلسطينيين على مائدة المفاوضات جنبا إلى جنب مع الوفد الإسرائيلي هو ولا شك إلغاء لمبدأ إسرائيل الذي كانت تصر بموجبه على عدم التفاوض أو التحدث أو الالتقاء مع أي جماعة فلسطينية ترتبط بأية علاقة مع منظمة التحرير الفلسطينية. وإسرائيل تعلم علم اليقين بأن الوفد الفلسطيني الذي يفاوضها الآن ويجلس مع أعضاء وفدها تم تشكيله بعلم وموافقة منظمة التحرير الفلسطينية.

وبحضور مفاوضات السلام نجح الفلسطينيون في إثبات وجودهم وإعلان حضورهم، ونجحوا في الوقت نفسه في الدعاية لقضيتهم بعد أن سلطوا الأضواء عليهم، وأتيحت لهم الفرص المناسبة للتحدث إلى العالم عبر مختلف وسائل الإعلام، وبدأت كثير من شعوب العالم تتفهم أبعاد القضية الفلسطينية وتعرف أن هناك شعبا يعاني من احتلال كريه ويرزح تحت نير الاضطهاد، ويواجه القتل والإبادة، وتتعرض أرضه للمصادرة، كي تقام عليها مزيد من المستوطنات الإسرائيلية لإسكان اليهود القادمين من شتى أنحاء العالم.

لا شك في أن الانتفاضة الفلسطينية التي اندلعت شرارتها في التاسع من شهر ديسمبر ١٩٨٧م ولا تزال نيرانها مشتعلة، كان لها الفضل الأكبر في تحريك القضية الفلسطينية وجعلها حية، وإعادتها إلى دائرة الضوء بعد أن كادت تختفي

في زوايا النسيان. وبفضل الانتفاضة اكتسبت القضية الفلسطينية تأييدا عالميا وعطفا دوليا لم يسبق أن نالته من قبل.

ويرى المؤيدون لعملية السلام بأن اشتراك الفلسطينيين في المفاوضات يدعم جهود الانتفاضة، ويزيد من التعاطف والتأييد العالمي للقضية، ويظهر الفلسطينيين بمظهر الشعب المحب للسلام، وتزيل عنهم تهمة الإرهاب التي نجحت إسرائيل في إلصاقها بهم، حتى أصبحت كلمة إرهابي في وقت من الأوقات مرادفة لكلمة فلسطيني.

وبطبيعة الحال فإن جميع هذه المكاسب معنوية فقط، وقد لا تحقق الحد الأدنى من المطالب الفلسطينية، ولكن بالإمكان استثمارها في المستقبل، وبخاصة إذا تغيرت الأوضاع وامتلك العرب أسباب القوة ومقوماتها فعندئذ يكون الرأي العالمي مهيأ ومستعدا لتقبل أي عمل يقوم به العرب من أجل استرداد أرضهم وتحرير وطنهم. ومن يدرس تاريخ الحركة الصهيونية يعرف كيف استطاع الصهاينة كسب الرأي العالمي وتوظيفه لتحقيق أهدافها وأغراضها، وكيف نجحت في ربط مصالحها بمصالح القوى العظمى في العالم آنذاك. فهل هناك ما يمنعنا من اقتفاء أثر الحركة الصهيونية والاستفادة من تجاربها الماضية؟

وفيما يتعلق بالجانب الأردني فإننا نتفهم جيدا الأخطار المحيطة بالأردن، وبالتحديات التي يواجهها، فالأردن هو البلد العربي الوحيد الذي يشترك مع إسرائيل في حدود طويلة تصل إلى نحو سبعمائة كيلو متر، وهو أكثر الأقطار العربية تأثرا بالقضية الفلسطينية وهو أكثر المتضررين من حرب الخليج، ويتعرض اليوم لكثير من الضغوط، ويواجه مختلف التهديدات. والأطماع الإسرائيلية في الأراضي الأردنية لم تعد خافية على أحد. وهي قديمة قدم وعد بلفور الصادر في الثاني من تشرين الثاني نوفمبر عام ١٩١٧م. ففي أوراق فلسطين لعام ١٩١٧ - ١٩٢٢ والتي كشفت عنها الحكومة البريطانية في بداية السبعينات هناك وثيقة لمحضر اجتماع لجنة الشرق الأوسط في الخامس من كانون الأول ديسمبر ١٩١٨م برئاسة اللورد "كورزن" وعضوية كل من "بلفور" واللورد

"سيسل" والجنرال السير "هنري ولسن" رئيس أركان حـرب الامبراطوريـة و"سمطسـن"، وممثلين عن وزارة الخارجية ووزارة الحرب والخزانة. وفي هـذا الاجـتماع الـذي خصـص لبحـث موضـوع فلسـطين كشـف "كـورزن" عـن الأطـماع الصـهيونية في الأردن بقولـه "وهـم - يعنـي الإسرائيليين- لا يطالبون بحدود فلسطين القديمة فحسب، ولكنهم يسعون إلى التوسع والامتداد عبر نهر الأردن إلى الأراضي الخصبة الواقعة إلى الشرق من هذا النهر، وبالتأكيد يبدو لنا بأنـه لا حد للمطامع التي أخذوا يتطلعون إليها الآن". وفي معـرض آخـر يكـرر "كـورزن" نفـس عبارتـه السابقة بقوله "إن الصهاينة بصورة طبيعية يتطلعون شرقا إلى الأراضي عبر الأردن حيـث تقـوم زراعة صالحة وإمكانات واسعة في المستقبل، ولذلك اقترح عـلى اللجنـة أن تحـدد فـورا حـدود فلسطين حسب النصوص التوراتية: "الآن نحن بصدد مستقبل فلسـطين.. أتصـور بأننـا سـنتفق على استعادة حدود فلسطين القديمـة.. مـن دان إلى بـئر السـبع.. الحـدود حتـى الليطـاني عـلى الساحل وعبر بانياس والدان القديم أو الحلوة في الداخل".

والأردن ربما كان من أكثر الأقطار العربية معرفـة بالنوايـا الإسرائيليـة، وهـو يعلـم بـأن إسرائيل غير راغبة في السلام لأنه يقيدها، ويحول بينها وبين تحقيق حلمها بقيام دولتها الكبرى التي ستمتد من النيل إلى الفرات، وهي أكبر مستفيد من الأوضاع الحاليـة، وقـد سـبق أن عـبر "بن غوريون" والذي أصبح فيما بعد أول رئيس لحكومة إسرائيل في مدينة بازل السويسريـة في حزيران يونيو ١٩٣١ عن مطامع اليهود في الأردن حينما قال "يوجد في شرق فلسطين مسـاحات واسعة من الأراضي خالية من السكان، وأن نهر الأردن ليس هو بالضرورة الحـد الأبـدي الـدائم الذي يحول دون استيطاننا في تلك الأراضي... وأنـه يحـق لنـا المطالبـة وبـالعبور والاسـتيطان في شرق الأردن وأن إغلاقه في وجوهنا لا يتفق وأحكام الانتداب".

وربما يذكر البعض منا قولا مشابها لوزير خارجيـة إسرائيـل الأسـبق "أبـا إيبـان" نشرتـه صحية "التايمز" اللندنية في عام ١٩٦٨م، وفيه يزعم بأن بريطانيا

جعلت من نهر الأردن حدا يفصل بين فلسطين والأراضي الواقعة إلى الشرق منه حتى تمنع اليهود من الاستيطان فيه.

وإذا كنا ندرك حراجة موقف الأردن وحساسية وضعه، فإننا في الوقت نفسه نتفهم كلا من الموقف السوري واللبناني، فإسرائيل لا تزال تحتل الجولان السورية وأراضي من لبنان تطلق عليها مصطلح "الشريط الأمني"، ولذلك فإن سوريا ولبنان لا تريدان أن تساقا إلى مجادلات لا علاقة لها بسلام حقيقي وعادل بقدر ما هو مرتبط بمسائل تتعلق بالتعاون الإقليمي مثل المياه والأمن وقضايا التسلح واستغلال الموارد الطبيعية والتعاون الاقتصادي. ومن وجهة النظر السورية واللبنانية فإن بحث مثل هذه الأمور يدخل ضمن ما يسمى بقضايا التطبيع والتي يجب أن تناقش بعد أن يتم الاتفاق مع الجانب الإسرائيلي على الانسحاب من الأراضي المحتلة لكلا البلدين. وهذا ولا شك منطق له وجاهته. وإسرائيل تدرك ذلك جيدا وتعيه، ولكنها لا تريد أن تلزم نفسها بالانسحاب، وفي الوقت نفسه لا تريد أن تظهر أمام العالم بمظهر الرافض لعملية السلام، ولذلك ابتدعت فكرة قلب الأولويات في بنود مشروع السلام، وهي متأكدة من رفض سوريا ولبنان لفكرتها هذه، وبذلك تحاول بمكرها ودهائها أن تقنع العالم بأن الكرة أصبحت في الملعب السوري واللبناني.

لا شك في أن الأطراف العربية المشاركة في المفاوضات تعي جيدا خطة إسرائيل الرامية إلى الاستفراد بكل طرف عربي لتعقد معه اتفاقا ثنائيا كما حدث في عام ١٩٤٩م حينما عقدت الدول العربية التي اشتركت في حرب فلسطين آنذاك اتفاقيات هدنة ثنائية مع إسرائيل في جزيرة رودس. ولذلك فإن استمرار التشاور والتنسيق بين الوفود العربية يعتبر أمرا ضروريا. وإذا كنا نرغب في تحقيق مطالبنا فلا بد من الاتفاق على خطة واحدة واستراتيجية موحدة وأهداف واضحة ومحددة. والأهم من ذلك عدم السماح لإسرائيل بتجزئة القضية إلى قضايا متعددة تتحول بعد ذلك المشكلة وكأنها مسألة حدود وليس مسألة وجود.

ولماذا لا تقيمونها أنتم دولة عربية من النيل إلى الفرات؟

في الولايات المتحدة الأمريكية كثير من الأمريكان يتعاطفون مع القضايا العربية، وبخاصة القضية الفلسطينية، ويؤمنون بعدالتها، ويدركون الظلم الذي حل بعرب فلسطين، ويتفهمون مشاعرهم وأمانيهم في إقامة دولة ينعمون فيها بالأمن والاستقرار والحياة الكريمة كسائر شعوب العالم.

ومن بين الشخصيات الأمريكية التي تؤمن بالحق الفلسطيني "أندرو هارلي"، وهو محام متقاعد مكث - كما قال لنا- نحو ثلاثين عاما وهو يدرس ويتابع القضية الفلسطينية. وفي العام الماضي ألف كتابا بعنوان "اسرائيل والنظام العالمي الجديد". وفي هذا الكتاب التزم بالمنهج الموضوعي في طرحه للقضية، وتحليله لأحداثها ووقائعها. وقد أصر على أن تكون جميع مراجع ومصادر كتابه اسرائيليه، لأنه يريد مخاطبة الإسرائيليين قبل غيرهم، أو حتى دون سواهم. أي أنه يريد تطبيق المثال القائل (من فمك أدينك يا إسرائيل).

وأندرو هارلي، لا يكره اليهود، ولا يعادي الإسرائيليين، فقد عمل معهم في مؤسساتهم سنين طويلة، وشغل أعمالا مختلفة، فقد زاول المحاماة لمدة تزيد على أربعين عاما، وفي الوقت نفسه مارس العديد من الأنشطة والفعاليات الاقتصادية في ميادين استثمارية، وعمل مستشارا لبعض المؤسسات الصحفية، وهو ما زال على علاقات مميزة مع كثير من الشخصيات اليهودية الأمريكية البارزة، ولذلك فهو - كما يقول- يريد أن ينقذ اليهود من شر أعمالهم. وهو على قناعة تامة بأن الأعمال والممارسات التي يقوم بها الإسرائيليون والصهاينة في الماضي والحاضر ستعود بالضرر عليهم، وستؤدي إلى دمار دولتهم إسرائيل في نهاية المطاف.

يعتقد أندرو بأنه صاحب رسالة لا بد من أن يقوم بحملها بكل أمانة وإخلاص مهما كلفه ذلك من ثمن، وقد طبع كتابه على نفقته الخاصة، ووزع نسخه على عدد من أعضاء الكونغرس، ومجلس الشيوخ، وشخصيات ومؤسسات

يهودية وأمريكية، كما قام بإهدائنا نحن العرب نسخا من هذا الكتاب.

بعد الاجتماع بالرجل والاطلاع السريع على مادة كتابه اقترح علي الصديق "عادل بركات" نقيب "رابطة الصحفيين الأمريكان" آنذاك في ولاية كليفورنيا إقامة حفل تكريم لهذا الرجل يليق بمكانته واعترافا منا بفضله، وتقديرا بما بذله من جهد يشكر عليه.

وكان الحفل ناجحا حضره عدد كبير من العرب والأمريكان وبعض الشخصيات اليهودية المعتدلة. وبعد انتهاء الحفل نظمت حلقة بحث دار فيها نقاش جاد، وحوار شيق، ومفيد حول القضية الفلسطينية وأبعادها، والمراحل التي قطعتها والأدوار التي مرت عليها، ومسيرة السلام ومستقبلها، وأوضاع الأمة العربية، وأحوالها، وما يواجه العرب هذه الأيام من مشاكل وتحديات.

وبطبيعة الحال لا يتسع المقام إلى سرد أو حتى تلخيص ما جرى من نقاش وحوار، ولكن ربما كان أكثر ما ركز عليه العرب الأمريكان موضوع الأطماع الصهيونية في البلاد العربية. وكان القصد من التركيز على هذا الموضوع إفهام الأمريكان بأن الصهاينة لا تنحصر أطماعهم في فلسطين وحدها كما يعتقد الكثيرون منهم، وإنما يريدون إنشاء إسرائيل الكبرى من النيل إلى الفرات، وهذه الأطماع ليست جديدة، وإنما طرحوها عشية انعقاد مؤتمر السلم في "فرساي" عام ١٩١٩م عقب انتهاء الحرب العالمية الأولى "١٩١٤-١٩١٨م"، فقد سألت بريطانيا آنذاك ممثل الحركة اليهودية، ورئيس المؤتمر اليهودي "حاييم وايزمن" الذي خلف "ثيودور هرتسل" بعد وفاته عن الحدود التي يراها الإسرائيليون كافية لإنشاء دولتهم في المستقبل، إلا أن "وايزمن" رفض إعطاء حدود محددة يلتزم به زعماء اليهود وقادتهم، ولكنه قال بأن حدودنا مفتوحة وقابلة للاتساع، بحسب حاجة الشعب اليهودي، وهدفنا استقدام جميع يهود العالم، ولذلك فإن الهجرات هي التي تحدد مساحة الدولة الإسرائيلية، ولا بد لإسرائيل في نهاية المطاف أن تصل إلى حدودها التوراتية أي من النيل إلى الفرات.

ولم تقبل بريطانيا بهذا المنطق، واضطر "وايزمن" على وضع حدود

لإسرائيل ولكنه قال بأنها حدود مبدئية بحيث يكون نهر الليطاني في لبنان وليس رأس الناقورة هو الحد الشمالي لإسرائيل حتى يتمكن اليهود من السيطرة على المصادر المائية اللازمة لتكثيف الزراعة في فلسطين، وأصر "وايزمن" على أن تكون منطقة "حوران" السورية ضمن حدود الدولة اليهودية زاعما بأن الشعب اليهودي يحتاج إلى حبوب حوران والتي كان يطلق عليها في العصور الرومانية "أهراء روما" لكونها تزود الإمبراطورية الرومانية بالقمح والحبوب.

أدخل "وايزمن" جبال "جلعاد" الاردنية ضمن دولته المزعومة ولما سئل عن السبب قال حتى تكون الطريق إلى الفرات سالكه ودون أن تعترضها أية عوائق طبيعية. أما الحد الجنوبي للدولة فقد رأى "وايزمن" بأن وادي "العريش" في سيناء المصرية يمكن اعتباره حدا مبدئيا.

حينما انتهينا من الكلام في ماهية الأطماع الصهيونية وحقيقتها، وقف شخص أمريكي متفهم للقضايا العربية، ومطلع على أحوال الأمة العربية وقال: "إذا كنتم تعرفون النوايا والأطماع الصهيونية في بلادكم، وإذا كنتم على اطلاع كاف بمخططاتهم فماذا عملتم أنتم للرد عليهم؟، وماذا فعلتم من أجل الدفاع عن بلادكم؟، "ثم تابع قائلا: "يبدو لي أنكم لم تكتفوا باتخاذ المواقف السلبية، وإبداء اللامبالاة تجاه قضاياكم، ولكنكم قمتم بتصرفات ساعدت على إنجاح المخططات الصهيونية، بل وعجلت بتنفيذها في وقت لم تكن تحلم به، نحن لا ننكر ما قام به العرب من ثورات أو انتفاضات من أجل التحرر من الاستعمار، ولكن التطلعات الإقليمية الضيقة طغت على الأماني القومية، وبعد أن نالت البلاد العربية استقلالها واستعادت الشعوب حريتها انكفأ كل بلد على نفسه، وانطوى كل قطر على ذاته، لقد كنتم تتهمون الاستعمار دوما بأنه جزأ الوطن العربي وفرض الحدود، ولكنكم بعد الاستقلال أقمتم فيما بينكم الموانع والسدود حتى أصبح التنقل بين البلاد العربية صعبا إن لم يكن مستحيلا في بعض الحالات والظروف، إنكم كالشعراء الهائمين الذين يقولون ما لا يفعلون، تنادون بوطن عربي واحد، وتحلمون بوحدة تجمع شملكم، ولكنكم في الحقيقة

تحاربون كل وحدة أو اتحاد، وتضعون العراقيل أمامها. لقد أضعتم الكثير من الفرص التي سنحت لكم حتى أصبحت أمم العالم تطلق عليكم معشر العرب: "أمة الفرص الضائعة"، ولولا "انتوني إيدن" وزير خارجية بريطانيا في الأربعينات لما كانت اليوم شيئا اسمه جامعة الدول العربية، فهو الذي أوعز لقادة العرب وزعمائهم بإنشاء الجامعة، وذلك حينما ألقى خطبة سياسية خطيرة في قاعة "المانش هاوس" بلندن في التاسع والعشرين من آذار مارس عام ١٩٤١ جاء فيها "إن الكثيرين من العرب يرغبون في أن تتمتع الشعوب العربية بنصيب من الوحدة أكبر من النصيب الذي تتمتع به الآن، وهم يأملون منا المعاضدة في بلوغ هذه الوحدة، ولا يجوز لنا أن نغفل أي نداء يوجهه إلينا أصدقاؤنا بهذا الصدد، ويبدو لي أنه من الحق الطبيعي أن توثق الروابط الثقافية والاقتصادية والروابط السياسية أيضا بين الأقطار العربية وستعاضد حكومة جلالة الملك "جورج السادس" معاضدة تامة أي مشروع ينال الموافقة العامة".

وعلى الرغم من قيام جامعة الدول العربية في الثاني والعشرين من آذار مارس ١٩٤٥م إلا أنها لا تزال تراوح في مكانها، ولم تحقق الآمال والطموحات العربية التي كانت معلقة عليها، بل وللأسف الشديد نجدها تتراجع إلى الوراء، لقد كان بإمكان العرب تطوير فكرة الجامعة وتوسيع مجالات التعاون بين الدول العربية. ولننظر على سبيل المثال كيف استطاعت الدول الأوروبية والتي تتألف من شعوب مختلفة وتتكلم بلغات عديدة وخرجت من حرب طاحنة سفكت فيها دماء بعضها البعض أن تخطو خطوات جادة نحو الوحدة. ففي الخمسينات بدأت الدول الأوروبية بإنشاء اتحادات جمركية مثل دول "البنلكس"، ومنطقة التجارة الحرة، واتحادات الحديد والصلب والفحم، ثم السوق الأوروبية المشتركة في الستينات، وسيشهد عقد التسعينات أوروبا الموحدة.

في عقد الخمسينات طرحت عليكم مشاريع وحدوية مثل مشروع سوريا الكبرى ومشروع الهلال الخصيب، ولكنكم بدلا من الاستفادة من هذه المشاريع وتنفيذها، بما يحقق مصالحكم، رحتم تحاربون هذه المشاريع بحجة أنها استعمارية.

ماذا لو التقت مصالحكم مع مصالح من تسمونه الاستعمار، وأخذتم ما يناسبكم؟، ألم تستفيدوا من أعدائكم الذين كانوا أذكى منكم فقد استطاعوا هم أن يقنعوا القوى الغربية الكبرى بأن مصالحهم لا تتحقق إلا إذا ناصروا الحركة الصهيونية ودافعوا عنها، إنكم أنتم العرب بسطاء لا ينقصكم الذكاء ولكنكم بحاجة إلى الدهاء.

وإذا كنتم اليوم تعرفون أن اليهود يسعون إلى إنشاء دولة لهم من النيل إلى الفرات، فلماذا لا تقيمونها أنتم دولة عربية خالصة، ما دامت الأرض لا تزال بحوزتكم، هل تنتظرون من إسرائيل أن توحدكم؟. لو كنتم أمة واحدة كما تقولون لما نشبت أزمة الخليج، وما حدثت الحرب التي أصابت بلادكم بالخراب والدمار، وإذا كنتم تتهمون القوى الغربية بأنها تحاربكم لتحفظ مصالحها فهل حاولتم أنتم في يوم من الأيام أن تقفوا مع بعضكم بعضا حتى تدافعوا عن بلادكم وتصونوا استقلالكم؟".

قطاع غزة في مواجهة التحديات

ما يحدث في قطاع غزة هذه الأيام يسترعي الانتباه، والمتأمل لأوضاعه يتساءل عن حقيقة وأسباب الأحداث اليومية الدامية التي تعم مدن القطاع وقراه ومخيماته. وعلى الرغم من الأعمال الانتقامية الشرسة التي تقوم بها سلطات الاحتلال الإسرائيلي، ورغم ما تفرضه تلك السلطات من إجراءات شديدة وصارمة وكان آخرها منع السفر من وإلى القطاع والذي أصبح كسجن كبير تحتجز فيه إسرائيل جميع السكان في ظروف معيشية وحياتية قاسية جدا، إلا أن القطاع يظل صامدا لا تلين له قناة.

وقد يتساءل الناس وفي هذه الظروف الصعبة القاسية التي يمر بها القطاع عن الأوضاع فيه، وماهيتها، ولماذا أصبح العنف مظهرا من مظاهره، وسمة من سماته البارزة، ولماذا أصبحت الأحداث الدامية أمرا عاديا كل يوم؟ ولماذا تمارس القوات الإسرائيلية كل هذه الإجراءات القمعية والتعسفية بحق السكان؟.

لاشك في أن هناك الكثير من العوامل التي أوجدت هذه الأوضاع المتأزمة في القطاع، وأوصلت الأحوال فيه إلى درجة خطيرة من التردي والتدهور. ولعل من أهم هذه العوامل طبيعة القطاع وظروفه الجغرافية المميزة. فالقطاع صغير المساحة فطوله من قرية "بيت حانوت" شمالا حتى "رفح" جنوبا نحو أربعين كيلو مترا، وعرضه يتراوح ما بين ستة إلى ثمانية كيلو مترات، أي أن مساحته، لا تزيد عن ٣٢٠ كم^{٢}. وينحشر في هذه المساحة الضيقة نحو ٧٥٠ ألف نسمة من السكان، مما جعله يعتبر اشد بقاع الأرض كثافة سكانية. وعدد النازحين فيه يزيد كثيرا عن عدد سكانه الأصليين، ففي حين بلغت نسبة النازحين إلى سكان الضفة الغربية في عام ١٩٥٢ نحو ٢٧.٥% من مجموع السكان، ترتفع نسبتهم في قطاع غزة فتصل إلى حوالي ٢١٥% أي أن النازحين إلى القطاع يبلغون أكثر من ضعفي عدد السكان الأصليين. وبعبارة أخرى فإن قطاع غزة استوعب نسبيا الجزء الأساسي من النازحين الفلسطينيين، وذلك بالقياس إلى مساحته، وعدد سكانه الأصليين.

وقطاع غزة شحيح الموارد لدرجة قد تصل إلى درجة العدم، فغالبية تربته فقيرة، وشبه صحراوية، والجفاف مظهر عام يسود طول العام تقريبا، وموارد المياه قليلة، والأراضي الزراعية محدودة للغاية كانت تمد السكان ببعض حاجته من الخضار والفاكهة والحبوب، ولكنها أصبحت تتقلص تدريجيا بعد أن طغى عليها العمران، واتصل البناء حتى التحمت مدن القطاع وقراه ومخيماته مكونا مجمعا عمرانيا متصلا.

يحد القطاع من الجنوب صحراء سيناء، وهي بمثابة منطقة عازلة تفصله عن دلتا مصر وواديها الخصيب، وتحده صحراء النقب التي احتلتها إسرائيل في حرب ١٩٤٨ من الشرق. وتحد القطاع من الشمال الأراضي التي كانت زمن الانتداب البريطاني على فلسطين جزءا من اللواء الجنوبي أو لواء غزة كما كان يطلق عليه في الماضي، وهي أراض احتلتها إسرائيل في حرب ١٩٤٨م.

كان اعتماد قطاع غزة الأساسي قبل احتلاله في أثناء حرب حزيران ١٩٦٧ على أبنائه الذين يعملون في الأقطار العربية، وبخاصة المملكة العربية السعودية، وبلدان الخليج والكويت بشكل خاص. وكان القطاع يتلقى بعض المساعدات كتلك التي تقوم بتوزيعها، وكالة الغوث الدولية، المسماة "الاونروا" على النازحين من السكان، وكذلك المساعدات التي كانت توزعها الإدارة المصرية على العائلات المستورة في القطاع.

ونظرا لشح الموارد الطبيعية لم يجد سكان القطاع غير التعليم متاحا لهم. ولعل من الإنصاف القول بأن الفضل في نشر التعليم كان للإدارة المصرية، وبخاصة في عهد الزعيم الراحل جمال عبد الناصر فقد تم افتتاح العديد من مختلف المدارس في جميع مدن القطاع وقراه، وفتحت الجامعات والمعاهد المصرية آنذاك أبوابها لطلبة القطاع، مما رفع نسبة التعليم بحيث أصبحت في الستينات من أعلى النسب في العالم، واعتبر الناس التعليم أفضل استثمار يلجأون إليه. وصار القطاع من أهم مصدري الكفاءات البشرية للخارج.

ولكن وللأسف الشديد هبطت نسبة التعليم هبوطا شديدا بعد الاحتلال.

واضطر الناس وبخاصة الشباب منهم للبحث عن عمل داخل فلسطين المحتلة بعد أن أقفلت أبواب العمل في البلاد العربية أمامهم. وبسبب الظروف المعيشية الصعبة والقاسية في القطاع ترك كثير من التلاميذ مدارسهم وأصبحوا يبحثون لهم عن عمل يمكنهم من إعالة أسرهم. وهكذا صار القطاع مصدرا هاما من مصادر قوة العمل التي تحتاجها إسرائيل وتعتمد عليها في مختلف الأنشطة والفعاليات الاقتصادية، وبخاصة قطاع التشييد والبناء. وفي مقابل ذلك أصبح القطاع سوقا رائجة للسلع والبضائع الإسرائيلية بعد أن عملت سلطات الاحتلال بكل السبل والوسائل على تدمير الأنشطة والفعاليات الاقتصادية في القطاع كالزراعة والصناعة، ففرضت على الحرف والمهن وكافة الأنشطة رسوما باهظة مما رفع من كلفتها بحيث لم تستطع الصمود أمام السلع والبضائع الإسرائيلية، فاضطر الناس إلى هجر أعمالهم، وإقفال محالهم، والبحث عن عمل في إسرائيل مما زاد من عدد العمال العرب الذين يعملون فيها.

ومنذ أن احتلت إسرائيل القطاع، وهي تشعر بأنه عبء ثقيل عليها تكاد تنوء من حمله، نظرا لكثافة سكانه، وضيق رقعته، ومحدودية موارده، وعنف مقاومته، والتي بدأت بسقوط القطاع وخضوعه للسيطرة الإسرائيلية. فالقطاع منذ احتلاله لم تهدأ أحواله، ولم تستقر أوضاعه. وكانت المقاومة تنشط كلما أرخى الليل أستاره. واستطاع رجال المقاومة فرض سيطرتهم على القطاع كلما أدبر النهار وأقبل الليل، مما جعل الجنود الإسرائيليين يخشون التحرك في الشوارع كلما حل المساء. وقد شهد ببطولات المقاومة آنذاك جميع مراسلي وكالات الأنباء العالمية. ويومها كان الزعيم الراحل "جمال عبد الناصر" يقول حينما أراد أن يرفع من معنويات الجيش المصري بعد هزيمته في حرب حزيران ١٩٦٧م، وليثبت لهم بطلان المقولة التي كادت تشيع بين الجنود والشعب ومفادها بأن الجيش الإسرائيلي لا يهزم، بأن أبطال غزة يحكمون القطاع بالليل ويجبرون جنود العدو ويضطرونهم للاختباء كلما حل الظلام.

لم تسكت إسرائيل على هذه الأوضاع، وصارت تفكر في طرق تمكنها من

كسر شوكة المقاومة، وتسهل عليها حكم القطاع، والسيطرة عليه، فهدمت الكثير من المساكن داخل المدن والقرى والمخيمات بحجة توسيع الأزقة والحواري، وتخفيف الاكتظاظ والتي كانت تحول دون عبور سيارات الجنود حينما يريدون مطاردة رجال المقاومة واقتحام المنازل التي يشتبه في لجوئهم إليها.

وأقامت حول المدن والقرى والمعسكرات أحزمة من المستوطنات اليهودية، وصادرت الكثير من الأراضي الزراعية، وضيقت الخناق على السكان لإرغامهم على ترك منازلهم، ومغادرة القطاع، والبحث لهم عن مكان آخر يقيمون فيه ويستقرون. ويتضح من كل هذا هدف إسرائيل الرامي إلى تخفيف الكثافة السكانية في القطاع، والقضاء على المقاومة فيه.

ولكن النتائج جاءت على عكس ما كانت تتوقعه إسرائيل، فالعنف ولد مزيدا من العنف، والضغط الشديد نتج عنه الانفجار، وتردي الأحوال وشعر الناس بالضيق، وولد عندهم اليأس والقنوط والإحباط، فتتساوى عندهم الحياة بالموت، بل في كثير من الأحيان تهون الحياة، ويستطاب الموت، لأن الحياة في ظروف سيئة كهذه موت بطيء.

ولما وجد الناس أن جميع المنافذ والأبواب سدت في وجوههم، فهم من حملة وثائق السفر وتوضع جميع العقبات أمامهم، وجميع الأقطار العربية لا تستقبلهم، وبلدان العالم تمنعهم بحجة أنهم إرهابيون أو مشردون لا وطن لهم، ولم يجدوا بابا مفتوحا يدخلون منه غير باب التضحية والفداء يوصلهم إلى الشهادة ورضوان الله، ويستقرون في عالم الآخرة حيث يعامل الناس فيه بأعمالهم لا بجنسياتهم أو أعراقهم، ولذلك انتشرت نزعة التدين عند الناس بعد أن وجدوا بأن لا عاصم لهم إلا الله يتوبون إليه، ويتوجهون نحوه، ويتبعون تعاليم كتابه وسنة نبيه.

وقطاع غزة بسبب تركيبته السكانية حيث الغالبية من النازحين كما سبق القول الذين فقدوا أراضيهم ومنازلهم وأحلامهم والتي يحول بينها وبينهم خط هدنه فرض على العرب في عام ١٩٤٩م، تولد لديهم شعور بالظلم، ورغبة للانتقام. ولذلك كان الجو مهيأ لتشكيل أول خلية فدائية أشرف على تنظيمها

وتدريبها الضابط المصري الشهيد المقدم مصطفى حافظ في الخمسينات، ومساعده ضابط الشرطة الفلسطيني لطفي العكاوي، واستطاع هؤلاء الرجال أن يدخلوا في قاموس الصراع العربي الإسرائيلي كلمة فدائي. وقد أزعجت العمليات الفدائية إسرائيل آنذاك، وأقلقتها فاغتالت مصطفى حافظ بواسطة طرد ملغوم أودى بحياته حينما هم بفتحه في مساء الثالث عشر من تموز ١٩٥٦م.

ونتيجة لطلب شعبي أنشئت على أرض القطاع في الخمسينات الكتيبة الفلسطينية وألحقت بالجيش المصري، وكانت تحت أمره الاميرالاي (العميد) على البوريني، وأركان حربه القائمقام (العقيد) عبد الرحمن الزفتاوي. وقد اتخذت هذه الكتيبة من مدينة خان يونس قاعدة لها.

وقد أبلت هذه الكتيبة احسن البلاء واستبسلت في قتالها مع العدو في عدوان ١٩٥٦م. ولذلك ارتكب الإسرائيليون في خان يونس مجزرة رهيبة راح ضحيتها نحو ثلاثة آلاف شخص من المدنيين.

وحينما قامت منظمة التحرير الفلسطينية في عام ١٩٦٤م أنشأ المرحوم أحمد الشقيري مؤسس المنظمة وأول رئيس لها جيش التحرير الفلسطيني على أرض قطاع غزة. وكان لهذا الجيش دور بطولي في الدفاع عن مدن القطاع وقراه في حرب حزيران ١٩٦٧م.

ومما لاشك فيه أن العوامل السابقة التي حاولنا عرضها وتحليلها ساهمت في بعث الروح النضالية في القطاع، ومهدت للانتفاضة التي اشتعلت شرارتها من مخيم جباليا شمالي مدينة غزة في التاسع من كانون الأول عام ١٩٨٧م، ومنها انتشرت إلى سائر الأرض المحتلة، والتي لا يزال لهيبها مستعرا حتى الآن.

مواصفات الفلسطيني الجيد الذي تقبل به إسرائيل

في ندوة اشترك فيها أعضاء بارزون من حزب "العمل" وتكتل "ليكود" وبثها التلفزيون الإسرائيلي مساء الخميس الماضي* هدفها معرفة رأي المشتركين حول قرار حكومتهم بإبعاد نحو ٤١٥ فلسطينيا اتهموا بأنهم من ناشطي حركة المقاومة الاسلامية "حماس"، وذلك انتقاما لجندي في حرس الحدود اسمه "نسيم توليدانو".

أيد المتحدثون بالإجماع قرار الإبعاد، واعتقدوا أنه لا بد للحكومة من الوقوف بحزم وبشدة من هؤلاء الذين يريدون تعطيل مسيرة السلام. وحمل تكتمل "الليكود" الحكومة مسؤولية تصاعد المقاومة وازدياد نفوذ "حماس" وتردي الأوضاع الأمنية في الضفة والقطاع لأنها أرخت قبضتها، وتساهلت كثيرا مع الفلسطينيين، وقدمت لهم التنازلات في مفاوضات السلام منذ استلامها السلطة عقب سقوط حكومة "اسحق شامير" التي كانت تحافظ على الثوابت الإسرائيلية، ومنها إصرارها على الاستمرار في بناء المستوطنات على الرغم من الضغوط الشديدة التي مارستها عليها إدارة الرئيس الامريكي "جورج بوش" مستخدمة في ذلك ضمانات القروض كوسيلة قوية من وسائل الضغط وكانت حكومة "شامير" لا تتردد في إبعاد كل فلسطيني يخل بالأمن أو يشكل أي تهديد على الوضع في البلاد، ولكن حكومة "العمل" برئاسة "اسحق رابين" رضخت للضغوط الأمريكية وأوقفت بناء المستوطنات في الأراضي المحتلة، وأبطلت قرار الإبعاد بحق أحد عشر فلسطينيا كانت حكومة "اسحق شامير" قد اتخذته قبل سقوطها.

واعتقد المشتركون في هذه الندوة بأن تلك التنازلات كانت بمثابة بوادر طيبة من جانب حكومة "رابين" لم يقدرها العرب، ولم يحاولوا القيام بأية خطوة

---

*١٩٩٢/١٢/١٧

- ٦٠ -

في مقابل الخطوات التي خطتها "إسرائيل" نحوهم للتقرب منهم، بل على العكس من ذلك، فقد فتحت شهيتهم إلى مزيد من التنازلات وفي الوقت نفسه لا زالوا ينظرون إلى إسرائيل نظرة عدائية، وأنهم لا يزالون متمسكين بمقاطعتها اقتصاديا، وهذه المقاطعة كلفت إسرائيل بلايين الدولارات، وأصابت الاقتصاد الإسرائيلي بأضرار بالغة.

وقال المتحدثون بأنه بدلا من أن يقدر الفلسطينيون بوادر اسرائيل الطيبة، ونواياها الحسنة نحوهم، وبخاصة بعد أن عطلت قرار الإبعاد، ولم تحاول إبعاد أي فلسطيني، وتلميحها بأنها ستنظر في إعادة الذين أبعدوا من قبل، نجدهم يقابلون ذلك بالإساءة، ويفسرون هذه الإشارات والنوايا الطيبة بأنها علامات ضعف، معتقدين بأنهم قادرون على انتزاع كل شيء بالقوة وإجبار إسرائيل للرضوخ لمطالبهم. لقد كنا نتوقع من الفلسطينيين وقف انتفاضتهم بمجرد أن بدأت مسيرة السلام، ولكن ما حدث كان على العكس تماما، فقد استبدلوا الحجارة بالمدي والسكاكين، ثم استخدموا الأسلحة النارية. ولما لم يجدوا من يردعهم اتبعوا ولأول مرة أسلوب الخطف والقتل، وهدفهم من كل هذا كما نعلم، تعطيل عملية السلام، وإزاء هذا كله كان لا بد لحكومتنا من إعادة النظر في سياستها تجاه الفلسطينيين، ورأت أن لا مفر من استخدام أسلوب الشدة والردع.

إن طروحات المشاركين في هذه الندوة تعكس ولا شك، غالبية الرأي العام في إسرائيل. ولو حاولنا تحليلها لوجدنا بأنها تفتقر إلى المصداقية والأساس المنطقي لأنها بنت مقولاتها على النتائج وقفزت عن الأسباب أو تجاوزتها، ولا ندري إن كان الاسرائيليون يجهلون الحقائق أو يتجاهلونها. وفي الوقت نفسه لا نعلم إن كانوا يريدون إقناع أنفسهم بمثل تلك المغالطات أو أنهم يريدون إقناع جمهورهم بها، ويبررون أعمال حكومتهم، وليظهروا أمام العالم بأنهم مضطرون، ومكرهون لهذا بعد أن نفذ صبرهم وأعيتهم الحيل، واحتاروا مع الفلسطينيين الذين يرفضون كل شيء، واختاروا الإرهاب لهم مسلكا، وأنهم لا زالوا متمسكين بهدفهم وهو تدمير إسرائيل.

إن الحقيقة التي يعرفها كل منصف وموضوعي بأن جميع الحكومات الإسرائيلية المتعاقبة منذ قيام الكيان الإسرائيلي وحتى يومنا هذا، وسواء كان على رأس السلطة قادة حزب العمل، أو زعماء الليكود، لم تتنازل عن مواقفها، ولم تتخل عن لاءاتها الأساسية. والجميع يعرف بأن الفارق بين كل من "شامير" و "رابين"، أن الأول كان واضحا وصريحا ومتشددا في طروحاته، بينما الثاني يتميز بالدهاء والمراوغة، والقدرة على إخفاء نواياه، والظهور أمام العالم بمظهر المحب للسلام. إنه يبدو لك ناعم الملمس، ولكنه في الحقيقة والواقع أشبه بقفاز من حديد مغطى بقطعة من الحرير التي تجلب النظر، فمنذ استلامه السلطة أعلن بأنه على استعداد لوقف بناء المستوطنات وحصل من الحكومة الأمريكية على ضمانات القروض على الرغم من أن عملية البناء لم تتوقف تماما ولكنها أصبحت تسير على وتيرة مخفضة.

لقد قامت الادارة الأمريكية بدور كبير في تلميع شخصية رابين وتحسين صورة إسرائيل في عهده لكونه محبوبا عندهم منذ أن كان سفيرا لبلاده في واشنطن. ورابين هو الوجه المفضل ليس في أمريكا وحدها، وإنما عند الأوروبيين لما له من علاقات وارتباطات وصداقات مع قادة وزعماء الاشتراكية الدولية، وهو إلى جانب ذلك يعرف العقلية الأوروبية والأمريكية وكيفية التعامل معها، ولذلك فإن الإعلام الغربي لم يعد منذ استلام رابين ينشر أخبارا عن معاناة الفلسطينيين في الأراضي المحتلة واضطهاد السلطات الإسرائيلية لهم.

إن حكومة إسرائيل في عهد رابين لم تتخل عن كثير من ممارسات حكومة شامير الراحلة، فالأراضي لا تزال تصادر، والبناء في المستوطنات لا زال مستمرا، والأحكام القاسية لم تتوقف عن الصدور، وحظر التجول لم يعلق، والفرق الخاصة التي تتخفى بالزي العربي تلاحق الناس وتطاردهم في الطرقات والأزقة والحواري، وحتى داخل البيوت والحجرات، وتطلق النار دون رحمة على الجميع ودون تمييز بين طفل أو شيخ أو شاب.

في مفاوضات السلام التي تجاوزت العام لم تظهر إسرائيل ليونة أو تنازلا

يذكر، وظلت متمسكة بشروطها ولاءاتها وكانت المفاوضات في كل جولة من الجولات والتي بلغت ثمانية تصطدم بالكثير من العراقيل والعقبات التي يضعها المفاوضون الاسرائيلـيـون والذين يتهمون الفلسطينيين بالتشدد وعدم التنازل وكأنه بقي معهم شيء يتنازلون عنه.

لقد كان كثير من أفراد الشعب الفلسطيني يعلق أمالا على مفاوضات السلام في البداية. وقد استقبل الناس في الأراضي المحتلة أعضاء الوفد الفلسطيني العائد من مؤتمر مدريد في تشرين الثاني/ نوفمبر من العام الماضي استقبال الأبطال، وحملوا أغصان الزيتون وتوجهوا إلى الجنود الإسرائيليين تعبيرا عن السلام، ولكن هؤلاء الجنود ردوهـم بغلظة وكبرياء، وهـددوهم بإطلاق النار أن اقتربوا منهم.

إن محادثات السلام لم تحقق شيئا وإنما ظلت تراوح في مكانها، فتبخر الأمل، وزادت معاناة الشعب في الأرض المحتلة، وساءت أحواله، فنفذ صبره، وزادت الضغوط على قياداته لتنسحب من مفاوضات السلام، وأصبح لا خيار أمام الجميع إلا بتصعيد الانتفاضة وتطوير وسائلها بعد أن فقد الناس طعم الحياة، واتخذوا من شعر الشهيد المناضل عبدالرحيم محمود شعارا لهم:

سأحمل روحي على راحتي   وألقي بها في مهاوي الردي

فإما حياة تسر الصديـق   وإمـا ممات يغيـظ العدى

إن المقاومة التي يبديها الشعب الفلسطيني في الأراضي المحتلة والتي تصفها إسرائيل بالإرهاب على الرغم من أنها حق مشروع اعترفت به كل الشرائع والقوانين، ما هـي إلا تعبير عن الظلم الذي يتعرض له هذا الشعب، وهي في الوقت نفسه رد فعل للإرهاب الـذي تمارسه السلطات الإسرائيلية نفسها على الفلسطينيين. ولعل من مظاهر هذا الإرهاب تحويل الأراضي المحتلة، وبخاصة قطاع غزة إلى سجن كبير بعد أن منعت السكان من مغادرته وفرضت عليهم منع التجول داخل شوارع مدنهم وقراهم ومعسكراتهم وأزقتها، واعتقلت وسجنت

أعدادا كثيرة من الذين تشتبه بهم.

إن قرار حكومة رابين بإبعادها نحو ٤١٥ فلسطينيا تكون قد حققت رقما قياسيا في سجل الإبعاد مما يجعلها تتفوق بجدارة على حكومة الليكود في عهد مناحيم بيغن وعهد اسحق شامير مجتمعين. فمنذ بدء الانتفاضة الفلسطينية في كانون الأول/ ديسمبر من عام ١٩٨٧م وحتى السابع عشر من هذا الشهر بلغ مجموع الـذين أبعدتهم إسرائيل ستا وستين شخصا.

ويبدو أن رابين غير قانع بإبعاد هـذا العدد الكبير من الفلسطينيين، فقد صرحت حكومته بأنها ستبعد نحو خمسة وخمسين فلسطينيا على الرغم من الاستنكار العالمي لقرار الإبعاد، وعلى الرغم من الإدانة الدولية القوية التي صدرت عن مجلس الأمن بالإجماع وذلك في قراره رقم ٧٩٩ .

إسرائيل تخطئ أنها بقرار الإبعاد هـذا ستقضيـ على الانتفاضة، وتنهي حركة حماس ولكنها سـتدرك بأنها بهـذا العمل تزيد النار اشتعالا، وتكسب حماس الكثير من الأنصار والمؤيدين وتزيد من الرافضين لمسيرة السلام.

إسرائيل تعلم بأن الإبعاد يتنافى والقوانين العالمية، ويتعارض وحقوق الإنسان، ويخالف اتفاقية جنيف الرابعة، وليس من حق أية سلطة أن تبعد إنسانا عن وطنه حتى ولو ارتكب جميع الجرائم، فما بالك بشخص أو أشخاص لم يرتكبوا أية جريمة اللهم إلا أنهم قاوموا ظلما وقع عليهم، وطالبوا برحيل من احتل ديارهم. يمكن للسلطة أن تحاكم من يخرج على القانون محاكمة عادلة، وتتيح له الفرصة للدفاع عن نفسه.

إن جميع الذين أبعدتهم إسرائيل لم يحاكموا، ولم تثبت أية تهمة عليهم. وعلى عكس ما تزعم إسرائيل بأنهم من ناشطي حماس، فقد أفاد مراسل هيئة الإذاعة البريطانية مساء الجمعة بأنه شاهد وقابل عددا كبيرا من المبعدين، وتبين له بأنهم ليسوا جميعا من حماس بل أنهم مسلمون متدينون، وفيهم عدد من كبار السن والمرضى ومعتلي الصحة والذين ليست لهم القدرة على القيام بأعمال

نشطة. كما شاهد المراسل آثار التعذيب على أجسادهم بعد القبض عليهم بشكل تعسفي، ودون أن يسمحوا لهم حتى بتوديع أسرهم وذويهم والذين لم يعرفوا مصيرهم إلا بعد أن تم إبعادهم.

فهل يحق للإسرائيليين بعد كل هذه الممارسات اللاإنسانية أن يتهموا الفلسطينيين بأنهم إرهابيون يرفضون السلام، ويعملون على تعطيل مسيرته؟ أليسوا هم أولى من غيرهم بهذه الأوصاف؟ أنهم في الظاهر ينادون بالسلام ويرفعون شعاراته، ولكنهم في الباطن يعملون على نسفه، أنهم يريدون سلاما بشروط تجعله يصبح استسلاما. إنهم يريدون كل شيء ولا يعطون غيرهم أي شيء، إنهم يريدون حرمان الشعب الفلسطيني من حق السيادة على أرضه ووطنه، بل ويعملون بكل السبل والوسائل لاقتلاعه وطرده من وطنه، وهم يحرصون كل الحرص على تحقيق الأمن لمواطنيهم على حساب الشعب الفلسطيني. الدم الفلسطيني مستباح لأنه رخيص، ولتزهق أرواح الفلسطينيين، إذ لا قيمة لها، وليعتقل ويسجن كل فلسطيني يقاوم الاحتلال، ولتبعد المئات منهم خارج البلاد لأن في بقائهم إزعاجا وإقلاقا لراحة الإسرائيليين.

لا فرق إذن بين حكومة رابين وحكومة شامير فالسياسة تجاه الفلسطينيين ثابتة لا تتغير ورابين اليوم يؤكد على مقولة سلفة شامير والذي كان حينما يسأل عن ماهية الفلسطيني الجيد من وجهة نظره يجيب قائلا "إن الفلسطيني الجيد الذي تقبل به إسرائيل هو الميت".

هل يدرك الإسرائيليون بأن مزاعهم لا تنطلي على أحد

يعقد الاسرائيليون مساء كل خميس ندوة ينظمها ويديرها "شلومو غانور" تناقش قضية هامة وساخنة بالنسبة للإسرائيليين. وفي مساء الخميس الماضي الموافق ٢٨ / ١ / ٩٣م ناقشت الندوة قرار محكمة العدل العليا الإسرائيلية، والذي يؤيد من حيث الجوهر سياسة الإبعاد التي نفذتها حكومة اسحق رابين، ولكن يخالف الإجراء من حيث الشكل فقط. فالمحكمة ترى بأن الإبعاد غير شرعي ولكنه مشروع إذا تم بشكل فردي، ولذلك وحتى تضفي المحكمة الصفة الشرعية لهذا الإبعاد سمحت للمبعدين بالتقدم منفردين بعرائض والتماسات تنظر فيها المحكمة، وأنه يحق لهم توكيل من يشاؤون للدفاع عنهم، والاجتماع بهم في أرض خاضعة للسيطرة الاسرائيلية، وبحضور ممثلين عن الحكومة سواء أكانوا مدنيين أم عسكريين.

اشترك في هذه الندوة أعضاء بارزون في الكنيست الإسرائيلي نذكر منهم "أوري أور" و "روني ميلو" و "ران كوهين" وقد أيد معظم المشتركين في الندوة قرار المحكمة واعتبروه بأنه جاء منسجما وداعما للحكومة في إبعادها نحو ٤١٥ فلسطينيا من ناشطي حماس، والجهاد الإسلامي. واعتقد أحد المتحدثين بأن هذا الإبعاد لن يحل المشكلة ولكنه يزيدها تعقيدا، وفي الوقت نفسه يسيء إلى إسرائيل ويشوه صورتها أمام العالم. ويرى بأن الحل الأفضل إعلان الحرب على الإرهاب دون هوادة، وبجميع الوسائل المتاحة داخل إسرائيل وفي المناطق التي تخضع لسيطرتها ونفوذها.

ونحن من جانبنا لا نستغرب تأييد الإسرائيليين لسياسة حكومتهم تجاه الفلسطينيين ولا نعترض على تأييدهم لقرارات محاكمهم بما فيها محكمة العدل العليا، ولكننا نستهجن ما يطرحونه من حجج يحاولون بها إقناع أنفسهم، وإقناع غيرهم بسلامة الموقف الإسرائيلي. ونحن على قناعة تامة بأن المشتركين في هذه

الندوة، وهم يمثلون شريحة واعية ومتنورة ومسؤولة في الكيان الإسرائيلي يعلمون أكثر من غيرهم مدى ضعف حججهم، وزيف ادعاءاتهم وبطلان دعواهم، فأحد المساهمين في الندوة يستهجن الضجة التي نتجت عن إبعاد السلطات الإسرائيلية لنحو ٤١٥ فلسطينيا، في حين أن العرب بعامة، والفلسطينيين بخاصة لاذوا بالصمت، ولم يفعلوا شيئا يذكر حينما تم إبعاد ما يزيد عن ٣٠٠ ألف فلسطيني كانوا يعيشون في الكويت قبل الغزو العراقي في الثاني من آب أغسطس ١٩٩٠م، وأن السلطات الكويتية لا تزال تبعد أعدادا كبيرة من الفلسطينيين، ولا أحد يحتج على هذا الإبعاد، بينما يقيمون الدنيا ولا يقعدونها لأن إسرائيل أبعدت عددا من الذين يشكلون خطرا على أمنها وسلامتها.

وعلى الرغم من أننا ضد سياسة إبعاد الفلسطينيين وترحيلهم عن الكويت، وتحميلهم أوزار الغزو العراقي لها ونتائجه وانعكاساته، إلا أن الوضع مختلف تمام الاختلاف عن الإبعاد الذي نفذته السلطات الإسرائيلية فأوضاع الفلسطينيين في الكويت لا يمكن مقارنتها بأوضاعهم في الأراضي المحتلة، ذلك أن الفلسطينيين في الكويت وفي سائر الأقطار العربية التي لجأوا إليها، وعملوا فيها، لم يفكروا يوما من الأيام بالاستقرار فيها على حساب وطنهم، وبإسقاط حق العودة إليه أو التخلي عن المطالبة به. وقد أورثوا هذا الحق لأبنائهم حتى أصبح عقيدة مقدسة وراسخة عندهم لا تذهب أو تضعف بالتقادم. وكل فلسطيني في الكويت كان يعلم بأن وجوده فيها مؤقت مهما طال به الزمن. والفلسطينيون في هذا، شأنهم كسائر الجاليات العربية التي وفدت إلى أقطار الخليج العربي وعملت، وساهمت في بناء نهضتها وعمرانها. صحيح أن وضع الفلسطينيين مختلف بعض الشيء عن أوضاع الجاليات العربية الأخرى بحكم ظروف قضيتهم، واحتلال وطنهم، وصحيح أن مساهمة الفلسطينيين في إعمار الخليج بعامة، والكويت بخاصة وضعهم في وقت من الأوقات في مرتبة هم فيها أقرب من غيرهم من الخليجيين والكويتيين، وقد مكن هذا عددا منهم اكتساب الجنسية الكويتية والخليجية، إلا أنهم ظلوا على ولائهم لوطنهم فلسطين، وكانوا على

قناعة تامة بأن وضعهم في تلك الأقطار مرهون بحل قضيتهم. وكانت جميع أقطار الخليج تعرف هذا وتشجعه، طالما أنها كانت تثق في إخلاص الفلسطيني في عمله، وتفانيه في خدمة وطنه العربي الكبير.

أما الفلسطينيون في الأراضي المحتلة فهم ليسوا وافدين وإنما يعيشون في وطنهم، ووجودهم بمثابة امتداد لحياة آبائهم وأجدادهم منذ آلاف السنين، أي منذ أن كانت فلسطين تدعى بأرض كنعان، وقبل أن يفد اليهود إليها ويستوطنون على أرضها، ويقيمون على جزء منها، واستطاعوا في غفلة من الزمن، ولفترة قصيرة جدا إقامة كيان لهم سرعان ما زال وانقرض وعادت الارض كما كانت عربية.

الإسرائيليون يعرفون جيدا، وأكثر من غيرهم، بأنهم لولا الأوضاع الرديئة التي ابتلي بها العرب والمسلمون، ولولا الظروف العالمية التي أحسنوا استغلالها، لما تمكنوا من تجميع أنفسهم من شتى أنحاء المعمورة، وإقامة كيان مصطنع لهم لا يمت إلى تاريخ المنطقة وجغرافيتها بأدنى صلة، فاليهودية ديانة انتشرت كسائر الأديان في جميع أنحاء العالم، وهي ليست جنسية أو قومية تحاول البحث عن هويتها الضائعة، أو تسعى إلى استرجاع وطن سلب منها، أو طردت منه في مرحلة من مراحل تاريخها. فيهود إسرائيل الذين جاءوا من المغرب والمشرق ينتمون إلى نفس الأجناس والأقوام والأمم التي وفدوا منها، كما قال من قبل علماء الأجناس في العالم، أمثال "ربلي" و"بكستون"، وعالم النفس اليهودي المشهور " سيمون فرويد". كيف يقوم إذن شعب دخيل بطرد شعب أصيل، ليس هناك قانون يعطي الحق لإسرائيل بطرد أي فلسطيني واقتلاعه من أرضه وإبعاده عن وطنه، فالوطن هو حق بديهي وأزلي لكل مواطن، وإذا كانت إسرائيل قد استطاعت فرض سلطتها على الأراضي المحتلة بعد حرب حزيران يونيو عام ١٩٦٧م فإنه لا يحق لها التصرف في هذه الأراضي طالما أنها لا تملكها ولا يمكنها اعتبارها جزءا من الأرض التي تفرض عليها سيادتها، وفي الوقت نفسه لا تستطيع إسرائيل حرمان الشعب الفلسطيني من حق مقاومة الاحتلال وبخاصة بعد أن اعترفت به جميع القوانين

وكفلته جميع الدساتير. وبناء عليه فإن هذا الإبعاد يتعارض وجميع الأعراف والقوانين الدولية، ومنها اتفاقية جنيف الرابعة. وعلى الرغم من أن الأراضي المحتلة تخضع الآن للسيطرة الإسرائيلية بحكم القوة والأمر الواقع، إلا أن إسرائيل لم تكتسب الشرعية لتتصرف في هذه الأراضي كيفما تشاء وحسبما تريد.

يخطيء الاسرائيليون إذا كانوا يتوقعون من الفلسطينيين وقف انتفاضتهم بمجرد أن عقد مؤتمر السلام بمدريد. فالانتفاضة جاءت كرد فعل على معاناة الفلسطينيين تحت الاحتلال وكتعبير عن رفض هذا الاحتلال. لقد كان من الممكن أن تتوقف الانتفاضة لو أن مسيرة السلام حققت نتائج ملموسة، وأسفرت عن مؤشرات ايجابية، ولكنها وللأسف الشديد وصلت، باعتراف الجميع، إلى طريق مسدود. وبدلا من أن ترخي إسرائيل قبضتها وتخفف من معاناة الشعب الفلسطيني أثناء مفاوضات السلام نجدها تزداد شدة وغلظة وقسوة، وتتفنن في وسائل التنكيل والترهيب، ولعل آخر مبتكراتها تشكيل ما يسمى بفرق "المستعربين" والتي تتألف من اليهود الذين يتشبهون في أشكالهم وسحنهم بالعرب، ويتقنون لهجات الفلسطينيين، ويرتدون ملابسهم وأزياءهم، سواء أكانت نسائية أم رجالية، ويقلدونهم في أعمالهم، فتراهم أحيانا يقودون عربات تجرها البغال والحمير، كما يفعل عرب فلسطين ويندسون بين الناس ليتعرفوا على رجال المقاومة. وقد استطاعت هذه الفرق من المستعربين قتل عدد كبير من الفلسطينيين أو اعتقالهم وإلقاء القبض عليهم.

وفي الوقت نفسه أعلنت إسرائيل حربا اقتصادية على الفلسطينيين لتضييق الخناق عليهم، فزادت الضرائب على جميع الحرف والأعمال والأنشطة بما فيها الجمارك والمكوس. فعلى سبيل المثال فرضت ما قيمته ألفي دينار أردني على سيارة الأجرة، فأصبح كثير من أصحاب السيارات غير قادرين على دفع هذه الضريبة لأنهم كثيرا ما كانوا يتوقفون عن العمل، إما بسبب كثرة الإضرابات أو بسبب منع التجول الذي تفرضه السلطات الإسرائيلية.

ولقد أصيب القطاع الزراعي بأضرار فادحة نتيجة المضاربة التي يقوم بها

المستوطنون بتشجيع وبدعم من حكومتهم. فهؤلاء المستوطنون يبيعون محاصيلهم الزراعية بأسعار منخفضة جدا. فعلى سبيل المثال يبيعون صندوق البطاطا بأربع أو خمس شيكلات، في حين أن كلفته على المزارع العربي لا تقل عن سبعة شيكلات، ونفس الشيء ينطبق على الصناعة وباقي القطاعات الاقتصادية. وكثيرا ما يتحرش الجنود بتلاميذ المدارس فهم يصرون على تسيير دورياتهم في أثناء تجمهر الطلبة وبخاصة حين انصرافهم إلى منازلهم، وفي هذه الأثناء قد يقوم بعض التلاميذ الذين فقدوا أخا أو أبا أو قريبا، وما أكثرهم، وبخاصة إذا علمنا بأن نحو خمس الشعب الفلسطيني مصاب إما بالقتل أو السجن والاعتقال أو كسر الأطراف أو الإصابة بالعاهات المستديمة، بإلقاء حجارة على هؤلاء الجنود الذين يردون على الحجارة بإطلاق النار دون هوادة وبلا تمييز على جميع التلاميذ.

وتزيد السلطات الإسرائيلية إمعانا في مضايقة الشعب الفلسطيني وتضييق الخناق عليه بفرض منع التجول الذي يمتد إلى أربعة أو خمسة أيام في الأسبوع، وتطلق النار على كل من يخالف ذلك، حتى ولو خرج الشخص من المنزل إلى الشرفة. وكثيرا ما قتل الجنود الناس وهم في شرفات منازلهم يطلبون استنشاق الهواء النقي. وحينما يطلقون النار لا يفرقون بين النساء والرجال، ولا بين الشباب والشيوخ والأطفال.

وفي عهد رابين سلكت السلطات الإسرائيلية إجراءات أخرى في غاية القسوة والإرهاب مثل مهاجمة البيوت بالصواريخ الحارقة وتدمير محتوياتها وأثاثها بمجرد سماع وشاية عن تعاون أصحابها مع رجال المقاومة أو التجاء أحد المطاردين إليها، ولو حتى مجرد تقديم طعام أو شراب لهم.

وتحاول إسرائيل بكل الوسائل شق الصف الفلسطيني فهي - على سبيل المثال- تقسمه إلى مجموعتين: مجموعة تطلب السلام وتعمل من أجل إنجاحه، ومجموعة تعارض السلام وتعمل على محاربته وتدعي بأن هذه المجموعة الأخيرة ليست خطرا على إسرائيل بقدر ما هي خطر على الفلسطينيين أنفسهم ولذلك فإن إبعاد هذا العدد الكبير من الفلسطينيين هو في صالح السلام، ولا شك أن

ذلك مغالطة كبيرة وأسلوب من أساليب تشويه الحقائق وتحريفها، فمن الطبيعي أن تختلف وجهات النظر حول كل قضية وبخاصة إذا كانت هامة وحساسة كقضية السلام. وإذا كانت آراء الإسرائيليين أنفسهم متباينة حول مسيرة السلام فكيف ينكرون علينا هذا الحق؟. أن اختلاف وجهات النظر لا تشكل انقساما في الصف وإنما تعبر عن قناعات واجتهادات سنترك للزمن وحده إثبات صدقها أو بطلانها.

إن وجود معارضة فلسطينية لمفاوضات السلام مع إسرائيل لا يعني رفض السلام كمبدأ، ولكن هذا الرفض يستند على قناعة البعض بأن إسرائيل غير جادة في التوصل إلى سلام عادل مع الفلسطينيين، ومع ذلك فإن الفلسطينيين لم يوقفوا المسيرة وواظبوا على حضور المفاوضات، وإسرائيل هي - ولا شك- المسؤولة عن تنامي الرأي المعارض لاستمرار المفاوضات طالما تقوم بتصعيد إجراءاتها القمعية ضد الشعب الفلسطيني، وطالما لا تبدي ليونة أو مرونة في مفاوضات السلام، ولا شك في أنها في إبعادها نحو ٤١٥ فلسطينيا ساهمت إلى حد كبير في قلب الموازين لصالح الذين يعارضون المفاوضات وأكسبت بالتالي حماس والجماعات الإسلامية الكثير من المؤيدين والأنصار.

نحن على قناعة بأن الشعب الفلسطيني يعي جيدا مخططات إسرائيل وهو قادر على إفشال جميع المؤامرات عن طريق توحيد الصفوف والأهداف وتضافر الجهود.

على من تقع مسؤولية تعليق مفاوضات السلام؟

قد يتساءل كثير منا عما إذا كانت إسرائيل تريد سلاما حقيقيا وعادلا مع الفلسطينيين؟، أنه سؤال طرح كثيرا ولا يزال يطرح على الرغم من أن البعض يرى في طرحه نوعا من السذاجة إن لم يكن فيه الكثير من الغرابة، وبخاصة بعد أن مضى ـ على مفاوضات السلام وقت ليس باليسير. واقتنع كثير من العرب وبعض الفلسطينيين بأن إسرائيل جادة في اشتراكها في عملية السلام بعد أن كانوا قبل بدء المسيرة السلمية يعتقدون بأنها لا تريد السلام بل تحاربه وتغتاله رغم أنها تنادي في العلن وتتشدق به، ونجحت في إيهام أمم العالم وشعوبه بأنها منذ قيامها وهي ترفع راية السلام وتبسط يدها ممدودة للعرب الذين يرفضون السلام ويصرون على تدميرها وإزالتها من الوجود.

الذين يعتقدون برغبة إسرائيل في السلام وصدق نواياها في التوصل إلى تسوية عادلة مع الفلسطينيين الذين ينبغي عليهم اغتنام هذه الفرصة التي قد لا تتكرر، يوجهون اليوم اللوم إلى الجماعات الرافضة لعملية السلام وبخاصة الجماعات الإسلامية المتشددة مثل حماس والجهاد الإسلامي. وعلاوة على ذلك ينسبون إلى هذه الجماعات تصعيد الانتفاضة، وتطوير وسائل المقاومة، واستخدامهم للسكاكين والأسلحة النارية بدلا من الحجارة، وقتلهم الجندي الإسرائيلي نسيم توليدانو، وهم يعلمون بأن إسرائيل لن تسكت بل سترد بعنف شديد وربما تقوم بعملية تؤدي إلى وقف مفاوضات السلام، وانسحاب الجانب الفلسطيني منها، وبهذا يكون الرافضون قد حققوا مطلبهم.

لا شك في أن الذي ينظر إلى ظواهر الأمور ومجريات الأحداث يميل إلى الأخذ بهذا المنطق والتحليل. والناس عادة لهم الظاهر، أما الباطن فمخفي مستور، والزمن وحده كفيل بكشفه وإظهار حقيقته. ومن الطبيعي فإن من الصعب الكشف عن نوايا الإنسان وأهدافه من تصرفاته وسلوكه الظاهر

للعيان، لأن كثيرا من هذه النوايا يظل مختفيا وكامنا في النفس، ولكن علماء النفس استطاعوا معرفة نوايا الإنسان أحيانا بطرق منها دراسة تصرفاته وسلوكه في الماضي، والتأكد فيما إذا كانت تنطبق على الواقع بعد زوال المستور، وانكشاف الأسرار، أو من خلال سقطات اللسان. وما ينطبق على الأفراد قد ينطبق على الجماعات والحكومات فسلوكها الظاهري لا يكشف بالضرورة عن نهجها وخططها وأهدافها، ولذلك فإن التاريخ السياسي لا يمكن كتابته بدقة وموضوعية إلا إذا انقضت مدة كافية على الأحداث، وتوافرت الأدوات اللازمة للبحث العلمي كالوثائق والمستندات التي تحرص الدول على عدم نشرها إلا بعد انقضاء زمن كاف عليها، وبعد زوال مفعول خطر نشرها. وبناء عليه، ومن منطلق البحث العلمي فإن هناك من يحاول أن يصوغ من السؤال المطروح في بداية هذا المقال فرضية تقول بأن إسرائيل وليست الجماعات الرافضة لمسيرة السلام الحالية هي التي تريد إجهاض عملية السلام، وهي وراء اغتيال الجندي نسيم توليدانو.

من المعلوم بأن كل فرضية تحتمل الصدق والخطأ معا، ولذلك فإن على الباحث فحص كل فرضية يقوم ببنائها بالبحث عن البراهين التي تثبت صحتها أو تبين خطأها، ولذلك فإننا مطالبون بتقديم الأدلة على صحة هذه الفرضية إن كنا نريد إقناع الناس بصدقها. وفي بحثنا عن هذه الأدلة لن نجد غير الوقائع التاريخية التي كشفت عنها الوثائق التي فضحت النوايا والأهداف والوسائل الإسرائيلية، وهذه الأدلة كثيرة ولذلك سنكتفي بذكر بعض منها:

١- لقد تبين بأن الصهيونية منذ قيامها كحركة سياسية، وهي تسلك أساليبا وطرقا بارعة تضلل بها العالم وتخدعه، منها التعامل المستمر مع أعدائها في المرحلة التي قد تكون المصالح مشتركة. فعلى سبيل المثال قد يستهجن القارئ الكريم إذا قلنا له بأن الصهيونية على الرغم من ادعائها بحرق هتلر لليهود في أفران الغاز إبان الحرب العالمية الثانية، إلا أنه تبين بالدليل القاطع بأن الصهيونية كانت تتعاون مع هتلر في عملية تشجيع هجرة اليهود إلى

فلسطين بطرق غير مشروعة. وقد نشرت صحيفة نيويورك تايمز، في عددها الصادر في الثاني من شباط/ فبراير عام ١٩٤٠م مقالا جاء فيه بأن الألمان كانوا يشجعون هجرة اليهود إلى فلسطين من المناطق التابعة لهم في بوهيميا ومورافيا، وأنشأوا لهذا الغرض مكاتب لهم في كل من فيينا وبراغ. وكانت هذه المكاتب على اتصال تام بالجستابو "البوليس السري الألماني"، والذي كان يقدم الدعم المالي لها بالعملات الصعبة، ويتكفل بنفقات نقل المهاجرين اليهود من أوطانهم الأصلية إلى فلسطين، وبنهاية شباط/ فبراير ١٩٤٠م تمكن الجستابو من تهجير حوالي ستة آلاف يهودي من النمسا وتشيكوسلوفاكيا إلى فلسطين بطرق سرية. وكان الألمان يعتقدون أنهم بهذا العمل يحرجون الانجليز ويسببون لهم المتاعب مع العرب مما يشجعهم على الثورة ضد بريطانيا ويؤدي إلى إرباكهم وشل خططهم الحربية في منطقة الشرق الأوسط. وكان يشرف على عمليات الهجرة اليهودية غير المشروعة "كارل ايزمان" والذي أصبح اسمه فيما بعد "أدولف ايخمان"، وهو ألماني من مواليد فلسطين، وكان والده يقيم في مستعمرة سارونة الألمانية في أثناء مد خط سكة حديد بغداد إبان العهد العثماني. وكلنا يعلم بأنه وبعد هزيمة هتلر وسقوط النظام النازي في ألمانيا اتهمت إسرائيل ايخمان بأنه كان الموكل من قبل هتلر بتعذيب اليهود وحرقهم في أفران الغاز، وظلت تتعقبه حتى نجحت باختطافه من الارجنتين بعملية دراماتيكية وأعدمته. وقبل إعدامه قامت وسائل الإعلام الصهيونية بحملة دعائية عالمية واسعة سلطت فيها الأضواء على جرائم ايخمان بحق اليهود، ووجدت إسرائيل الفرصة مواتية لفتح ملف هتلر وأفران الغاز المزعومة، وهدفها من ذلك كسب مزيد من العطف والتأييد العالمي وابتزاز ألمانيا. ومن عادة إسرائيل اغتنام المناسبات أو افتعالها لتذكير العالم بما لاقاه اليهود من قتل وتعذيب واضطهاد مبالغ فيه.

٢- أثبتت الحقائق التي كشف النقاب عنها فيما بعد بأن الصهاينة قاموا بنسف

وتدمير سفن بعض المهاجرين غير الشرعيين مـن اليهود إلى فلسـطين في أثنـاء فـترة الانتـداب البريطاني وألصقت التهمة إلى العرب والإنجليز، والهدف مـن ذلـك كسـب تأييـد وعطـف العالم على هؤلاء اليهود الذين تعرضوا لاضطهاد هتلر، ونجحوا بالفرار من الحرق في أفران الغاز (كما يزعمون)، ولكنهم وللأسف الشديد لقوا حتفهم على يد الإنجليز والعرب الذين حالوا بينهم وبين الوصول بسلام إلى أرض أجدادهم. ففي الأسبوع الأول من شهر تشريـن الثاني نوفمبر عـام ١٩٤٠م وصلت قبالة الشاطئ الفلسطيني سفينتان هـما "باسـفيك" و"ميلوس" وعليهما ١٧٧١ مهاجرا يهوديا بطريقة غير مشروعة، وحاولت سلطات الانتداب البريطانية منع السفينتين من الدخول إلى فلسطين حتى لا تثير العرب، ونقلت الركاب إلى سفينة أخرى اسمها "باتريا" وأمرت ربانها بنقل هؤلاء اليهـود إلى جزيرة موريشوس. وفي الوقت نفسه، وصلت سفينة ثالثة اسمها "اتلانتيك" وعليها ١٧٨٣ مهاجرا يهوديا، فخرج جميـع اليهـود في مدينـة حيفـا لمراقبـة العمليـة، ولكـن السـفينة "باتريا" لم تصل إلى موريشوس لأنها فجرت في ٢٥ تشريـن الثاني نوفمبر فغرق ٢٥٢ يهوديا، وبعض أفراد البوليس البريطاني، وقامت السلطات البريطانية بالتحقيق الذي أسفر بأن عصابة صهيونية دبرت عملية التفجير، وهي عصابة "أرجون زفاي ليئومي" أي المنظمة العسكرية الوطنيـة، وذلك بالتعاون مع ركاب كانوا على متن السفينة، وقد تبين فيما بعد بأن منظمة الهاغانـاه الذراع العسكري للوكالة اليهودية بفلسطين كانت أيضا وراء هذه العملية.

٣- كانت إسرائيل تخطط لغزو لبنان قبل غزوهـا لـه في عـام ١٩٨٢م، لضرب حركة المقاومة الفلسطينية التي اشتد عودهـا، وقويت شوكتها واكتملـت مؤسسـاتها وتنظيماتها بحيـث أصبحت تشكل خطرا حقيقيا على الكيان الإسرائيلي، فافتعلت حادثة الاعتداء على سفيرها في لندن وألصقت التهمة بمنظمة

التحرير الفلسطينية*، واتخذت من ذلك مبررا لغزو لبنان بعملية عسكرية ضخمة، ووصلت بيروت، واحتلت لبنان، ونجحت في إبعاد قيادة المنظمة وهيئاتها الفاعلة، ومعظم قوتها العسكرية من لبنان، وأنشأت في الجنوب اللبناني ما سمي بالحزام الأمني، وأوكلت مهمة الأمن فيه إلى نفر من العملاء أطلقت عليهم اسم جيش لبنان الجنوبي بقيادة ضابط لبناني ماروني هو سعد حداد ثم خلفه بعد وفاته انطوان لحد، والذي ما زال يتولى حراسة أمن إسرائيل حتى الآن**.

وإذا كنا قد اكتفينا ببعض الأدلة والبراهين على الرغم من كثرتها والتي لا يتسع المقال لذكرها فقد نتساءل: ولماذا ترفض إسرائيل السلام مع الفلسطينيين؟ وهل ترفضه أيضا مع العرب؟، والإجابة على هذا السؤال نجدها في تصريح لمسؤول إسرائيلي جاء ردا على سؤال لصحفي تساءل فيه لماذا ترفض إسرائيل التفاوض مع منظمة التحرير الفلسطينية وهي الممثل الشرعي والوحيد للفلسطينيين في الداخل والخارج؟ فكان رد هذا المسؤول الإسرائيلي نحن حينما نجتمع ونتفاوض مع الدول العربية فإن المشكلة المطروحة تكون حينئذ مسألة حدود، أما حينما نلتقي ونتباحث مع الفلسطينيين فإن القضية تصبح مسألة وجود وإذا انحصر الخلاف والنزاع بيننا وبين العرب في مساحات محددة من الأرض على طرفي الحدود، فإن الحل لن يكون مستحيلا أو صعبا، ولا بد من أن تسفر المفاوضات في النهاية عن اتفاقية لرسم الحدود، وإزالة السدود، وتطبيع العلاقات كما حدث مع مصر حيث انسحبنا من سيناء بعد وضع ضمانات وضوابط أمنية

---

* أفاد ضابط بريطاني كان يعمل في سكوتلانديارد واسمه "ديفيد شيلر" بأن العملية من فعل الموساد الإسرائيلي، (الدستور ٢٠/١١/٢٠٠٠م).

** تمكن حزب الله اللبناني من إجبار إسرائيل على الانسحاب من الجنوب اللبناني في أيار/ مايو ٢٠٠٠م. مما أدى إلى تفكك جيش لبنان الجنوبي ولجوء قسم من جنوده وكوادره إلى إسرائيل.

لا تزال قائمة وصامدة*.

ويستطرد المسؤول الإسرائيلي قائلا: ليس بيننا وبين الدول العربية مشاكل، ولكن مشكلتنا الكبرى والأهم مع الفلسطينيين الذين يعتقدون بأننا طردناهم من أوطانهم وسلبناهم ديارهم، واغتصبنا أملاكهم أنهم يريدون استعادة كل هذا، حتى ولو تظاهروا غير ذلك وقبلوا بدولة على جزء مما يسمونه تراب وطنهم، إنهم يريدون أن يتخذوا من هذه الدويلة مرتكزا ومنطلقا للهجوم على إسرائيل وتدميرها في النهاية لإقامة دولتهم من النهر إلى البحر كما يأملون وهم يعتقدون بأنهم يتبعون نفس الأسلوب الذي يزعمون بأننا اتبعناه من قبل حينما كنا نتظاهر بالمطالبة بوطن قومي نلجأ إليه ونحتمي فيه، ولكننا في حقيقة الأمر نخفي كما يزعمون، نوايانا الحقيقية المتمثلة في إنشاء دولة يهودية خالصة، ولذلك نرفض مفاوضاتهم لأننا لسنا على استعداد لوضع خريطة إسرائيل على طاولة المفاوضات كما يطالبون ولكننا نرضى بوضع حدود إسرائيل وأمنها فقط على هذه الطاولة.

إسرائيل بلا شك هي المسؤولة عن إجهاض عملية السلام، وهي المسؤولة عن قتل الجندي الإسرائيلي نسيم توليدانو، إما بشكل مباشر أو غير مباشر، فلو كانت تريد الإبقاء على حياته لما سمحت بتصعيد الأمور إلى هذا الحد ولتحمل في النهاية عملية القتل للجماعات الإسلامية وبخاصة حماس والجهاد الإسلامي وتقوم بطرد نحو ٤١٥ فلسطيني لم تثبت إدانتهم بشيء وكانت بذلك أكبر عملية إبعاد تقوم بها إسرائيل، وهي تعلم أنها بهذا العمل تجبر المفاوض الفلسطيني على الانسحاب وتعليق المفاوضات لأنه لن يجرؤ على التفاوض والإبعاد قائم، كما أنها تعلم بأنها بهذه العملية تحرج منظمة التحرير، وتجبرها على وقف المفاوضات وإلا تعرضت لنقد شديد من الفلسطينيين في الداخل والخارج.

لو كانت إسرائيل تريد الكشف عن عملية قتل الجندي لفعلت، وهي قادرة على ذلك، ولكنها لا تريد كشف الغطاء حتى لا تظهر الحقيقة وتتضح

---

* لقد سقطت هذه المقولة بعد اتفاقية أوسلو التي سنتعرض لها في الفصل الثاني.

الأهداف، وماذا تستفيد إسرائيل من سجن رجل مقعد مشلول مثل الشيخ أحمد ياسين*، والذي هو مجرد رمز لحركة حماس؟، أما كان باستطاعتها إطلاق سراحه وتهدئة الأمور فإن سجنه لن يعيق الانتفاضة، وأن خروجه لا يشكل خطرا على إسرائيل وأمنها كما يزعم حكامها؟.

ولكن إسرائيل أذكى من ذلك وأكثر دهاء أنها تريد استبعاد الفلسطينيين من مسيرة السلام دون أن يوجه إليها اللوم، إنها تريد أن تلقي الكرة في المرمى الفلسطيني، فالمفاوضون الفلسطينيون في محادثات السلام** كثيرا ما يصفهم الإسرائيليون وبخاصة اسحق رابين، والفريق الإسرائيلي المشارك في عملية السلام بأنهم متشددون متصلبون، وإسرائيل قبلت بوفد فلسطيني مفاوض تحت مظلة أردنية نتيجة ضغط أمريكي وعالمي، وحينما كان الجانب الأردني يحاول إتاحة الفرصة للجانب الفلسطيني ليكون شريكا كاملا ومستقلا في المفاوضات كانت إسرائيل تعارض في ذلك وتضع العقبات والعراقيل. وإسرائيل تعلم بأن الجانب العربي لن يقاطع المفاوضات، ولن يتخلى بسهولة عن التزاماته الدولية فقد أجاب اسحق رابين على سؤال لأحد الصحفيين بعد قرار الإبعاد فيما إذا كان قراره هذا سينسف عملية السلام قائلا: بأن الدول العربية لن تنسحب من عملية السلام". وهدف إسرائيل والذي يعلمه الجميع هو الاستفراد بكل طرف عربي على حدة على نحو ما فعلت حينما عقدت مع الدول العربية الهدنة في جزيرة رودس بالبحر المتوسط بعد حرب ١٩٤٨م، بإشراف "رالف بانش" مساعد السكرتير العام للأمم المتحدة آنذاك "ترجفي لي". وبعد أن نجحت في عقد صلح منفرد مع مصر فإنها تريد اليوم عقد اتفاقيات صلح منفردة مع الدول العربية وعندها يصبح الفلسطينيون كالثمرة الناضجة التي تسقط طبيعيا ومن تلقاء نفسها.

---

* كان الشيخ أحمد ياسين آنذاك في سجن من سجون إسرائيل.
** كان الدكتور حيدر عبد الشافي يرأس الفريق الفلسطيني في مفاوضات السلام آنذاك.

ومن هذا المنطلق نتساءل فيما إذا كان هناك تنسيق عربي فلسطيني لإفشال هذا المخطط الإسرائيلي؟. نحن على قناعة بأن العرب والفلسطينيين على وعي وإدراك كامل للأهداف الإسرائيلية وأنهم قادرون على تذليل الصعاب وحل المشكلات. ولعل التحركات الجارية على الساحتين العربية والفلسطينية ما يبشر بالخير إن شاء الله.

هل يحق لنا محاكمة الماضي على معطيات الحاضر؟

حينما تثار القضية الفلسطينية ويدور النقاش حول المراحل التي مرت بها منذ احتلال بريطانيا لفلسطين في عام ١٩١٧م، نجد البعض من يتهم الشعب الفلسطيني آنذاك بعدم قدرته على اغتنام الفرص، ومعالجته لقضيته بطريقة عاطفية بحتة، وأن قيادته كانت تنقصها البصيرة الثاقبة، والنظرة المستقبلية بعيدة المدى. ويرى هؤلاء بأنه لو كانت القيادة الفلسطينية في ذلك الوقت قديرة وكفؤة، وعلى مستوى القيادة الصهيونية ذكاء ودهاء وبعد نظر، لما حدثت النكبة، ولما طرد الشعب الفلسطيني من وطنه وتشرد وتشتت في الآفاق. وهم يعتقدون بأن الفرص والعروض التي أضاعتها القيادة الفلسطينية كثيرة، وأن الخطأ الكبير والقاتل الذي ارتكبته تلك القيادة السابقة أنها كانت لا تقبل بالحلول الوسط، ولا ترضى إلا بفلسطين كاملة وغير منقوصة. وتمشيا مع هذا المبدأ رفضت مشروع المجلس التشريعي الذي عرضته حكومة الانتداب في عام ١٩٢٢م، وسارت هذه القيادة في مسلسل الرفض فرفضت الكتاب الأبيض لعام ١٩٣٠م، وكذلك الكتاب الأبيض لعام ١٩٣٩م، ومشروع التقسيم الذي عرضته لجنة بيل في عام ١٩٣٧م، ومشروع التقسيم الذي أقرته هيئة الأمم المتحدة في التاسع والعشرين من تشرين الثاني نوفمبر عام ١٩٤٧م، والمعروف بالقرار رقم ١٨١ والذي استندت عليه القيادة الفلسطينية حينما أعلنت الدولة الفلسطينية، في الجزائر في ١٩٨٨/١١/١٥م.

وربما كان من المناسب وقبل مناقشة هذا الرأي ومدى صحته، التساؤل عما إذا كان من الحق والعدل والإنصاف تقييم أحداث الماضي على حقائق الحاضر ومعطياته وإمكاناته وبخاصة أن الحدث مرتبط بظروف زمانه ومكانه وأن الفترة التي يحدث فيها الحدث تشكل إطاره الزماني في حين أن الموقع أو الموضع الذي يشغله الشيء ويحتله يشكل إطاره المكاني، وأن الزمان والمكان متلازمان على الرغم من كونهما متغيرين، ولذلك فإنه لا يجوز أن نخرج الحدث من إطاره

الزماني أو المكاني ونضعه في إطار نصنعه نحن من حقائق نعيشها ونحياها وظروف حاضرة تختلف عن ظروف الماضي وأحواله. فعلى سبيل المثال لو حاولنا تقييم موقف القيادة الفلسطينية في العشرينات والثلاثينات والأربعينات والذي كان يرفض التنازل عن حقوق الشعب الفلسطيني في سيادته على كامل أرضه وعدم التفريط في حفنة من تراب الوطن، لوجدنا أن موقفه سليم ومنطقي وعادل وليس فيه تشدد أو تصلب، فالشعب الفلسطيني كان آنذاك يملك فلسطين بكاملها، ويعيش على تراب وطنه، وينعم بخيراته، بينما كان اليهود أقلية لا تزيد نسبتهم عن ١٣% من مجموع عدد السكان وذلك بموجب إحصاء ١٩٢٢م، ولا يملكون إلا ٥% من مجمل مساحة فلسطين. فهل من المعقول أن يقبل شعب التنازل عن جزء من وطنه ويتخلى عن أرضه لقوم دخلاء غرباء يخططون لطرده واقتلاعه وإقامة كيان لهم تكون لهم السيادة الكاملة فيه؟. أليس من الظلم أن نتهم قيادة كهذه بمحدودية التفكير وعدم نفاذ البصيرة بدلا من أن نصفها بالأمانة والاستقامة وحفظها لحقوق الأجيال القادمة وعدم التفريط فيها؟. أما كنا سنتهمها بالخيانة لو قبلت آنذاك بالتقسيم ولاعتبرنا ذلك تفريطا في الحقوق وتنازلا عن الأرض، ولو أقدمت القيادة الفلسطينية على عمل كهذا، لما سمح لها الشعب الفلسطيني بالبقاء ولأخرجها من الحياة والوجود فقد كان الفلسطينيون واثقين من نصرة إخوانهم العرب لهم، وكانوا على ثقة ويقين بأن الأمة العربية لن تتركهم وحدهم في الميدان، ولن تسمح للصهيونية والقوى التي تؤيدها وتدعمها بأن تستولي على فلسطين وتحولها إلى دولة يهودية. وكان الشعب العربي في كل قطر يتوق شوقا للجهاد في فلسطين كلما سمع بعدوان على الفلسطينيين، فهل يعقل بأن يقبل أي فلسطيني عن وطنه بديلا في ظروف كهذه؟.

أما في الجانب المقابل فإن اليهود كانوا على استعداد لقبول أي شيء يعرض عليهم طالما أن ذلك يحقق لهم جزءا من برنامجهم أو مخططهم الذي يهدف إلى إقامة دولة صهيونية تجمع شتات يهود العالم وتسيطر على المنطقة العربية ولذلك فإن قبول اليهود لمعظم ما عرض عليهم آنذاك لا يدل على المرونة، كما أن

رفض العرب لتلك العروض لا يدل على التشدد والتصلب وفقدان البصيرة فالقاعدة العامة تقول بأن من لا يملك يكون على استعداد لقبول ما يعرض عليه، لأنه يعتبره مكسبا، أما الذي يملك الشيء فإنه لن يتنازل عن أي جزء منه لأن ذلك بالنسبة له خسارة.

وبطبيعة الحال فإن الوضع اليوم مختلف تماما فإسرائيل أصبحت تسيطر على كامل التراب الفلسطيني، ومعظم الشعب الفلسطيني مشرد مشتت، وأن من بقي في وطنه ولم يغادره يتعرض للبطش والتنكيل ويحرم من حقوقه كإنسان فهو يتطلع إلى التحرر من هذا الوضع السيء الذي هو فيه، وهو متمسك بوطنه لا يفرط فيه ولا يقبل بالتنازل عن شبر من أرضه وهدفه الأسمى تحرير فلسطين من البحر إلى النهر، وهو مطلب لا يختلف أحد من الفلسطينيين عليه، ولا شك في أن الضربات المتتالية التي تعرض لها الفلسطينيون والأوضاع السيئة التي يعاني منها سكان الأراضي المحتلة والأوضاع العربية المتردية هي التي دفعت فئات فلسطينية إلى قبول سياسة الأمر الواقع والتخلي مؤقتا عن مبدأ التحرير من البحر إلى النهر لاعتقادها بأن من المستحيل تحقيقه في الظروف الراهنة، وأن الاهتمام يجب أن يركز على تثبيت الأهل داخل فلسطين، وعدم إعطاء الفرصة لقوات الاحتلال لمصادرة أملاكهم ووضعهم في ظروف صعبة تضطرهم إلى الرحيل، أو تقوم هي بطردهم خارج وطنهم واستقدام يهود من مختلف بلاد العالم ليحلوا محلهم. ويبدو فإن هذا النهج الذي أصبحت تسلكه القيادة الفلسطينية حاليا لاقى القبول والاستحسان من بعض الفئات ووصفته بالنهج العملي والواقعي والذي كان ينبغي سلوكه من قبل، في حين أن فئات أخرى لم ترض عنه واعتبرته تخليا عن الثوابت وتنازلا عن حقوق الأجيال القادمة. ولا شك في أن اختلاف وجهات النظر هذه شيء طبيعي يحدث في كل المجتمعات، وفي كل الأزمنة. وطالما أننا نقيم نهجنا الحالي على معطيات الحاضر وظروفه فليس هناك ما يثير الاستهجان والاستغراب لأن لكل فرد منا حكمه الخاص على الحدث أو الشيء، ولكن الذي نستغربه ونستهجنه من البعض حينما يخرجون الأحداث من إطارها

الزماني أو المكاني ويعيدون تقييمها على ضوء ما تتوافر لديهم من حقائق لم تكن موجودة في الماضي. وبعبارة أخرى يحاكمون الماضي على معطيات الحاضر، ونحن لا نقلل من قيمة الماضي ولا نريد إسدال الستارة عليه فالكل يعلم بأننا نستمد الخبرة والعظة والعبرة من الماضي، وإذا استطعنا الاستفادة من الماضي فإننا قد لا نقع في نفس الأخطاء التي وقعنا فيها، وفي الوقت نفسه فإننا لا نقصد تبرئة الأجيال السابقة من أي خطأ فالبشر خطاؤون غير معصومين وليس العيب في أن نخطئ وإنما العيب في أن نكرر نفس الأخطاء التي وقعنا فيها، ولذلك فإن تمسك الشعب الفلسطيني وقياداته في الماضي بمطالبه وحقوقه في السيادة علي تراب وطنه لن تكون مأخذا عليه، وإنما هي تحسب حسنة له، وإذا كان البعض يرى بأن التمسك بهذه الثوابت هو الذي أوصلنا إلى ما نحن فيه، فإن الثوابت لن تتحول إلى متغيرات، وسيظل الشعب الفلسطيني يتطلع إلى تحرير كامل التراب الفلسطيني. الثوابت هي كالأهداف والغايات تحتاج إلى وسائل وأدوات لتحقيقها وإلى خطط وبرامج لتنفيذها، وهذه الوسائل والأدوات والبرامج والخطط عرضة للتغيير أو التبديل أو التعديل، فهي إذن متغيرات. وإذا كان لكل جيل منهجه وخططه وبرامجه وأدواته ووسائله التي توصله إلى الأهداف والغايات فإن تحرير فلسطين وعودة أهلها إليها من الثوابت التي لا يختلف عليها أي جيل من الأجيال. ونحن على ثقة بأن كل جيل سيظل متمسكا بحق الشعب الفلسطيني في فلسطين بكاملها لأنها ليست ملكا لجيل واحد، وإنما هي ملك ووقف لكل الأجيال. وإذا لم يتمكن الجيل الحالي من تحقيق هذا الهدف الأسمى بسبب الظروف والأحوال المعاكسة فإن المسؤولية ستنتقل إلى الأجيال اللاحقة، فهي أمانة في أعناقهم وسيظل تحرير فلسطين من الحقوق والثوابت مهما طال الزمن.

نحو بلورة موقف فلسطيني موحد

لا تزال مفاوضات السلام تستأثر باهتمام الفلسطينيين في لقاءاتهم وتجمعاتهم في جميع الأمكنة والأقطار التي يقيمون عليها. وربما كان الفلسطينيون في الولايات المتحدة الأمريكية أكثر من غيرهم انشغالا بهذا الموضوع، وبخاصة في هذا الفترة الحرجة التي تتعثر فيها المفاوضات بسبب التعنت الإسرائيلي وتصلب مواقفه من البنود الهامة مثل مسألة القدس، والولاية الجغرافية للحكم الذاتي، وماهية الحكم الذاتي وطبيعته وصلاحياته.

وكما هو الحال في أقطارنا العربية تتبلور مواقف الفلسطينيين في الولايات المتحدة في اتجاهين أحدهما يؤيد استمرار المفاوضات لقناعته بأن لا بديل عنها في الظروف الراهنة بسبب تردي الأوضاع العربية، وانقسام الصف العربي، وتغير الأحوال العالمية. أما الرافضون فيرون بأنه لا جدوى منها، وهي عملية استسلام طالما أن موازين القوة غير متكافئة، وأن المطلوب من الفلسطينيين القيام بدور إسدال الستار على مأساة يريد الجميع تحميلهم مسؤوليتها كاملة.

وفي أكثر لقاء حضرته استمعت إلى مختلف آراء الفلسطينيين في ولاية كاليفورنيا الأمريكية بعامة، وفي مدينة لوس أنجلوس بخاصة. وقد أفرز الحوار والنقاش الكثير من النقاط الإيجابية والمفيدة والتي حاولت تشخيص الوضع الفلسطيني على ضوء المتغيرات العربية والعالمية. ولعل من أهم تلك النقاط وأكثرها وجاهة ما له علاقة بالمطالب الفلسطينية، وتحديد أرضها أو حدها الأدنى وسقفها، وما له علاقة بالكيان الفلسطيني بما يحويه من مؤسسات وأجهزة، وعملية صنع القرار الفلسطيني.

فبالنسبة للنقطة الأولى فإننا نحن الفلسطينيين- سواء كنا من الموافقين على مسيرة السلام أو من الرافضين لعملية المفاوضات- لم نتفق على ماهية مطالبنا، ولم نتمكن من وضع الأسس والمعايير التي ينبغي علينا الالتزام بها، ولم نحاول

الفصل بين السقف الأعلى للمطالب التي نسعى إلى تحقيقها في المدى البعيد وفي أحسن الظروف، وبين الحد الأدنى أو القاع الذي نقبل به في المدى القريب وفي أسوأ الأحوال، والذي هو بمثابة الخطوط الحمراء التي لا ينبغي لأحد منا تجاوزها أو القفز من فوقها. وبطبيعة الحال فإن المساقة بين السقف والقاع تحتمل الخلاف، وتسمح بتباين وجهات النظر، ولكن تجاوزهما يؤدي إلى انقسام الصف، ولذلك فإن علينا- وفي هذه الظروف الحرجة- بلورة مواقف فلسطينية محددة وواضحة مبينة السقف والقاع لمطالبنا تنسجم مع المعطيات المحلية والإقليمية والعربية والعالمية. ولا شك في أن بلورة مواقف كهذه لا تتحقق إلا من خلال كيان فلسطيني قادر على استيعاب جميع القوى والتيارات والاتجاهات الفلسطينية في الداخل والخارج.

قد يقال بأن القاع أو الحد الأدنى من المطالب الفلسطينية تمثلت فيما كان يطلق عليها بالثوابت التي كان لا يحق لأحد تجاوزها أو حتى مجرد تحريكها لتصبح متغيرات. وقد شمل الميثاق الوطني الفلسطيني الكثير من الثوابت، وعلى أساسها قامت منظمة التحرير الفلسطينية والتي استطاعت فيما بعد استيعاب مختلف التنظيمات على الساحة الفلسطينية من أقصى اليمين إلى أقصى اليسار. ونتيجة للمتغيرات والظروف العربية الدولية وانعكاساتها على القضية الفلسطينية تحركت الثوابت، وأمكن القفز من فوق بنود الميثاق، فقبلت المنظمة قراري مجلس الأمن ٢٤٢ و ٣٣٨ وأصبحا مطلبين أساسيين من مطالبها، وقبلت بإقامة الكيان الفلسطيني على أية رقعة من الأرض تنسحب منها إسرائيل متخلية بذلك عن مبدأ "من البحر إلى النهر". وبعد أن كان الاتصال بالإسرائيليين يعتبر عملا غير مشروع يرقى إلى مستوى الخيانة أصبح اليوم مطلبا أساسيا للمنظمة والتي باتت تكثف جهودها ومساعيها لفتح حوار مع الحكومة الإسرائيلية يمهد للاعتراف بها كممثل شرعي ووحيد للشعب الفلسطيني. وكلما جرى لقاء بين أحد من الإسرائيليين وممثلين عن المنظمة اعتبرناه نصرا لنا وتنازلا من حكومة إسرائيل والتي كانت تعتبر اللقاء أحد لاءاتها الهامة.

ولذلك فإن ما كان يسمى بالأمس ثوابت يمكن اعتبارها بمثابة السقف الأعلى للمطالب الفلسطينية المؤمل تحقيقها في أحسن الظروف وفي المدى البعيد، وبناء عليه فهي ليست القاع أو الحد الأدنى للمطالب الفلسطينية التي كان ولا يزال كثيرا من كتابنا ومفكرينا يعتقدون بأنها هي والثوابت شيء واحد. وعلى ذكر الثوابت، والسقف الأعلى لمطالبنا اجتمعت في مطلع عام ١٩٧٠ مع فلسطيني بارز من منظمة فتح حيث دار بيني وبينه حوار مطول استغرق بضعة أيام ركز فيه على مبدأ "من البحر إلى النهر"، ويومها قلت له بأنني متفق معك على هذا، ولا يخالفك فيه أي فلسطيني فلا أحد يرغب في التخلي عن مدينته أو قريته التي احتلت منذ عام ١٩٤٨م، ولكن ألا تعتقد بأن طرح المبدأ وجعله شعارا معلنا يجعلك أمام شعبك ملزما بتحقيقه، وإن عجزت عن ذلك اعتبروك مستسلما متهاونا مفرطا، وربما الصقوا بك تهما قاسية، ولن يقدروا الظروف والأحوال الصعبة التي قد تضطرك إلى التخلي عن هذا المبدأ ولو إلى حين. أما كان من الأفضل والأنسب لو جعلنا هذا المبدأ هدفا بعيدا نسعى إلى تحقيقه؟ وفي الوقت نفسه نضع لنا هدفا أو أهدافا قريبة تنسجم مع معطيات الحاضر وبالإمكان تحقيقها، على أن تمثل خطوة أو خطوات تصلنا بأهدافنا البعيدة، وأن هذه الأهداف القريبة هي بمثابة القاع الذي نبدأ منه والحد الأدنى الذي لا ينبغي لنا تجاوزه أو النزول دونه. ألا تعتقد بأن وضعنا اليوم أشبه- إلى حد ما-بوضع اليهود قبل وعد بلفور في عام ١٩١٧م حيث كنا نملك فلسطين أرضا وسماء، واليهود كانوا أقلية لا تزيد عن ٩% من عدد السكان. كان اليهود آنذاك يدعون بأنهم ينشدون وطنا قوميا لهم في فلسطين يحتمون فيه من الاضطهاد، وأنهم لا يفكرون في الإساءة بعرب فلسطين، وأن هذا الوطن الذي يريدونه لن يتعارض مع حقوق عرب فلسطين، ولكن الأهداف البعيدة للصهيونية كانت تخطط لإقامة دولة إسرائيل الكبرى.

والمتأمل اليوم في أسباب الخلاف وتباين وجهات النظر بين مختلف الفصائل والقوى والاتجاهات الفلسطينية يرجع- في المقام الأول-إلى أننا لم

نستطع وضع حد أدنى لمطالبنا التي يمكن القبول بها في أسوأ الظروف التي قد نواجهها، وأن سقف مطالبنا كما عبر عنها الميثاق الوطني عجزنا عن تحقيقها وقفزنا من فوقها فاعتبر البعض ذلك تهاونا وتفريطا وتعديا للخطط الحمراء.

لا شك في أن القفز عن ثوابت الميثاق، وعدم وضوح المطالب الفلسطينية وبخاصة حدودها الدنيا جعل الكثيرين يتساءلون عن كيفية صنع القرار الفلسطيني، وعلى من تقع مسؤوليته. وكثيرا ما نسمع بأن هذا القرار لا تصنعه الأطر والمؤسسات الفلسطينية التي يجب أن تنبثق من المجلس الوطني الفلسطيني وتكون مسؤولة أمامه، وإنما يصنعه فرد من أفراد اصطلح على تسميتهم بـ"المطبخ السياسي الفلسطيني". ولذلك فإن المنظمة بوضعها الحالي لا تختلف في كثير من الوجوه عن معظم الأنظمة العربية التي أصبحت بعيدة عن الممارسات الديمقراطية. وإن استمر الحال على ما هو عليه، فإن فجوة ستنشأ بين المنظمة والشعب الفلسطيني على غرار تلك الفجوات التي اتسعت مؤخرا بين بعض الأنظمة العربية وشعوبها مما مهد لأعمال عنف باتت تعصف بالأمن والاستقرار في تلك البلاد.

وكي نتجنب أوضاعا حرجة، وحتى لا يصبح بأسنا بيننا شديدا فإننا مطالبون اليوم بإعادة ترتيب البيت الفلسطيني من الداخل، وإصلاح أجهزة المنظمة ومؤسساتها، وتطبيق مبدأ الديمقراطية، والعمل بكل السبل والوسائل لاستيعاب كافة التيارات والقوى والاتجاهات الفلسطينية، والاستفادة من جميع الطاقات المتمثلة في الفلسطينيين المنتشرين في كل أنحاء العالم. وينبغي في هذه الحالة تقديم الخبرة والقدرة والكفاءة للشخص على الولاء الشخصي-والانتماء الفصائلي أو الحزبي، فالانتماء للوطن والولاء يلغي ما دونه أو سواه. وبهذه المناسبة أذكر أن نفرا من المفكرين الفلسطينيين (وكنت واحدا منهم) اجتمعوا في الكويت في عامي ١٩٨٩ و ١٩٩٠م ودرسوا أحوال الفلسطينيين، ووضع المنظمة والانتكاسات التي تعرضت لها القضية الفلسطينية، وعكفوا على صياغة أفكار وتصورات لإصلاح الأوضاع. وقد أعدت دراسة أولية حوت آراء قيمة. وكان

الاتجاه السائد بيننا آنذاك الاتصال بعدد من المفكرين وأصحاب الرأي من الفلسطينيين في مختلف أنحاء العالم للاستفادة من أفكارهم وآرائهم، ومن ثم بلورة موقف فلسطيني ورؤية فلسطينية موحدة، والاتصال بالمسؤولين في منظمة التحرير الفلسطينية في تونس، وفتح حوار معها ومناقشتها في التصورات والأفكار الواردة في تلك الدراسة التي يستفاد منها في عملية الإصلاح، ولكن أزمة الخليج غطت على غيرها من أحداث، وتشتت الشمل، وانقطعت أواصر الوصل والاتصال بين الجميع. وقد علمت بأن محاولات جرت منذ أشهر قليلة في ولاية كاليفورنيا الأمريكية وكلها تصب في هذا الاتجاه. وفي زيارتي الأخيرة إلى الولايات المتحدة التقيت بنفر من الذين قاموا بهذه المحاولات، وعلمت منهم بأنهم لا يزالون يواصلون اللقاءات. وحبذا لو أخذت منظمة التحرير بزمام المبادرة وأسرعت بتشكيل فريق عمل من المفكرين وأصحاب الرأي والخبرة من داخل المنظمة وخارجها، ومن الكفاءات الفلسطينية المنتشرة في جميع أنحاء العالم لينهض بهذه المهمة الوطنية دون تأخر أو إبطاء، فالقضية الفلسطينية تمر اليوم بأدق مراحلها وأكثرها حراجة، ولذلك فإننا في أمس الحاجة إلى إصلاح أوضاعنا وأجهزتنا ومؤسساتنا حتى تكون صالحة لمواجهة المرحلة المقبلة، والتي تتطلب إعدادا مسبقا لواقع جديد مقبلون عليه شئنا أو أبينا.

الفصل الثاني

أوسلوا وأوهام السلام

في شهر آب / أغسطس من عام ١٩٩٣م كشف النقاب عن مفاوضات سرية بين ممثلين من منظمة التحرير الفلسطينية وإسرائيل في أوسلو ولدت ردود فعل فلسطينية وعربية قوية بين مؤيد ومعارض ، وبخاصة أن هذه المفاوضات كانت تجري في الوقت الذي كان فيه الوفد الفلسطيني برئاسة الدكتور حيدر عبد الشافي يتفاوض مع وفد إسرائيلي في واشنطن .

أسفرت قناة أوسلو السرية عن عقد اتفاقية في البيت الأبيض بتاريخ ١٩٩٣/٩/١٣م برعاية الرئيس الأميركي " بيل كلينتون " . ونظرا لغموض الكثير من بنود هذه الاتفاقية وإصرار الإسرائيليين على تفسيراتهم الخاصة لها بما يخدم مصالحهم فقد تعثرت مسيرة السلام مما استدعى عقد عدد من المؤتمرات في القاهرة وطابا و " واي بلانتيشن " و " شرم الشيخ " .

على أنه ينبغي الإشارة إلى لقاءات سرية بدأت في الثمانينات تمت بين شخصيات فلسطينية محسوبة على منظمة التحرير الفلسطينية وشخصيات إسرائيلية من جماعات أنصار السلام .

بدأت هذه اللقاءات بطرح أفكار تمهيدا لفتح حوارات بين الفلسطينيين والإسرائيليين من أجل التوصل إلى صيغ مشتركة تساعد على إيجاد حل للقضية الفلسطينية ، وبخاصة بعد خروج منظمة التحرير الفلسطينية من بيروت عام ١٩٨٢م وانتقالها إلى تونس ، وتشتت قواتها وكوادرها في بلدان عربية بعيدة عن الحدود الفلسطينية ، وشعور المنظمة بأنها أصبحت ضيفا ثقيلا غير مرغوب فيه في البلاد العربية ، كما أن اندلاع الانتفاضة الفلسطينية في الأراضي المحتلة أدى إلى تخوف المنظمة من قيام قيادة فلسطينية بديلة في الداخل تحاول سحب البساط من تحت أقدامها .

في هذه اللقاءات أكد الطرف الفلسطيني على قبوله بالقرارين ٢٤٢ و ٣٣٨ واللذين كان يرفضهما من قبل على الرغم من قبول دول عربية بهما ، وأعاد إلى الأذهان تأكيد الرئيس ياسر عرفات على القبول بالقرارين في رسالة سلمها إلى عضو في الكونجرس الأميركي مؤرخة في ١٩٨٢/٧/٢٥م في أثناء حصار بيروت ، وأن قبوله بهذين القرارين يتضمن الموافقة على قرارات الشرعية الدولية

الصادرة عن الأمم المتحدة .

إن الاعتراف بالقرار ٢٤٢ يعني المطالبة بالأراضي العربية التي احتلت في حرب عام ١٩٦٧م فقط . ومن هذا القرار يفهم ضمنا توقف المطالبة بالأراضي التي احتلت قبل هذا التاريخ ، أي بفلسطين التي رسمت حدودها في اتفاقية سايكس ـ بيكو عام ١٩١٦م وخضعت للانتداب البريطاني .

وبعبارة أخرى فإن القبول بهذا القرار يلغي الشعار الذي كان مرفوعا من قبل وهو " من البحر إلى النهر " لأنه يتعارض معه ، والموافقة على إقامة الكيان أو الدولة الفلسطينية على أراضي الضفة الغربية وقطاع غزة .

إن هذا التنازل والذي تبعه تنازلات ، أخرى أكدت على رغبة الفلسطينيين في السلام ، لم تلق الاستجابة من الإسرائيليين ، بل على العكس من ذلك ، فقد زادوا من تعنتهم وتصلبهم ،وفتحت شهيتهم لمطالبة الفلسطينيين بالمزيد من التنازلات .

وبمجرد أن كشف النقاب عن مفاوضات أوسلو السرية ، وقبل توقيع الاتفاقية في البيت الأبيض كتبت مقالا بعنوان " من أريحا على النهر إلى غزة على البحر " وذلك للدلالة على سقوط الشعار الذي كان مرفوعا من قبل وهو " من البحر إلى النهر " . وبهذا المقال استهل هذا الفصل ، وقد نشر هذا المقال في الدستور ١٩٩٣/٨/٣١م ، أي قبل توقيع اتفاقية أوسلو في البيت الأبيض في ١٩٩٣/٩/١٣م .

لقد تحمس فريق من الفلسطينيين لاتفاقية أوسلو ، وتوقع الكثيرون قيام كيان فلسطيني يجدون فيه ضالتهم ، وينعم الفلسطينيون فيه بانتعاش اقتصادي نتيجة الأموال التي ستتدفق عليهم من أوروبا والولايات المتحدة الأميركية والأقطار الخليجية . وقد فندت هذه الأوهام آنذاك في مقال نشر بتاريخ ١٩٩٣/٩/١٥م، وهو المقال الثاني في هذا الفصل ، وعنوانه ... الآفاق المستقبلية للحكم الذاتي وأبعاده العربية .

حينما كان يدور النقاش بين المؤيدين والمعارضين لاتفاقية أوسلو ، كان المؤيدون يتساءلون : وما البديل ؟ ففي نظرهم ليس هناك بديل لأوسلو وأنها الحل الوحيد للفلسطينيين في مثل تلك الظروف . وللرد على هؤلاء نشرت

مقالين في الدستور بتاريخ ١٩٩٣/٩/٢٨م و ١٩٩٤/٣/٢٩م ، وهما المقالان الثالث والسابع في هذا الفصل ، وعنوانهما على التوالي " هل نملك الخيارات والبدائل؟ " و " لدينا الخيارات وإسرائيل لا تملك البدائل " .

أما المقال الرابع وعنوانه : " الدعوة إلى الكونفدرالية في ظل الأوضاع المتردية " فإنه جاء مؤيدا لفكرة إقامة اتحاد كونفدرالي بين الأردن وسوريا والعراق والتي جاءت على شكل دعوة وجهها ممثلون عن القوى الوطنية والشعبية في تلك الأقطار ، ووجدوا أنها الحل للخروج من الوضع المتردي للأمة العربية ، وقد نشر هذا المقال في الدستور بتاريخ ١٩٩٣/٨/٣١م .

وبسبب الغموض في نصوص اتفاقية أوسلو فقد تمكنت إسرائيل من استغلال ذلك وقامت بتفسير تلك النصوص بما يخدم أغراضها ـ وهذا ما عودتنا إسرائيل عليه ـ مما جعل اتفاق " غزة ـ أريحا أولا " يراوح في مكانه . وهذا ما دعاني إلى كتابة مقال عنوانه " إذا كان للإسرائيليين تفسيراتهم فإن لنا اجتهاداتنا" نشر بالدستور في ١٩٩٤/١/٤م ، أقول فيه بأنه يجب أن يكون لنا نحن أيضا اجتهاداتنا . وهذا المقال هو الخامس في هذا الفصل .

وعلى الرغم من المفاوضات التي كانت جارية بين الفلسطينيين والإسرائيليين فإن ذلك لم يمنع من قيام حاقد صهيوني بارتكاب مجزرة الحرم الإبراهيمي في الخليل في ١٥ رمضان ١٤١٤هـ الموافق ١٩٩٣/٢/٢٥م راح ضحيتها ٥٣ شهيدا . وعلى أثرها دعا كثيرون إلى إلغاء اتفاقية أوسلو . وقد كتبت المقال السادس آنذاك وعنوانه : " إن الاعتراف بالخطأ والرجوع إلى الحق فضيلة " ونشر بالدستور في ١٩٩٤/٣/١٦م أؤيد هذا التوجه .

وقد اختتمت الفصل بمقال ثامن عنوانه : " وداعا لذكرى الخامس عشر من أيار " نشر في الدستور بتاريخ ١٩٩٤/٥/١٧م . وهذا المقال كنت قد كتبته بمناسبة حلول الذكرى السادسة والأربعين لقيام إسرائيل وتزامنها مع دخول قوة الشرطة الفلسطينية إلى منطقة السلطة الوطنية الفلسطينية في قطاع غزة ومدينة أريحا ، حاولت فيه أن أجد أوجه الشبه بين الحدثين ، وتساءلت قائلا ما أشبه الليلة بالبارحة ؟ وما أغرب هذه المفارقات ؟ .

من أريحا على النهر إلى غزة على البحر

تمر القضية الفلسطينية هذه الأيام بمرحلة حرجة ودقيقة وحساسة، وفي الوقت نفسه تواجه منعطفا خطيرا لم يسبق لها أن واجهته من قبل. فعلى الرغم من أن الجدل والنقاش والخلاف ما زال مستمرا بين مختلف فئات الشعب الفلسطيني وصفوفه من قبل ومن بعد انضمام منظمة التحرير الفلسطينية إلى مسيرة السلام، إلا أن الانقسامات ظهرت بشكل علني وواضح على الساحة الفلسطينية حينما تبلورت بعض مشاريع حل القضية ،وبخاصة المشروع المسمى غزة-أريحا أولا. ومما زاد الطين بلة قيام أعضاء بارزين في اللجنة التنفيذية بتقديم استقالاتهم أو تجميد البعض لعضويتهم، وصدور بيانات وتصريحات لمسؤولين فلسطينيين في المنظمة وأجهزتها وكذلك من عناصر بارزة في بعض الفصائل والتنظيمات الفلسطينية، تنتقد أو تعارض ما يجري على الساحة حاليا وبشكل فجائي ودون مقدمات. لقد كانت جميع البيانات والتصريحات عقب آخر جولة من جولات المفاوضات تؤكد أن مسيرة السلام وصلت إلى طريق مسدود، وأن التعنت الإسرائيلي يحول دون تحقيق الحد الأدنى من المطالب الفلسطينية، وبخاصة ما يتعلق منها بالقدس، والولاية الجغرافية للحكم الذاتي وطبيعته وصلاحياته. وفجأة ودون سابق إنذار يسمع الجمع بأن المنظمة وإسرائيل على وشك التوصل إلى تسوية للقضية. وفي مثل هذا الجو المشحون بالقلق والتوتر تولد شعور عند غالبية الفلسطينيين بأنهم مغيبون عن قضيتهم، وأن الأحداث تتسارع من حولهم بحيث لم تترك لهم فرصة للاستيعاب والتأمل والتفكير، وأصبح الاعتقاد عند الكثيرين بأن ما كان بالأمس القريب محرما صار اليوم محللا، وتبدلت الثوابت بين عشية وضحاها إلى متغيرات، وعلى رأي أحد الأصدقاء استبدل شعار: من النهر إلى البحر، بشعار آخر يقول "من أريحا إلى غزة". وعلى ما يبدو فليس هناك فرق بين الشعارين فأريحا على النهر وغزة على البحر.

وقد يكون صحيحا-ما يقال- بأن بوادر الخلاف والانقسام في المنظمة كانت موجودة في الأصل، ولكنها تفجرت وبشكل علني وواضح عندما قدمت شخصيات بارزة في الوفد الفلسطيني لمؤتمر السلام استقالاتها احتجاجا على المذكرة التي قدمتها المنظمة إلى وزير الخارجية الأمريكي "وارن كريستوفر" عن طريق مصر على اعتبار أنها مذكرة متساهلة عن تلك التي قدمها الوفد الفلسطيني إلى الوزير نفسه. وكان رئيس الوفد الدكتور حيدر عبد الشافي قد أعلن في أكثر من مناسبة عن انتقاده للطريقة التي يتخذ بها القرار الفلسطيني، وطالب بضرورة إجراء إصلاحات شاملة وهامة في منظمة التحرير الفلسطينية وأجهزتها ومؤسساتها وركز على وجوب الالتزام بالديمقراطية.

وربما كان من المناسب ونحن نبحث عن أسباب تفجر الخلاف وما نتج عنه من استقالات أو تجميدات أن نذكر بعض الأقوال التي وردت في تصريحات نفر من القادة عل صفحات الجرائد. فقد وصف عباس زكي عضو اللجنة المركزية بفتح الوضع الفلسطيني في مقابلة له بجريدة الدستور في الثاني والعشرين من هذا الشهر بقوله نحن في مرحلة الانحراف القومي والتخبط والارتجال التنظيمي. وفي الوقت نفسه أبدى معارضته لمشروع غزة-أريحا، لأنه على حد قوله سيؤجج نارا تلتهم ساكني المنطقة، ويرى بأن الحل يكمن في تطبيق قرارات الشرعية الدولية، وأن تعود الضفة وغزة والتي احتلت عام ١٩٦٧م كاملة.

واحتجاجا على مشروع، غزة-أريحا، وتزامنا مع الأوضاع المالية الحرجة التي تعاني منها المنظمة جمد شفيق الحوت عضويته في اللجنة التنفيذية محملا قيادة المنظمة كل ما تعانيه من مشاكل سياسية ومالية وتنظيمية، ثم صرح قائلا أنه باعتباره عضوا في اللجنة التنفيذية الراهنة اعتبر أنه لم يعد باستطاعته وكذلك غيره من الزملاء أن يتحملوا مسؤولية قرارات تصدر باسمهم ودون علمهم بها، وقال: "والأخطر من هذا كله هو تغييب اللجنة التنفيذية عن مسار التفاوض،

واللجوء إلى أسماء ومواقع لا وجود لها في هيكلية المنظمة لتصبح هي صانعة القرار".

ومن ناحية أخرى اعتبر نايف حواتمه الأمين العام للجبهة الديمقراطية لتحرير فلسطين ياسر عرفات مسؤولا عن انهيار مؤسسات المنظمة، ودعاه إلى إصلاح ديمقراطي في هذه المؤسسة، وقال بأن عددا كبيرا من أعضاء اللجنة التنفيذية يتدارسون إمكانية تقديم استقالات جماعية احتجاجا على هيمنة وتفرد عرفات في اتخاذ القرار الفلسطيني. وقد زادت حدة الخلافات والتصريحات عقب ما صرح به الرئيس عرفات بأنه يرغب في انسحاب إسرائيلي من غزه وأريحا فور تطبيق المرحلة الانتقالية، وأن القدس ستناقش لاحقا، لأن قضية القدس-على حد قوله- ليست مشكلة فلسطينية وإنما هي قضية فلسطينية وعربية وإسلامية ومسيحية. وبهذا يكون عرفات كما قال منتقدوه قد أذعن للمطالب الأمريكية بفصل مسألة القدس وأرجائها إلى مرحلة لاحقة، مما يعني تفريطا أو تهاونا في الحقوق الفلسطينية وتجاوزا للخطوط الحمراء.

وعلى ما يبدوا فإن الأزمة الحالية التي تواجه المنظمة ترجع إلى عدة عوامل منها ما له علاقة بالوضع العام للكيان الفلسطيني، ذلك أن هذا الكيان قام في الأساس على دعامتين رئيسيتين هما المجلس الوطني الفلسطيني، واللجنة التنفيذية. والمجلس الوطني- كما يعرف الجميع - هو البرلمان أو السلطة التشريعية، أما اللجنة التنفيذية فتتمتع بسلطات تنفيذية كما هو الحال في مجلس الوزراء. ومن المفروض أن تكون هذه اللجنة مسؤولة أمام المجلس الوطني فهو الذي يمنحها الثقة أو يسحبها منها، ولا يجوز اتخاذ القرارات، وبخاصة إذا كانت مصيرية إلا بعد الرجوع لهذا المجلس.

ولكن المتتبع لما يجري من أحداث على الساحة الفلسطينية يدرك مدى تهميش دور المجلس، وتقليص صلاحياته، وتباعد عقد دورات اجتماعاته، والتي تتم بناء على تعليمات من اللجنة التنفيذية ممثلة برئيسها. وهناك اعتراضات

كثيرة على الطريقة والأسلوب المتبع في اختيار أعضاء المجلس، فليس هناك انتخابات من أي نوع وإنما يعين الأعضاء بموجب النسب والأنصبة بين مختلف الفصائل وحسب الانتماءات والولاءات، ولذلك يعتبر البعض بأن هذا المجلس لم يعد يمثل كافة قطاعات الشعب الفلسطيني في الداخل والخارج.

ونتيجة لضعف المجلس الوطني وتغيبه أطلقت يد اللجنة التنفيذية وأصبحت بمثابة حكومة من حكومات بعض الأقطار العربية التي تتصرف كيفما تشاء، وحسب هواها ورغبتها ومشيئتها. وهناك من يقول بأن كثيرا من أعضاء اللجنة التنفيذية مغيبون بعيدون عن الصورة ومستبعدون من دائرة اتخاذ القرار، لأن هذا القرار بيد فرد أو مجموعة من الأفراد اصطلح على تسميتهم بالمطبخ السياسي الفلسطيني ومنهم من هو ليس عضوا في اللجنة التنفيذية كما قال شفيق الحوت. ويبدو لنا وللكثيرين بأن انفراد الرئيس عرفات بوضع القرار أو إشراك عدد من المقربين إليه في صنعه ليس أمرا جديدا ولا مستحدثا، ولو كان كذلك لكنا وجدنا العذر للذين قدموا استقالاتهم أو جمدوا عضويتهم احتجاجا على ما يسمونه هيمنة عرفات، أما إذا كانت هذه الهيمنة قديمة فلماذا استفاق هؤلاء من سباتهم الآن وأحسوا بها بعد هذه المدة الطويلة. ولماذا رضوا بل وساهموا في تهميش دور المجلس الوطني الفلسطيني والذي يريدون نفخ الروح فيه ويتطلعون إلى تفعيل دوره. أن هذا ولاشك يذكرني بلقاء بيني وبين عضو في اللجنة التنفيذية في فندق الشيراتون بالكويت في عام ١٩٨٨م حيث دار النقاش في الشؤون الفلسطينية، ودور الفلسطينيين ومهمة اللجنة التنفيذية. ومسؤوليات المجلس الوطني الفلسطيني، ففاجأني صديقي العضو قائلا بأن كثيرا من الأعضاء بعيدون عن دائرة اتخاذ القرار، وأن هذا القرار بيد الرئيس عرفات. واستطرد قائلا بأنه يخشى أن تظل هيمنة الرئيس وتصبح تقليدا متبعا في الكيان الفلسطيني في فترة ما بعد عرفات. فقلت له أنكم بسكوتكم هذا تساهمون في هدم الأساس الديمقراطي الذي قام عليه الكيان الفلسطيني حينما أنشئ في عام

١٩٦٤م. ثم سألته عن الأسباب التي جعلته هو وزملاءه في اللجنة التنفيذية غير معترضين على ذلك، ولكنه-وعلى ما أعتقد -اعتبر السؤال محرجا واستأذن بحجة انشغاله في مواعيد أخرى قائلا: أن بحث الأسباب يحتاج إلى لقاء آخر. ولم تتح لي الظروف بعد ذلك إلى لقاء آخر معه. ولكن تفجر الخلاف مؤخرا كما سبق القول ذكرني بهذا اللقاء، وأصبحت راغبا في لقاء بعض الأصدقاء المقربين من دوائر المنظمة لاستفسر منه عن طبيعة هذه الاستقالات والاحتجاجات المفاجئة. وكان هذا الصديق الذي التقيته يعرف صلتي بالصحافة، ولذلك حرص على أن لا ينسب أقواله إلى نفسه، وأحب أن يستخدم صيغا مختلفة مثل "سمعت" أو "يقولون". أو "يرى البعض". وعلى أية حال فالأسباب التي ذكرها لي كثيرة منها أن استقالة بعض الأعضاء أو تجميد عضويتهم واحتجاجهم على انفراد الرئيس باتخاذ القرار جاء متزامنا مع الأزمة المالية التي تعاني منها المنظمة مما يلقي شكوكا على طبيعة هذه الاستقالة أو التجميد والاحتجاج، علما بأن الرئيس الفلسطيني كان سخيا مع زملائه في المنظمة، ولا يحب أن يعارض أي مطلب من مطالبهم المادية. واستطرد الصديق قائلا: بأن بعض الأعضاء لم يكونوا متصورين بأن هناك حلولا للقضية الفلسطينية بهذه السرعة وبهذه الكيفية فلما وجدوا أنفسهم على وشك التوقيع على مثل هذه الحلول أرادوا الانسحاب لتبرئة أنفسهم من المسؤولية والتنصل من القرارات السابقة التي مهدت لكل ذلك.

واختتم الصديق حديثه معي قائلا أنه غير مرتاح للتوصل إلى تسوية في وقت وصلنا فيه إلى منتهى الضعف والهوان، وفي زمن بلغت فيه الخلافات العربية منتهاها، وتزامن ذلك مع وضع عالمي تهيمن عليه الولايات المتحدة الحليف الدائم والسند القوي لإسرائيل، ولكن ربما كانت للمنظمة أعذارها فليس بمستغرب-كما قال الصديق- أن تجد إسرائيل من يعقد معها صفقة التسوية، فالسباق جار على من يصل أريحا قبل غيره، ويمسك بزمامها حتى لا تفلت منه. ولكن ذلك لن يحدث فإسرائيل أذكى من أن تساهم في قيام سلطة

فلسطينية تخطط لإنشاء كيان أو دولة، فالمفاوضات ستطول دون نتائج تذكر مما يجعلها على حد قول- ناصر القدوة ممثل فلسطين في الأمم المتحدة-نوعا من التطبيع البطيء "الدستور ١٩٩٣/٨/١٧م" ليس مع الفلسطينيين فقط وإنما مع سائر الأقطار العربية. وودعني صديقي قائلا: ألم تؤمن بالمثل العربي "عش رجبا تر عجبا".

الآفاق الاقتصادية المستقبلية للحكم الذاتي
وأبعاده العربية

على الرغم من أن الجدل لا يزال محتدما بين المؤيدين والمعارضين لمشروع غزة- أريحا أولا، فإن نقاشا بدأ يدور على الساحة الفلسطينية حول مستقبل الأوضاع الاقتصادية في منطقة الحكم الذاتي بالأراضي المحتلة، والمناطق المحيطة بها. فهناك من يرى بأن أموالا كثيرة ومعونات اقتصادية ومنحا وهبات سخية ستتدفق على المنطقة من كل حدب وصوب، وبخاصة من الولايات المتحدة الأمريكية، ومجموعة الدول الأوروبية، وأقطار خليجية. وهم يعتمدون في رؤاهم هذه على التصريحات التي تناقلتها الصحف ووكالات الأنباء منذ إعلان الاتفاق بين منظمة التحرير الفلسطينية وإسرائيل على مشروع غزة-أريحا أولا. وهذه الأموال المتدفقة ستؤدي - كما يرى هؤلاء - إلى إنعاش المنطقة وتحسين أوضاعها الاقتصادية والمعيشية. وبناء عليه قفزت أسعار الأراضي في الأراضي المحتلة.

وعلى الرغم من أن هذه الأسعار أخذت بالارتفاع منذ بدء محادثات السلام في أواخر عام ١٩٩٢م وبخاصة بعد رحيل حكومة الليكود برئاسة اسحق شامير، وقدوم حكومة حزب العمل بقيادة اسحق رابين، إلا أن الأسعار بدأت تسجل أرقاما قياسية منذ تبلور مشروع غزة-أريحا والخطوات المتسارعة لتطبيقه[*].

يعتقد المتفائلون بأن عددا من المشاريع الاقتصادية بدئ منذ مدة بالتخطيط لها من قبل دول وحكومات يهمها الاستقرار واستتباب الأمن في المنطقة بعد حل القضية الفلسطينية أو تصفيتها، وبقاء إسرائيل واستمرارها وتكاملها مع الكيانات السياسية المجاورة، والحفاظ عليها كقوة مهيمنة في الشرق الأوسط في إطار يضمن لها السيطرة، وفي الوقت نفسه يحقق للقوى الغربية نفوذا مستمرا في

---

[*] ارتفعت الأراضي آنذاك بشكل صاروخي، فعلى سبيل المثال وصل ثمن الدونم الواحد في بعض المواقع في غزة إلى نحو مليون دينار أردني.

هذا الإقليم البالغ الأهمية.

وعلى النقيض من هؤلاء المفرطين في التفاؤل نجد من يتشكك في إمكانية انتعاش اقتصادي مستمر ودائم، وإنما يتوقع - وفي أفضل الظروف - حدوث طفرة اقتصادية سرعان ما تزول وتنتهي. وهم يرون بأن هذا الانتعاش الاقتصادي الذي يحلم به البعض ما هو إلا وهم وسراب وإغراءات كاذبة يطلقها من يريدون تسويق مشروع غزة-أريحا أولا.

وبطبيعة الحال فإن مناقشة الأمور الاقتصادية على أسس علمية سليمة لا تتحقق إلا إذا توافرت الأرقام والبيانات والحقائق والتي على أساسها يمكن بناء الفرضيات وصياغة النظريات وفحصها والتأكد من مدى مصداقيتها. وعلى أية حال فإننا رغم شح الأرقام والبيانات التي لدينا الآن فإننا سنحاول التعرف على ملامح الأوضاع الاقتصادية المستقبلية على ضوء الرؤى العامة، وبناء على الحقائق الأولية التي لا تخفى على كثير من الناس.

أن منطقة الحكم الذاتي المنوي إقامتها في فلسطين تحتاج إلى بلايين الدولارات التي تتطلبها مشاريع البنية التحتية كالطرق والجسور ووسائل النقل ووسائل الاتصال والإسكان والمرافق الصحية والمدارس والمستشفيات ونحو ذلك من الأمور التي هي بمثابة المتطلبات الأساسية والمنطلقات الأولية لأي تطور أو نمو اقتصادي. ومثل هذه المشاريع تعتبر فوق طاقة الأفراد أو القطاع الخاص، ولابد للقطاع العام أو الحكومات من تحمل أكلافها وأعبائها. ومن المعلوم بأن منطقة الحكم الذاتي في حالة تطبيقه بالكامل تشمل قطاع غزة، ومعظم أراضي الضفة الغربية. فقطاع غزة لا تتجاوز مساحته ٣٢٠ كم٢، ويقطن فيه نحو ٧٥٠ الف نسمة. ولو قسمنا السكان على المساحة لأصبح ما يخص الكيلومتر المربع الواحد نحو ٢٣٤٣ شخصا. وترتفع الزيادة السكانية الطبيعية في القطاع إلى حوالي ٣.٥% سنويا. ومن المرجح أن يزداد عدد سكان القطاع إذا ما تقررت عودة النازحين إليه والذين غادروه بعد حرب عام ١٩٦٧م. وبسبب هذه الكثافة السكانية العالية، والتي تعتبر من أعلى الكثافات في العالم، فإن العمران والبناء أصبح شبه متصل.

وإذا استمر الوضع على ما هو عليه فإن مدن القطاع ومخيماته وقراه ستلتحم مكونة تجمعا سكانيا وعمرانيا يغطي كافة مساحة القطاع. وأرض القطاع الفقيرة على العموم وتربتها في مجملها من النمط الصحراوي. وتعاني من شح واضح في الموارد المائية، والتي ترتفع فيها نسبة الملوحة. ومعظم الأراضي الزراعية والقابلة للزراعة طغى عليها العمران. وتتفشى البطالة في القطاع. ويخيم الفقر والبؤس على كثير من سكانه، والأوضاع المعيشية متردية، والأحوال الصحية في غاية السوء، لانعدام المجاري الصحية. وعلى العموم فإن قطاع غزة بأوضاعه البالغة السوء، وأحواله المتردية يوما بعد يوم أصبح ومنذ احتلاله عبئا ثقيلا على الاحتلال مما جعل كثيرا من الإسرائيليين الرسميين يطالبون بضرورة الانسحاب منه والتخلي عنه نهائيا.

أما الضفة الغربية فوضعها مختلف بعض الشيء، فالسكان يبلغون نحو مليون وربع المليون، والمساحة تقدر بحوالي خمسة آلاف وخمسمائة وخمسة وخمسين كيلو مترا مربعا، منها ما يزيد على ثلاثة آلاف كيلو متر مربعا، أراض جبلية جرداء لا تصلح للاستغلال الزراعي في ظل الظروف الحالية. ولو استثنيا هذه المساحة الجبلية لارتفعت الكثافة السكانية من ٢٢٥ شخصا لكل كيلو متر مربع إلى ٥١٠ أشخاص. وإذا خصمنا المساحات التي صادرتها السلطات الإسرائيلية وأقامت عليها المستعمرات أو منعت العرب من دخولها فإن الكثافة السكانية ترتفع إلى نحو ٨٢٠ شخصا لكل كيلو متر مربع. وبطبيعة الحال فإن هذه الكثافة سترتفع كثيرا حينما يدخل الضفة الغربية الذين غادروها نتيجة حرب عام ١٩٦٧م. وأراضي الضفة الغربية في مجملها ذات طبيعة جبلية، ومياهها رغم محدوديتها ستظل تحت السيطرة الإسرائيلية، وكثيرا منها تم سحبه لري أراض في المناطق الإسرائيلية. ولذلك فإن التنمية الزراعية ستتوقف عند حدود معينة، كما أن المشاريع الاقتصادية في منطقة شديدة الوعورة كالضفة الغربية تتطلب مبالغ كبيرة لتنفق على خطط البنية التحتية.

إن منطقة الحكم الذاتي في فلسطين بوضعها الجغرافي تعتبر منطقة حبيسة

طالما أنه لا ساحل لها على بحر مفتوح تطل عليه ويصلها بالعالم الخارجي. وعلى الرغم من أن قطاع غزة يشرف على البحر إلا أن هذا الإشراف محدود جدا، وفي الوقت نفسه مفصول عن الضفة الغربية مما تدعو الحاجة إلى وجود ممر بينهما. ومثل هذا الممر سيشكل أكبر نقطة ضعف في هذا الكيان، مما يجعله بمثابة ورقة ضاغطة في يد إسرائيل. وقد أثبتت الأحداث عدم جدوى كثير من الممرات "الكوريدورات" الدولية المشابهة. ولذلك ينبغي لكيان حبيس كهذا الارتباط بأي شكل من الأشكال بكيانات بعض الدول المجاورة لتعطيه الأبعاد الإقليمية والعالمية سياسيا واقتصاديا. وفي هذه الحالة فإن إسرائيل ستكون الدولة الوحيدة التي لا بد للكيان الفلسطيني من الارتباط بها على كافة المستويات السياسية والاقتصادية.

وعلى الصعيد الاقتصادي فإن الكيان الفلسطيني لن يكتب له العيش والبقاء إلا بتكامله مع الأردن وتفاعله معه تفاعلا اقتصاديا. وقد يتخذ الكثير من المشاريع والأنشطة الاقتصادية الكبيرة في الكيان الفلسطيني فروعا لها في الأردن، أو ربما ولدواع أمنية يفضل أن يكون الأردن مقرا رئيسيا لهذه الأنشطة، ولكن هذا يعتمد على موافقة إسرائيل. والتي قد تعارض ذلك.

ولكن في ظل الأوضاع العالمية، والإقليمية الراهنة تتجه النية إلى إيجاد نظام شرق أوسطي تكون إسرائيل-كما قلنا-نواته وحجر الزاوية فيه*، وهذا يتطلب الإسراع في تطبيع العلاقات العربية الإسرائيلية، والبحث عن صيغ جديدة تحدد أسس التعاون الاقتصادي بين دول المنطقة بما فيها إسرائيل. ومثل هذا التعاون سيركز على الإنسان ويحمله العبء الأكبر في عملية التنمية الاقتصادية في المنطقة لأن الإنسان في المفهوم الاقتصادي هو محور العملية الاقتصادية وأساسها

---

* إن ما توقعته حدث فقد حاولت إسرائيل إيجاد نظام شرق أوسطي فيما بعد. وكان شيمون بيريز مهندس هذا النظام. وعلى أساسه عقدت مؤتمرات قمم الشرق الأوسط وشمال إفريقية في الرباط ١٩٩٤، وعمان ١٩٩٥، والقاهرة ١٩٩٦ والدوحة بقطر ١٩٩٧م. وقد توقفت هذه القمم لتعنت حكومة بنيامين نتنياهو الليكودية وتعطل المسيرة السلمية.

وهدفهــا، فالموارد الطبيعية ورأس المال لا قيمة لها إذا لم يكن هناك إنسان قـادر عـلى استغلالها واستثمارها على الوجه الصحيح، وعلى سبيل المثال هنـاك دول كثيرة في العالم ذات موارد محدودة أو شحيحة، ولكنها استطاعت تعويض ذلـك بكفـاءة إنسـانها وقدراتـه المبدعـة والخلاقة، وإنتاجيته العالية. وهذا القول ينطبق بالدرجة الأولى على اليابـان، ثـم عـلى أقطـار صغيرة مثل كوريا، وتايوان وسنغافورة وهونج كونج.

ومن الطبيعي أن التركيز على العنصر البشري في عملية التنمية الاقتصادية من شـأنه أن يولد تنافسا حادا وقويا بين الإنسان الإسرائيلي الذي هو ناتج الحضارة الغربيـة بشـقيها المـادي والمعنوي، وبين الإنسان العربي المتمسك بتراثه وقيمه وعاداته وتقاليده وموروثاته.

وإذا كان الوطن العربي قد واجه-ولا يزال- تحديا حضاريا منذ خضوعـه للاستعمـار الغربي والذي بلغ مداه بعد قيام اسرائيل، وإذا كان المظهر العسكري والسياسي لهذا التحدي قد حسم-وعلى ما يبدو- لصالح إسرائيل، فإن المظهر الاقتصادي لهذا التحدي هـو أخطـر مـا سيواجهه الـوطن العربي بعد عملية التطبيع الكامل مـع إسرائيل. ولا شك في أن العوامل الاقتصادية في الوقت الحاضر تحظى بأهمية بالغة، وبخاصة بعد قيام كتل اقتصادية عالميـة أضعفت من أهمية الأحلاف العسكرية. وتدل الدلائل والمؤشرات على أن قوة الدول وعظمتها في المستقبل القريب والمنظور سـتعتمد عـلى مـا سـتتمتع بـه مـن وزن اقتصادي . وبالقوة الاقتصادية يمكن لبعض الدول تحقيق ما عجزت عن تحقيقه بالقوة العسكرية. وربما كان هـذا القول ينطبـق عـلى اليابـان، وهـذا- وعـلى مـا يبـدو- مـا تسعى الولايـات المتحـدة الأمريكيـة ومجموعة الدول الأوروبية إلى الوصول إليه. وتشهد الساحة الدولية هذه الأيام صراعا قويا بـين الكتل الاقتصادية المختلفة. وربما أن إسرائيل تتطلع إلى السيطرة على المنطقـة العربيـة بكاملها فإنها وبموجب هذه المفاهيم الجديدة قد تضطر إلى التخلي عن الخيار العسكري لصالح الخيار الاقتصادي.

ويبدو للكثيرين بأن رغبة إسرائيل في التوصل إلى تسوية سلمية مع الفلسطينيين وبأقل قدر من التنازلات التي لا تؤثر على كيانها واستمراره يصب في هذا الاتجاه. فإسرائيل- كما يتوقع البعض لها - ستصبح بمثابة مركز متقدم لمختلف أنواع الخدمات التخصصية الراقية في العديد من المجالات مثل أعمال البنوك والصيرفة والتأمين، والسياحة والطب علاوة على ما ستقدمه من خبرة في الميادين الصناعية والزراعية، وكافة المهن الفنية، وبذلك ربما تمكنت إسرائيل من الإشراف والهيمنة على كثير من قطاعات الاقتصاد في البلاد العربية إن لم تتوحد الجهود العربية، وتستثمر الموارد والطاقات، وتوظف الكفاءات البشرية في وطننا العربي. وعلى أية حال فإن التحديات التي ستواجه الأمة العربية كبيرة جدا.

هل كنا نملك الخيارات والبدائل؟

كان اللقاء على غير موعد لنفر من الأصدقاء في منزل أحدهم، وكان الحديث حول ما يجري على الساحة الفلسطينية من أحداث متسارعة، واشترك الجميع في حوار هادئ ونقاش مفيد. التزم فيه المشاركون-وهم من النخبة المثقفة الواعية- بأصول الحوار وقواعد النقاش. لم يتعصب أحد منهم لرأيه، ولم يبدوا على أي منهم انفعال أو تشنج. لقد كان كل واحد على استعداد لأن يأخذ ويعطي، ربما كان للمضيف الدور الأكبر في إشاعة هذه الروح العالية من التسامي والترفع عن الحساسيات بين الحضور على الرغم من اختلاف وجهات نظرهم.

رحب المضيف بالجميع وافتتح الحوار بكلمة قال فيها بأنه لا يدري من هو مع الاتفاق الذي توصلت إليه منظمة التحرير الفلسطينية مع إسرائيل، ومن هو عليه، واستطرد قائلا بأنه كان يود أن يكون الحديث عن الأمور الخاصة. والذكريات المشتركة. والمشاريع والخطط المستقبلية ولكنه ونزولا عند رغبة الجميع لا يمانع في أن يكون الحديث في السياسة، واشترط على المشتركين في الحوار أن يحترموا آراء بعضهم بعضا مهما كان فيها من تعارض أو تباين، إذ لا يمكن لأحد الادعاء بأن جميع طروحاته صائبة، كما لا يجوز لواحد أن يؤكد بأن أفكار غيره خاطئة، فنحن وفي مثل هذه الظروف لا نملك الأدلة القاطعة التي نؤيد بها أن ننفي أي رأي من الآراء التي ستطرح.

ولما جرى النقاش والحوار تبين بأن الحضور لم يكونوا على رأي واحد فمنهم من يؤيد الاتفاق ومنهم من يعارضه، وأدلى كل بدلوه، وأتى بما عنده من الحجج والبراهين التي ترددت كثيرا في صحفنا المحلية. والناس جميعا أصبحوا يعرفونها على الرغم من اختلاف الصيغ والعبارات أو الأساليب المتنوعة التي استخدمها الكتاب، ولذلك لا أرى فائدة من ذكرها ولا جدوى من تكرارها.

وكاد الحوار والنقاش أن ينتهي ويتوقف دون أن يستكمل الموضوع أبعاده

الكاملة حينما قال أحد المؤيدين للاتفاق وهو يرد على صديق له معارض: وما البديل؟ لقد أقفلت جميع الأبواب والمنافذ من أمامنا، وسدت الطرق في وجوهنا، ولم يبق لنا من خيار غيرها، فالأوضاع العالمية تغيرت، والأحوال العربية ساءت واستنفذ الفلسطينيون في الداخل طاقاتهم، ولم يجدوا من يعينهم أو يغيثهم أو يدعم انتفاضتهم التي مضى عليها نحو أكثر من ست سنوات، فتردت أحوالهم وتدهورت أوضاعهم، وساءت نفسياتهم. ما من بيت إلا وفقد عزيزا عليه، وما من شخص إلا وأصيب في ماله أو عياله، واختتم حديثه قائلا بأن المعارضين يناقشون الأمور وهم عنها بعيدون، وأنهم لم يحاولوا الاقتراب من الواقع. ولو فعلوا ذلك لتغيرت نظرتهم واختلفت آراؤهم.

ران الصمت وخيم على الجميع بعد أن انتهى الصديق من تعليقه، ولم يقدم أحد من الحضور البديل الذي طلبه. وفجأة استأذن المضيف من زائريه في الكلام بعد أن ظل ممسكا عن الحديث ليفسح المجال للجميع ليتحدثوا ويناقشوا مكتفيا هو بالاستماع، بدا المضيف حديثه قائلا: بأن مناقشة موضوع كهذا تتطلب العودة إلى الماضي القريب، واسترجاع بعض الأحداث والحقائق إذ لا يجوز لنا خلط الأسباب بالنتائج، فالأوضاع السيئة التي نعاني منها الآن والتي بها نبرر قبولنا الاتفاق، نتحمل الكثير من أسبابها وتبعاتها، وأرى أن من أهم الأخطاء التي وقعنا فيها تتمثل في سعينا مع بعض أطراف عربية أسفرت عن قرار القمة العربية في الرباط عام ١٩٧٤، والذي نص على أن تكون منظمة التحرير هي الممثل الشرعي والوحيد للشعب الفلسطيني. لقد كان هذا القرار-أيها الأخوة- توريطا أكثر منه تكريما وتشريفا. فبموجب ذلك حملت المنظمة وحملت معها الشعب الفلسطيني أوزار الماضي وأخطاءه التي ليست كلها من صنع الفلسطينيين، واتهمت المنظمة ومعها الفلسطينيون بأنه يحشرون أنفسهم في أمور لا شأن لهم بها، ويتدخلون في أوضاع بعض الأقطار التي يعيشون على أرضها، وكانت النتيجة حدوث تصادم دفع الفلسطينيون ثمنه غاليا، ولكن قيادة المنظمة لم تحاول الاستفادة من الأخطاء لتتجنب الوقوع في مثلها، بل على العكس من ذلك

تكررت نفس الأخطاء، وفي الوقت نفسه لم تحاول القيادة الفلسطينية عمل البدائل التي تمكنها من الاستفادة من المتغيرات على الساحة العالمية وعلى النحو المطلوب. فعلى سبيل المثال بدأت نغمة حقوق الإنسان تطغى على كل ما سواها، وبخاصة بعد انهيار الشيوعية وسقوط الاتحاد السوفياتي وتفكك دوله، وفي النظام العالمي الجديد الذي أعلنه الرئيس الأميركي السابق "جورج بوش" في أثناء أزمة الخليج، قال بأن حقوق الإنسان هو بمثابة حجر الزاوية في هذا النظام وأحد مرتكزاته، وأن على جميع دول العالم وشعوبه أن تناضل وتكافح من أجل تحرير الإنسان من الظلم والجور والطغيان. واستجابة لنداء "بوش" نشطت جمعيات حقوق الإنسان في كل مكان. وإني أتساءل: لماذا لم ننجح نحن الفلسطينيون في استثمار هذا المناخ العالمي وتوظيفه لصالح قضيتنا؟ ولماذا فشلنا في استقطاب شعوب العالم ودوله للوقوف معنا من أجل رفع الظلم والمعاناة عن الإنسان الفلسطيني في الأراضي المحتلة والذي يعيش مع اليهودي في نفس الأرض، ويتساوى معه في الواجبات والالتزامات، فهو ملزم بدفع الضرائب، واحترام القوانين وتطبيقها، وإذا كان قدر الفلسطينيين-كما يقول اسحق رابين-أن يعيشوا مع اليهود على أرض واحدة فهل فرض القدر عليهم أن يكونوا أذلاء مستضعفين مضطهدين في أرضهم ووطنهم، أنا لا أنكر بأن القيادة الفلسطينية حاولت الاستفادة من الحملة العالمية لحقوق الإنسان، ولكن طرحها للموضوع جاء بعيدا عن الروح السائدة آنذاك بحيث لم يلق الصدى المطلوب والاستجابة المتوقعة. ربما كنا قد حققنا نجاحا أكثر لو اقترن هذا الطرح بفكرة الدولة العلمانية التي سبق للمنظمة أن طرحتها في السبعينات،تلك الدولة التي يمكن للعربي-مسلما كان أم مسيحيا-أن يعيش فيها مع اليهودي في أمن وسلام، وهذه الدولة قد تتحقق لو أقدمت إسرائيل على ضم الأراضي المحتلة وقمنا نحن من جانبنا بالمقابل بالمطالبة بنفس الحقوق التي يتمتع بها اليهودي، فنكون بذلك قد وضعنا اللبنة الأولى في بناء الدولة العلمانية، وأعتقد أن بإستطاعتنا تحقيق هذا الهدف لو تمكنا من الاستفادة من الأجواء العالمية وهي ولا شك لصالحنا، وسنحرج إسرائيل

وأنصارها ومؤيديها وبخاصة في زمن أصبح فيه العالم ينبذ فكرة الدولة العنصرية، فعلى سبيل المثال من منا كان يحلم بأن يحقق السود في دولة جنوب إفريقية العنصرية والتي يحكمها ويهيمن عليها البيض ما حققوه من نجاح على المستوطنين الأوروبيين الذين طردوهم من مناطق واسعة من البلاد، وأسكنوهم في معازل حظروا عليهم مغادرتها إلا بإذن خاص، إن هؤلاء المستوطنين البيض كالصهاينة في كثير من الوجوه. وبطبيعة الحال فإن إسرائيل ربما كانت أذكى وأدهى من أن توقع نفسها في مصيدة كهذه، وقد تتمكن من إفشال أي تدبير أو ترتيب من هذا الموضوع.

وحتى لو فشلت المنظمة في تحقيق انتصار على هذا المسار، ووجدت نفسها، وفي مثل هذه الظروف المحلية والإقليمية والعالمية عاجزة عن استمرار رفع شعاراتها التي أطلقتها منذ قيامها، ورأت أنها غير قادرة على تحقيق أهدافها التي التزمت بها تجاه شعبها، أما كان من الأولى بها والأفضل لها وللفلسطينيين أن تتيح المجال لسكان الأرض المحتلة ليتوصلوا إلى اتفاق مع السلطات الإسرائيلية على حكم ذاتي هم أقدر على تطويره بحسب أوضاعهم وظروفهم التي يحيونها ويعيشونها، ولو حدث مثل هذا لما انتقدهم أحد، بل لأوجد الجميع لهم العذر فيما أقدموا عليه بسبب أوضاعهم المتردية وحجب الدعم العربي لهم، وعلى المدى البعيد فإن اتفاقا كهذا بين أهلنا في الأرض المحتلة وبين السلطات الإسرائيلية محكوم عليه بالفشل لأنه أبرم في ظروف خاصة وبين أطراف غير متكافئة أي بين سلطة حاكمة وشعب خاضع للاحتلال، ومغلوب على أمره، ولذلك فهو في العرف الدولي باطل ولاغ، وفي حال كهذه تظل المنظمة بمنأى عن ذلك، وتصبح بمثابة السقف الأعلى للمطالب الفلسطينية، والقيم على الأهداف الوطنية،و المحافظ على القرارات الدولية التي صدرت عن الأمم المتحدة وبخاصة قرار التقسيم رقم ١٨١ والصادر في عام ١٩٤٧ والذي استندت عليه المنظمة حينما أعلنت قيام دولة فلسطين.

لقد كان بإمكان المنظمة أن تقوم بالدور الذي قامت به المنظمة الصهيونية

العالمية "المؤتمر الصهيوني" والتي كان لها الفضل الأكبر في إنشاء إسرائيل. وبالمثل فإن المنظمة ستظل السند القوي للشعب الفلسطيني في الداخل والخارج، فهي تدافع عن حقوقه في الشتات وتمده بالعون والدعم والمساندة في الداخل. ألم تكن الوكالة اليهودية في فلسطين إبان فترة الانتداب البريطاني بمثابة سلطة صهيونية تمارس شكلا من أشكال الحكم الذاتي على يهود فلسطين وبخاصة فيما يتعلق بالخدمات كالتعليم والصحة والمهاجرة بينما كانت المنظمة الصهيونية العالمية التي أسسها "ثيودور هرتزل" في مؤتمر بازل بسويسرة عام ١٨٩٧م تشبه منظمة التحرير الفلسطينية من عدة وجوه. ولو احتفظت منظمة التحرير بموقعها هذا لما أجبرت على تقديم الكثير من التنازلات ولما اضطرت للتضحية بكثير من المكاسب التي حققتها لمصلحة الشعب الفلسطيني على الساحة الدولية وفي كثير من المحافل العالمية.

بعد أن انتهى المضيف من كلامه خاطب الجميع بقوله: ألم تكن أيها الأخوة هذه خيارات وبدائل كان في وسعنا أن نطرحها ونسلكها، ثم اختتم حديثه قائلا: أنني على الرغم من كل ما حدث فإني واثق من قدرة شعبنا العظيم على تخطي العقبات وتذليل الصعاب، لقد استطاع هذا الشعب رغم كل التحديات من الحفاظ على هويته ولم تنجح جميع محاولات إسرائيل في طمس هذه الهوية، ونحن اليوم مطالبون أكثر من أي وقت مضى على أن نتعاون معا سواء كنا مؤيدين أم رافضين من أجل تحقيق وحدة وطنية ولنكن متضامنين في هذه المرحلة فأنظار العالم تتطلع نحونا، والأعداء يتربصون بنا من كل جانب، وهم يراهنون على انقسامنا وخلافاتنا ويتمنون أن يكون بأسنا بيننا شديدا.

الدعوة إلى الكونفدرالية في ظل الأوضاع المتردية

أن فكرة إقامة اتحاد كونفدرالي بين الأردن وسوريا والعراق، والتي جاءت على شكل دعوة وجهها ممثلون عن القوى الوطنية والشعبية في تلك الأقطار، وأيدها نفر من الوطنيين في لبنان والمغرب العربي لا بد وأن تلقى الترحيب والتأييد من الشعب العربي في هذه الأقطار بخاصة، وفي سائر أنحاء الوطن العربي بعامة، لأسباب كثيرة منها أن هذه الدعوة مطلب كل عربي مخلص لأمته فخور بالانتماء إليها، غيور على وطنه، حريص على وحدة ترابه.

وفوق هذا وذاك فهذه الدعوى ليست جديدة أو مستحدثة، فقد كانت الهدف السامي الذي قامت من أجله الثورة العربية الكبرى التي أطلق رصاصتها الأولى شريف مكة الحسين بن علي في عام ١٩١٦ وعمل بكل السبل والوسائل من أجل تحقيقها، وضحى في سبيلها. وكان همه الأول -رحمه الله- إقامة دولة عربية موحدة تعيد للأمة العربية أمجادها الغابرة، وتمكن العرب من استرجاع مكانتهم اللائقة بين الأم المتقدمة في العالم.

ومما لا شك فيه أن الذين رفعوا لواء هذه الدعوة الجديدة هم من الشخصيات المشهود لها بالعمل الوطني، والكفاح من أجل الوحدة العربية، ومنهم من شارك بالفعل في عمليات استقلال بلدانهم فتحمل الكثير من المشقة والمعاناة. ولذلك فنحن على قناعة تامة بأن جميع من قرأ هذه الدعوة والتي نشرتها الدستور وبعض الصحف المحلية في ٩٣/١٢/١ سيعتبرها بمثابة الصوت الذي يعبر عن الضمير الحي لهذه الأمة، والصرخة المدوية التي تحذر من الأعداء الطامعين في موارد الأقطار العربية ومقدراتها، والساعين إلى المزيد من تجزئة الوطن العربي وتفتيت كياناته أو توسيع شقة الخلاف بين دوله وشعوبه، وإشاعة الانقسام بين صفوفه ليسهل عليهم الهيمنة عليه، وعودته إلى دائرة النفوذ الغربي المباشر.

لقد جاءت هذه الدعوة في وقت تعاني فيه أمتنا العربية من ترد وانحطاط

وتدهور لم يسبق لها أن شهدته في تاريخها الحديث والمعاصر. ويبدو إن هذا التدهور الذي ننحدر إليه، يسير بنا إلى هوة ليس لها قرار، إذ كلما اعتقدنا بأننا وصلنا القاع تبين لنا بأن ذلك بعيد من غير الممكن معرفة أبعاده وأعماقه، ولعل عرضا سريعا لأوضاع الأقطار العربية يثبت لنا بأننا كلنا في الهم سواء.

ففي الأراضي المحتلة -وعلى سبيل المثال-تبخرت آمال كثيرة من الذين راهنوا على السلام مع إسرائيل، وبخاصة بعد أن وقعت منظمة التحرير الفلسطينية اتفاق المبادئ في الثالث عشر من أيلول هذا العام والذي عرف باتفاق غزة- أريحا أولا. لقد اعتقد هؤلاء بأن السلام قد حل على أرض السلام، وأن الدولة الفلسطينية أصبحت قاب قوسين أو أدنى، وأن الفلسطينيين على وشك الخروج من النفق المظلم الطويل الذي حشروا فيه سنين عديدة، وأن آلامهم ومعاناتهم على وشك الانتهاء. ولما بدأت الحقيقة كالشمس الساطعة صحا هؤلاء بعد أن رأوا البطش والتنكيل يزداد في قطاع غزة، وسلطات الاحتلال تصعد عمليات مطاردتها من أجل القبض على إبطال المقاومة سواء أكانوا من صقور فتح أو من ناشطي المنظمات والفصائل المختلفة. وعلى الرغم من تسليم بعض صقور فتح أنفسهم للسلطات الإسرائيلية في القطاع تمشيا وانسجاما مع نداءات قيادتهم في تونس والتي دعتهم فيها الاخلاد للسكينة إلا أن ذلك لم يشفع لهم عند جيش الدفاع الاسرائيلي الذي أطلق الرصاص عليهم، كما حدث مع الشهيد أحمد أبو الريش أحد صقور فتح في مدينة خان يونس، مما ألهب المشاعر الوطنية، وحول قطاع غزة إلى ساحة معركة شملت جميع مدنه ومعسكراته وقراه.

لقد أثبتت الأحداث- بما لا يدع مجالا للشك- بأن الذين راهنوا على صدق النوايا الإسرائيلية كانوا على خطأ بينما الذين حذروا منها وشككوا فيها كانوا على صواب، فجميع بنود الاتفاق مبهمة وغامضة وفضفاضة وتحتمل الكثير من التفسير والتأويل، مما يتيح لإسرائيل المناورة والحركة والمرونة، ويساعدها على الالتفاف حول أية نقطة أو بند قد تشعر أنه يشكل خطرا على مصالحها أو وجودها. فعلى سبيل المثال يصر الإسرائيليين على أن المقصود بأريحا ليست

المنطقة أو الإقليم كما تعتقد المنظمة، وإنما الحدود البلدية للمدينة فقط والتي لا تتجاوز بضعة كيلو مترات. وفي الوقت نفسه بدأت إسرائيل تراوغ في الانسحاب من قطاع غزة والذي كان مقررا في الثالث عشر من هذا الشهر، كما أنها تريد اقتطاع نحو نصف مساحته بحجة حماية المستوطنات فيه والتي أقيمت على نحو ٤٠% من جملة أراضي القطاع والتي لا تزيد عن ٣٤٠ كيلو مترا مربعا يقيم عليها ما لا يقل على ٧٥٠ الف نسمة. فماذا يتبقى لهؤلاء السكان حينما تصادر إسرائيل نحو نصف مساحة قطاعهم؟

وعلى ما يبدو فإن المراوغة أو تأخير موعد الانسحاب من القطاع والإصرار على تطبيق الحكم الذاتي على مدينة أريحا فقط وليس منطقتها يحقق لإسرائيل-كما قال أحد المحللين السياسيين- مكسبين على الأقل، أولهما إرضاء المتشددين، وبخاصة تكتل الليكود اليميني الذي يرفض التخلي عن أي شبر من أراضي إسرائيل التوراتية كما يسمونها، وثانيهما أن ذلك يرفع من نسبة الفلسطينيين الرافضين للاتفاق، مما يخلق المتاعب والمشاكل في وجه المنظمة، والإدارة الفلسطينية التي هي في طور التشكيل والتنظيم، وفي الوقت نفسه يريد قادة إسرائيل-وبخاصة اسحق رابين-أن يثبتوا للعالم بأن المنظمة غير قادرة على ضبط الأمور في قطاع غزة، وأنها لا تحظى بتأييد كافة الفصائل والتنظيمات الفلسطينية حتى على تنظيم فتح نفسه، وأنها غير مؤهلة في المستقبل لإنشاء دولة تحلم بإقامتها على أي جزء من التراب الفلسطيني، وأن قيام دولة كهذه ستكون بؤرة للتوتر والقلاقل تعم منطقة الشرق الأوسط بأسرها.

وعلى الساحة الفلسطينية نرى اليوم بوادر خلاف كبير على مستوى القادة في تونس بدأ حين أعلن عن الاتفاق مع إسرائيل، أتهم فيه أعضاء في المنظمة الرئيس عرفات بالانفراد مع بعض الأعضاء المقربين والمستشارين في اتخاذ القرارات المصيرية والهامة، وعبر بعضهم عن احتجاجه بالاستقالة في حين اكتفى البعض الآخر بتجميد عضويته أو تعليقها، واستمر عرفات-وعلى ذمة الرواة-ومن معه في المسيرة السلمية وإلى أن وقع اتفاق المبادئ سابق الذكر. ولما بدأت

عملية التفاوض في طابا وغيرها من الأماكن وبقيادة الدكتور نبيل شعث أتهم الباقون عرفات بأنهم على غير علم بما يجري فقاطعوا-وكما تقول الأخبار- الاجتماع الأخير في تونس كاحتجاج على هذه التصرفات. وإذا صدقت هذه الأخبار فإنهم ولا شك يتحملون جانبا كبيرا من المسؤولية، ذلك أنهم حينما كانوا من دائرة اتخاذ القرار الضيقة-أو المطبخ السياسي للمنظمة- سكتوا ولم يعارضوا استبعاد زملائهم من المشاركة. أما الآن وحينما تم تجاوزهم وجاء دورهم في الاستبعاد احتجوا واتهموا الرئيس عرفات بالانفراد في صنع القرار وتنفيذه.

وعلى صعيد الوطن العربي لا تزال أوضاع كثير من أقطاره غير مستقرة أو مستتبة، وبعض حكوماته في صراع مستمر، وقتال شرس مع جماعات رافضة أو ثائرة على الأحوال في بلادها. وقد استنزف هذا القتال طاقات هذه الدول، وعطل الكثير من أعمالها وأنشطتها، وأظهرها أمام العالم بمظهر العاجز عن الإمساك بزمام الأمور. وإذا استمر الوضع على ما هو عليه فلا أحد يستطيع التكهن بما سيحدث في القريب العاجل.

وفي اليمن السعيد الذي استطاع تحقيق وحدة تضم وحدة شطريه الشمالي والجنوبي في عام ١٩٩٠، وهي الوحدة التي طرب لها العرب واعتبروها علامة مشرقة وكالشمعة التي يتراقص نورها الباهت في هذا الظلام العربي والذي تعصف به ريح صرر عاتية تهدد كيانه ووجوده، نراه اليوم يتعرض لمشاكل وقلاقل يخشى منها على هذه الوحدة وعلى اليمن السعيد بجهاته الأربع.*

وفي منطقة الخليج ما زال العراق محاصرا، ويتعرض شعبه للتجويع والإذلال، بعد أن انتزعت أسلحته ودمرت أسباب قوته برضى وبموافقة-وربما وللأسف-بطلب وإلحاح من بعض الدول العربية، في الوقت الذي تنهال فيه مختلف أنواع الأسلحة والمعدات الحربية وأحداث المبتكرات التكنولوجية المتقدمة

---

* لقد تعرضت الوحدة للخطر فيما بعد حينما أعلن الجنوب اليمني انفصاله ونشبت الحرب بين الحكومة والانفصاليين، وانتهت بالحفاظ على الوحدة اليمنية.

على إسرائيل على الرغم من زعمها بأنها دخلت عصر السلام، فلم إذن تكديس هذا السلاح؟ ولمن؟

وعلى صعيد العالم الإسلامي والذي هو رديف للوطن العربي نجد الأحوال ليست بأحسن منها عندنا إن لم تكن أسوأ. فإيران تسلح نفسها، وتقوي ذاتها وعيونها مفتوحة على الخليج وغيره. وإلى الشمال منها نجد تركيا تتطلع إلى القيام بدور أعده لها الغرب الذي أدار ظهره لها كي تهيمن على المنطقة العربية معتقدة بأنها بذلك تعيد أمجادها، في حين ترتكب المجازر على أرض البوسنة بحق المسلمين والذين هم في غالبيتهم من أصل تركي.

البوسنيون يقتلون ويشردون ويطردون من ديارهم، وتسلب أراضيهم فلم يبق لهم إلا نحو عشرين في المائة من دولتهم التي اعترفت بها هيئة الأمم المتحدة، والدول الإسلامية لا تحرك ساكنا وإنما بعضها يستأسد على بعض فانطبق عليهم قول الشاعر "أسد علي وفي الحروب نعامة".

أن هذه الأوضاع العربية المتردية لا سبيل إلى إصلاحها إلا بوحدة تضم شتات الشمل العربي، وتوحد مواقفه. وإذا كانت الوحدة العربية مستحيلة في مثل هذه الظروف، ولا يمكن أن تشمل جميع الأقطار العربية فإنه ليس من العسير قيام نوع من التعاون والتنسيق بين كل من الأردن وسوريا والعراق. ولا شك في أن صيغ هذا التعاون كثيرة لعل من أبسطها الكونفدرالية حيث بموجبها تحافظ كل دولة فيها بشكل الحكم والنظام السياسي الذي ترتضيه ويناسبها ولكنها تتوحد في القضايا الخارجية والمصيرية كالدفاع والشؤون العسكرية والاقتصادية والسياسات مع العالم الخارجي.

وإذا نجحت هذه الكونفدرالية فقد تكون وحدها القادرة على مواجهة التحديات التي تواجهنا، وربما كانت الصيغة المناسبة التي تحل محل الوحدة الشاملة والاندماجية التي نادينا بها ولم ننجح في إقامتها منذ مطلع هذا القرن.

إذا كان للإسرائيليين تفسيراتهم فإن لنا اجتهاداتنا

لا يزال الاتفاق الفلسطيني-الإسرائيلي والذي يعرف باسم غزة-أريحا أولا يراوح في مكانه دون أن يحقق خطوة واحدة إلى الأمام، على الرغم من الترويج والدعاية له على كافة المستويات والأصعدة على اعتبار أنه أهم حدث سياسي عالمي في العام الماضي، وعلى الرغم من الوساطات المكثفة التي تبذلها جهات عربية وأجنبية لإنقاذه من الفشل أو الانتكاس. ولا شك في أن السبب في هذا يرجع إلى التشدد الإسرائيلي أولا، وإلى تفسيرات المسؤولين الإسرائيليين واجتهاداتهم الذاتية لبنود الاتفاق التي قصد بها أن تكون غامضة ومبهمة بحيث يمكن لإسرائيل استثمار هذا الغموض لصالحها بما يخدم مصالحها ويحقق أهدافها.

وفي المقابل فإن الفريق الفلسطيني الذي كان مفرطا أو مبالغا في تفاؤله، وأعتقد أنه بمجرد الإعلان عن الاتفاق بأن السلام قد حل على أرض السلام، كان أكثر من غيره إصابة بالإحباط بعد أن ظهرت له الحقائق كالشمس الساطعة التي تبدد الظلام. أن النزاع العربي الإسرائيلي الذي استمر نحو قرن كامل من الزمان لا يمكن أن ينته ويحل بطرفة عين، وبسرعة مذهلة، وبإعلان مفاجئ يتلى على الملأ بعد محادثات سرية في أوسلو وفي أثناء مفاوضات شاقة ومضنية بين الفلسطينيين والإسرائيليين في واشنطن تنتهي إلى طريق مسدود، فقد انتهت الجولة الحادية عشرة ورجع الوفدان من العاصمة الأمريكية يعلنان الفشل. ولم يطل الانتظار فبعد أيام قلائل فوجئ الجميع بنبأ اتفاق منظمة التحرير الفلسطينية مع إسرائيل تلاه اعتراف متبادل بين الطرفين ثم التوقيع على هذا الاتفاق الغريب في احتفال كبير في حديقة البيت الأبيض في الثالث عشر من أيلول سبتمبر ١٩٩٣م. إن تتابع الأحداث وتسارعها بهذا الشكل يجعلنا نربط بينها وبين ما يحدث في المسلسلات التلفزيونية.

وبطبيعة الحال فإن أقدام إسرائيل على خطوة كهذه مدروسة جيدا لأنها تعرف الفوائد التي ستعود عليها من ورائها، وبخاصة بعد أن استلم حزب العمل السلطة، فقادته أمثال "اسحق رابين" و "شيمون بيريز" يتفوقون على قادة تكتل الليكود بسعة الأفق، وبعد النظر والتفهم للظروف والمتغيرات الدولية

وكيفية الاستفادة منها معتمدين في ذلك على ارتباطاتهم وعلاقاتهم مع كثير من زعماء العالم وقادته. وبالفعل لم يتركوا أية فرصة تضيع منهم فبعد توقيع الاتفاق نشط هؤلاء القادة وقاموا بزيارات عمل لدول أسيوية وأوروبية وإفريقية حيث أقنعوا حكام هذه الدول وزعماءها بوجهات نظرهم وأثبتوا لهم بأنهم دعاة سلام. وقد حققت هذه الزيارات أهدافها، ونجحت إسرائيل بموجبها في وضع أسس لتعاون وثيق بينها وبين أندونيسيا أكبر الدول الإسلامية سكانا. وفي الوقت نفسه أسفرت المساعي مع الفاتيكان عن موافقة البابا على إقامة علاقات دبلوماسية مع إسرائيل واستعداد قداسته لزيارة الأراضي المقدسة، وسيعرف قادة الصهيونية كيف يستغلون هذه التطورات والزيارة على أحسن وجه وبما يخدم أهدافهم ويحقق مصالحهم. وبطبيعة الحال نحن لن نلوم هذه الدول، كما أنه ليس من حقنا ذلك طالما أننا بدأنا الاعتراف بإسرائيل وطالما أن الكثير من بلداننا العربية أصبحت تبدي استعدادها وترحيبها للقاء الإسرائيليين على أرضها والتعاون معهم في مجالات معينة، نحن-إذن- لا نطلب من غير العرب أن يكونوا أكثر من العرب تحمسا لقضايا العرب.

وعلى أية حال فإن ما يلفت النظر هذه الأيام كثرة الأحاديث الدائرة عن تعثر سير المفاوضات بين الفلسطينيين والإسرائيليين، وأن هناك من يعتقد بأن من المناسب قطع المفاوضات والانسحاب منها وإعلان فشلها وهذا من شأنه إنهاء حالة التمزق والانقسام في الصف الفلسطيني الذي نتج عن هذا الاتفاق. وفي اعتقادنا أن رأيا كهذا يجانب الصواب، فإذا كان أصحاب هذا الرأي يعتبرون أن الاتفاق خاطئ فإن الرجوع عنه بهذه الوسيلة وبهذا الأسلوب خطأ. ومن المعلوم بأن الخطأ لا يصحح أو يزال بخطأ آخر. وعلى الرغم من أنني من الذين أبدوا تخوفهم من هذا الاتفاق، ومن الذين حذروا من عواقبه في عدة مقالات نشرتها في صحيفة الدستور الغراء إلا أنني أعتبر انسحاب الفلسطينيين من المفاوضات سيلحق الضرر بهم وبقضيتهم وسيحقق لإسرائيل الكثير من المكاسب، وستعرف كيف تستغل ذلك وتوظفه لصالحها. فعلى المستوى الداخلي ستزول الخلافات بين حزب العمل الحاكم وتكتل الليكود المعارض، تلك الخلافات

المتعلقة بنظرة كل فريق منهما إلى حل النزاع الفلسطيني- الإسرائيلي. وعلى المستوى العربي فإن الدول العربية لن تؤيد الموقف الفلسطيني أو تعارضه مبررة تجاهلها هذا بأنه لا دخل لها في اتفاق لم يؤخذ رأيها فيه، ولم تكن طرفا من أطرافه. وأن الفلسطينيين هم الذين خرجوا عن الصف العربي وانفردوا بالاتفاق مع إسرائيل على الرغم من تعهدهم في بداية المفاوضات بالتنسيق التام والمستمر مع باقي الأطراف العربية المشتركة في مفاوضات السلام. وبناء عليه فإن المفاوضات العربية والاتصالات مع إسرائيل لن تتوقف وستسفر في نهاية المطاف عن تطبيع كامل أو شبه كامل.

وعلى المستوى العالمي فإن دول العالم ستحمل الفلسطينيين أسباب فشل المفاوضات، وتعتبرهم بمثابة عقبة كأداء أمام مسيرة السلام. وأن إسرائيل بذلت كل ما بوسعها للتوصل معهم إلى تسوية سلمية، ولكنهم لا يستحقون ذلك. وبالمقابل ستلقى إسرائيل الدعم الكامل والمساندة من كافة دول العالم وبخاصة الغربية منها والتي يهمها بقاء إسرائيل قوية في المنطقة. وعلى الساحة الفلسطينية فإن إلغاء الاتفاق لن يؤدي بالضرورة إلى وحدة الصف بل ربما إلى مزيد من الفرقة والانقسام، وبخاصة أننا ينبغي أن لا نقلل من أهمية الفريق الذي لا زال يعتقد بأن الطريق الأوحد لحل القضية هو المفاوضات. وهذا الفريق يرى بأنه مهما تشددت إسرائيل في مواقفها، ومهما تمسكت بتفسيراتها لبنود الاتفاق الغامضة، ومهما طالت مدة المفاوضات، فإن الفلسطينيين سيحصلون في نهاية الأمر على شيء وهو أفضل من لا شيء.

وإذا كان الاستمرار في المفاوضات يشكل ضررا على القضية ، وأن قطعها وإعلان فشلها من الجانب الفلسطيني ضار بالفلسطينيين، فإن علينا أن نختار في هذه الحالة، أخفها ضررا أو أهون الشرين كما يقول المثل. ولكن وفي مثل هذه الحالة علينا أن نغير من خططنا واستراتيجياتنا في المفاوضات فبدلا من أن يحشرنا الجانب الإسرائيلي في الزاوية ويضعنا في موقف يضطرنا فيه إلى الانسحاب من المفاوضات وتحميلنا فشلها فإن علينا أن نمارس دورا ذكيا بحيث نجعل الطرف الإسرائيلي هو الذي ينسحب ويعلن الفشل، ونظهره أمام العالم بأنه متشدد وغير

راغب في السلام. وهذا بالطبع ممكن لو حاولنا التمسك بثوابتنا وبمواقفنا وحقوقنا المشروعة التي أقرتها هيئة الأمم المتحدة على نحو ما يتمسك الطرف الإسرائيلي بمواقفه وثوابته. ينبغي أن لا نسمح للجانب الإسرائيلي ولكافة الضغوط التي تمارسها علينا أطراف مختلفة القفز من فوق قرارات الأمم المتحدة والتي تنص على حقنا الكامل وغير المنقوص في وطننا، وعلى عدم شرعية ضم إسرائيل للأراضي التي احتلتها بالقوة، وعلى حقنا في القدس. وحق العودة لمن يريد، والتعويض لمن لا يرغب أو لا يستطيع على أن يشمل هذا جميع الذين طردوا أو غادروا ديارهم في عام ١٩٤٨.

وإذا كان الجانب الإسرائيلي قد تعمد غموض بنود الاتفاق ليعطي نفسه حرية المناورة وحتى يفسر هذه البنود حسب مشيئته فإنه بإمكاننا أيضا استغلال هذا الغموض لصالحنا وبما لا يتعارض وثوابتنا، وإذا كان للإسرائيليين تفسيراتهم فإن لنا أيضا تفسيراتنا، وإذا كانت عندهم خطوط حمراء لا يمكنهم تجاوزها فإن لدينا أيضا خطوطا حمراء لا نستطيع أن نتعداها.

وبطبيعة الحال فإن تكتيكا كهذا، واستراتيجية من هذا القبيل تتطلبان مهارة وقدرة فائقة وفنا وذكاء يسبقه تخطيط تعده وتصوغه عقول واعية ومستنيرة. ومن حسن الحظ أن مما يتميز به الشعب الفلسطيني على كثير من شعوب العالم وفرة الكفاءات العلمية فيه وانتشارها في جميع أنحاء العالم مما أكسبهم خبرة عملية ودراية وفهما للقضايا المختلفة وما لها من أبعاد وانعكاسات. ولكن مما يؤسف له حقا أن هذه الكفاءات الكثيرة لا تستغل لصالح القضية. ولا شك في أن منظمة التحرير الفلسطينية تتحمل جزءا لا بأس به من المسؤولية ولذلك فهي مطالبة اليوم أكثر من أي وقت مضى- بتلافي هذا الخطأ وعليها أن تصلح من أوضاعها الداخلية وتنشط بل وتعيد الحياة والفاعلية لأجهزتها ومؤسساتها وبخاصة المجلس الوطني الفلسطيني والذي استبعد تماما حينما اتخذت أخطر القرارات المتعلقة بحاضر القضية ومستقبلها. وأصبح القرار الفلسطيني يتخذ بشكل منفرد، وضاقت دائرة متخذي هذا القرار، والتي يطلق عليها بالمطبخ السياسي للمنظمة.

وفي الوقت نفسه فإن الرافضين أو المعارضين لما يجري على الساحة الفلسطينية يتحملون بدورهم نصيبهم من المسؤولية ذلك أن مغادرتهم هذه

الساحة أتاح الفرصة لمن بقي واقفا فيها أن يفعل ما يشاء ويتصرف كيفما يريد وعلى هواه وبذلك فإذا كنا نحمل الباقين على أفعالهم فإن من العدل والإنصاف أن نحاسب المنسحبين على انسحابهم. وعلى المعارضة أن تعلم بأن المنسحب كالمتفرج على مباراة كرة القدم لا يستطيع أن يدخل الكرة أو حتى يساهم في إدخالها في مرمى الفريق الآخر.

على المعارضين والرافضين أن لا يوهموا أنفسهم بأنهم أقنعونا بأن انسحابهم من الساحة والاكتفاء بالاحتجاج وتوقيع العرائض التي تكتفي بالشجب والإدانة والاتهام بأنهم أدوا واجبهم تمشيا مع "اللهم فاشهد أني قد بلغت". أن المعارضة الفاعلة والتي تقوم بدورها وبواجبها يجب أن تكون داخل الكيان ولا يجوز لها الانسحاب منه، فعلى سبيل المثال فإن تكتل الليكود في إسرائيل يتخذ الآن موقف المعارضة من الحكومة الإسرائيلية إلا أنه لا زال ضمن الكيان الإسرائيلي ولم يخرج منه، وله أعضاؤه في الكنيست، وتحسب له الحكومة الحساب الذي يستحقه. وهو بمثابة الكوابح أو الفرامل التي تقوم بدورها في السيارة. إن الكيان الفلسطيني ليس ملكا لأحد، وليس إرثا لفصيل أو تنظيم معين، وإنما يجب أن يكون لجميع الفلسطينيين ومعبرا عن جميع اتجاهاتهم وتياراتهم ووجهات نظرهم، وأن القضية الفلسطينية ليست وقفا على أحد، وليس من حق أي إنسان أو تنظيم احتكارها أو الإدعاء بأن له وحده حق التصرف فيها، كما أنه لا يجوز لأي كائن من كان مهما كان موقعه في الكيان الفلسطيني أن ينفرد باتخاذ قرارات مصيرية بعيدا عن الأطر الشرعية لهذا الكيان، وفي الوقت نفسه لا يحق له تهميش أدوار غيره أو أن يستبعدهم من دائرة اتخاذ القرار بناء على آراء شخصية وأمور مزاجية. وكلنا أمل في نجاح مسعى الأخوة الذين سافروا إلى تونس مؤخرا من أجل التباحث مع القيادة الفلسطينية حول قضايا كثيرة تتعلق بكيفية وآلية صياغة القرار الفلسطيني واتخاذه، وضرورة اتباع النهج الديمقراطي، وإرساء الديمقراطية على أسس سليمة وقواعد متينة، وإصلاح المنظمة وأجهزتها لتكون قادرة على مواجهة تحديات المرحلة القادمة.

أن الاعتراف بالخطأ والرجوع إلى الحق فضيلة

لقد مضى على مذبحة الحرم الإبراهيمي في الخليل منذ حدوثها في الخامس والعشرين من الشهر الماضي وحتى كتابة هذا المقال خمسة عشر يوما ونيف، ولا يزال مجلس الأمن الدولي يواصل انعقاد جلساته دون نتيجة تذكر، ويعجز عن اتخاذ قرار يدين إسرائيل على ارتكاب هذه الجريمة البشعة وسفك دماء العشرات من المسلمين الركع السجود في مسجد من أهم وأشهر المساجد الإسلامية في العالم.

وبسبب الموقف الأمريكي الداعم لإسرائيل يمتنع المجلس عن اتخاذ القرار بحماية أهلنا في الأرض المحتلة، وهو أبسط مطلب يمكن أن يطالب به أي شعب من الشعوب التي تتعرض للقتل والإبادة والطرد والتشريد من وطنه كما هو حال الشعب الفلسطيني منذ ابتلائه بالاحتلال الإسرائيلي. ولا نشك في أن أحدا في هذا العالم اليوم يتساءل مندهشا كيف تستطيع الولايات المتحدة التوفيق بين موقفها هذا تجاه العرب عامة والفلسطينيين خاصة، وبين ما تدعو إليه وتنادي به من الدفاع عن حقوق الإنسان في جميع أقطار المعمورة، وهي في سبيل هذا كما تدعي تشن الحروب بحجة الدفاع عن حقوق الإنسان المنتهكة، ولماذا تصر على أن تغض عيونها وتصم آذانها وتخرس ألسنتها حينما يتعلق الأمر بإسرائيل وهي تعلم علم اليقين وبعد أن انكشفت الحقيقة بأن الذي نفذ هذه المذبحة ليس المستوطن الصهيوني "باروخ غولدشتاين" وحده وإنما اشترك معه في هذا العمل الإجرامي الخسيس نفر من اليهود المتطرفين، وبمساعدة وتواطؤ من الجيش الإسرائيلي الموكل بحراسة هذا الحرم، ولماذا تسكت عن المذابح التي يقوم بها جيش الدفاع الإسرائيلي ونفذها يوميا منذ مذبحة الخليل حتى وصل عدد الذين سقطوا من رصاص الجنود الإسرائيلي مساويا لعدد الذين استشهدوا في الحرم الإبراهيمي.

وبدلا من أن تقوم إسرائيل بمعاقبة المجرمين من المستوطنين فإنها تعاقب سكان مدينة الخليل المنكوبين، بإطلاق الرصاص وبالحصار والتجويع لمنعهم من

الاحتجاج وتفرض الحصار على قطاع غزة المقطوع والمحروم من كل عون ورحمة.

أن المتتبع لما يحدث في الأراضي المحتلة منذ الإعلان عن اتفاق المبادئ في "أوسلو" والذي عرف باتفاق غزة-أريحا أولا، يرى بأن العنف الإسرائيلي قد تزايد على الرغم من أن الكثيرين قد استبشروا واعتقدوا بأن السلام آت لا محالة. واستجابة لنداء السلام هذا قام نفر من رجال المقاومة وبالذات من "فتح" بتسليم أنفسهم للسلطات الإسرائيلية. وبدلا من أن تقابل إسرائيل هذه الخطوة بمثلها نجدها تزيد في بطشها وقتلها ومطاردتها للفلسطينيين مغتنمة الاسترخاء والهدوء الذي أخلد إليه كثير من رجال المقاومة، مما رفع من عدد الشهداء بحيث فاقت معدلاتها على ما كان عليه الحال قبل اتفاق أوسلو.

وعلى ضوء ما يلمسه المرء ويشاهده وبناء على ما تطالعنا به وكالات الأنباء، ومما نسمعه من القادمين من الأرض المحتلة فإن هناك الكثير من التحولات والآثار السلبية يمكن اعتبارها من نتائج وقرارات اتفاقية أوسلو. ولعل من أبرز هذه النتائج الانقسامات على الساحة الفلسطينية بدءا بالقاعدة وانتهاء بالقيادة.صحيح أن المؤيدين لمسيرة السلام بعامة، وباتفاقية أوسلو بخاصة كانوا وكما أفادت استطلاعات الرأي في الأرض المحتلة وخارجها يشكلون الأغلبية ، وبدأ رجال الأعمال من الفلسطينيين والعرب بإعداد الخطط والمشاريع ويحلمون بالثراء والأرباح التي سيجنونها من عملية السلام، وخشي- البعض من تعاون فلسطيني- إسرائيلي يلحق الضرر بالمشروع العربي والقومي، إلا أن الأيام وما حملته من أحداث أظهرت لهؤلاء الذين أفرطوا في تفاؤلهم بأن السلام بعيد المنال بسبب التعنت والتصلب الإسرائيلي، فعلى سبيل المثال كانت إسرائيل وهي تفاوض الفلسطينيين في نيويورك وبعد مؤتمر مدريد تبدي استعدادها للخروج من قطاع غزة وتفكيك مستوطناتها كما قال تيسير العاروري عضو الوفد الفلسطيني المفاوض في مقال له نشر في جريدة الدستور يوم السبت الموافق ٩٤/٢/١٩. وكان قطاع غزة نتيجة لنضال أهله وكثافة سكانه يعتبر عبئا ثقيلا وكابوسا مزعجا للإسرائيليين بحيث صرح رئيس الوزراء اسحق رابين قبل نحو عامين بأنه يتمنى

بأن يبتلع البحر قطاع غزة بمن فيه. وكان كثير من الفلسطينيين يخشون من انسحاب إسرائيلي فجائي من القطاع في وقت تكون فيه القيادة الفلسطينية غير مستعدة لتحمل مسؤولياته فيه، حتى أن البعض اعتبر انسحابا من هذا القبيل بمثابة قنبلة موقوتة لإحراج الفلسطينيين وإظهارهم أمام العالم بأنهم غير مؤهلين لحكم أنفسهم. ومما يؤسف له حقا أن اتفاق أوسلوا وما تبعه من اتفاقات كان آخرها اتفاق القاهرة والذي وقعه الرئيس عرفات ليلة التاسع من شباط هذا العام كان مخيبا للآمال لأنه كرس الاحتلال الإسرائيلي في القطاع، وأبقى على المستوطنات، ووافق على اقتطاع نحو ثلث المساحة بحجة حماية أمن هذه المستوطنات مما جعل البعض يقول بأنه إعادة انتشار للجيش الإسرائيلي وليس انسحابا. ولذلك ستظل هذه المستوطنات مراكز توتر داخل الكيان الفلسطيني المقترح وهذا يذكرنا بدخول الجيوش العربية فلسطين بعد رحيل القوات البريطانية في مساء الرابع عشر من شهر أيار عام ١٩٤٨. وتركها للمستوطنات الإسرائيلية قائمة على حالها وفي مكانها. وتمكنت هذه المستوطنات من قطع إمدادات الجيوش العربية واضطرتها في النهاية إلى الانسحاب.

وحينما وضحت الصورة، وزاد التعنت والتصلب الإسرائيلي ورافقه تصعيد في أعمال العنف والقتل أصيب كثير من الفلسطينيين بالإحباط، وزادت نسبة المعارضين لاتفاق أوسلو وما بعده من اتفاقيات، وبدت الساحة الفلسطينية منقسمة على نفسها وعم الغضب والاستياء وبخاصة بعد مذبحة الحرم الإبراهيمي والتي أثبتت أنه يستحيل التعايش بين الفلسطينيين والمستوطنين الصهاينة. ولا شك في أن هذه الانقسامات ليست في صالحنا مهما حاول البعض من التقليل منها والتذرع بأقوال وآراء لا تنطبق على حالتنا هذه كالقول بأن الخلافات في الرأي علامات صحية على نضج الشعوب ووعيها متناسين أننا لسنا على أرض لنا السيادة الكاملة عليها، وإنما نحن شعب ثائر منتفض على احتلال. وهذا يتطلب رأيا موحدا وموقفا واحدا وتوحيدا للصف.

وعلى مستوى القيادة نجد الاختلاف أشد فهناك من أنسحب من اللجنة

التنفيذية أو علق عضويته فيها أو جمدها تاركا الأمر والنهي واتخاذ القرار للرئيس ونفر من مستشاريه الذين يرتاح إليهم ويثق فيهم. ومما ينذر بالخطر أن الكثير من القرارات الهامة والخطيرة والمتعلقة بمصير الشعب الفلسطيني وقضيته تتخذ بعيدا عن الأطر الشرعية لمنظمة التحرير الفلسطينية، فالمجلس الوطني الفلسطيني معطل ومغيب تماما.

ولم يسبق أن غيب الشعب الفلسطيني عن قضيته كما هو الآن، كما أنه لم يسبق للأمة العربية أن تجاهلت القضية الفلسطينية كما تتجاهلها الآن. وقد استغلت إسرائيل وجميع القوى الغربية الداعمة لها هذا الوضع العربي المتدهور واستثمرته لصالحها لتنفرد بالطرف الفلسطيني وتوظف يأس البعض وقنوطهم الذين صوروا لنا الاستسلام سلما، والتفريط في الحقوق بعد نظر، واعتراف بواقع كنا نتجاهله، فأضعنا الكثير من الفرص.

أن الأوضاع في الأرض المحتلة بعامة وفي قطاع غزة بـخاصة، وعـلى ذمـة القـادمين مـن هناك غير مطمئنة فالناس صاروا يتخوفون من الغد. ويشعرون بأن المستقبل مخيف، فانتشرت ظاهرة شراء السلاح تخوفا مـن الغد وتحسبا لـه، وبـدأ النـاس يستعدون لأخـذ ثـاراتهم مـن بعضهم بعضا، ويعيدون النظر بعلاقاتهم وانتماءاتهم العائلية والعشائرية والطائفية والفئوية. وتعمل إسرائيل من جانبها على تغذية ذلك بشتى الوسائل والطرق ما دام هذا يخدم أغراضها ويحقق أطماعها.

على ضوء رؤى البعض لما سيكون عليه الحال المستقبلي لكيان فلسطيني هزيل ليست له السيطرة الكاملة على أرضه، وبوجود مستوطنات فلسطينية على أرض هـذا الكيـان وضرورة تعاون الشرطة الفلسطينية مـع القـوات الإسرائيلية لحمايـة أمـن المستوطنين وإعطـاء الحق لوحدات من جيش الدفاع الإسرائيلي لملاحقة الفلسطينيين في حالـة تعرض أمـن المستوطنات لأي خطر، فقد لا نستغرب أو نستهجن رغبة نفر مـن سكان قطاع غزة ببقاء الاحتلال لأنه سيكون أهون الشرين، وأخف الضررين.

ويرى البعض بان اتفاقية أوسلو التي هللت لها الدوائر الغربية ومـن يـدور في فلكهـا كانت بمثابة شهادة حسن سلوك لإسرائيل، وصك اعتراف من الضحية بشرعية الوجود الإسرائيلي مما جعل قادة إسرائيل بموجبه يحققون على الساحتين العربية والدولية ما عجزوا عن تحقيقه طوال العقود التي شهدها الصراع العربي- الإسرائيلي. واستطاعت إسرائيل مـن هـذا الاتفاق تحسين صورتها وتجميل وجهها عند معظم دول العالم وشعوبه ومنها دول إسلامية كإندونيسيا، وأصبحنا كلما تعثرت مسيرة السلام وكأننا المتعنتون والمتشددون. وأمام هذه الصورة الواضحة قد يتساءل المرء عما إذا كان قرار القمة في مؤتمر الرباط عام ١٩٧٤ والذي اعترف فيه بالمنظمة كممثل شرعي ووحيد للشعب الفلسطيني قرارا حكيما أو كان قرار توريط للشعب الفلسطيني وقيادته.

وفي قناعتنا بأن علينا أن نتعلم مـن أخطائنا، ونتعظ مـن الأحـداث وأن نعلـم بـأن الاعتراف بالخطأ والرجوع إلى الحق فضيلة، وأن المكابرة رذيلة، وأملنا كبير في أن تصغي القيادة الفلسطينية وتستجيب إلى الأصوات المطالبة بإعادة النظر في اتفاق القاهرة بـخاصة وفي مسيرة السلام بعامة.

ونحن لسنا ضد السلام بل أننا من الداعين له والمنادين به، ولكن السـلام الـذي ننشـده هو السلام العادل الذي يحقق لشعبنا حقوقه ،ويحقق له السيادة الكاملة على أرضـه، ويمنحـه كيانا قويا يستند على أسس سليمة ودعائم قوية. أليس من حق شعبنا أن يعيش كباقي شعوب العالم وأممه حرا كريما في وطنه؟ وإننا على قناعة بـأن ذلك غـير مسـتحيل، فـالإصرار والمثـابرة والعزم والتصميم أمور لا بد منها إن كنا نريد تحقيق أهدافنا ولو مرحليا.

لدينا الخيارات وإسرائيل لا تملك البدائل

على الرغم من استنكار حكومة إسرائيل لمجزرة الحرم الإبراهيمي الشريف بمدينة الخليل في الخامس والعشرين من الشهر الماضي، إلا أن الجيش الإسرائيلي يرتكب كل يوم ومنذ تلك المجزرة مجازر جديدة ليس في الخليل وحدها وإنما في سائر المدن والقرى في الضفة الغربية وقطاع غزة. وبسبب هذا السلوك الإسرائيلي الذي ينافي مبادئ السلام، فإن عدد المعارضين لاتفاقية السلام الموقعة بين إسرائيل ومنظمة التحرير الفلسطينية في الثالث عشر من شهر أيلول سبتمبر عام ١٩٩٣م بواشنطن وما تلاها من اتفاقيات في ازدياد، بحيث أصبحت غالبية الفلسطينيين في داخل الأراضي المحتلة وخارجها يشككون في جدوى مسيرة السلام، وفي جدية إسرائيل للتوصل إلى سلام شامل وعادل مع الفلسطينيين.

وعلى ما يبدو فإننا-وللأسف الشديد- لم نستطع استثمار مجزرة الخليل وتوظيفها لصالح القضية كما ينبغي واكتفينا كعادتنا بالإدانة والشجب والبكاء والعويل والوعد الوعيد. وحتى قيادة المنظمة كادت أن تتجاوز هذا الحدث الخطير وذلك حينما استجاب الرئيس عرفات للدعوة الموجهة له وللرئيس الاسرائيلي اسحق رابين من الرئيس الأمريكي"بيل كلينتون" للاجتماع في نيويورك لتطويق انعكاسات وآثار هذه المذبحة خشية أن تعوق أو تعطل مسيرة السلام.

وعلى الرغم من هول هذا الحدث، ومن فظاعة المجازر اليومية التي يرتكبها الجيش الإسرائيلي إلا أن المؤيدين لاتفاقية أوسلو يصرون على ضرورة استئناف المفاوضات بحجة أنه لا خيار ولا بديل للفلسطينيين عن السير في هذا الاتجاه الجبري، وأن علينا عدم تمكين المتطرفين من اليهود الذي قاموا بهذه المجزرة من تحقيق هدفهم وهو إفشال البرنامج السلمي بكامله.

ونود في هذا المقال أن نتساءل عما إذا كنا لا نملك أي خيار أو بديل بحيث أصبحنا مضطرين ومكرهين على السير في هذا الاتجاه الحالي، وهل أصبحت

إسرائيل تملك جميع الأوراق والخيارات والبدائل، وأنها في وضع يمكنها من إملاء شروطها علينا ونحن لا نملك غير الاستجابة؟. أن تساؤلا من هذا القبيل وعلى هذا النحو يجعلنا نفكر في البدائل والخيارات المتاحة لإسرائيل للتعامل مع الفلسطينيين وبخاصة في الأراضي المحتلة إذا رفضنا المسيرة السلمية كما حددتها الاتفاقيات المبرمة مع منظمة التحرير.

وربما كان من الأفضل وقبل الإجابة على هذا التساؤل تذكير البعض بأن الصهاينة حينما فكروا في إقامة كيان لهم على أرض فلسطين، وحتى قبل أن يصدر "ثيودور هرتزل" كتابه الشهير بعنوان "الدولة اليهودية"، كانوا يريدون الأرض خالية من سكانها العرب، وكان قادة الصهاينة وزعماؤهم يحرصون أشد الحرص على نقاء دولتهم التي يريدون إقامتها، وكثيرا ما ردد أحدهم وهو "ماكس نوردو": قائلا "نريد فلسطين أن تكون يهودية كما هي بريطانيا بريطانية، وفرنسا فرنسية"، وهو صاحب المقولة الشهيرة "الأرض التي دون شعب (يقصد فلسطين) لشعب لا أرض له (يقصد اليهود).

وكان الصهاينة يعتقدون بأن هذا النقاء اليهودي يمكن تحقيقه بطرد العرب وتهجيرهم من فلسطين بطرق ووسائل كثيرة تفنن "هرتزل" في سردها في كتابه سابق الذكر. ولعل من أهم هذه الوسائل الإرهاب، وارتكاب المجازر، والتضييق على الفلسطينيين بوضعهم في ظروف اقتصادية واجتماعية ونفسية تضطرهم إلى الرحيل. وقد نجح الصهاينة في تنفيذ هذا، وبخاصة في عام ١٩٤٨ وبعد ارتكابهم مجزرة "دير ياسين"، والتي روجوا لها لإرهاب العرب وتخويفهم وحثهم على الرحيل. وللأسف الشديد وقع الإعلام العربي في الفخ الاسرائيلي فأخذ من جانبه وبسذاجة وحسن نية تهويل هذه المجزرة وتضخيمها على أمل تحميس العرب وإيقاظ حميتهم وبعث نخوتهم لنصرة أخوتهم عرب فلسطين، ولكن النتيجة كانت عكسية فرحل مئات الألوف من الفلسطينيين بعد تعرضهم لهجمات إسرائيلية، أو تلقيهم إنذارات يهودية تطالبهم بالرحيل، وإلا تعرضوا لمذابح على غرار مذبحة "دير ياسين". وكان عرب فلسطين يظنون بأن الجيوش

العربية التي ستدخل فلسطين في الخامس عشر من أيار مايو عام ١٩٤٨ ستعيدهم إلى مدنهم وقراهم معززين مكرمين، ولذلك لم يحملوا معهم إلا القليل الذي خف وزنه وغلا ثمنه. وفي أحوال كثيرة خرجوا بما عليهم من ملابس فقط.

لو لم يرحل العرب عن مدنهم وقراهم في عام ١٩٤٨ لما تمكنت الصهيونية من إقامة الكيان الإسرائيلي. ولا شك في أن هذا كان أكبر خطأ ارتكبه عرب فلسطين. وعلى الرغم من أن الذين تشبثوا بأرضهم ولم يرحلوا عن وطنهم كانوا قلة من الفلسطينيين، وبخاصة سكان الجليل بشمال فلسطين، إلا أن إسرائيل تعتبرهم اليوم كالغصة في حلقها، وكالشوكة في خاصرتها، وقد بذلت مختلف الطرق والوسائل للتخلص منهم لخشيتها من زيادتهم الطبيعية التي تفوق نظراءهم اليهود، وخوفها من أن يصبح الجليل في يوم من الأيام تقطنه أغلبية عربية. ولكن جميع المحاولات الإسرائيلية باءت بالفسل أمام إصرار عرب الجليل على البقاء في أرضهم ومطالبتهم بالمساواة مع السكان اليهود. وفي النهاية أذعنت إسرائيل لكثير من مطالبهم، وصار لهم نواب في الكنيست.

بعد احتلال إسرائيل للضفة الغربية وقطاع غزة أصبح أمام حكام إسرائيل ثلاثة خيارات: طرد السكان وتهجيرهم، وضم أراضيهم لكيانها كما فعلت بعد حرب عام ١٩٤٨، أو ضم الأراضي المحتلة وسكانها، أو بقاء الأوضاع على ما هي عليه.

بالنسبة للخيار الأول فإنه يعتبر الحل الأمثل لإسرائيل لأنه يحقق لها الكثير من الأهداف لعل من أهمها التوسع الذي تنشده، ويساعدها في استيعاب المزيد من اليهود الذين تحثهم على الهجرة إلى الكيان الإسرائيلي حتى ينمو عدده، ويشتد عوده، ويزداد بأسه وقوته. وفي الوقت نفسه فإن ضم الأراضي المحتلة يزيد من العمق الإسرائيلي، ويكسبه الكثير من المقومات الاستراتيجية والدفاعية والهجومية واللوجستية.

ويبدو فإن إسرائيل فشلت في تحقيق خيار التهجير بعد أن أخذ عرب فلسطين درسا قاسيا، فعلى الرغم من أنها كسبت أرضا في حرب ١٩٦٧ تفوق

مساحة إسرائيل، إلا أنها فوجئت بل وصدمت حينما تبين لها بأن الفلسطينيين لا يفكرون بالرحيل عن أرضهم بل أنهم مصممون على البقاء مهما بذلت إسرائيل من وسائل مختلفة. وكلما زادت ممارساتها القمعية وضغوطاتها على السكان زادوا من إصرارهم وتشبثهم بأرضهم ووطنهم بعد أن عرفوا ذل الرحيل وهوان الهجرة وبعد أن كشفوا أبعاد اللعبة الإسرائيلية، واستفادوا من تجربة الذين ظلوا في أرضهم في فلسطين بعد ١٩٤٨.

وكوسيلة من وسائل الضغط على الفلسطينيين لإجبارهم على الرحيل لجأت إسرائيل إلى إنشاء المستوطنات في الضفة الغربية والقطاع ومصادرة الأراضي بحجج وذرائع مختلفة، ولا شك في أن إقامة المستوطنات كانت بمثابة الورقة الأخيرة بيد إسرائيل تستخدمها لإجبار العرب على الرحيل، ولكن النتيجة لم تكن كما تريد إسرائيل ولم يرحل العرب بل فجروا انتفاضتهم المجيدة في التاسع من كانون الأول ديسمبر عام ١٩٨٧ كما سبق القول.

وهذه الانتفاضة كانت مجهودا فلسطينيا أملته أوضاع خاصة، وفي الوقت نفسه كانت تنظيما داخليا صرفا لا ارتباط له في الخارج (ويا ليت ظل هذا الوضع كما كان). واستطاعت الانتفاضة جذب انتباه العالم واستقطابه، وبدا ذلك واضحا في جميع وسائل الإعلام العالمية، وارتفع الصوت الفلسطيني عاليا، وانكشف الموقف الإسرائيلي، وصارت شعوب العالم وبعض حكوماته تطالب بضرورة إعطاء الشعب الفلسطيني حقوقه كسائر شعوب العالم، وأدانت الدول ومنها الولايات المتحدة الأمريكية مصادرة الأراضي الفلسطينية وإقامة المستوطنات واعتبرتها كما جاء على لسان "وليم بيكر" وزير خارجية الولايات المتحدة الأسبق بأنها "عقبة في طريق السلام، وينبغي إزالتها". وبطبيعة الحال أدركت إسرائيل أن ظروف عام ١٩٤٨ لم تتكرر، وأنها لم تعد في نظر المجتمع الدولي المستضعفة والمعرضة للغزو من قبل سبعة جيوش عربية تريد تدميرها، بل على العكس من ذلك أدرك الجميع بأنها دولة تضطهد الفلسطينيين وتحرمهم من أبسط حقوقهم.

أما الخيار الثاني أمام إسرائيل فهو استمرار بقاء الوضع على ما هو عليه، وهـذا لـيس في صالحها بأي حال من الأحوال لأن الأوضاع ستظل غير مستقرة، وأمنهـا سـيظل معرضـا للخطـر، وجيشها مستنفر على الدوام، ولم تسلم من نقد المجتمع الدولي، ولن يسـكت الفلسـطينيون في ظل الاحتلال على الممارسـات الإسرائيليـة، وسيضـطرون إلى تصعيد المقاومـة، وسـيولد العنـف مزيدا من العنف، وسيؤدي التطرف إلى تطرف على الجانب المقابل وبهـذا تكـون إسرائيـل قـد أدخلت نفسها فيما يسمى بالحلقة الشريرة.

يبقى إذن أمام إسرائيل الخيـار الثالـث والأخـير، وهـو خيـار ضـم الأراضي المحتلـة مـع سكانها وهو كمن يبتلع منجلا أو سكينا، لأن حلا كهذا سيقضي على أهـداف الصـهيونية إذ لـن يمكنها من المحافظة على النقاء اليهودي، وربمـا يحولهـا عـلى المـدى البعيـد إلى دولـة علمانيـة، وهذا ما كانت تطالب به منظمة التحرير الفلسطينية منذ قيامها. ففـي الضـفة الغربيـة اليـوم يعيش مـا لا يقـل عـن مليـون وربـع المليـون شـخص، وعـلى مسـاحة لا تتجـاوز خمسـة آلاف وخمسمائة وخمسة وخمسين كيلو مترا مربعا. ويبلغ عدد سكان قطاع غزة نحـو ثمانمائـة ألـف شخص وعلى مساحة من الأرض لا تزيد عن ثلاثمائة وعشرين كيلو مترا مربعا.

وإذا علمنا بأن الزيادة الطبيعية للسكان في الضفة الغربية والقطاع عاليـة جـدا تـتراوح ما بين ٣.٥-٤% سنويا، في مقابل أقل من ١% للاسرائيليين، فإن عدد السكان العرب في إسرائيل- لـو ضـمت الأراضي العربيـة إليهـا- سـيتفوقون عـلى عـدد اليهـود، ولـذلك نجـد أن كثـيرا مـن الإسرائيليتين يحذرون من هذا الخطر الذي يهدد إسرائيـل، ويطلقـون عليـه القنبلـة السـكانية التي ستقضي على فكرة النقاء اليهودي، وربما ينسف الأسس والمرتكزات التي تقوم عليها الدولة اليهودية.

وعلى الرغم من هذا كله فـإن إسرائيـل مضـطرة-إذا مـا تمسـك الفلسـطينيون بـوطنهم وتشبثوا بأرضهم، إلى ضم هـذه الأراضي ولـو عـلى المـدى البعيـد، وفي هـذه الحالـة فـإن أمـام الفلسطينيين فرصة المطالبة بتطبيق حقوق الإنسان، وبتطبيق مبدأ المساواة مـع اليهـود الـذين يعيشون وإياهم في دولة واحدة، ويخضعون لقوانين واحدة ويؤدون ما عليهم من الالتزامـات، فهم ليسوا بأقل من الأفارقة في جنوب

إفريقية الذين استطاعوا بكفاحهم وبمثابرتهم وكسبهم للرأي العام العالمي وبفضل الضغط الدولي كسب حقوقهم وتحقيق مبدأ المساواة مع المستوطنين البيض الذين ساموهم سوء العذاب، وأجبروهم على إقامة في معازل خاصة لا يبرحونها إلا بموجب تصاريح خاصة ولمدة محددة.

وحتى لو استطاعت إسرائيل التوصل إلى سلام مع الدول العربية المجاورة، فهذا قد يخدم الفلسطينيين لأنه سيحول دون تمكن إسرائيل من طرد عرب فلسطين وترحيلهم إلى هذه الدول طالما هي ترتبط معها باتفاقيات لن تسمح لها بهذا.

مما تقدم نستنتج بأننا لسنا وحدنا في مأزق أو ورطة، وإنما إسرائيل تواجه مأزقا أشد منا وأكثر، وبخاصة بعد أن تقلصت خياراتها، وانكشفت حيلها، وتحددت مجالات مناوراتها. ولذلك فقد كانت إسرائيل أحرص منا على التوصل إلى سلام وحسب شروطها مع العرب بعامة، ومع الفلسطينيين بخاصة لأنه يخدم أغراضها ويحقق أطماعها، ويثبت أركانها في المنطقة. وكانت أزمة الخليج التي ما كان ينبغي لها أن تنشب الوسيلة التي تمكنت الولايات المتحدة بواسطتها من بدء مفاوضات سلام بين العرب وإسرائيل، وبعد أن أمكن التغلب على عناد الفلسطينيين ومقاومتهم لكل سلام لا يحقق مطالبهم.

ويبدو وكما تشير الدلائل فإن الكيان الفلسطيني الهزيل أو منطقة الحكم الذاتي المحدود سيحقق لإسرائيل ما عجزت عن تحقيقه في الماضي لعل من أهمها المحافظة على نقاء الدولة اليهودية. وقد تستخدم إسرائيل منطقة الحكم الذاتي مكبا إذا ما شعرت بزيادة عدد السكان العرب فيها عن النسبة التي تهدد النقاء اليهودي. وهي في الوقت نفسه لن تخسر شيئا ما دامت المستوطنات باقية في داخل منطقة الحكم الذاتي، وما دام أمن المستوطنين مكفول حتى ولو اعتدوا على السكان العرب وذبحوهم في المساجد كما حدث في الخليل، وطالما رضي الفلسطينيون بوجود عسكري إسرائيلي حول المستوطنات وبسيطرة على المعابر.

لا شك في أن اتفاقية أوسلو ساهمت في إخراج إسرائيل من ورطتها،

وحلت لها مشكلة الأراضي المحتلة وسكانها، وكان ثمنها علينا باهظا جدا، فقد قفزنا فوق ميثاقا، وتخلينا عن جميع ثوابتنا، وأسقطنا جميع قرارات الأمم المتحدة مثل قرار التقسيم رقم ١٨١، وقرار حق عودة جميع الفلسطينيين أو تعويض غير الراغبين منهم بالعودة، وعدم شرعية ضم الأراضي بالقوة، وعدم شرعية إقامة المستوطنات في الأراضي العربية المحتلة، واعتبار القدس جزءا من الأرض المحتلة. صحيح أن هذه قضايا ستبحث في المرحلة النهائية من مفاوضات السلام، إلا أن إسرائيل لن تستجيب لأي مطلب فلسطيني، وسترفض تنفيذ قرارات الأمم المتحدة في هذه الأمور.

وداعا لذكرى الخامس عشر من أيار

قد يبدو غريبا أن تتزامن ذكرى الخامس عشر من أيار هذا العام مع دخول قوات الشرطة الفلسطينية إلى منطقة الحكم الذاتي المحدود في قطاع غزة، ومدينة أريحا، فما أشبه الليلة بالبارحة كما يقولون. ففي الخامس عشر من أيار مايو عام ١٩٤٨، أي قبل ستة وأربعين عاما أعلن الصهاينة عن قيام دولة إسرائيل على أرض فلسطين العربية، بعد أن نجحت العصابات اليهودية وبدعم ومساعدة من حكومة الانتداب البريطانية في احتلال قسم كبير من فلسطين بوسائل متعددة منها ارتكاب المجازر والأعمال الإرهابية التي أدت إلى نزوح عدد كبير من العرب عن مدنهم وقراهم.

وفي مثل هذا اليوم-أي الخامس عشر من أيار عام ١٩٤٨، رحل السير "ألن كننجهام" آخر مندوب سامي بريطاني في فلسطين، وبذلك طويت صفحات من تاريخ جهاد عرب فلسطين وكفاحهم ضد الاستعمار والصهيونية معا وفي آن واحد، لتبدأ صفحات جديدة يسجل فيها تشرد شعب فلسطين عن وطنه وتشتته في المنافي وعلى حدود بلاده.

وفي مثل هذا اليوم دخلت الأراضي الفلسطينية جيوش ست دول عربية من الشمال والجنوب والشرق، لنجدة ما تبقى من عرب فلسطين، ولتحرير كامل التراب الفلسطيني من العصابات الصهيونية والقضاء على الكيان الإسرائيلي الدخيل، والمحافظة على الأراضي الفلسطينية التي كانت لا تزال بأيدي العرب، ويومها فرح الفلسطينيون ورحبوا بدخول الجيوش العربية، واستقبلوا الجنود استقبال الأبطال الفاتحين، وظنوا أن آمالهم تحققت، ومآسيهم انتهت، ومعاناتهم انقضت، وأنهم عما قريب سيقيمون دولتهم المستقلة أسوة بإخوانهم العرب، وستنضم دولتهم إلى جامعة الدول العربية التي كان قد مضى على إنشائها نحو أربع سنوات.

وتتولى الأحداث وتتسارع. وتتابع النكبات على الشعب الفلسطينية فبدلا أن يعود إلى وطنه معززا مكرما، فإذا بإسرائيل توالي استلابها لمزيد من الأراضي وتطرد العديد من العرب، وتلحق الهزائم بالجيوش العربية.

وفي هذا اليوم وبعد ستة وأربعين عاما من قيام إسرائيل تدخل قوة من الشرطة الفلسطينية قطاع غزة، وأريحا بعد أن أخرت السلطات الإسرائيلية دخولها خمسة أيام كاملة بقصد امتهانها وإذلالها وإشعارها بأن السلطة لا تزال بيدهم. وهذا ما يذكرنا بمنع سلطات الانتداب البريطاني من دخول الجيوش العربية فلسطين قبل الخامس عشر من أيار، ومنع تسلل المتطوعين العرب للالتحاق بإخوانهم المجاهدين.

وكما استقبل عرب فلسطين الجيوش العربية عام ١٩٤٨ بالفرح والسرور، فإن أبناء الشعب الفلسطيني الذي لا زال صامدا على أرضه يستقبل الشرطة الفلسطينية اليوم بالأغاني الوطنية والأهازيج والزغاريد رافعين الأعلام الفلسطينية. وكلهم أمل في أن يكون هذا بمثابة الخطوة الأولى نحو كيان فلسطيني يملك السيادة على أرضه وترابه.

وربما قد يتبادر إلى أذهان الكثيرين عما إذا كان تزامن ذكرى الخامس عشر من أيار مع دخول قوة الشرطة الفلسطينية، وبداية تنفيذ البنود الأولى من اتفاقية الحكم الذاتي من قبيل الصدقة، أم أن الأمر مرتب ومعد ومخطط له من قبل. وعلى أية حال، ومهما كان الأمر فإن الربط بين الحدثين غير قائم، فعلى الرغم من أن الأهداف والغايات تكاد تكون متقاربة إلا أن أبعادهما مختلفة، وفي الوقت نفسه فنحن لا نتفق مع من يقول بأن وضعنا اليوم أشبه بوضع اليهود عشية وعد بلفور والذي أعلنته بريطانيا على لسان وزير خارجيتها "آرثر بلفور" في الثاني من شهر تشرين الثاني نوفمبر عام ١٩١٧ وقبل أن تسيطر بريطانيا على فلسطين والتي كانت من الوجهة الرسمية جزءا من أملاك الدولة العثمانية.

لا شك في أن التأمل في الأوضاع العالمية آنذاك، والظروف العربية والأوضاع الفلسطينية يبين لنا أن المقارنة بين الحدثين غير جائزة. فقد جاء وعد

بلفور تتويجا للجهود الصهيونية المتواصلة، وثمرة من ثمار مساعيهم الحثيثة، وضغوطهم المتتالية على القوى الكبرى آنذاك وبخاصة بريطانيا العظمى من أجل أن تساعدهم على إنشاء كيانهم على أرض فلسطين. وقد نجحت هذه الجهود وتلك الضغوط في اختيار بريطانيا لتكون الدولة المنتدبة على فلسطين كما قال حاييم وايزمن أول رئيس لإسرائيل، والذي أكد بأن زعماء اليهود هم الذين صاغوا بنود الانتداب، وهم الذين أقنعوا حكومة لندن بتعيين الوزير البريطاني السابق واليهودي الديانة، والصهيوني العقيدة "هربرت صموئيل" كأول مندوب سام بريطاني على فلسطين ليضمنوا تنفيذ وعد بلفور، وليتمكنوا من وضع القواعد والمرتكزات الأساسية والبنية التحتية لكيان إسرائيلي يتطور بالتدريج إلى دولة تعلن حالما تستكمل مقوماتها. وفي عهد صموئيل تأسست الجامعة العبرية على جبل المشارف أو ما يسمى بجبل سكوبس وهو أحد جبال القدس. وقام بلفور والذي حضر خصيصا لهذه المناسبة بوضع حجر أساس الجامعة يرافقه "حاييم وايزمن" و "هربرت صموئيل"، ومن المعلوم بأن هذه الجامعة افتتحت رسميا في عام ١٩٢٥.

لقد كانت الأوضاع العالمية آنذاك مهيأة لصالح الصهيونية، والأجواء مناسبة بل مشجعة لإقامة كيان إسرائيلي على أرض فلسطين، وبخاصة بعد هزيمة تركيا في الحرب العالية الأولى وانهيار إمبراطوريتها، وخضوع البلاد العربية لاستعمار أوروبي مزق أوصالها، وشتت شعوبها، وتسلط على مقدراتها، ووجد الفلسطينيون أنفسهم وحدهم في الميدان يقاومون الانتداب البريطاني، ويحاربون الصهيونية والتي تمكنت من التغلغل في أوساط القوى الغربية ومراكز النفوذ العالمية، وارتبطت مصالحها ووسائلها معها رغم اختلاف الأهداف والغايات.

وعلاوة على ذلك فإن نصوص وعد بلفور جاءت بشكل أقوى من نصوص وثيقة الحكم الذاتي. لقد اعترف الوعد وبشكل صريح وواضح بحق اليهود في تأسيس وطن قومي للشعب اليهودي في فلسطين، وتتعهد بريطانيا بتسهيل تنفيذ هذا الوعد بشكل لا يضر بالطوائف غير اليهودية المقيمة في

فلسطين. ويمكننا أن نلاحظ بأن هذا الوعد لم يعط لليهود المقيمين في فلسطين آنذاك، وإنما لكل يهود العالم والذين بموجبه أصبح لهم الحق في الهجرة إلى فلسطين. وفي هذا الوعد تتعهد بريطانيا أكبر دولة في ذلك الحين بمهمة التنفيذ. وفي الوقت نفسه اعتبرت بريطانيا (بوعدها هذا) العرب وهم سكان فلسطين الأصليون، والذين كانوا يشكلون نحو ٩٥% من جملة السكان البلاد آنذاك طوائف غير يهودية مقيمة في فلسطين. أما وثيقة الحكم الذاتي فإنها لم تعترف للفلسطينيين بحقوقهم الكاملة في وطنهم، ولا بالسيادة على ترابه ولا بالتصرف التام بموارده وخيراته.

وإذا كانت حكومة الانتداب البريطاني فتحت أبواب فلسطين لجميع يهود العالم ليستقروا حتى تتكاثر أعدادهم وليصبحوا أكثرية، ومن أجل تنفيذ ذلك فقد وضعت على رأس دائرة المهاجرة بفلسطين شخصية يهودية صهيونية متطرفة هو المستر "بنتويتش" فإن السلطات الإسرائيلية حاليا لم تسمح لسلطة الحكم الذاتي الفلسطيني من السيطرة على المعابر في رفح وعلى الحدود المصرية، وعلى الجسور مع الأردن لتضمن عدم دخول أي شخص لا ترغب في دخوله، وتمنع فلسطينيي الشتات من العودة إلى وطنهم حتى لا يزيد عدد سكان منطقة الحكم الذاتي إلى الحد الأدنى الذي قد يشكل تهديدا لأمن إسرائيل، وحتى تتمكن من منع دخول الأسلحة والذخائر إلى هذه المنطقة، في المستقبل.

وتنفيذا لما التزمت به بريطانيا بتسهيل تنفيذ وعد بلفور، فقد سمحت لليهود في فلسطين بإنشاء وكالة لهم تتولى تدبير أمورهم، وترعى مصالحهم، وفي الوقت نفسه تتدرب على شؤون الحكم، وقد كانت الوكالة اليهودية آنذاك بمثابة الدولة داخل الدولة، إذ كانت مسؤولة عن الصحة والتعليم والمهاجرة وغير ذلك من أمور. وحينما رحل البريطانيون عن فلسطين في الخامس عشر من أيار كما ذكرنا أعلنت الوكالة اليهودية نفسها حكومة لدولة إسرائيل. وعلى النقيض من ذلك فإن السلطات الإسرائيلية تضع كل الصعوبات العقبات والعراقيل والقيود حتى لا يتطور الحكم الذاتي الفلسطيني إلى حكومة، أو كيان أو دولة فلسطينية.

وفوق هذا وذاك فإن حكومة الانتداب البريطاني وبموجب تفسيراتها لوعد بلفور، فقد ساعدت اليهود في تكوين عصابات مسلحة. وأوكل للضابط البريطاني "ونجيت" مهمة تدريب عصابة "الهجانا" والتي كانت نواة لجيش الدفاع الإسرائيلي، علاوة على عصابات أخرى مثل عصابة "شتيرن" وعصابة "ارغون"، كما سمح رئيس الوزراء البريطاني في عام ١٩٤٤ "ونستون تشرشل" لليهود بتشكيل فيلق خاص بهم اشترك في الحرب العالمية الثانية ليكتسب خبرة قتالية يستفيد منها في محاربة العرب. وحينما انتهت هذه الحرب في عام ١٩٤٥ عاد الفيلق اليهودي بكامل أسلحته ومعداته إلى فلسطين.

أما وثيقة الحكم الذاتي فلم تسمح للفلسطينيين بإنشاء جيش يدافع عن الفلسطينيين ويحميهم، وإنما سمحت بتكوين قوة من الشرطة لا تحمل إلا أسلحة خفيفة صنع معظمها أو بعضها في إسرائيل. وزيادة في الحرص، وخشية أن تتطور قوة الشرطة هذه إلى نواة جيش فإن إسرائيل أصرت على تحديد مواصفات ومهام هذه القوة وطبيعة عملها ومناطق انتشارها وعددها ومواقع تمركزها، وحدود اختصاصاتها ومجالاتها.

وبالنظر إلى منطقة الحكم الذاتي وحدودها الجغرافية والإدارية والسياسية، فإنها لا تشمل قطاع غزة بكامله، ولا منطقة أريحا بكاملها، فقد اقتطع من القطاع أكثر من ثلث مساحته لتقام عليها المستوطنات. ومن المعلوم بأن هذه الإدارة الإسرائيلية في القطاع خرجت من المدن والقرى والمخيمات إلى هذه المستوطنات مما جعل البعض يقول بأنه ليس انسحابا بقدر ما هو إعادة انتشار للقوات الإسرائيلية.

ولعل من الملفت للنظر أن من أولى مهام قوة الشرطة الفلسطينية حفظ الأمن والنظام، وبخاصة في قطاع غزة، والذي قال عنه أحد المراسلين الأجانب بأنه أشبه بعش الدبابير، الذي كلف قوات الاحتلال الكثير من الضحايا.

لا شك في أن قوة الشرطة الفلسطينية ستتحمل مسؤولة فرض الأمن والنظام والاستقرار في القطاع وبذلك فإنها تسقط هذا العبء الجسيم عن كاهل

الإسرائيليين الذين لا نظن أنهم حريصون أو راغبون في التجول في شوارع مدن القطاع وقراه ومخيماته، وإن كانوا قد فعلوا ذ لك في أثناء الاحتلال فإنما من أجل حماية المستوطنين وإدارتهم في القطاع.

من هذا يمكننا القول بأن إسرائيل حققت وجود وبقاء مستوطناتها وضمنت أمن سكانها من المستوطنين لا بجيشها ولا بأسلحتها وإنما بقوة الشرطة الفلسطينية والذين يتصدون لكل فلسطيني يحاول التحرش بالمستوطنين أو الاقتراب من المستوطنات، ومن يدري فإن إسرائيل قد تستخدم هذه المستوطنات وسكانها كورقة تساوم بها الفلسطينيين في المستقبل، فإذا أراد الفلسطينيون تفكيك هذه المستوطنات ورحيل المستوطنين فإن عليهم قبول إخوانهم العرب الذين بقوا في أراضيهم منذ حرب ١٩٤٨. وهذا الأمر بدأت تلوح به بعض الأوساط اليهودية مؤخرا والتي يهمها نقاء الدولة العبرية، ألم نقل في مقال سابق بأن إسرائيل قد تتخذ الحكم الذاتي مكبا لعرب ١٩٤٨. حقا صدق من قال: عش رجبا تر عجبا.

الفصل الثالث

نتنياهو يعطل المسيرة السلمية

في الحادي عشر من شهر نيسان / أبريل ١٩٩٦م اصدر رئيس وزراء إسرائيل " شيمون بيريز " الذي خلف اسحق رابين بعد مقتله في ١٩٩٥/١١/٤م أوامره للجيش الإسرائيلي لشن هجوم على لبنان ، راح ضحيته أكثر من ١٠٥ شهيد وجريح وتهجير نحو ٢٠٠ الف لبناني وعزل ٣٠ قرية جنوبية . وفي اليوم الثامن من الهجوم ارتكبت القوات الإسرائيلية مجزرة قانا قتل فيها نحو مائة شخص من المدنيين اللبنانيين وجرح حوالي مائة وخمسون شخصا .

لقد كانت هذه الأحداث من أسباب سقوط حكومة " شيمون بيريز " العمالية ، ونجاح " بنيامين نتنياهو " بتشكيل حكومة ليكودية . وهي حكومة متشددة تعارض أي نوع من السلام مع الفلسطينيين ، وترفض اتفاقية أوسلو .

أثار نجاح الليكود وسقوط حزب العمل استياء الكثيرين من العرب ، بمن فيهم الفلسطينيين الذين كانوا يعتقدون بإمكانية التوصل إلى حل سلمي مع الإسرائيليتين في ظل حكومة عمالية ، فحكومة العمل برئاسة " اسحق رابين " هي التي وقعت اتفاقية أوسلو مع الفلسطينيين وكان خليفته " شيمون بيريز " مهندس هذه الاتفاقية .

إن هذا الاستياء دفعني إلى كتابة مقال بعنوان : " لا بد لهذا الليل أن ينجلي" ونشرته في الدستور بتاريخ ١٩٩٦/١٢/٢٥م أقول فيه بأنه لا مبرر لهذا الاستياء ، اذ لا فرق يذكر بين حزب العمل وتكتل الليكود ، وأنهما وجهان لعملة واحدة . وربما كان من المفيد لنا نجاح الليكود لأن ذلك يكشف عن الوجه الحقيقي لإسرائيل الذي يحاول حزب العمل أن يخفيه بالمساحيق . وقد بدأت الفصل الثاني بهذا المقال .

كان من الطبيعي أن يرفض " نتنياهو " السير في نهج أوسلو فهو ومعه تجمع الليكود يرفض الاتفاقية ، وقد بين أراءه وطروحاته في كتابه المسمى " مكان تحت الشمس " والذي فيه الكثير من المغالطات والافتراءات . إلا أنه وبسبب الضغوط التي مارسها عليه الرئيس الأميركي " بيل كلينتون " اضطر أن يجتمع

بعرفات بعد أن كان يرفض لقاءه ومصافحته ، وأن يعقد معه الاتفاق الخاص بإعادة الانتشار في مدينة الخليل بعد أن أجرى تعديلات على الاتفاق السابق الذي كان قد وقع عليه " اسحق رابين " في ١٩٩٥/٩/٢٨م أي قبل مصرعه بشهر ونيف .

حينما استلم " نتنياهو " السلطة كان على إسرائيل وبموجب اتفاقية أوسلو أن تنسحب من المزيد من أراضي الضفة الغربية . وكانت السلطة الوطنية الفلسطينية تطالب بأن لا تقل نسبة الانسحاب عن ٣١% بينما كان يصر " نتنياهو " على أن لا تزيد نسبة الانسحاب عن ٩% فقط . وفي هذه الأثناء طرح الرئيس الأميركي مبادرته التي اقترح فيها بأن تكون نسبة الانسحاب ١٣% . وكان " نتنياهو " يراهن على رفض الفلسطينيين لهذه المبادرة لأنها دون ما يطلبون بكثير ، إلا أنه فوجئ بقبول الفلسطينيين لها ، فلم يسعه إلا رفضها ، والإصرار على تعنته وتصلبه . وقد وجدت من المناسب كتابة مقالين أحدهما بعنوان " المبادرة الأميركية وموقف نتنياهو " ونشر في الدستور بتاريخ ١٩٩٨/٥/١٩م حللت فيه موقف نتنياهو الرافض والذي يسعى بكل السبل والوسائل إلى تعطيل المسيرة السلمية ، فقد استهل حكمه بحادث نفق الأقصى في ١٩٩٦/٩/٢٤م والذي راح ضحيته عدد من الشهداء الفلسطينيين والقتلى اليهود. وكان ترتيب هذا المقال الثاني في هذا الفصل .

أما المقال الآخر ـ وهو الثالث ـ في هذا الفصل فقد كان عنوانه : " على ماذا يراهن نتنياهو ؟ " ونشرته في الدستور بتاريخ ١٩٩٨/٦/٨م . وفيه قلت بأن " نتنياهو " يجسد استمرار التيار المتشدد في إسرائيل الذي لا يريد الاعتراف بالوجود العربي في فلسطين . "

وبسبب تعنت " نتنياهو " وتصلبه فقد وصلت مسيرة السلام إلى طريق مسدود ، وتحول السلام في نظر الجميع إلى أوهام وسراب ، وهذا ما دفعني إلى كتابة المقال الرابع في هذا الفصل وعنوانه : " سلام الأوهام إلى أين " ونشرته في الدستور بتاريخ ١٩٩٨/٨/٤م .

بذل الرئيس الأميركي " بيل كلينتون "من أجل إنقاذ عملية السلام المنهارة ضغوطا شديدة على الطرفين ، وبخاصة على الطرف الفلسطيني ، وأمكن عقد مؤتمر " واي بلانتيشن " أو " واي ريفر " كما أطلق عليه فيما بعد في ١٩٩٨/١٠/٢٣م . وحضر هذا المؤتمر الرئيس الفلسطيني " ياسر عرفات " ورئيس وزراء إسرائيل آنذاك " بنيامين نتنياهو " , والرئيس الأميركي " بيل كلينتون ". واتفق فيه على أن تكون نسبة الانسحاب ١٣% يقتطع منها ٣% لتكون محمية طبيعية .

وعلى الرغم من هذا التنازل الفلسطيني ، ورغم توقيع " نتنياهو " على الاتفاق إلا أنه وبعد مغادرته الولايات المتحدة رفض تنفيذه ، وأصر على المراوغة. وفي هذه الأثناء شعر الفلسطينيون بالاستياء للموقف العربي اللامبالي لقضيتهم التي تراجعت وأصبحت قضية قطرية بعد أن كانت قومية ، وهذا ما دفعني إلى كتابة المقال الخامس في هذا الفصل بعنوان : " فلسطين بين القومية والقطرية " ونشرته في الدستور بتاريخ ١٩٩٨/١١/١م أحلل فيه الوضع الفلسطيني والعربي ، وسبب تراجع القضية إلى قطرية .

كان شعار مؤتمر مدريد للسلام كما يعلم الجميع " الأرض مقابل السلام" إلا أن الإسرائيليين بعد ذلك وبخاصة " نتنياهو " أطاحوا بهذا الشعار ومزقوه، ورفعوا بدلا منه شعارهم القائل " الآمن مقابل السلام " . وبهذا الشعار رفض " نتنياهو " إعادة الأراضي العربية المحتلة مقابل السلام ، وطرح السلام في مقابل تحقيق الأمن لإسرائيل . وبهذا فهو يحول اتفاقية السلام إلى اتفاقية أمنية يطالب العرب وبخاصة الفلسطينيين بموجبها حماية أمن إسرائيل وقمع الحركات التي تنادي بالتحرير . وهذا ما دعاني إلى كتابة المقال السادس في هذا الفصل وعنوانه: " الأمن لن يتحقق والممارسات الإسرائيلية باقية " ونشرته في الدستور بتاريخ ١٩٩٨/١١/١٦م .

في شهر أيار/ مايو ١٩٩٦م بدأت الانتخابات الإسرائيلية واشتد الصراع على الفوز فيها بين " بنيامين نتنياهو " الذي ذاق طعم السلطة ، ونجح في

تعطيل المسيرة السلمية ، و" ايهود باراك " زعيم حزب العمل ورئيس هيئة أركان الجيش الإسرائيلي السابق ، وقائد عمليات اغتيال كان أولها عملية فردان في بيروت بتاريخ ١٩٧٣/٤/١٠م قتل فيها كمال عدوان ومحمد يوسف النجار وكمال ناصر ، واغتيال القائد خليل الوزير في تونس في ١٩٨٨/٤/١٦م والقائد صلاح خلف ورفيقيه هايل عبد الحميد ومحمد العمري بتونس في ١٩٩١/١/١٤م .

كان الصراع على السلطة في الانتخابات الإسرائيلية شديدا ، وكانت جميع الاحتمالات واردة . وفي هذه الأثناء طلبت مني جريدة الاتحاد في إمارة أبو طبي بدولة الإمارات العربية المتحدة كتابة مقال استكشف فيه العلاقات الفلسطينية ـ الإسرائيلية في هذه الانتخابات فكتبت المقال السابع في هذا الفصل ، وكان عنوانه : " استشراف مستقبل العلاقات الفلسطينية الإسرائيلية على ضوء نتيجة الانتخابات الإسرائيلية " . وقد نشر هذا المقال في جريدة الاتحاد بتاريخ ١٩٩٩/٥/١٨م .

لا بد لهذا الليل أن ينجلي

دخل علي صديقي ذات صباح عابس الوجه، مقطب الجبين، وحياني باقتضاب وجلس، فقلت له:أراك اليوم وكأنك تحمل هموم الدنيا.. ماذا بك يا رجل؟ فقال: ألم تسمع الأخبار هذا الصباح قلت: بلى، فإني أحرص على سماعها كل صباح. ولكن ما الذي أزعجك وأهمك وأحبطك من الأخبار هذا الصباح؟ قال: ما أزعجني قرار إسرائيل السماح بإنشاء مستوطنات جديدة في الضفة الغربية وقطاع غزة، وتوسيع ما هو قائم منها، وتقديم مجموعة من الحوافز والإغراءات التي تشجع اليهود على الاستيطان في الأراضي العربية، وفي حي باب العامود بالقدس الشرقية وهو حي عربي بالكامل. ألا ترى معي بأن ذلك يمثل استفزازا صارخا وتحديا واضحا للعرب والمسلمين، واستخفافا بهم، بل وإهانة بالغة موجهة لهم؟ فقلت له: نعم أن كل ما تقوله صحيح، ولكن هذا متوقع في ظل الظروف العربية الراهنة التي نعيشها ونحياها ونحس بها ونتألم من قسوتها ووطأتها علينا. ومع أنني أتألم كما تتألم أنت، ويتألم غيرنا من أبناء هذه الأمة من هذه الأوضاع المتردية، إلا أنني أرى في هذه الشدة فرجة أمل في المستقبل إن شاء الله، وهذا يذكرني ببيت الشعر الذي يقول:

اشتدي أزمة تنفرجي   قد آن فجرك بالبلج

كثير من الناس يا صديقي يائسون محبطون من عوامل كثيرة ربما كان من أهمها تعثر اتفاقية السلام، ووصولها إلى طريق مسدود، واعتقادهم بأن سبب ذلك هو مجيء "بنيامين نتنياهو"على رأس حكومة إسرائيلية ليكودية يمينية متطرفة هدفها إفشال اتفاقية أوسلو وإفراغها من محتواها، وإسقاط شعار "الأرض مقابل السلام" الذي كان بمثابة الأساس لمؤتمر مدريد للسلام والذي عقد في نهاية شهر تشرين الأول عام ١٩٩١. وبدلا من ذلك رفع نتنياهو شعارا آخر هو "الأمن مقابل السلام"، وبموجبه تستطيع إسرائيل الاحتفاظ بالأراضي المحتلة منذ عام ١٩٦٧. وهو

يرى بأن التنازل عن هذه الأراضي يعرض أمن إسرائيل للخطر، ولذلك فإن كل ما يمكن أن تقدمه إسرائيل للعرب- بمن فيهم الفلسطينيين- السلام، ولا شيء سواه.

إن التشاؤم والإحباط اللذين يعاني منهما كثير من الناس هذه الأيام- يا صديقي- مرجعه إلى الآمال الكبيرة التي علقوها على التسوية السلمية مع إسرائيل بصفة عامة، وعلى اتفاقية أوسلو بصفة خاصة، لقد ظن هؤلاء بأن إقامة الدولة الفلسطينية أصبحت قاب قوسين أو أدنى، وأن الفلسطينيين على وشك تحقيق بعض مطالبهم، وأنهم ما داموا يقيمون على جزء من تراب وطنهم، فإن ذلك بمثابة الخطوة الأولى على مسيرة الألف ميل. وبهذه الآمال الجميلة والأحلام الوردية بدأ أصحاب رؤوس الأموال يفكرون في المشاريع الاقتصادية، فارتفعت أثمان الأراضي بشكل صاروخي فاق جميع التوقعات. وظن الكثيرون بأن السنوات العجاف ولت إلى غير رجعة لتحل محلها سنوات سمان ينعم فيها الجميع بالأمن والاستقرار والرفاهية والازدهار.

وبطبيعة الحال فإن من يفرط في التفاؤل لابد وأن يفرط في التشاؤم عند أية نكسة يتعرض لها. وأنا- يا صديقي- لم أكن بالأمس متفائلا بنجاح اتفاقية أوسلو حتى أتشاءم اليوم بفشلها. وأنا واحد من كثيرين لم يعلقوا الآمال على هذه الاتفاقية لأسباب كثيرة منها: بنودها الغامضة أو الفضفاضة التي تقبل الكثير من التفسير والتأويل بما يخدم إسرائيل على اعتبار أنها الطرف الأقوى الذي يملك حق الاجتهاد والتفسير، وفي الوقت نفسه فإن هذه الاتفاقية لا تحقق الحد الأدنى من الحقوق الفلسطينية المشروعة، والتي اعترف العالم بكثير منها. وقد ساهمت الاتفاقية- إلى حد كبير- في فتح الأبواب العالمية التي كانت موصدة في وجه إسرائيل، وبخاصة في العالمين العربي والإسلامي، لتدخل منها إسرائيل بطرق شرعية ومقبولة وبشكل علني. وقد نجحت إسرائيل في استثمار الاتفاقية وتوظيفها لصالحها، وبمهارة فائقة وأظهرتها بمظهر الدولة المسالمة والمحبة للسلام، ولكنها تمتلك القدرة على إفشالها بعد استنفاذ أغراضها، والقاء اللوم على

الطرف الفلسطيني. وأعتقد أنه لا يختلف أي حزب في إسرائيل على هذه الاستراتيجية سواء أكان حزب العمل أم تجمع الليكود. وهناك من يقول أن من أوجه الخلاف بين الحزبين، أن حزب العمل تخلى عن شعار" إسرائيل الكبرى جغرافيا" وحل محله شعار" إسرائيل العظمى اقتصاديا وعسكريا". أما الليكود فيريد جمع الشعارين في شعار واحد بحيث تكون إسرائيل كبيرة جغرافيا وعظيمة اقتصاديا وقوية عسكريا ما دامت الظروف والأحوال تسمح بذلك.

أنا-يا صديقي- لا أرى فرقا كبيرا بين العمل والليكود من حيث الأهداف والغايات فهما وجهان لعملة واحدة. وربما كان الفارق الكبير بينهم يتمثل في الطرق والوسائل. ففي عهد حكومة الليكود عقد مؤتمر مدريد للسلام وحضره رئيس الحكومة آنذاك "اسحق شامير". وفي عهد حكومة حزب العمل تم التوصل إلى اتفاقية أوسلو مع منظمة التحرير الفلسطينية ووقعها في البيت الأبيض في الثالث عشر من شهر أيلول عام ١٩٩٣ رئيس الحكومة الإسرائيلية آنذاك "اسحق رابين".

أن الذين يترحمون على "اسحق رابين" اليوم ربما نسوا المفاوضات الشاقة والمضنية التي دارت بين الفلسطينيين والإسرائيليين في القاهرة، وطابا، وغيرها من الأماكن، وكيف كان يصر الإسرائيليون على تفسيراتهم لكثير من البنود الغامضة لاتفاقية أوسلو.

صحيح أن حكومة حزب العمل أوقفت الدعم والحوافز التي كانت تشجع اليهود على الاستيطان في الأراضي العربية، ولكنها لم توقف الاستيطان تماما. وهي لم تتوقف عن سلب ومصادرة الأراضي العربية ،ولكنها كانت في كل مرة تحاول أن تكسبها نوعا من أنواع الشرعية، أما حكومة الليكود فهي تجاهر بالاستيطان وتنادي به، وتشجعه بكل الطرق والوسائل زاعمة بأنه ليس في اتفاقية أوسلو أي بند ينص عل وقف الاستيطان. ولما سئل " شيمون بيريز" عن مدى صحة هذا الزعم، أيد ما يقوله الليكوديون مما يدل على أن كلا من الحزبين يؤيد الاستيطان، ولكن لكل حزب أساليبه وطرقه ومناهجه.

أما القدس فالإسرائيليون-كلهم- متفقون على أن تكون يهودية خالصة وعاصمة أبدية لدولتهم، وهي في نظرهم خارج اتفاقيات السلام. وقبل رحيل حزب العمل بزعامة "شيمعون بيريز" استلمت السلطة الوطنية الفلسطينية مسؤولية الأمن في المدن والقرى، في قطاع غزة والضفة الغربية، وبقيت المستوطنات التي تفصل هذه المدن عن بعضها بعضها، فأصبح الانتقال بينها صعبا بعد أن أقام الجيش الإسرائيلي حواجز للتفتيش. وما أكثر ما تمنع هذه الحواجز العرب من الحركة والانتقال من مكان إلى آخر، مما جعل المدن أشبه بكانتونات منفصلة أو بمثابة جزر، وهذا سهل لإسرائيل إقفال قطاع غزة والضفة الغربية-بالضبة والمفتاح- وفرض الإقامة الجبرية على السكان وكأنهم في سجن كبير متعللة بحجج وذرائع تقول أنها أمنية.

ومن المشاكل العالقة التي تركها حزب العمل دون حل مشكلة المعتقلين الفلسطينيين في السجون الإسرائيلية وإعادة الانتشار في مدينة الخليل. وكان باستطاعة حكومة العمل السابقة حل هاتين المشكلتين، فالوقت كان يسمح لها بذلك، ولكن أصر "شيمون بيريز" على عدم الحل مخالفا بذلك اتفاقية أوسلو آنذاك متعللا بالعمليات الفدائية التي شنتها الجماعات الإسلامية على اليهود في القدس وتل أبيب وأسدود. وعلى الرغم من هدوء الأحوال بعد ذلك وعودة الحياة إلى مجراها الطبيعي، ورفع الإغلاق عن الضفة والقطاع إلا أن "بيريز" ظل مصرا على موقفه الرافض لإعادة الانتشار في الخليل وإطلاق سراح المعتقلين الفلسطينيين مما يدل على أنه أما أن تكون وجهة نظره في هاتين المسألتين متفقة مع وجهة النظر الليكودية، أو أنه تعمد- ترك البث فيهما إلى نتنياهو-والذي يعرف موقفه مسبقا كعقاب للعرب الذين حملهم فشله في الانتخابات، وفي الوقت نفسه يساهم في خلق أجواء تصادمية بين العرب وحكومة الليكود مما يخدم أغراضه وطموحاته في العودة إلى السلطة.

أنا- يا صديقي- لم كن أشعر بذلك القدر من التفاؤل الذي كان يشعر به غيري إبان عهد حكومة العمل الإسرائيلية، كما أنني لا أشعر باليأس

والاحباط الذي يشعر به اليوم كثير من الناس في ظل حكومة الليكود، بل لا أبالغ إذا قلت أنني أصبحت من أكثر الناس تفاؤلا بالمستقبل لأسباب كثيرة لعل من أهمها، أنني أخشى ـ دوما على العرب والفلسطينيين من حزب العمل أكثر من خشيتي عليهم من تجمع الليكود، ذلك أن حزب العمل، أكثر قدرة وكفاءة وذكاء ودهاء في تحقيق الأهداف الصهيونية التي لا يختلف عليها الإسرائيليون من أقصى اليمين إلى أقصى اليسار، ولكن الخلاف ـ كما قلنا ـ في الطرق والوسائل وأساليب التنفيذ. لقد نجح حزب العمل حينما استلم السلطة في إخفاء الوجه الحقيقي لإسرائيل، وتمكن من تجميله في عيون العالم وبخاصة في أمريكا وأوروبا وأظهرها بمظهر الدولة المسالمة المحبة للسلام والمضحية في سبيله، والمتنازلة عن ثوابتها بما يحقق المطالب الفلسطينية. ولعلي لا أجانب الصواب إذا قلت أن دعايات كهذه انطلت على بعض الفلسطينيين والعرب الذين تنافس بعضهم في توجيه الدعوات إلى "شيمون بيريز" ومن قبله "اسحق رابين" واستقبال الوفود الإسرائيلية، والموافقة على فتح مراكز تجارية ومكاتب ارتباط، والقبول بتطبيع سريع، وقبل أن توفي إسرائيل بما تعهدت به في اتفاقياتها. واستغلت إسرائيل ذلك وبدأت تخطط لغزو البلاد العربية اقتصاديا وثقافيا، وأخذت تروج إشاعات عن مستقبل المنطقة المشرق في عصر ـ السلام، والذي سيجني العرب ثمراته ممثله في الرفاه والازدهار الاقتصادي.

نحن مع السلام لأننا من محبيه وطالبيه، وأملنا في أن يعم هذا السلام منطقتنا العربية التي سئمت وعانت من ويلات الحروب التي فرضت عليها، ولكنا لسنا مع السلام الزائف الذي لا يحقق إلا الأهداف والغايات الإسرائيلية، سلام يختلف عليه العرب فيزدادون بسببه انقساما وبغضا لبعضهم البعض، سلام يخرج إسرائيل من دائرة العداء العربي ليدخل بدلا منه العرب أنفسهم في عداوات فيما بينهم مما يمكن إسرائيل من إعادة تنظيم المنطقة وتنفيذ مخطط ما يسمى بنظام الشرق الأوسط بحيث تكون هي المسيطرة عليه والمهيمنة على أموره وأنشطته وفعالياته.

بسقوط "سيمعون بيريز" وفوز "بنيامين نتنياهو" واستلامه السلطة وتعنت الليكوديين وتعصبهم ومحاولتهم إسقاط اتفاقية أوسلو، وتفريغها من محتواها ظهرت الحقيقة واضحة، وتبين الكثيرون بأن السلام الذي تنادي به إسرائيل كان سرابا خادعا. وبدأت الصورة القبيحة لإسرائيل تظهر للجميع، وارتفعت الأصوات في العالم تندد بسياسات إسرائيل، واتخذت كثير من دول العالم مواقف مؤيدة للحق العربي. ومن داخل الولايات المتحدة- الحليف الاستراتيجي والصديق الحميم والوفي لإسرائيل-وقفت شخصيات بارزة تنصح الدولة اليهودية باحترام التزاماتها، ووجه أربعة وزراء خارجية سابقين في الولايات المتحدة رسائل إلى الرئيس كلينتون بضرورة التدخل لكبح جماح إسرائيل حفاظا على السلام.

وعلى الساحة العربية بدأ التململ وعدم الارتياح من الغطرسة الإسرائيلية، ونجح العرب في عقد أول مؤتمر قمة في حزيران هذا العام بعد أزمة الخليج وما نتج عنها من فرقة وانقسام وفشل جميع المحاولات الرامية من قبل إلى عقد مؤتمر للقمة لمناقشة الأحوال المتردية للأمة العربية. وعلى المستوى الرسمي لابد من التنويه بالموقف الأردني الداعم للأشقاء الفلسطينيين، وكذلك موقف مصر المؤيد للحقوق الفلسطينية. وعلى المستوى الشعبي ظهر التحرك واضحا وملموسا ممثلا في مقالات الكتاب والمفكرين، وفي المؤتمرات التي عقدت لمناقشة الأوضاع العربية والتعنت الإسرائيلي وضرورة إعادة التضامن العربي، لمواجهة التحديات الإسرائيلية. وفي هذا السياق لعل من المناسب أن ننوه بافتتاح الدورة الثانية للأكاديمية المغربية والتي عقدت في عمان وافتتحها سمو الأمير الحسن في ١٩٩٦/١٢/١٠ وكان عنوانها "وماذا لو أخفقت عملية السلام". وفي هذه الدورة تم التأكيد على مكانة القدس التاريخية والروحية، ولا يجوز التنازل عن حقوق الأمة فيها، وأن الحل الواضح لموضوع اللاجئين هو الحفاظ على حقهم في العودة والتعويض في إطار الحل النهائي.

وفي السادس عشر من هذا الشهر افتتح جلالة الحسين المؤتمر الأول

للأحزاب العربية تحت شعار "تضامن عربي وعمل شعبي مشترك" حضرته وفود من عشر دول عربية هي مصر وسوريا والعراق والمغرب وتونس والجزائر وليبيا واليمن وفلسطين ولبنان. وهذا المؤتمر جاء إنطلاقا من إدراك الأحزاب العربية لأهمية التضامن والتماسك العربي. والأمل كبير في أن تعالج مثل هذه المؤتمرات والندوات المشاكل العديدة للأمة العربية والتحديات التي تواجهها وضرورة إطلاق حرياتها، وتأكيد حقوق إنسانها حتى يمكن مواجهة هذه التحديات، والتي يعتبر التحدي الصهيوني أخطرها وأهمها.

وبناء على ما سبق فلا يستغرب أحد حينما أوجه الشكر لحكومة بنيامين نتنياهو على مساهمتها الكبيرة في إيجاد هذا التعاطف والتأييد العالمي لقضايانا العربية، ودورها في إعادة بعض التضامن العربي الذي أضاعته أزمة الخليج وانتقال عدوى الخلاف إلى صفوف الإسرائيليين أنفسهم، حتى أن نسبة كبيرة منهم، كما يشير أحدث استطلاع للرأي في إسرائيل، أصبحت نادمة على إعطاء صوتها إلى نتنياهو.

وبطبيعة الحال فإن علينا أن نعرف كيف نستثمر هذه الظروف والمعطيات الجديدة، ونوظفها لخدمة قضايانا. ومما لا شك فيه أن العرب يملكون من أوراق القوة أكثر بكثير مما تمتلكه إسرائيل، ولكن الأمر يتطلب تضامنا عربيا وذكاء يمكن بفضله توظيف هذه الأوراق في خدمة قضايانا. ويتوجب علينا أن لا نترك فرصة كهذه تضيع منا، وإلا كنا من المستحقين بجدارة لقب "أمة الفرص الضائعة".

المبادرة الأمريكية وموقف نتنياهو

تحظى الأزمة التي تواجهها مسيرة السلام على المسار الفلسطيني باهتمام كبير محليا وعالميا، وكانت الأنظار مسلطة تنتظر ما تسفر عنه محادثات لندن في يوم الاثنين الرابع من أيار مايو، على الرغم من أن الكثيرين كانوا لا يعلقون عليها أي أمل لأنهم يعرفون تعنت "نتنياهو" وتصلبه في مواقفه السابقة، ورفضه القاطع للمبادرة الأمريكية، التي تقترح إنسحابا إسرائيليا من الضفة بنسبة ١٣.١% بينما هو يصرـ على أن لا يتجاوز الانسحاب ٩% فقط وبشروط قاسية وصعبة، تضع السلطة الوطنية الفلسطينية في موقف حرج بالغ الحساسة ويجعلها أداة لتنفيذ ما عجزت عنه إسرائيل طيلة احتلالها للأراضي الفلسطينية.

وإذا كان لقاء لندن قد مني بالفشل، على الرغم من التصريحات التي حاولت نفي ذلك فما هي الآمال التي يمكن أن نعلقها على لقاء واشنطن المقترح بين نتنياهو وعرفات الذي كان مقررا يوم الاثنين ٩٨/٥/١١ والذي دعت إليه الإدارة الأمريكية؟ الرئيس الفلسطيني قبل الدعوة بينما طلب "نتنياهو- تأجيل موعدها.وفضل أن يسبق هذا اللقاء حضور الموفد الأمريكي "دينيس روس" إلى إسرائيل. ويرى المعلقون السياسيون بأن "نتنياهو" يهدف من وراء هذا التأجيل إتاحة المزيد من الوقت له ليعطي الفرصة لجماعات الضغط الصهيوني في الولايات المتحدة الأمريكية كي تمارس نفوذها على الإدارة الأمريكية وتمنعها من الضغط على إسرائيل بقبول المبادرة. ومن المعلوم بأن هذه الإدارة لم تمارس أي ضغط على إسرائيل، وهي حتى هذه اللحظة لم تعلن رسميا عن مبادرتها مما يثير الكثير من التساؤل والشكوك حول جدية الموقف الأمريكي من المبادرة، ومدى قدرة الإدارة الحالية على دفع المسيرة السلمية إلى الأمام.

والمتتبع لسياسة "نتنياهو" يلاحظ بأن حكمه استهله بتفجير سلسلة من الأزمات، بدءا بأزمة افتتاح نفق تحت المسجد الأقصى، وتنفيذ المشروع

الاستيطاني الضخم على جبل أبو غنيم بالقدس، والسماح لليهود ببناء المساكن في رأس العمود، وهو حي عربي في القدس، وتوسيع الكثير من المستوطنات اليهودية في الأراضي المحتلة، ومصادرة المزيد من الأراضي العربية، ووضع العراقيل والعقبات أمام تنفيذ نصوص اتفاقية "أوسلو".

وكانت أزمة النفق في ١٩٩٦/٩/٢٤م أشد الأزمات التي استهل بها "نتنياهو" حكمه فأسفرت عن ضحايا من العرب واليهود، وكادت تفجر الأوضاع في المنطقة إلا أن "نتنياهو" لم يستمع إلى جميع التحذيرات، بما فيها السلطات الأمنية الإسرائيلية، وصمد أمام جميع الضغوط من محلية وعالمية، وأفشل اللقاء الذي دعا إليه الرئيس "كلينتون" في واشنطن ليتباحث فيه "نتنياهو" و "عرفات" وجها لوجه، وعلى أمل أن تتوقف عملية فتح النفق.

وكما يقول عضو الكنيست الإسرائيلي، وعضوا التجمع العربي "عزمي بشارة" في حوار أجرته معه هيئة الإذاعة البريطانية صباح يوم الجمعة ٩٨/٥/٨ فإن "نتنياهو" يراهن في مواقفه المتشددة وعدم تزحزحه عنها على الموقف الفلسطيني الضعيف وبخاصة في الظروف الصعبة المحيطة به، وهو يريد أن يثبت للإسرائيليين بأن العرب لا ينفع معهم إلا الشدة، والمواقف المتصلبة والحازمة، وأنهم لا يثبتون على مواقفهم، وسرعان ما يتراجعون عنها إذا وجدوا الصلابة والشدة والحزم، وأن سياسة اللين معهم لا تفيد وإنما تغريهم وتفتح شهيتهم لمزيد من التنازلات. كما أن العرب مفككون ومنقسمون على أنفسهم ومتنازعون فيما بينهم فهم لا يشكلون أي خطر، وليس لهم وزن دولي فاعل. الفلسطينيون يجب أن يقدموا التنازلات وحدهم وليس لديهم أوراق قوية وضاغطة يلعبونها، وليس لهم من خيار إلا قبول ما تقدمه لهم إسرائيل، وهو يبالغ في مسألة أمن إسرائيل، ويتعلل بها، ويتخذها وسيلة يستتر خلفها كلما شعر بالحرج أو تعرض لضغط من أي جهة لينسحب من الأراضي الفلسطينية، أو يوقف بناء المستوطنات وتوسيعها، أو ينفذ ما نصت عليه اتفاقية أسلو. وفي الوقت نفسه يزعم بأنه من دعاة السلام، وله تفسيراته واجتهاداته الخاصة لبنود اتفاقية أوسلو مستفيدا من

غموض ما ورد فيها من بنود.

ويبدو أن "نتنياهو" يقوم حاليا بمناورة كبيرة وخطيرة، وهو يحاول التعامل بذكاء ودهاء في مناورته هذه مع السيناريوهات المحتملة التالية:

١- قد يتوصل إلى اتفاق مع الولايات المتحدة الأمريكية إلى حل وسط وهو الانسحاب من ١١% فقط بدلا من ١٣% المقترحة مقابل شروط قاسية وصعبة على الفلسطينيين، ومما يرجح هذا الاحتمال مؤشرات منها الطلب من الإدارة الأمريكية إرسال "دينيس روس" إلى إسرائيل، وتحرك جماعات الضغط اليهودية في الكونجرس، وعدم إعلان الإدارة الأمريكية عن مبادرتها بشكل رسمي، رغم إصرار الفلسطينيين على ذلك وقبولهم لها مع أنها لا تحقق المطلب وهو الانسحاب من ٣٠% من الأراضي في هذه المرحلة.

٢- قد يوافق "نتنياهو" على الانسحاب من ١٣% مقابل تحقيق كثير من المكاسب، ويضمن الموافقة الأمريكية عليها والتزامها بها، منها القفز فورا إلى قضايا المرحلة النهائية الواردة في اتفاقية أوسلو والتي يكون موعدها حينما تستكمل إسرائيل جميع إنسحاباتها من جميع الأراضي المنصوص عليها في تلك الاتفاقية، ومن أهم هذه القضايا: قضية القدس، وقضية اللاجئين، وقضية الاستيطان والمستوطنات. وفي الوقت نفسه يحصل على اعتراف أمريكي رسمي بأن بالقدس الموحدة هي العاصمة الأبدية لإسرائيل، وأن تتعهد الولايات المتحدة بمعارضة قيام دولة فلسطينية، وعدم الاعتراف بها في حالة قيامها.

٣- وسيكون "نتنياهو" في موقف حرج إذا ثبتت الولايات المتحدة على موقفها من مبادرتها، ولم تذعن لجماعات الضغط اليهودية، وإذا ما جوبه بموقف أوروبي موحد وثابت وحازم ومؤيد بشدة للمبادرة الأمريكية، وكذلك موقف عربي قوي وداعم للفلسطينيين ومستعد لبذل الجهد الكافي والمناسب على كافة الصعد والمستويات إقليميا وعالميا، وفي الوقت نفسه صمود فلسطيني وثبات على ما تبقى من ثوابت، وعدم تقديم أية تنازلات جديدة، وتشكيل

جبهة وطنية تضم المعارضة بجميع أشكالها وأطيافها، وإصلاح الأوضاع في مناطق الحكم الذاتي.

وقد نتساءل عن إمكانية تحقيق هذا السيناريو أو المشهد الأخير فنقول، بأن معظم المؤشرات والدلائل تشير إلى وضع ضعيف تعاني منه الإدارة الأمريكية الحالية وبخاصة أن الرئيس يعاني حاليا من فضيحة "مونيكا"، ولا أظن أنها قادرة على الالتزام بشيء. وقد صرح الرئيس "كلينتون" بذلك أكثر من مرة وفي مناسبات عدة، ولكنها قد تحاول إقناع اللوبي اليهودي بأن من مصلحة إسرائيل اغتنام هذه الفرصة حتى لا تضيع، وتتعرض الدولة اليهودية للخطر من عودة الاضطراب في منطقة الشرق الأوسط. وربما كانت هذه المحاولة ليست مستحيلة وبخاصة أن الإدارة الأمريكية الحالية متصهينة وأن اليهود يحتلون كافة المناصب الحساسة في البيت الأبيض، ولم يسبق لإدارة أمريكية أن انحازت إلى إسرائيل مثلما تنحاز إدارة الرئيس "كلينتون".

أما الموقف العربي فهو ضعيف جدا ومفكك، ولم تستطع الجامعة عقد اجتماع قمة عربية على الرغم من القضايا الخطيرة والتحديات الصعبة التي تواجه العرب هذه الأيام، إلا أن التحرك نحو بعض العواصم العربية قد يساعد على دعم الموقف الفلسطيني والذي يبقى بيت القصيد ومربط الفرس، إذا ليس أمام الفلسطينيين غير الاستناد إلى الحائط والصمود على الموقف، والثبات على ما تبقى من ثوابت، وتوحيد الصف الفلسطيني. وهذا هو الخيار الوحيد. وليس هناك شيء يخشاه الفلسطينيون أو يخسرونه ،وليس هناك هوان أشد منه. أن الموقف الإسرائيلي المتشدد والمتعنت الذي يبديه نتنياهو ويؤيده فيه غالبية الإسرائيليين يجب أن يجابه بموقف فلسطيني صارم وحازم. في مقابل هذا فإن الموقف العربي لابد أن يدعم ويساند الفلسطينيين، وعندها لابد من تحرك دولي فاعل، فالعالم يهمه استقرار منطقة الشرق الأوسط، وهو غير مستعد بأن يضحي بمصالحه في هذه المنطقة الحساسة من العالم.

على ماذا يراهن نتنياهو؟

لقد بات في حكم المؤكد بـأن المفاوضات الفلسطينية- الإسرائيلية وصلت إلى طريق مسدود. والكل يعلم بأن المسيرة السلمية على المسار السوري متوقفة قبيل استلام "بنيامين نتنياهو" لزمام السلطة في إسرائيل، وموجات الاستياء والتشاؤم تعم اليوم جميع الأوساط وعلى كافة المستويات الفلسطينية والعربية والعالمية. وحتى كتابة هذا المقال فإن الولايات المتحدة الأمريكية تبدو عاجزة عن زحزحة "نتنياهو" عن موقفه المتصلب، وهي غير قـادرة على تنفيذ التزاماتهـا كـراع لعمليـة السـلام، ولا تسـتطيع الوفـاء بكـل أو حتى ببعض مـا جـاء في كتـب الضمانات التي قيل بأنها تعهدت فيها للسلطة الوطنية الفلسطينية بتنفيذ ما تم الاتفاق عليه بموجب اتفاقية "أوسلو" وما تلاها من اتفاقيات.

لقد أصبح واضحا للجميع بأن "نتنياهو" لا يريد سلاما مقابل الانسحاب مـن أي جـزء هام وحيوي من الأراضي الفلسطينية المحتلة، ولا أي نوع من أنواع السلام يلزم إسرائيل برسـم حدود ثابتة وخريطة محددة. أنه بذلك يعبـر عـن تيار إسرائيلي متشـدد ومتزمت ومتطرف هدفه طرد الفلسطينيين من وطنهم، ومصادرة أرضهم، والتوسع في البلاد العربية، والوصول إلى أقصى ما تستطيع إسرائيل الوصول إليه بقوتها الذاتية،وإمكاناتها المادية، وحسب قدراتها الاستيعابية. أن الدولة اليهودية تعتبر الدولة الوحيدة في العالم التي ليست لها حدود واضحة ومحددة حتى اليوم ، على الرغم من أنه قد مضى على قيامها نصف قـرن. وهـذا- إن دل على شيء - فإنما يدل على أن إسرائيل لا تزال متمسكة بشعاراتها وأهدافها التوسعية والتي عبرت عنها الصهيونية والحركة اليهودية بوضوح في الربع الأول من هذا القرن.

أن نتنياهو يسير على الخط المتشدد للحركة الصهيونية الذي لازمها منذ نشأتها، وهو الذي تولى توجيه دفتها في معظم الفترات. وقاد هذا التيار كثيرون نذكر

منهم على سبيل المثال الحاخام "صموئيل هيلل ايزاكس" والمولـود في بولنـدة عـام ١٨٢٥م والمتوفى في القدس عام ١٩١٧ و"فلاديمير جابوتنسكي" الإرهابي المتطرف المولود بروسيا عـام ١٨٨٠م والذي أعدمته حكومة الانتداب عام ١٩٤٠م.

وقد حمل الراية من بعده تلاميذه ومـن أشـهرهم "منـاحيم بـيغن" و "اسـحق شـامير" اللذان كانـا عـلى رأس حكومـة الليكـود في الثمانينـات، وحتـى مطلـع التسـعينات. ففـي عهـد "شامير" عقد مؤتمر مدريد في عام ١٩٩١ على أساس قراري مجلس الأمن رقم ٢٤٢، ٣٣٨ اللذان ينصان على عدم جواز استيلاء الأراضي بالقوة، وأن المفاوضات يجـب أن تـتم عـلى مبـدأ الأرض مقابل السلام. وكان "شامير" يعمل عكس ذلك فهو من ناحية يريد المماطلة والتسويف لتطـول المفاوضات إلى ما لا نهاية يتمكن من خلالها من تغيير الواقـع عـلى الأرض حتـى لا يبقـى شيء يمكن التفاوض عليه. ومن ناحية ثانية تبنى شعارا مفاده "الأمن مقابـل السـلام" وهـو الشـعار نفسه الذي يرفعه "نتنياهو" اليوم.

أن هذا الخط المتشدد الذي يسير عليه "نتنياهو" ليس بـالأمر الجديـد، وجميـع الـذين ساروا عليه من الإسرائيليين المتشددين يتمسكون بنظرية "أمن إسرائيل" وهي نظرية يؤمن بها كثير من الإسرائيليين واليهود المتطرفين على الرغم مـن ثبـات بطلانهـا، وقـد أضـاع اتبـاع هـذه النظرية كثيرا من فرص السـلام في المـاضي. ففـي الخمسـينات وحيـنما شـكل "مـوشي شـاريت" الوزارة الإسرائيلية وكان "بن غوريون" يحتل منصب وزير الدفاع فيها، جرت اتصالات سرية غير مباشرة بين "شاريت" والرئيس "جمال عبد الناصر" والذي كان قد استلم السلطة في مصر عقب ثورة ١٩٥٢/٧/٢٣. وكان هدف هذه الاتصالات التوصل إلى حل سلمي للقضية الفلسطينية على أساس قرار هيئة الأمم المتحدة ١٨١ الذي ينص على تقسيم فلسطين. واعتبر "بن غوريون" بـأن الحل في غير صالح إسرائيل التي احتلت أراضي أكثر بكثير من تلك التـي خصصـت لهـا بموجـب قرار التقسيم واعتقد بـأن الانسـحاب عـن أي أرض فلسـطينية يشـكل تهديـدا لأمـن إسرائيـل. وحتى ينسف هذه الاتصالات خطط لعدوان إسرائيلي كبير على قطاع غزة.

وسقط في هذا العدوان عدد كبير من الجنود المصريين ورجال الكتيبة الفلسطينية، مما أدى إلى قيام مظاهرات واضطرابات في القطاع. وبهذا العدوان نجح"بن غوريون"في إفشال اللقاءات وأجهض أي أمل في حل سلمي للقضية الفلسطينية آنذاك، وأسقط حكومة "شاريت"، وقام بتشكيل حكومة إسرائيلية متشددة اشتركت مع بريطانيا وفرنسا في غزو مصر في عام ١٩٥٦م. وقد أطلق على هذا الغزو "العدوان الثلاثي"، والذي حدث على أثر تأميم جمال عبد الناصر لقناة السويس.

هناك شبه كبير بين كل من بن غوريون وبنيامين نتنياهو على الرغم من أن كلا منهما ينتمي إلى مدرسة مختلفة ومن جيلين متباعدين، فالأول من أبرز صقور حزب العمل- إن لم يكن أبرزهم جميعا وأشدهم صلابة وأكثرهم تعنتا- وهو أحد ألمع رجالات الحركة الصهيونية ومن بناة إسرائيل ومؤسسيها، وأول رئيس لوزارتها، وهو الذي أعلن في ليلة الخامس عشر من أيار عام ١٩٤٨ قيام دول إسرائيل. أما نتنياهو فيقود حاليا تيار الليكود الذي يجمع تآلف التيارات والاتجاهات اليمينية المحافظة والمتدينة والمتشددة وهو في الوقت نفسه يؤمن بآراء ووجهات نظر المتعصبين من الصهاينة أمثال جابوتنسكي وبيغن وشامير. أما القواسم المشتركة بين بن غوريون ونتنياهو فكثيرة منها كره العرب الشديد واحتقارهم وإيمانهم بأن العرب أمة كلام وليست أمة أفعال، وأنهم لا يملكون غير الاحتجاجات ولكنهم في النهاية يذعنون ويستسلمون للأمر الواقع، وأنهم أمة مفككة تعيش خارج الزمن ولا تدخل اليوم في إطار التاريخ، وأن العربي لا يفهم إلا لغة القوة، وبالعنف والقوة تستطيع أخذ ما لا يمكن أخذه بغيرهما. ويرفع الاثنان شعار أمن إسرائيل ويستغلان هذا الشعار ويوظفانه توظيفا ممتازا وبذكاء فائق من أجل التمسك بالسلطة ومحاربة خصومهما من السياسيين ويتهمونهم بأنهم لا يأبهون لأمن إسرائيل وسلامتها. وكما استطاع بن غوريون من اللعب على وتر الجماعات الدينية اليهودية المتطرفة في إسرائيل على الرغم من أنه علماني فإن نتنياهو ينجح حاليا في استقطاب دعم وتأييد غلاة المتدينين

الذين يؤمنون بإسرائيل التوراتية مع أنه هو الآخر علماني. وبناء عليه فإن نتنياهو يحظى حاليا بشعبية عالية في إسرائيل ويعتبره كثير من اليهود بأنه الزعيم والقائد الحالي المناسب لهذه المرحلة، وهو الذي ينقذ إسرائيل من سلام يهدد أمنها ووجودها وما دام لا يلزمها بالانسحاب ولا يمنعها من مصادرة الأراضي وإقامة مزيد من المستوطنات عليها.

والآن قد يتساءل البعض : وإلى متى سيستمر هذا الوضع وإلى أي مستوى سيلمع فيه نجم نتنياهو وإلى أي سماء سيصل؟ والإجابة على هذا السؤال تكمن في الوضع العربي قبل الوضع الدولي فما دام الوضع الفلسطيني والعربي على ما هو عليه فإن المستقبل غير مشرق على الإطلاق. لم يتبق عند الفلسطينيين أوراق قوية يستطيعون بها الضغط على إسرائيل، والجميع يعرف هذا ولا داعي للخوض فيه. والوضع العربي مفكك منقسم على نفسه وليس هناك اتفاق على عقد قمة عربية تناقش هذا الوضع الخطير والمتدهور، وتضع حدا لهذه العربدات الإسرائيلية في المنطقة، وحتى لو عقدت فقد تسفر عن قرارات دون المستوى المطلوب.

أما على الساحة الأمريكية فإن إدارة الرئيس كلينتون عاجزة عن كبح جماح نتنياهو، بل على العكس من ذلك فقد نجح نتنياهو إلى نقل المعركة إلى الولايات المتحدة نفسها وحدث ولأول مرة إنقسام في الولايات المتحدة الأمريكية بين الإدارة التنفيذية التي يرأسها كلينتون وبين السلطة التشريعية "الكونجرس" والتي يرأسها جنجريتش والمنحازة بقوة إلى التطرف الإسرائيلي حتى أصبحت أكثر صهيونية من الصهاينة أنفسهم، وصارت تزايد عليهم. وقد تجلى ذلك واضحا حينما جاء وفد من الكونجرس الأمريكي برئاسة جنجريتس للتهنئة بمرور خمسين عاما على قيام إسرائيل حيث وصل قمة التطرف حينما زايد على السيدة مادلين أولبرايت وزيرة الخارجية الأمريكية وهي يهودية متهما إياها بأنها عميلة للفلسطينيين. أما الأوروبيون فهم يتطلعون إلى العرب وماذا سيفعلون وهل سينجحون في عقد قمتهم؟ وما هي القرارات التي ستسفر عنها هذه القمة وهم

بالطبع لن يكونوا أكثر عروبة من العرب ولكن كل ما يهمهم أن لا تمس مصالحهم بسوء وتتعرض للخطر.

والمواطن الإسرائيلي سعيد بهذا الوضع فهو يكسب ولا يخسر شيئا. أنه يشعر بأن نتنياهو يحقق له الأمن والسلم والاستقرار دون التنازل عن شبر من الأرض، أما لو شعر بأن أمنه في خطر ما دام السلم لم يتحقق، وأن المكتسبات التي تحققت بعد اتفاقية أوسلو مهددة وأن التطبيع سيتوقف، وأن المكاتب الإسرائيلية في البلاد العربية مهددة بالإغلاق، وأن السفراء في العواصم العربية قد يطلب منهم العودة إلى بلادهم أن ظل نتنياهو في تصلبه وتشدده، فإن المواطن الإسرائيلي يشعر حينئذ بالخطر ويحمل نتنياهو تردي الأحوال. وقد يزداد الضغط عل حكومته فتسقط وتخلفها حكومة تختلف نظرتها إلى الأمور وترى بأن أمن إسرائيل مرتبط بالسلام أكثر من ارتباطه بالأرض، وأن مستقبل الدولة اليهودية مرهون بالتعايش السلمي في المحيط العربي الذي تعيش فيه، وأن الوضع العربي لن يظل على ما هو عليه فبقاء الحال من المحال.

سلام الأوهام .. إلى أين؟

لقد أصبح معلوما عند الجميع بأن مفاوضات السلام على المسار الفلسطيني - الإسرائيلي وصلت إلى طريق مسدود، وإن الولايات المتحدة الأمريكية فشلت في إقناع إسرائيل بمبادرتها والتي هي لصالح إسرائيل. وكان الفلسطينيون قد قبلوها على مضض لأنها لا تحقق الحد الأدنى من مطالبهم ولذلك لم تكن حكومة نتنياهو تتوقع من الفلسطينيين قبولها وإنما كانت تراهن على رفضهم لها*.

أما المسيرة السلمية السورية - الإسرائيلية فقد كانت متعثرة منذ حكومة حزب العمل. وعلى الجبهات الأخرى فإن السلام فقد الكثير من حرارته. ودبت البرودة في أوصاله، وأدرك الجميع بأن إسرائيل غير راغبة في السلام الحقيقي والعادل، وإنما تريد من العرب كافة الاستسلام دون قيد أو شر، والإذعان لجميع مطالبها دون أن يكون لهم الحق حتى في مجرد مناقشتها، وإذا لم يفعلوا ذلك فهم في نظر نتنياهو لا يريدون السلام. وعلى الرغم من أن الإسرائيليين أنفسهم يتهمون رئيسهم بالكذب والتسويف والمماطلة وتدمير كل فرص السلام، وهو ولاشك يعرف ذلك إلا أنه - وعلى ما يبدو - وصل إلى مرحلة بات فيها يصدق نفسه مؤكدا مقولة شهيرة لوزير أعلام "هتلر" في أثناء الحرب العالمية الثانية "غورنج" مفادها "على المرء أن يواصل أكاذيبه ويصر عليها حتى يصدقها هو نفسه".

إن المتتبع للأحداث يدرك بأن الولايات المتحدة تبدو اليوم عاجزة تماما عن إلزام حكومة "نتنياهو" بقبول مبادرتها. لقد شبت إسرائيل اليوم عن الطوق ولم تعد الدولة التي تحاول الظهور بمظهر الضعف أمام عالم عربي يريد القضاء عليها،

---

* المبادرة الأميركية مفادها بأن يكون الانسحاب الإسرائيلي من أراضي الضفة الغربية بنسبة ١٣% بينما كان يطالب الفلسطينيون بنسبة ٣٠%. أما نتنياهو فيصر بأن لا يزيد الانسحاب عن ٩% فقط.

ولا تريد أن تكون ذليلة للولايات المتحدة، فقد حققت إسرائيل من القوة الذاتية ما يجعلها قادرة على فرض هيمنتها على الوطن العربي ومنطقة الشرق الأوسط، وتمكنت من فرض كلمتها وإرادتها على الولايات المتحدة نفسها، وبخاصة بعد انتهاء عصر الرؤساء الأميركان العظام مثل الرئيس "دوايت ايزنهاور". لقد انقلب الوضع حاليا، فلأول مرة في تاريخ العلاقات الأميركية - الإسرائيلية يهدد رئيس إسرائيلي الرئيس الأميركي بنقل المعركة إلى أميركا نفسها وينجح في تأليب الكونجرس ضده.

أما الاتحاد الأوروبي فإنه ضاق ذرعا بالغطرسة الإسرائيلية ولكنه لا يريد إلزام نفسه بأكثر من التصريحات التي تدين إسرائيل وتشجب أعمالها وتستنكر أفعالها. وربما يكون قد شعر بالارتياح حينما صوت لصالح منظمة التحرير الفلسطينية فرفع من مستوى تمثيلها في الهيئة الدولية ليقترب وضعها من مستوى مرتبة الدولة. وعلى الرغم من أن الاتحاد الأوروبي قد يكون هدفه بهذا التصويت إزعاج إسرائيل وإشعارها بعدم ارتياحه لسياستها المتشددة، إلا أن ذلك لن يحدث أي تغيير يذكر على أرض الواقع، ما دامت حكومة نتنياهو متمسكة بمواقفها المتشددة، ومستمرة في تسريع عملية تهويد ما تبقى من الأرض الفلسطينية، بمصادر المزيد من الأراضي، وإقامة العديد من المستوطنات، وتوسيع القائم منها، والضغط على الفلسطينيين بمختلف الطرق والوسائل حتى يتركوا أرضهم ووطنهم.

إن أفعالا وممارسات من هذا القبيل أوصلت الفلسطينيين إلى الإحباط، وستقودهم إلى مرحلة اليأس والقنوط، وستثبت لهم ولسلطتهم الوطنية بأنه لم يعد لديهم شيء يخسرونه أكثر مما خسروه، بعد أن سدت أمامهم جميع المنافذ والأبواب، وتبخرت كل أمانيهم وتطلعاتهم، وحتى الذين راهنوا على السلام أصيبوا بالإحباط، وبدأت تسمع أصوات تطالب بإطلاق المجال للأعمال الجهادية والحركات النضالية، فإسرائيل لا تفهم إلا لغة القوة، ولا تنصاع إلا حينما تشعر بأن أمنها أصبح مهددا، واستقرارها بات مزعزعا.

ويبدو أن الورقة الوحيدة التي تهدد بها السلطة الوطنية هي إعلان الدولة الفلسطينية. وتشير الدلائل بأن هناك نية لدى السلطة لإعلان الدولة إن ظل "نتنياهو" على موقفه بضم ما تبقى من الأراضي الفلسطينية ومحاصرة السلطة الوطنية إن أقدمت السلطة الوطنية على إعلان الدولة الفلسطينية. وهو بتشدده هذا يحاول دفع السلطة نحو هذا الاتجاه ليحقق أهدافه في القضاء نهائيا على السلطة ، وإفشال اتفاقية أوسلو، وابتلاع الأراضي الفلسطينية، وطرد ما تبقى من الفلسطينين. وبهذا يكون "نتنياهو" قد دفع الفلسطينين إلى حافة الهاوية. وهو أمر في غاية الخطورة قد يدخل المنطقة في دوامة من العنف وعدم الاستقرار لن تنجو منه إسرائيل نفسها. وربما كان الرئيس الإسرائيلي "عزرا وايزمن" أكثر من غيره إدراكا واستشرافا للمستقبل القاتم ولذلك فقد حذر الإسرائيليين من سياسة "نتنياهو" المتشددة مع الفلسطينيين، وطالب بإجراء انتخابات مبكرة. وفي الوقت نفسه تحاول الأحزاب المعارضة في إسرائيل بزعامة حزب العمل إسقاط حكومة "نتنياهو".

ونود أن نتساءل عن شكل المشهد أو "السيناريو" في حالة تعنت نتنياهو وتشدده وإصراره على مواقفه. وفي اعتقادنا بأن المشهد الأكثر احتمالا سيسفر عن حدوث اضطرابات وقلاقل يعقبها انتفاضة عارمة تشتعل في عموم الأراضي المحتلة بعد عودة القوات الإسرائيلية إلى المدن والمخيمات الفلسطينية التي تشكل كثافات سكانية عالية. ولا نستبعد أن تشترك في هذه الانتفاضة قوات من الأمن والشرطة الفلسطينية مما يؤدي إلى تصعيد أعمال العنف ويشجع على قيام أعمال فدائية واستشهادية في العمق الإسرائيلي. وقد تسوء الأحوال وتتدهور الأوضاع مما يولد ضغوطا شعبية قوية على الحكومات العربية مطالبة إياها بوقف التطبيع واتخاذ إجراءات صارمة مع إسرائيل، وتقديم الدعم والمساعدة للسكان في الأراضي المحتلة*.

---

* أن ما توقعناه حدث في انتفاضة الأقصى، ولكن ليس في عهد نتنياهو وإنما في عهد خليفته ايهود باراك. وهذا ما سنبحثه في الفصل السابع.

لاشك في أن مشهدا مرعبا كهذا تتحمل إسرائيل أسبابه ونتائجه مما قد يسفر عن بروز قوة التيارات والاتجاهات الإسرائيلية المنادية بالسلام والتي أثبتت بأنها أكثر من غيرها حرصا على مصالح إسرائيل وعلى أمنها واستقرارها واستمرارها في المنطقة، وأقدر على حشد الدعم والتأييد العالمي لها.

إن سقوط حكومة "بنيامين نتنياهو" وزمرته من اليهود الصهاينة المتشددين والمتصلبين سيفسح المجال لقوى إسرائيلية أكثر انفتاحا وعقلانية لتمسك بدفة الحكم في إسرائيل مما يمكنها من إعادة النظر في الأمور بشكل شمولي وعقلاني وواقعي لتعيد الأوضاع إلى ما كانت عليه قبل استلام "نتنياهو" السلطة في إسرائيل*.

مما سبق نتبين بأن مسار الأحداث يعتمد في المقام الأول على التوجهات والتحركات داخل المجتمع الإسرائيلي، وقدرتها على تغيير الحكومة، ونجاحها في صياغة سياسة واحدة تعترف بالحقوق الفلسطينية، وفي الوقت نفسه وضع حد للجماعات اليهودية المتطرفة التي أصبحت تستهتر بكل شيء وصارت تتحدى الحكومة نفسها. وبطبيعة الحال فإن تغيير الأوضاع يعتمد على عوامل أخرى منها مواقف الفلسطينيين وقدرتهم على استئناف الكفاح، ومدى استجابة الدول العربية - شعبيا ورسميا - لدعم كفاح الفلسطينيين وصمودهم، وتوحيد مواقفهم مع إسرائيل والقوى الغربية وبخاصة الولايات المتحدة الأميركية التي ثبت بأنها لا تريد بذل أي ضغط على إسرائيل على الرغم من رفضها لمبادرتها. صحيح أن الرئيس "كلينتون" يواجه ظروفا صعبة، إلا أنه ما يزال قادرا على عمل الكثير كأن يتوقف عن استخدام حق "الفيتو" في مجلس الأمن كلما حاول المجلس إصدار قرار يدين إسرائيل. ولكن الحكومة الأميركية لن تبذل أي ضغط على إسرائيل ولن تتوقف عن دعمها في مجلس الأمن ما دام الموقف العربي المتخاذل

* لقد حدث هذا وسقطت حكومة نتنياهو الليكودية، واعقبتها حكومة ايهود باراك العمالية، والتي أثبتت أنها لا تقل عن الأولى تشدداً وتصلباً.

قائما. فالعرب حتى الآن لم يضغطوا على إسرائيل نفسها، ولم يبذلوا جهودا صادقة وضغوطا كافية على الإدارة الأميركية لتتخذ المواقف المناسبة، وهم حتى اليوم لم ينجحوا في عقد مؤتمر قمة يناقش ويبحث أوضاعهم المتردية، ويصدر القرارات الملزمة التي قد تحد من تشدد "نتنياهو" وتصلبه. ومن المعلوم بأن التحرك الأميركي وكذلك الأوروبي له حساباته، والعرب يعرفون هذا جيدا، ولكنهم أثبتوا بأنهم أمة أقوال لا أمة أفعال.

فلسطين بين القومية والقطرية

منذ وقع اتفاق "واي بلانتيشن" في مساء يوم الجمعة الثالث والعشرين من تشرين الأول في البيت الأبيض، ووسائل الإعلام العربية والأجنبية توالي التعليق عليه. وتحمس عدد من الكتاب لهذا الاتفاق واعتبره نصرا للفلسطينيين، ودعما للمسيرة السلمية، وإنقاذا لاتفاقية أوسلو التي تعمل حكومة نتنياهو بكل السبل والوسائل على تفريغها من محتواها لأنها ملتزمة بعدم التفريط والانسحاب من أي شبر من أرض إسرائيل التوراتية - كما تدعي وتزعم.

ولكن أغلبية الكتاب، والرأي العام - كما عبرت عنه وسائل الإعلام التي سمعناها أو شاهدناها أو قرأناها - ترى بأن الاتفاق في مجمله ليس في صالح الفلسطينيين. وقال كثيرون أنه ليس أكثر من اتفاق أمني يحقق نتنياهو بموجبه خطته الأمنية التي تنسجم مع طرحه وهو "الأمن مقابل السلام"، والذي أراد به أن ينسف الأساس الذي عقد من أجله مؤتمر مدريد للسلام في ٣٠ تشرين الأول عام ١٩٩١م، وكان شعاره "الأرض مقابل السلام"، لكن نتنياهو لا يريد التنازل عن السيادة الإسرائيلية الكاملة على الأراضي الفلسطينية، ولا حتى عن المنافذ أو المعابر الواقعة ضمن أراضي السلطة الوطنية الفلسطينية، وهي المطار والميناء والجسور ولذلك فإن طرحه الحقيقي يكون "السلام والأمن لإسرائيل فقط"، وهو شعار سبق أن رفعه سلفه "إسحق شامير" الذي كان يعتقد أن إسرائيل قوية وتستطيع فرض السلام في المنطقة دون التنازل عن شبر واحد من الأرض. والسلام في نظر نتنياهو لن يتحقق إلا إذا قبل الفسطينيون بأن يتحملوا مسؤولية أمن إسرائيل في الداخل والخارج، واثبتوا ذلك قولا وعملا من خلال نجاحهم بالقضاء التام على جميع التنظيمات التي لا تزال تنادي بالكفاح من أجل تحرير الوطن، وإسكات الأصوات المعارضة للمارسات الإسرائيلية، أو التي تتصدى لعربدة المستوطنين، أو التي تندد باستلاب الأراضي الفلسطينية ومصادرتها وإقامة المستوطنات عليها وتوسيع القائم منها.

وعلى أية حال فإن اتفاق "واي بلانتيشن" اشبع بحثا وتحليلا ونقدا، وأصبح الجميع على معرفة به، لذلك فإننا لن نكرر ما قاله غيرنا من الكتاب والباحثين، إنما سيكون هدفنا في هذا المقال التساؤل عن الأسباب التي أوصلتنا إلى هذا الاتفاق الذي هو بمثابة خط انحدار في مسار القضية الفلسطينية، وإحدى نقاط التحول عن الاتجاه السليم، لقد كانت اتفاقية اوسلو في عام ١٩٩٣م أولى تلك النقاط، تلتها اتفاقية القاهرة عام ١٩٩٤م، ثم اتفاقية طابا عام ١٩٩٥م، وجميع هذه النقاط ترسم ذلك الخط الانحداري الذي يبين اتجاه الانحراف ومقداره.

يبدو أن هذا الانحدار الذي وصلت إليه القضية الفلسطينية سببه التراجع الذي جعلها تتحول من قضية قومية إلى قضية قطرية نتيجة الأوضاع العربية التي تعرضت إلى انتكاسة كبيرة على أثر هزيمة حرب الخامس من حزيران عام ١٩٦٧م، وما نتج عنها من انحسار المد القومي وانكماشه، وبروز تيارات أخرى منها التيار القطري الذي انتهى فيما بعد بالانغلاق على الذات، واتسم بالاهتمام بالشأن المحلي، والتركيز على المصلحة القطرية الضيقة والتي قد تتعارض مع المصالح القومية.

وعلى الرغم من استعادة التيار القومي لكثير من قوته وعودة الثقة إليه في أثناء حرب اكتوبر "تشرين الأول" عام ١٩٧٣م، إلا أنه سرعان ما انحسر وتراجع بعد أن تبين للعرب أن تلك الحرب كان هدفها التحريك لا التحرير، فسرعان ما توقف زحف الجيش المصري الذي كان مقررا له وصول المضايق وحدثت الثغرة "الدفرسوار" وبدأت مفاوضات فض الاشتباك بين الجيشين المصري والإسرائيلي عند الكيلو ١٠١ على طريق القاهرة - السويس، وإعلان الرئيس السادات بأن حرب اكتوبر كانت آخر الحروب. وأسفرت مسلسلات التنازلات عن اتفاقية "كامب ديفيد" الموقعة بين مصر وإسرائيل في السادس والعشرين من آذار/ مارس ١٩٧٩م وبموجب هذه المعاهدة خرجت مصر من المعركة، وهي معركة الصراع العربي الإسرائيلي الدائر بسبب القضية الفلسطينية، وبذلك تكون القضية الفلسطينية الخاسر الأكبر والمتضرر الأعظم من هذه الاتفاقية التي

جسدت القطرية، وفتحت المجال لكل قطر عربي بأن يحل مشاكله بنفسه، وينتزع أشواكه بأظافره.

بخروج مصر من المعركة تشجعت إسرائيل بارتكاب الكثير من الأعمال العدوانية على البلاد العربية من أهمها ضرب المفاعل النووي العراقي قرب بغداد عام ١٩٨١م، واكتساح لبنان والوصول إلى بيروت في عام ١٩٨٢م وإخراج المقاومة الفلسطينية لتبدأ الحياة في المنافي بعيدا عن حدود الوطن المحتل.

لقد عملت الولايات المتحدة الأمريكية وإسرائيل ومعهما القوى الكبرى الغربية على تغذية النزعة القطرية، وإضعاف الدعوة إلى القومية - وهي المسؤولة أيضا عن خلق تلك النزعة بتقسيمها البلاد العربية إلى كيانات سياسية خاضعة للنفوذ الغربي تمشيا مع مبدئها المعروف "فرق تسد".

في عام ١٩٧٣ أدرك "هنري كيسنجر" مستشار الأمن القومي ثم وزير الخارجية الأميركية فيما بعد بأن حل القضية الفلسطينية والتعامل معها لن يتحقق إلا بتحويلها من قضية قومية إلى قضية قطرية، فلو ظلت قومية فإن جميع الدول العربية يصبح لها الحق فيها فتصبح كالوقف الذري الذي لا يحق لأحد التصرف فيه منفردا، وفي الوقت نفسه لا تجرؤ أية دولة عربية على التفريط أو التنازل في تلك القضية، ولكن لو أمكن إبعاد الأطراف العربية عن القضية وإلحاقها بطرف واحد، وتوريطه بتحمل المسؤولية كاملة، وفصم عرى الترابط بينه وبين أمته العربية فإن ذلك يؤدي إلى حل ترضى عنه الولايات المتحدة والقوى الغربية، وقد سبق أن اتبع هذا النهج حينما استدرجت مصر أولا لعقد هدنة بينها وبين إسرائيل في جزيرة رودس في ٤٩/٢/٢٤ م تم حذت حذوها البلاد العربية الأخرى. ولا شك في أن "كيسنجر" استعان بالتاريخ حينما جر مصر إلى اتفاقية "كامب ديفيد" معتقدا بأن ذلك سيؤدي إلى انفراط عقد المسبحة وقبول الدول العربية بعقد معاهدات سلام مع إسرائيل.

في الوقت الذي كان فيه "كيسنجر" يعمل على جر مصر إلى صلح منفرد وإبعادها عن القضية الفلسطينية كانت هناك قوى متعاونة تعمل على قطرية

القضية الفلسطينية، وقد نجحت تلك القوى في استصدار القرار الشهير في مؤتمر القمة العربية في الرباط عام ١٩٧٤م، والذي أصبحت منظمة التحرير الفلسطينية بموجبه الممثل الشرعي الوحيد للشعب الفلسطيني. وقد رحبت المنظمة بهذا القرار وربما كانت من الساعين إليه لاعتقادها آنذاك بأنها في وضع يمكنها من حمل المسؤولية كاملة، وأنها قادرة على تحقيق ما عجزت الدول العربية عن تحقيقه، وأنها لا تريد أن تستغل القضية من بعض دول عربية لها مصالحها الخاصة، ولا تود أن تظل كقيص عثمان. وقد رحب كثير من الفلسطينيين بقرار القمة هذا، واعتبروه كسبا كبيرا ونصرا عظيما لهم ولقضيتهم، إذ أنه ولأول مرة يتاح فيها للفلسطينيين بعد النكبة حق التصرف بقضيتهم وهم الذين حملوا الدول العربية مسؤولية نكبتهم وضياع وطنهم وحرمانهم من الكفاح والجهاد من أجل استرجاعه وتحريره، وهم الذين يريدون لهم البقاء لاجئين يعيشون على ما تقدمه لهم وكالة الغوث الدولية من مساعدات لا تسد الرمق، وهم الذين لا يريدون تجنيسهم بحجة الحفاظ على هويتهم وقضيتهم، مما زاد من معاناتهم في كل بلد عربي مروا عنه أو أقاموا فيه ولو بشكل عابر.

إن الذين ابتهجوا بقرار القمة كانوا من الذين احسنوا الظن بمن كان يقف وراءه ولم تتكشف لهم آنذاك أهدافه ومراميه. فقد كان من أهم تلك الأهداف تحميل الفلسطينيين مسؤولية قضيتهم بعد أن أعياهم حملها، وبعد أن شعروا بأنها العقبة التي تعترض إقامة سلام بينهم وبين إسرائيل، وأنهم لا يستطيعون استرجاع جميع الأراضي التي استولت عليها إسرائيل في حرب ١٩٦٧م.

وبنشوب الحرب الأهلية في لبنان في عام ١٩٧٥م وانجرار المنظمة إليها على غير هواها تتابعت الأحداث المأساوية في لبنان حيث دمرت بعض المخيمات الفلسطينية مثل مخيم "تل الزعتر" ومخيم "جسر الباشا" ودخول القوات السورية لبنان واصطدامها مع قوات المنظمة. وتتابعت الأحداث وكان آخرها الاجتياح الإسرائيلي للبنان كما ذكرنا. وفي هذه الأثناء رفعت المنظمة شعارها المعروف "استقلالية القرار الفلسطيني". وإذا كنا نتفهم ظروف طرحه، فإن

الجميع يدرك الطرف الموجه إليه. لكن جاء هذا الطرح في وقت كان فيه التيار القطري قد اشتد عوده، وتعمقت جذوره، وكثر اتباعه ودعاته، ولذلك فسر الكثيرون هذا الشعار بأنه الدعم الكامل من الفلسطينيين للقطرية، وأنهم يريدون الانفراد بقضيتهم.

ولقد عاب كثيرون هذا الطرح وقالوا أن الفلسطينيين أحوج من غيرهم إلى العروبة، وينبغي أن يكونوا أكثر العرب وأشدهم دعوى إلى القومية. وهناك من قال إذا كان من الجائز لأي قضية عربية أن تصبح قطرية، فإنه لا يجوز بأي حال من الأحوال أن تتحول القضية الفلسطينية، وتنكمش إلى قضية قطرية. وإذا كان الفلسطينيون يقارنون قضيتهم بالقضية الجزائرية في أثناء الاحتلال الفرنسي فإن المقارنة ظالمة لأن الأوضاع مختلفة تماما. وقالوا أيضا بأن القطرية تعتبر من أكبر الأخطار التي تهدد القضية الفلسطينية بالتصفية مما يتيح المجال للدول العربية بإقامة علاقات مع إسرائيل ما دامت لم تعد طرفا في نزاع كان عربيا - إسرائيليا فأصبح نزاعا فلسطينيا - إسرائيليا فقط.

لاشك في أن القطرية ساهمت أيضا في انقسام الصف العربي، ونشوب نزاعات عربية - عربية كانت أعنفها وأشدها أزمة الخليج الثانية واحتلال العراق للكويت في ١٩٩٠/٨/٢م وتدمير العراق في عام ١٩٩١م، وقد أدت هذه الأزمة إلى تعميق الانقسامات العربية والتي لم تلتئم جراحها حتى الآن على الرغم من مضي ثماني سنوات على تلك الأزمة، وليست هناك بوادر انفراج لها على المدى القريب.

لاشك في أن الخطأ الذي ارتكبته القيادة الفلسطينية هو فتح قناة اتصال مع الإسرائيليين في اوسلو في الوقت الذي كان الوفد الفلسطيني برئاسة الدكتور حيدر عبد الشافي يتفاوض مع الإسرائيليين تحت المظلة الأردنية في الولايات المتحدة الأميركية، وقد أفضت هذه القناة السرية إلى اتفاقية اوسلو كما هو معروف.

وقد تبين فيما بعد بأن هناك أطرافا عربية شجعت وساهمت في توريط

الفلسطينيين في التوصل إلى اتفاقية اوسلو وما بعدها من اتفاقيات، وعلى أية حال فإن هذه الاتفاقية ربما تكون قد أزعجت دولا عربية، وأفرحت غيرها، ولكن المحصلة النهائية أنها فتحت الباب أمام الدول العربية لتعبر البوابة الإسرائيلية، وتسمح للإسرائيليين بفتح مكاتب لهم في كثير من الأقطار العربية، وفي الوقت نفسه أصبح العرب يحملون الفلسطينيين الأوزار والخطايا والتهاون والتقصير حتى في قضيتهم.

وقبل أن نختتم مقالنا هذا نقول: أما كان من الأفضل لو لم يكن قد صدر قرار قمة الرباط في عام ١٩٧٤م؟، ولم يرفع شعار استقلالية القرار الفلسطيني؟، وتترك مسؤولية استعادة الأرض المحتلة للدول العربية فهي مؤهلة لهذه المهمة وبخاصة أن جزءا كبيرا من هذه الأرض كان من الناحية الشرعية الدولية جزءا من دولة عربية؟، لو تم ذلك لبقي العرب معنا شركاء لا وسطاء كما أردناهم أن يكونوا؟ وأخيرا نتساءل: هل هناك إمكانية لعودة القضية الفلسطينية إلى حضنها القومي وبعدها الإسلامي؟ وكيف؟ وما السبيل إلى ذلك؟ سؤال مطروح عسى أن نجد من يجيب عنه.

الأمن لن يتحقق والممارسات الإسرائيلية باقية

تتمسك إسرائيل بورقة الأمن وتعتبرها الوسيلة القوية والرابحة التي تواجه بها السلطة الوطنية الفلسطينية، وتحاول ابتزازها بها وممارسة مزيد مـن الضغط عليها. وكان "بنيامين نتنياهو" قد استغل هذه الورقة واستثمرها في الانتخابات وبها تمكن من هزيمة "شيمون بيريـز" والفوز برئاسة الوزارة الإسرائيلية في عام ١٩٩٦. وهي الورقة التي يتمسك بها اليمين الإسرائيلي المتشدد ويتخذها ذريعة يتعلل بها في تمسكه بالأرض الفلسطينية. ولاشك في أن الإسرائيليين يعرفون أنهم يبالغون كثيرا في مسألة الأمن وهدفهم حشر السلطة الوطنية الفلسطينية في تلك الخانة الضيقة من أجل افتعال أزمة في الجانب الفلسطيني، وأحداث انقسام في الصف الوطني مما يمهد إلى نشوب نزاع وصراع واقتتال بين القوى الفلسطينية يتيح المجال لإسرائيل حتى تتنصل من جميع التزاماتها، والتهرب من الضغوط التي تتعرض لها في الداخل والخارج.

إسرائيل تتقن أسلوب التهرب من أي التزام، وتعرف كيف تلصق التهم بغيرها، وهي بارعة في ابتداع شعارات تحتفظ لنفسها بتفسيرها، فبعد حرب الخامس من حزيران عام ١٩٦٧ طرحت شعار "الأرض مقابل السلام" وهي تدرك بأنها لن تتنازل عن الأراضي التي احتلتها في تلك الحرب، وكان هدفها من ذلك الطرح أن تظهر أمام العالم بأنها دولة تريد السلام بينما العرب يرفضون السلام بعد أن عبروا عن ذلك في مؤتمر القمة في الخرطوم باللاءات الثلاث المعروفة وهي: لا اعترف، ولا صلح، ولا مفاوضات مباشرة مع إسرائيل. لقد راهنت إذن بهذا الطرح على الرفض العربي. ولكنها بدأت بتغيير موقفها حينما قبل العرب خيار السلام على أساس قراري مجلس الأمن رقم ٢٤٢ ورقم ٣٣٨. وكان هدفها الرئيسي يركز على تفريغ هـذين القرارين من محتواهما وتفسيرهما من وجهة نظرها الخاصة.

إن تجمع الليكود الذي يعبر عن وجهة نظر اليمين الإسرائيلي المتشدد

والمتطرف يسير في عكس اتجاه مسيرة السلام ما دام يرفض التنازل والانسحاب عن أرض إسرائيل التوراتية كما يدعي ويزعم، ويعتقد بأن من يفرط في أي شبر من هذه الأرض يكون خائنا للشعب اليهودي. وكثير منا يعلم بأن هذا الخط الإسرائيلي المتطرف يجمع علمانيين ومتدينين. ويعتبر الإرهابي "فلاديمير جابوتنسكي" الأب الروحي للعلمانيين المتطرفين. وكان "مناحيم بيغن" من أبرز تلاميذ جابوتنسكي وكذلك "اسحق شامير" رئيس الوزراء الأسبق، و"بنيامين نتنياهو" حاليا.

إن الشعار الذي يرفعه "نتنياهو" اليوم وهو "الأمن مقابل السلام" في غاية الخطورة، ولا يمكن تطبيقه على أرض الواقع ما دامت الممارسات الإسرائيلية باقية ومستمرة. وبطبيعة الحال فإن "نتنياهو" يدرك ذلك، ويعلم بأن إسرائيل على الرغم من قبضتها الحديدية لم تتمكن من فرض الأمن في الأراضي الفلسطينية - وبخاصة قطاع غزة - حينما كانت تحت إدارتها، وقبل أن تتسلم السلطة الوطنية الفلسطينية مسؤولية الأمن في المناطق التي تديرها أو تشرف عليها.

لقد تنفست إسرائيل الصعداء حينما سلمت السلطة الوطنية الفلسطينية مسؤولية الأمن في قطاع غزة الذي اقض مضجعها، وأقلق راحتها وازعجها.

وإذا كان نتنياهو صادقا في مناداته بالأمن فهو يعلم بأن الأمن لن يتحقق بالقهر والعنف والبطش، وأن الحكومة الإسرائيلية ومعها الشعب الإسرائيلي، وليس العرب قادرة على تحقيق الأمن والسلام للشعبين العربي والإسرائيلي. ألم يسألوا نتنياهو نفسه ولو مرة واحدة - إذا كان مخلصا وصادقا في مطالبته الجانب الفلسطيني وتحميله وحده مسؤولية الأمن - عن الأسباب التي تدعو شبانا فلسطينيين في عمر الورود يقومون بأعمال فدائية استشهادية مضحين بأرواحهم عن إيمان واقتناع وطيب خاطر؟. إنه ولاشك يعرف الجواب، ولكنه لا يريد مواجهة الحقيقة لأنها تتعارض مع المبادئ المتطرفة والحاقدة التي نشا وتربى عليها. إنه يعلم بأن تلك العمليات الاستشهادية ما هي إلا ردود أفعال لما تقوم به

الحكومة الإسرائيلية التي يرأسها من ممارسات ضد الشعب الفلسطيني منها مصادرة الأراضي وطرد أصحابها العرب منها، وحرمانهم من مصدر رزقهم الوحيد، وذلك لبناء المزيد من المستوطنات الإسرائيلية وتوسيع القائم منها، وشق الكثير من الطرق الالتفافية لتوفير المرور الآمن للمستوطنين، وقد نتج عن ذلك تمزيق وحدة الأرض الفلسطينية، وفصل التجمعات السكنية سواء كان ذلك بين القرى والمدن العربية أو داخل المدن نفسها. وبدلا من أن تحقق اتفاقية "اوسلو" الأمن والاستقرار وسهولة الاتصال للفلسطينيين فإنها على العكس من ذلك فقد عملت تلك الاتفاقية على تجزئة الأرض العربية وجعلت الانتقال من مدينة إلى أخرى صعبا ومزعجا. وكان كثير من الفلسطينيين يعتقدون بأن إسرائيل ستتوقف عن مصادرة الأراضي العربية، وستكف عن بناء المزيد من المستوطنات بعد توقيع اتفاقية اوسلو فإذا بالمصادرة في ازدياد، والبناء على قدم وساق، وحركة تهويد القدس تتسارع بشكل لم يسبق له مثيل، وأنه لا أمل إطلاقا في عودة اللاجئين أو حتى بعضهم إلى وطنهم وأرضهم، وأن إسرائيل لا تزال تسجن وتعتقل آلافا من الفلسطينيين وترفض الإفراج عنهم. ومن الأمور التي تضايق الفلسطينيين وتحبطهم دعم الحكومة الإسرائيلية للمستوطنين، والسماح لهم بحمل الأسلحة، وتغطية أعمالهم الإجرامية ضد العرب، وقتلهم الفلسطينيين، وانتهاكهم لحرمات المساجد وأماكن العبادة، وعدم منعهم من وضع أيديهم على الأراضي والمساكن العربية.

ماذا يتوقع "نتنياهو" من شعب شرد من وطنه، وصودرت أرضه، وهدمت دوره ومساكنه، وقطعت مصادر رزقه، وقتل أبناؤه؟ وهل يطلب نتنياهو من أبناء هذا الشعب المقهور المظلوم أن يوفر له وللشعب الإسرائيلي الأمن؟ ومتى كانت الضحية مطالبة بتحقيق الأمن لجلادها؟ وكيف يستطيع من حرم من نعمة الأمن والسلام أن يوفرهما لمن سلبهما منه وحرمهما عليه؟

إن الشعب الفلسطيني الذي فقد كل شيء، ولم يعد يخشى من شيء يفقده، أصبح كمن حشر خصمه في ركن ضيق فأسند ظهره للحائط، وأدرك أنه قاتل أو

مقتول. ومن المعلوم بأن الفطن الذكي لا يوصل خصمه إلى هـذا الوضـع فالمثـل الـدارج يقول بأن القط إذا حشر في الزاويـة انقلـب إلى أسـد كـاسر. والشـعب الفلسـطيني لـيس قطـا فجهاده معروف وكفاحه وتضحياته تفوق الوصف.

ولاشك في أن القيادة الفلسطينية تدرك بأنها تعرض نفسها وتعرض الشعب الفلسـطيني للمهالك لو ظلت تنفذ المطالب الأمنية الإسرائيلية التي لن تنتهي، وهي تعلم أيضا بأن الهـدف الحقيقي من تلك المطالب توريط السلطة الوطنية في صراع وقتال مع عنـاصر وطنيـة مخلصـة وصادقة في وطنيتها. وحتى لو نفذت السلطة المطالب الإسرائيلية فإن إسرائيل لن تتزحزح عـن مواقفها المتصلبة، وإنما ستطالب الفلسطينيين بمزيد من التنازلات وبالكثير من الابتزازات والتـي لن تكون لها نهاية. وإذا كان هناك من يعتقد بأن تفجير القدس ومن قبلـه حـادث بـئر السـبع أعطت نتنياهو وحكومته المبرر للهرب من تنفيذ اتفاق "واي بلانتيشن" فإن نتنياهو لـن يعـدم مبررا آخر يتعلل به. ألم يقل قبل ذهابه إلى واشنطن بأنه لن يوقع أي اتفـاق إلا إذا كـان أمنيـا فقط؟ وهو لم يوقع الاتفاق إلا بعد أن حقق جميع مطالبه.

إن تفجير القدس* كغيره من التفجيرات السابقة ما هو ألا تعبـير عـن مـدى مـا يعانيـه الشعب الفلسطيني تحت الاحتلال من قهر وظلم وكبت وحرمان، وعـن فقـدان الأمـل والثقـة بكل شيء وبـخاصة أن الخط الإسرائيلي المتشدد في ازديـاد، وأن التيـار المتطـرف ينمـو وينتشر على حساب انكماش الاتجاه المعتدل المطالـب بالسـلام. لقـد تبـين بـأن أحـد منفـذي العمليـة الأخيرة عانى كثيرا من السـجن والمطـاردة، وفقـد أحـد أقاربـه، وبـترت سـاقه فأصـبحت الحيـاة بالنسبة له لا طعم ولا معنى لها، وأصبح لا هم له إلا الانتقام لنفسه ولوطنه، واستطاب الموت والاستشهاد.

---

* عملية استشهادية قامت بها حماس وراح ضحيتها عدد من اليهود.

استشراف مستقبل العلاقات الفلسطينية - الإسرائيلية على ضوء نتيجة
الانتخابات الإسرائيلية*

حظيت الانتخابات الإسرائيلية باهتمام كبير في داخل إسرائيل وفي خارجها. سواء كان
ذلك في البلاد العربية أو في أوروبا والولايات المتحدة الأميركية، وأبدت جميع الشرائح السكانية
في إسرائيل اهتمامها البالغ بهذه الانتخابات. وربما كنا غير مبالغين إذا قلنا بأن اهتمام العرب
بها لا يقل عن اهتمامات الإسرائيليين الذين هم المتنافسون الرئيسيون في هذه المعركة
الانتخابية. إن هذا الاهتمام الزائد بهذه الانتخابات هذه المرة له أسبابه التي من أهمها
ارتباطها بالمسيرة السلمية في الشرق الأوسط ، وبطبيعة العلاقات بين إسرائيل والعرب بعامة
وبالفلسطينيين بخاصة.

لاشك في أن هذه الانتخابات اتسمت بطابع خاص ميزها عن جميع الانتخابات التي
سبقتها منذ تأسيس الكيان اليهودي في العام ١٩٤٨، فقد شهدت الساحة الإسرائيلية انقسامات
كبيرة وخطيرة، وظهرت الكثير من التباينات في ميول واتجاهات الشارع الإسرائيلي، كما زادت
هوة الخلافات بين المتدينين والعلمانيين مع تنامي قوة الفئة الثانية على حساب الأولى.
واشتداد التنافس بين الأحزاب القوية للفوز بمنصب الرئاسة والحقائب الوزارية، وفي الوقت
نفسه بذلت الأحزاب الصغيرة جهودا مكثفة وحثيثة للحصول على أكبر قدر من الأصوات
لتستخدمها في الوصول إلى صنع القرار أو الضغط على أية حكومة قادمة لتحقيق أهدافها
وبرامجها ومآربها.

لقد شهد هذا العقد تصاعد قوة التيار اليميني المتعصب والمتطرف والمعادي لأي اتفاق
مع العرب تنسحب بموجبه إسرائيل عن أي شبر من الأرض في

---

* انتخابات أيار/ مايو ١٩٩٦م.

فلسطين. ومما ساهم في صعود نجم هذا التيار العجز العربي التام, وتدهور أوضاع الوطن العربي، وانقسام الصف، وتراجع التوجه القومي وانحساره إلى أدنى مستوياته لصالح القطرية الضيقة.

وقد ظهرت هذه الأعراض وازدادت قوتها بعد حرب الخليج، وعدم تمكين العرب من التغلب عليها، وفشلهم حتى في عقد مؤتمر قمة يناقشون فيها أحوال أقطارهم المتردية، وبذل المساعي لتوحيد الصف العربي ورأب الصدع الناتج عن تلك الحرب، والاستعداد لمواجهة التحديات الخطيرة التي يعاني منها العرب في الحاضر والمستقبل.

إن هذا التشدد الإسرائيلي الذي برز واضحا في هذا العقد في مقابل العجز والتراخي والتنازل العربي انعكس على كافة القوى والأحزاب الإسرائيلية بما فيها تلك التي كانت تتصف بالمرونة النسبية والمحدودة في تعاملها مع القضايا وبخاصة ما لها علاقة بالعرب. ولسوء الحظ فإن الوضع العربي - سواء كان في داخل إسرائيل أو في خارجها - أصبح مجمدا ومرتهنا لما ستسفر عنه الانتخابات الإسرائيلية. والعرب - بصفة عامة - ينفرون من تجمع الليكود، ويفضلون عليه حزب العمل ويأملون له الفوز والنجاح في الانتخابات لاعتقادهم بأنه وحده القادرة على إحياء المسيرة السلمية ووضعها في إطارها الصحيح، والالتزام بجميع الاتفاقيات الموقعة بدءا باتفاقية اوسلو، ومرورا باتفاقية القاهرة، وانتهاء باتفاقية "واي بلانتيشن". إلا أننا نحذر من تفائل مفرط كهذا. ففي اعتقادنا أن حزب العمل وتجمع الليكود متفقان في الجوهر مختلفان في المظهر فقط، وأن بنيامين نتنياهو لا يختلف كثيرا عن ايهود باراك في المحتوى والمضمون وإنما الاختلاف يظهر في الشكل والأسلوب والطريقة والمنهج، فشخصية نتنياهو تتسم بالعناد والتشدد والصلف والعجرفة، والانقياد التام لتوجهات اليمين المتطرف الذي يؤمن بفكرة إسرائيل التوراتية. ولا يقبل التفاوض أو لا يستجيب له، ولا يضع أي وزن أو اعتبار للعرب. ولا يكترث بأية ضغوط أجنبية حتى لو كانت من الحليفة الكبرى والحامية العظمى الولايات المتحدة الأميركية.

إن من يتتبع مسيرة الانتخابات الإسرائيلية، ويرصد نبض الشارع

الإسرائيلي، ويطلع على نتائج استطلاعات الرأي العام في إسرائيل يصل إلى قناعة تامة بأن مرشح حزب العمل ايهود باراك سيتفوق على بنيامين نتنياهو مما يجعله الأوفر حظا في الفوز بمنصب رئاسة الحكومة المقبلة. ولكن هذا التوقع لا ينبغي أن يكون مطلبا، فالأوضاع قابلة للتغير ومفاجآت اللحظة الأخيرة واردة وممكنة، وتبقى جميع الاحتمالات قائمة. ولكن الاحتمال الأقوى في نظر غالبية الناس فوز باراك. فقد خسر نتنياهو الكثير من أنصاره بسبب عناده وتعنته وعدم مرونته وغروره واعتداده بنفسه فاستقال من حكومته أشخاص لهم أوزانهم وثقلهم وتقديرهم في الأوساط الإسرائيلية مثل "ديفيد ليفي" الذي كان يشغل منصب وزير الخارجية، و"دان مريدور" وزير المالية السابق، و"اسحق مردخاي" وزير الدفاع. وجميع هذه الوزارات التي كان يحتلها هؤلاء مهمة وحساسة وكانوا أكثر ملاءمة وكفأ لها، وهم في الوقت نفسه لهم ثقلهم في تجمع الليكود، لذلك فإن خروجهم على نتنياهو وانسحابهم من حكومته اضعف من مريديه. ولاشك في أن المناظرة التلفزيونية التي جرت بين نتنياهو واسحق مردخاي والتي تفوق فيها مردخاي على نتنياهو حطم الأسطورة القائلة بقدرة نتنياهو الخطابية وقوة منطقه وجاذبيته التي مكنته من كسب الأنصار والمؤيدين لسياساته، بل على العكس من ذلك كشفت كذبه وخداعه ونقاط ضعفه.

يضاف إلى هذا أن كثيرا من الإسرائيليين يحمل نتنياهو تردي الأوضاع الداخلية، وتراجع الأداء الاقتصادي، وتنامي العجز في الموازنة، وتوقف العملية السلمية تماما. وتوتر الأحوال في المنطقة. وتراجع الدعم والتأييد الخارجي لإسرائيل. وارتفاع كثير من الأصوات التي تنتقد سياستها مع العرب وموقفها من المسيرة السلمية، وتنديد الكثيرين بممارسات الحكومة الإسرائيلية المتشددة والمتعنتة مع الفلسطينيين، وتنصلها من تنفيذ الاتفاقيات معهم.

وإذا تجلت خسارة نتنياهو بشكل أكثر وضوحا على الساحة العلمانية في داخل إسرائيل، فإن ما تبقى له ليراهن عليه هو التيار اليميني والديني المتطرف، وجماعات المستوطنين الذين اطلقت حكومة الليكود لهم العنان، بل وحثتهم على

لسان وزير الخارجية المتطرف "أرييـل شـارون" للاسـتيلاء عـلى المزيـد مـن الأراضي، واحتلال قمم المرتفعات وإقامة العديد من المستوطنات عليها بالقوة وتوسيع القائم منها.

وعلى أية حال فإن هناك أكثر من احتمال لما ستسفر عنه الانتخابات الإسرائيلية. ويمكننا صياغة هذه الاحتمالات على شكل سيناريوهات أو مشاهد، لكل واحد منها آثاره ونتائجه وانعكاساته على الأوضاع في إسرائيل في الداخل والخارج، وبالأخص عـلى طبيعـة العلاقـات مـع الفلسطينيين. وهذه المشاهد هي:

المشهد الأول والذي يسفر عن نجاح ايهـود بـاراك بأغلبيـة مريحـة تمكنـه مـن تشكيل حكومة معتمدا على قوة حزب العمل.

المشهد الثاني والـذي يسفر عـن نجاح ايهـود بـاراك نجاحـا هامشيا مـما يضطره إلى استقطاب أحزاب أخرى صغيرة.

المشهد الثالث والذي قد يسفر عن نجاح بنيامين نتنيـاهو وإعادة تشكيله للحكومـة الإسرائيلية.

يبدو أن المشهد الأول هو الأكثر ترجيحا ما لم تحدث مفاجأة في اللحظة الأخيرة تقلـب الأوضاع رأسا على عقب، وتخيب نتائج جميع الاستطلاعات التي توقعت فوز باراك. ولا شك في أن نجاح "باراك" سيؤدي إلى ما يسمى "لحلحة" الوضع. وانفراج الحال نسبيا، واستئناف المسيرة السلمية بالمفهوم الإسرائيلي، وتنفيذ اتفاقية "واي بلانتيشن" والذي وقعه نتنياهو مـع الرئيس عرفات في البيت الأبيض بحضور الرئيس بيل كلينتون وكفالته في الثالث والعشرـين مـن شـهر اكتوبر ١٩٩٨ وهو اتفاق - كما يعلم الجميع - يعكس ميزان القوى لصالح إسرائيل، وجـاء نتيجة الأوضاع العربية المتدهورة، ودون مستوى اتفاقية اوسلو.

وسيؤدي فوز باراك وحزب العمل إلى انفراج نسبي في العلاقات الإسرائيلية الفلسطينية واستئناف الاتصالات واللقاءات بين الجانبين. والعودة إلى أسلوب التفاوض على كثير من القضايا ولكن التقدم لن يكون سريعا،

والإنجازات ستكون متواضعة ودون تطلعات الفلسطينيين. ففيما يتعلق بالاستيطان فإنه لن يتوقف تماما ولكن من المرجح أن توضع له ضوابط توقف من اندفاعات إيقاعاته المتسارعة حاليا، ولجم حركة المستوطنين المتهورة ووضع حد لهوسهم.

ويبدو لنا أن حزب العمل بقيادة ايهود باراك لن يستطيع التحرر تماما من السياسة التي مارسها وطبقها تجمع الليكود بزعامة بنيامين نتنياهو والذي نجح في خلق وقائع جديدة على الأرض، وشجع على تقوية التيار المتشدد حتى في صفوف حزب العمل نفسه. وهذا التيار الذي لا تزال له الغلبة في إسرائيل متمسك بكثير من اللاءات والتي منها: لا للدولة الفلسطينية المستقلة. ولا للتنازل عن القدس الموحدة عاصمة لإسرائيل، ولا لعودة اللاجئين الفلسطينيين ولا لوقف عمليات الاستيطان. إن الفارق بين العمل والليكود في أن الأول أقدر على تزيين وتحسين صورة إسرائيل في الخارج، بينما الليكود هو الذي يظهر وجهها الحقيقي الكريه والبغيض.

وبطبيعة الحال ستنشب الكثير من الخلافات والمشاكل بين حكومة حزب العمل والفلسطينيين ولكن ما يتحلى به قادة حزب العمل من مرونة ونفس طويل في المفاوضة سيساهم في إبقاء شعرة معاوية ويحميها من القطع. وهناك من يشكك في قدرة باراك السياسية وخبرته الديبلوماسية لكونه قضى عمره في الجيش والأعمال العسكرية ولكن ما يقلل من أهمية هذه النقطة أن معظم الذي قادوا السياسة الإسرائيلية كانوا من العسكر. وكان آخرهم اسحق رابين الذي يعتبره باراك مثله الأعلى وأستاذه الكبير.

واستكمالا لأحداث المشهد الأول فإن أي تحسن على العلاقات الإسرائيلية - الفلسطينية سيكون له نتائجه الإيجابية على العلاقات العربية - الإسرائيلية التي تدهورت وانحسرت كثيرا في فترة حكم الليكود بزعامة نتنياهو. ومن المتوقع أن تتطور هذه العلاقات ويعاد تنشيط المكاتب الإسرائيلية في بعض البلاد العربية، وقد تتطور إلى قنصليات أو ما يشبه ذلك. وقد تحذو دول عربية أخرى

وتسمح بعلاقات جيدة مع إسرائيل مما يخدم الكيان الإسرائيلي ويحقق الكثير من أهدافه في المنطقة العربية.

وربما كان أول عمل تقوم به حكومة حزب العمل القادمة فتح الملف اللبناني والانسحاب من جنوب لبنان حتى ولو كان ذلك من جانب واحد، أي التخلي عن الشروط التي كانت تضعها حكومة بنيامين نتنياهو، ذلك أن الجنوب اللبناني سبب نزيفا دائما وهما مستمرا لإسرائيل دون أن يحقق لها الأمن المطلوب وبخاصة بعد فشلها فيما رمت إليه حينما أقامت الحزام الأمني وشكلت جيش لبنان الجنوبي الذي أصبح عبئا ثقيلا عليها وعن طريق بعض أفراده تتسرب الكثير من الأسرار الإسرائيلية.*

أما في حالة المشهد الثاني، فإن حكومة العمل لن تكون لها اليد الحرة المطلقة في تنفيذ السياسات المنسجمة مع توجهات حزب العمل ومبادئه، وإنما لابد لها من مراعاة وجهات نظر القوى والأحزاب التي تدخل معها في التشكيل الوزاري. أي بعبارة أخرى فإن حكوممة كهذه لن تكون قوية بما فيه الكفاية لتعمل ما تشاء وستظل تخشى انسحاب بعض الأحزاب منها أو إعادة الثقة فيها. ولذلك فإنها ستتبع سياسة المهادنة والمراوغة والبحث عن الحلول الوسط وهذا سيكون ولا شك على حساب العلاقة مع الفلسطينيين.

يبقى المشهد الأخير وهو الأقل احتمالا على ضوء المعطيات الحالية والاستطلاعات الأخيرة. ولكن - وكما سبق القول - فكل شيء وارد وليس هناك مستحيل في عالمنا اليوم. وعلى كل حال فلو فاز نتنياهو وتجمع الليكود فإن الأوضاع مرشحة لمزيد من التدهور وستزداد العلاقات الفلسطينية - الإسرائيلية سوءا، وتتفاقم لتصل إلى حد الأزمة مما يؤدي إلى تفجير الوضع ونفاد صبر الفلسطينيين، وينشب صراع مسلح تسفك فيه الكثير من الدماء، وتحتل إسرائيل بعضا من الأراضي التابعة للسلطة الفلسطينية مما يعيد الأوضاع إلى أجواء

---

* لقد حدث هذا بالفعل وتم الانسحاب من جنوب لبنان.

الانتفاضة ولكن بشكل أعنف وأكثر دموية. وقد يلجأ نتنياهو إلى تهجير وطرد كثير من الفلسطينيين إلى خارج وطنهم مقتديا بالنموذج الصربي والذي استفاد في الأصل من التجربة الإسرائيلية في حرب ١٩٤٨ وما بعدها.

لا شك في أن هذه الممارسات الليكودية أن تمت ستوتر الأجواء بين إسرائيل والبلاد العربية المجاورة. وقد تفتعل إسرائيل أزمة مع سورية وتغامر بشن عدوان عليها حتى تصرف انتباه الرأي العام الداخلي في إسرائيل وتستنفذ الطاقة في الخارج. وربما تخلق حالة من عدم الاستقرار في الأردن مستغلة أوضاعه الاقتصادية السيئة. والمتأمل لسياسة نتنياهو ونهجه يدرك ميله إلى خلق الأزمات عن طريق دعمه وتشجيعه للمتطرفين ودفع خصومه إلى الزاوية.

إن وضعا سيئا كهذا لا يمكن التغلب عليه أو التخفيف من حدته وشدته إلا بترسيخ الوحدة الفلسطينية لجميع الفصائل والتنظيمات في الداخل والخارج، والعمل على توحيد الصف العربي، وتوظيف واستثمار جميع الطاقات والجهود لخدمة القضية الفلسطينية ودعم الفلسطينيين، وتحسين العلاقات مع دول الجوار الجغرافي، وهذا ليس بالأمر العسير أو المستحيل.

الفصل الرابع

باراك يفرغ أوسلو من محتواها

في شهر حزيران / يوليو ١٩٩٩م تسلم " ايهود باراك " مقاليد السلطة في إسرائيل بعد أن فاز على خصمه رئيس الوزراء الليكودي " بنيامين نتنياهو " في الانتخابات التي أجريت في شهر أيار / مايو . وقد استغرق " باراك " مدة طويلة ـ بلغت ٤٥ يوما ـ في تشكيل حكومته التي أرادها أن تنطبق مع شعاره الذي رفعه : " إسرائيل واحدة " ، فضمت معظم الاتجاهات والأطياف السياسية في إسرائيل ، ومن أقصى اليمين إلى أقصى اليسار ، فكانت أشبه بحكومة وحدة وطنية شكلت لتتحمل المسؤولية الكبيرة والخطيرة في المرحلة التي وصلت فيها المفاوضات مع السلطة الوطنية الفلسطينية إلى نقطة حرجة ، فالوقت قد حان لبحث القضايا المؤجلة والهامة وهي : القدس ، واللاجئون والمستوطنات والاستيطان ، والدولة ، والحدود ، والمياه والمعابر .

وتفاءل كثيرون بفوز " باراك " وعودة حزب العمل ، وسقوط " نتنياهو " ورحيل تجمع الليكود لاعتقادهم بأن حزب العمل ميال إلى التسوية السلمية ، في حين أن تجمع الليكود يعارضها ، وأن " باراك " هو تلميذ " اسحق رابين " رئيس الوزراء الأسبق الذي في عهده أبرمت اتفاقية أوسلو في البيت الأبيض في ١٩٩٣/٩/١٣ واتفاقية القاهرة في ١٩٩٤/٢/٩م ، وطابا في ١٩٩٥/١٠/٢٨م .

وسرعان ما تبدد هذا التفاؤل وأخذ يزول تدريجيا حينما ظل " باراك " متمسكا بلاءاته الأربعة التي كان قد طرحها في أثناء الانتخابات وهي :

لا عودة إلى حدود عام ١٩٦٧ .

لا وجود لجيش أجنبي غرب النهر (الأردن) .

لا تنازل عن المستوطنات ، وإنما يجب أن تبقى تحت السيادة الإسرائيلية .

لا تنازل عن القدس ، وإنما تبقى موحدة تحت السيادة الإسرائيلية .

في المقال الأول والذي سبق ونشر في صحيفة " الاتحاد " في أبو ظبي بتاريخ ١٩٩٩/٦/١ وعنوانه : " هل يتكرر ديغول آخر مع باراك ـ إسرائيل في : القدس .. الدولة الفلسطينية .. الجبهات العربية ...؟ " تناولت المشاكل

والمصاعب التي تواجه حكومة " باراك " ، وقلت فيه بأن الأيام القادمة ستكشف فيما إذا كان " باراك " قادرا على حل هذه المشاكل ، آخذا في الحسبان حقوق الفلسطينيين ، وواضعا في اعتباره جميع المتغيرات والمستجدات المحلية والعالمية . إلا أن تشكيل حكومة " باراك " التي جمعت بين المتناقضات جعلتني أميل إلى الاعتقاد بأنه لـن يستطيع التغلـب علـى مشاكل المرحلة النهائية . وقد أكدت ذلك في مقالي الثاني وعنوانه " حكومة باراك القادمة بين مطرقة اليمين وسندان اليسار " ونشر في الدستور بتاريخ ١٩٩٩/٧/٧م .

في المقال الثالث حللت فيه شخصية " باراك " على ضوء ماضيه ونشأته العسكرية الصارمة ، وطموحاته وتطلعاته ، وإعجابه ببعض قادة الليكود أمثال " آرييل شارون " وتأثير ذلك على أسلوبه ونهجه في مفاوضاته مع الفلسطينيين ، وجعلت عنوان المقال " سلام الشرق الأوسط ... هل سيبقى أسيرا لماضي باراك؟" ونشر في صحيفة الاتحاد بتاريخ ١٩٩٩/٧/٧م .

من المعلوم بأن " باراك " رجل عسكري محترف إلا أن خبرته السياسية محدودة مما يجعله عاجزا عن معالجة قضايا غير مؤهل لحلها ، ولذلك اتبع أسلوب المراوغة والتهـرب من مواجهة الواقع واتباع منهج القوة .

في مقالي الرابع وعنوانه " باراك وسياسة خلط الأوراق " ونشر بالاتحاد في ١٩٩٩/٧/٢٠م ناقشت فيه هذه الأمور ، وعارضت الذين امتدحوا " باراك " ووصفوه بالصدق والأمانة . وفي المقال الخامس ـ وبسبب مراوغة " باراك " وتصلب موقفه ، وتعطل المفاوضات علـى المسـار السوري جعلت عنوان المقال على شكل تساؤل : " أمـا آن الأوان لعقـد قمـة عربيـة لمواجهـة التحديات التي تواجه الأمة العربية ؟ " ونشر في الدستور في ١٩٩٩/٧/٢٩م .

في المقال السادس وعنوانه : " الدولة الفلسطينية كما يريدها باراك " ونشر بالدستور في ١٩٩٩/٨/٣م ، وفيه يطرح " باراك " فكرة الدولة الفلسطينية أثبت بأنه لا يختلف كثيرا عـن الأحزاب اليمينية المتشددة التي تضع العقبات والعراقيل أمام نيل الفلسطينيين حقوقهم .

وبسبب تشدد " باراك " وتصلب مواقفه ، وإصراره على تجاهل المطالب الفلسطينية قلت في المقال السابع وعنوانه : " التشدد الإسرائيلي والوحدة الوطنية الفلسطينية " بأنه لا بد لمواجهة هذا التشدد الإسرائيلي بوحدة وطنية فلسطينية تضم الفصائل والتنظيمات المعارضة لأوسلو ، وقد نشر هذا المقال في الدستور في ١٩٩٩/٨/٢٦م .

في الخامس من شهر تشرين أول / أكتوبر ١٩٩٩ وقعت كل من السلطة الوطنية الفلسطينية وإسرائيل اتفاقية الممر الآمن الذي يربط قطاع غزة بالضفة الغربية ، واعتقد كثيرون آنذاك بأن ذلك سيتيح للفلسطينيين التحرك بيسر ودون مشقة في مناطق السلطة الوطنية ، والانتقال من القطاع إلى الضفة وبالعكس دون عقبات من الإسرائيليين . وعلى ضوء اطلاعي على اتفاقية الممر الآمن كتبت المقال الثامن ونشر في الاتحاد بتاريخ ١٩٩٩/١٠/١١م وكان عنوانه : " هل الممر الآمن آمن حقا ؟ " وقد أثبت فيه بأن هذا الممر غير آمن بالمرة . وفي المقال التاسع وعنوانه : " السلطة الوطنية الفلسطينية ومأزق القضايا المؤجلة " ونشر بالاتحاد في ٢٣ و ١٩٩٩/١٠/٣٠م تناولت بالشرح والتحليل المشاكل التي تواجه السلطة الوطنية الفلسطينية مع حكومة باراك ، مما استدعى إلى عقد لقاء ثلاثي ضم الرئيس الأميركي " بيل كلينتون " والرئيس الفلسطيني " ياسر عرفات " ورئيس الوزراء الإسرائيلي " ايهود باراك " في اوسلو عاصمة النرويج في الأول من شهر تشرين ثاني / نوفمبر ١٩٩٩م .

يتناول المقال العاشر وعنوانه : " الآفاق المستقبلية للقاء أوسلو الحالي وهل سيمهد إلى كامب ديفيد جديد ؟ " ونشر بالاتحاد في ١٩٩٩/١١/٦م تحليلا لهذا اللقاء ، وتوقعت فيه بأن يمهد إلى كامب ديفيد جديد . وقد أثبتت الأيام صدق ما توقعته ، فقد عقدت قمة " كامب ديفيد " في ٢٠٠٠/٧/١٠م . وبسبب مواقف باراك المتعنتة والمتصلبة وأساليبه في المراوغة والتهرب من تنفيذ الاتفاقيات الموقعة مع السلطة الوطنية الفلسطينية ، فقد كتبت المقال الحادي عشر وعنوانه : " هل يريد باراك هدم المعبد على رؤوس من فيه؟ " ونشر في الاتحاد بتاريخ ١٩٩٩/١١/١٣م .

في أثناء عقد قمة كامب ديفيد كتبت المقال الثاني عشر وعنوانه : " نداء إلى العرب ..
من كامب ديفيد ١٩٧٨ إلى كامب ديفيد ٢٠٠٠ " ونشر في الدستور في ٢٠٠٠/٧/١٢ وفي الاتحاد
بتاريخ ٢٠٠٠/٧/١٥، وفيه عقدت المقارنة بين كامب ديفيد الأولى وكامب ديفيد الثانية .

اختتمت الفصل بمقال اقتبست عنوانه من مقال للكاتب الصحفي البريطاني المشهور "
روبرت فسك " الذي شبه فيه اتفاقية أوسلو التي وقعت بالبيت الأبيض في عام ١٩٩٣م بأنها
كانت كالعربة الذهبية بدون عجلات ، وقد نشرت هذا المقال في الاتحاد بتاريخ ٢٠٠٠/٨/٥م .

هل يتكرر "ديغول آخر" مع باراك - إسرائيل في: القدس.. الدولة الفلسطينية ... الجبهات العربية ..؟

لا زال "أيهود باراك" يبذل الكثير من المساعي، ويقوم بالعديد من المشاورات من أجل تشكيل حكومة تحل محل حكومة "بنيامين نتنياهو" الذي هزم في الانتخابات الأخيرة. لقد مضى على فوز "باراك" حتى كتابة هذه السطور نحو عشرة أيام، وهو ليس في عجلة من أمره، فالمدة المعطاة له بموجب الدستور لتشكيل الحكومة خمسة وأربعون يوما وهي كافية. وهو يفضل التأني والتريث والسير خطوة خطوة حتى يحقق هدفه أو شعاره الذي أعلن عنه، وهو تشكيل حكومة لجميع الإسرائيليين، فلا تكون مقصورة على حرب العمل وأنصاره التقليديين مثل حزب ميرتس وتيار اليسار، بل تضم أيضا تجمع الليكود.

وقد يتساءل المرء عن الأسباب التي تدعو "باراك" إلى تشكيل حكومة من هذا النوع، والتي ينطبق عليها لو تشكلت مفهوم "حكومة الائتلاف الوطني" أو "حكومة الوحدة الوطنية"، على الرغم من قدرته على تشكيل حكومة من حزبه وحلفائه بحيث يسهل عليه إدارتها، وتكون منسجمة مع نفسها؟ وعلى ماذا يدل إصرار "باراك" في تشكيل حكومة من هذا النوع لن تعطيه الحرية التي يريدها لتنفيذ ما قد يفكر في تنفيذه، وتجعله كمن يسير على حبل مشدود؟

إن من يتأمل في الأوضاع الداخلية في إسرائيل وأحوال المنطقة العربية والظروف والمستجدات العالمية سيضع يده على الأسباب التي تدعو "أيهود باراك" إلى انتهاج هذا النهج الذي قد يبدو غريبا أو مستهجنا للبعض. إن من أهم تلك الأسباب شعور "باراك" بالتهيب من المرحلة القادمة التي ستواجهها حكومته، إنها ولا شك مرحلة حرجة وحساسة تتطلب اتخاذ قرارات خطيرة لا يستطيع تحمل نتائجها وحده، ولا يقدر حزب العمل على تقديم الدعم الكافي له لأن فوزه في الانتخابات كان هامشيا، فلم يحرز إلا ستة وعشرين مقعدا في

إلكنيست من مجموع مقاعده البالغة مائة وعشرين مقعدا. وعلى الرغم من فوز "باراك" الكبير على خصمه "نتنياهو" إلا أنه يعلم بأن الأوضاع في إسرائيل هشة وحساسة وسرعان ما تتغير اتجاهات الرأي العام التي قد تستغلها المعارضة، وتطرح الثقة على حكومته، مما يجعل وضعه صعبا، وهو رجل عسكري ليست لديه الخبرة الكافية في فن المناورات السياسية. ولذلك فهو يريد أن تشاركه أغلبية الإسرائيليين ممثلين في أحزابهم في تحمل اتخاذ قرارات خطيرة مستقبلية. ومما يؤكد صحة ذلك إعلانه بأنه سيلجأ إلى طرح القضايا المهمة على الاستفتاء العام والذي على ضوئه يمكنه اتخاذ القرارات المناسبة.

إن حراجة المرحلة القادمة التي سيواجهها "باراك" وحكومته تعود إلى عدد من المشاكل والتحديات المتمثلة في أمور لعل من أهمها:

١- استئناف عملية السلام المتوقفة:

من المعلوم بأن نتنياهو منذ تسلمه السلطة في عام ١٩٩٦، قام بوضع العقبات والعراقيل أمام عملية السلام، وكان لا يخفي رفضه ومعارضته لاتفاقية أوسلو، ولم يكن يبالي بالانتقادات التي كانت توجه إليه حتى من بعض زملائه في الحكم، ولم يضع أي وزن للضغوط حتى ولو كانت من الولايات المتحدة الأميركية الحامية لإسرائيل. وعلى الرغم من توقيعه على اتفاقية "واي بلانتيشن" في الثالث والعشرين من شهر سبتمبر ١٩٩٨، والتي حققت الشروط الإسرائيلية في مزاعمها الأمنية حتى قال عنها كثيرون بأنها كانت اتفاقية أمنية فقط، فإنه لم يلتزم بها وأوقف تنفيذها متعللا بأسباب واهية ومختلقة.

٢- الاستيطان:

الاستيطان وعربدة المستوطنين من أبرز وأهم المشاكل التي يعاني منها الفلسطينيون، لأنها تمثل عملية مستمرة هدفها الاستيلاء على الأراضي الفلسطينية وقضمها قطعة أثر قطعة إلى أن لا تبقى أرض يمكن التفاوض عليها، وهي في الوقت نفسه تهدف إلى تغيير الواقع الجغرافي، وخلق وقائع جديدة على الأرض.

صحيح أن حركة الاستيطان بدأت منذ الاحتلال بعد حرب عام ١٩٦٧، ولم توقفها اتفاقية أوسلو، بل استمر الاستيطان في أثناء حكومة حزب العمل، إلا أن النشاط ازداد منذ استلام الليكود بزعامة "نتنياهو " مقاليد الحكم في عام ١٩٩٦، وبخاصة بعد أن حث وزير الخارجية "أرييل شارون" المستوطنين على الاستيلاء على أكبر قدر من الأراضي، واحتلال التلال والأراضي المرتفعة. وبما أن الاستيطان من أهم الوسائل التي استخدمها اليهود ولا يزالون يستخدمونها في تهويد فلسطين، فإن نسبة كبيرة من الإسرائيليين وبخاصة المتدينين واليمين المتطرف تؤيده وتشجعه لقناعتهم بأن لليهود الحق في امتلاك جميع الأراضي الفلسطينية. وحتى "باراك" يعتبر من المؤيدين للاستيطان بعد أن صرح عشية نجاحه في الانتخابات بأنه يعز عليه التنازل عن الأرض التي منحها الرب للشعب اليهودي. وبهذا التصريح فإنه يلتقي مع اليمين المتطرف والأحزاب الدينية المتشددة المؤمنة بالأوهام والمزاعم التوراتية. وحتى لو حاول "باراك" أن يغير بعض الشيء من مواقفه من أجل التوصل إلى سلام مع الفلسطينيين فإنه سيواجه بمقاومة عنيفة من المستوطنين والأحزاب والجماعات الدينية واليمينية المتطرفة، وهو لن ينسى ما حدث لأستاذه "إسحق رابين" الذي حاول كبح جماح المستوطنين فكانت النتيجة سقوطه صريعا برصاص المتدينين الذين اعتبروه خائنا وأحلوا سفك دمه.

٣- الانسحاب من الأراضي حسب الاتفاقيات المبرمة:

تقضي اتفاقيات السلام المبرمة بين الفلسطينيين والإسرائيليين بالانسحاب من أراض في غزة والضفة الغربية على مراحل. وهذه الأراضي قسمت إلى مناطق "أ" تخضع للسلطة الوطنية الفلسطينية، ومناطق "ب" وتخضع إداريا فقط للسلطة الوطنية الفلسطينية، وأمنيا تخضع لإسرائيل، ومناطق "ج" وتخضع كليا لإسرائيل. وكان من المفروض أن يتم تقليص المنطقتين "ب" و"ج" لصالح السلطة الوطنية الفلسطينية، وأن تنتهي جميع المراحل في شهر أيار مايو عام ١٩٩٩، إلا أن حكومة نتنياهو لم تلتزم بذلك، وعمدت إلى إيقاف عملية السلام،

وشجعت على الاستيطان. وكان هناك اتجاه في حزب العمل يقسم الاستيطان إلى نوعين: استيطان سياسي، واستيطان أمني. فالنوع الأول أقيم لأهداف سياسية يمكن التفاوض عليه، ويستخدم ورقة ضاغطة لتحقيق مكاسب إسرائيلية في المفاوضات مع الفلسطينيين. أما النوع الثاني فلا مجال للتفاوض عليه، أو حتى بحثه لأنه من وجهة النظر الإسرائيلية يتعلق بأمن إسرائيل ووجودها وبقائها. ونحن نشك في استعداد حكومة "باراك" الموسعة التي يريد أن يضم إليها الليكود على الانسحاب من الأراضي الفلسطينية بسهولة. إن عدم انسحاب إسرائيل من الأراضي التي نصت عليها الاتفاقيات المبرمة سيؤثر سلبا على الدولة التي يصر الفلسطينيون على إعلانها قبل نهاية هذا العام. وفي الوقت نفسه فإن عدم الالتزام بتنفيذ بنود تلك الاتفاقيات يؤدي إلى تعطيل عملية السلام وتوقفها، وهذا ليس في صالح إسرائيل، ولذلك فإن باراك مطالب بتنفيذ بنود الاتفاقيات.

٤- القدس:

يرفض الإسرائيليون الانسحاب من القدس العربية والعودة إلى ما كانت عليه أحوال المدينة المقدسة قبل حرب عام ١٩٦٧م، فهم يريدونها قدسا موحدة، وعاصمة أبدية للدولة اليهودية، ولا يقبلون بأي وجود عربي فيها، ولا يرضون بأي سيادة عليها ولا حتى على جزء منها غير السيادة الإسرائيلية. ولتحقيق هذه الأهداف عملت إسرائيل على تهويد المدينة بوسائل عدة منها تشجيع الاستيطان واستملاك الأراضي وإقامة المستوطنات في مختلف مناطقها وأحيائها مثل منطقة جبل أبو غنيم الذي تسميه "هارخوما"، وفي حي رأس العمود العربي. كما هدمت الكثير من البنايات العربية مثل "مجمع اللقلق"، وأزالت معظم المعالم الإسلامية مثل التكايا والزوايا والمدارس وهدمت حي المغاربة، ووسعت حدودها البلدية لتصل إلى مشارف مدينة رام الله شمالا، وإلى مشارف مدينة بيت لحم جنوبا وكذلك وسعت حدودها الشرقية لتقترب من الحدود البلدية لمدينة أريحا بعد قرار توسيع مستعمرة "معاليه أدوميم". وفي الغرب ضمت إسرائيل كثيرا من القرى العربية مثل عين كارم. وفي الوقت نفسه سنت القوانين التي بموجبها قامت

بسحب هويات المقدسيين لأتفه الأسباب تمهيدا لطردهم، وتشجيع اليهود القادمين من المناطق الإسرائيلية ومن الخارج ليحلوا محلهم.

وإذا كانت القدس قد نالت كل هذا التركيز والاهتمام من الإسرائيليين الذين يرددون في صلواتهم عبارة تقول: "شلت يميني إن نسيتك يا أورشليم"،فإنها في ذات الوقت تحظى بأهمية بالغة عند العرب والمسلمين، وهي رمز الكيان السياسي للدولة الفلسطينية القادمة، كما تعبر عن الكرامة والعزة عندهم، ولها مكانية سامية في قلب ووجدان كل عربي ومسلم. ولا يجمع الإسرائيليون على شيء قدر إجماعهم على التمسك بالقدس كلها. ولذلك فإن مسألة القدس تعتبر أعقد المشاكل وأكثرها صعوبة ومن أكبر التحديات التي تواجه "باراك".

٥- الدولة الفلسطينية:

يتطلع الفلسطينيون إلى تحقيق آمالهم بإقامة دولة فلسطينية مكتملة السيادة. وقد استطاعوا بناء الأطر اللازمة لها، وأقاموا المؤسسات والإدارات التي تنظم شؤونها وتصرف أمورها. وهم يحاولون استكمال متطلباتها مثل الممرات الآمنة التي تربط مناطقها، وبناء ميناء يتولى تصدير واستيراد السلع والبضائع، والسيطرة على المنافذ. ويلقى مشروع الدولة الفلسطينية قبولا عالميا وحتى عند كثير من الإسرائيليين ولكنهم يضعون شروطا وتحفظات تفقد الدولة بعض مقوماتها السيادية. أما اليهود المتطرفون فيرفضون قيام دولة فلسطينية ويخشون من إقامتها. ولذلك سيكون موضوع الدولة الفلسطينية بمتطلباتها السيادية ومستلزماتها الضرورية من المواضيع غير السهلة التي ستواجه حكومة "أيهود باراك"، إلا أنه بالإمكان التوصل إلى تسوية هذا الموضوع مع تنازلات ضمن حزمة من القضايا.

٦- السلام على الجبهات الأخرى والتطبيع مع العرب:

في أثناء فترة حكم حزب العمل سار التطبيع مع بعض بلدان عربية بخطى لا بأس بها حيث افتتحت مكاتب إسرائيلية، وبدأ التفكير برسم خطوط

لمشروع الشرق الأوسط على أسس جديدة تتعامل بموجبه دول المنطقة بما يحقق الأمـن والاستقرار، والانتعاش الاقتصادي والرفاهية لجميع شعوب المنطقة. إلا أنه بقدوم نتنيـاهو ووضعه العقبات والعراقيل في طريق السـلام توقف المشروع، وتجمـدت أنشطة المكاتب الإسرائيلية، وساد نوع من أنواع السلام البارد بين إسرائيل والأطراف العربية التي سبق وأبرمت معها اتفاقيات سلام. ومن القضايا التي تواجه "باراك" طمأنة العرب وتهيئة الأجواء لسلام دافئ باستئناف المفاوضات مع سورية ولبنان من النقطة التي توقفت عندها، وإطلاق عملية السـلام مع الفلسطينيين من جديد. فإن تم هذا فإنه يكون قد فتح الباب أمام العرب وشجعهم علـى إعادة نشاط المكاتب الإسرائيلية فيها، وفتح المزيد منها وتطويرها وتنميتها.

تباين في الرؤى:

حينما وقع الفلسطينيون اتفاقيـة اوسلو كـان يسيطر عليهم شعار "خذ وطالب" واعتقدوا بأن الحال الذي وصلوا إليه من فقدان الأرض والوطن كان نتيجة سياسة الرفض التي اتبعها أسلافهم في الماضي لكل مشروع أو حل عرض عليهم.

أما الإسرائيليون، فكانوا يريدون اغتنام تلك الفرصة للاتفاق مع الفلسطينيين بمـا يحقـق طلباتهم وبحسب شروطهم. وقرروا إحالة القضايا الصعبة إلى المرحلة النهائية، وخططوا لإطالة المراحـل والتباطؤ في تنفيذ بنود كـل مرحلة للاستفادة مـن الوقت حتـى يتمكنـوا مـن تغيير الوقائع على الأرض بحيث لا يبقى شيء له قيمة يطالب به الفلسطينيون أو يريدون التفاوض عليه. ويبدو أن الخطأ الذي وقع فيه الفلسطينيون هو تخطئتهم لسياسة الرفض التي انتهجها الجيل السابق قبل النكبة عام ١٩٤٨، فقد غاب عنهم بأن الأحداث والمواقف محكومة بإطارها الزماني والمكاني، ولا يجوز إخراج الحدث مـن زمانـه ومحاكمتـه في زمان مخالف، فليس مـن المعقول أن يقبل الفلسطينيون مشاريع التقسيم والتي كان آخرها المشروع الـذي أقرته هيئـة الأمم المتحدة بقرارها رقم ١٨١ في عام ١٩٤٧، في

الوقت الذي كانوا يسيطرون فيه على معظم الأراضي الفلسطينية بينما أعطاهم التقسيم أقل من نصف فلسطين، في حين أعطى لليهود الذين كانوا أقلية نحو ٦٣% من فلسطين، ومنحهم أجود الأراضي وأخصبها وأهمها موقعا. أما وقد قبل الفلسطينيون اتفاقية اوسلو بعد تغير الأوضاع فليس من الحكمة تأجيل بحث القضايا المهمة إلى المرحلة النهائية، والسكوت على النشاط الاستيطاني ومصادرة الأراضي العربية والتي يدعي الإسرائيليون بأن اتفاقية اوسلو لم تنص على وقف مثل هذه الأنشطة.

أما الإسرائيليون فإنهم واهمون أن ظنوا بأن تغيير الوقائع على الأرض سيجبر الفلسطينيين على نسيان وطنهم والتنازل عن حقوقهم الثابتة فيه، فالفصل بين التاريخ والجغرافيا غير ممكن، لأن التاريخ لن يسمح للإسرائيليين بالتلاعب بالجغرافيا وتشكيلها حسب أهوائهم.

مأزق باراك:

إن التحديات التي ذكرناها تخيف باراك وتشعره بأنه مقبل على مرحلة خطيرة. وأن هذه التحديات هي التي أطاحت بـ "نتنياهو " على الرغم من قوة شخصيته، وشدة جاذبيته، وقوة منطقه وبلاغته. ويعرف "باراك" بأن الزمن قد تغير وأنه على الرغم من التدهور العربي إلا أن الوعي قد زاد، وتمكن الفلسطينيون من إقامة كيانهم المتمثل في منظمة التحرير الفلسطينية والتي اكتسبت خبرة وصلابة، وأن عصر القادة العظام في إسرائيل مثل "ديفيد بن غوريون" وزملائه الذين شاركوه في تأسيس الكيان الإسرائيلي أمثال "موسى شاريت" و"ليفي أشكوك" قد انتهى وهؤلاء هم الذين ساهموا في تأسيس أحزاب عمالية مثل حزب "المباي" أي "حزب عمال أرض إسرائيل" في عام ١٩٣٠، وحزم "المابام" أي "حزب العمال الموحد" في عام ١٩٤٨، وعلى الرغم من تصدع حزب "المباي" وظهور حزب "رافي" إلا أنه سرعان ما توحدت الأحزاب العمالية في تجمع "المعراخ" في عام ١٩٦٩، والذي ظل يحكم إسرائيل حتى عام ١٩٧٧، حينما ظهر تجمع الليكود بقيادة "مناحيم بيغن" والذي كان آخر القادة

الكبار المؤسسين لدولة إسرائيل. وبرحيل هؤلاء القادة ظهرت قيادات لا تتمتع بأي صفة من صفات "الكريزما"، ونشأت أحزاب جديدة غيرت الكثير من معالم الخارطة السياسية في إسرائيل، وبرزت قوى جديدة أصبح لها وزن كبير وكلمة مسموعة.

ونعتقد بأن أية حكومة إسرائيلية سترتكب خطأ كبيرا إذا لم تضع في اعتبارها المستجدات والمتغيرات المحلية والإقليمية والعالمية. وينبغي على الإسرائيليين التحرر من عقلية القرن التاسع عشر والنصف الأول من هذا القرن حينما استطاعوا استمالة القوى الغربية الكبرى إلى جانبهم وتمكنوا من إقامة دولتهم في أقل من خمسين عاما، وهي فترة قصيرة لم يكن يتوقعها حتى الحالمون من اليهود. كما أن إسرائيل كانت تبدو للعالم في الخمسينات وحتى الستينات دولة مستضعفة في وسط محيط عربي معاد، وتزعم بأن العرب يريدون إلقاء اليهود في البحر. أما اليوم فالكل يعرف إسرائيل على حقيقتها ويدرك أطماعها التي لا حدود لها. ولذلك بدأ الغرب بتوجيه اللوم لها وصار يشجب ممارساتها القمعية على الفلسطينيين الذين أصبحوا يحظون بالتعاطف والتأييد من دول الاتحاد الأوروبي ومنهم بريطانيا التي لولاها لما تمكن الصهاينة من تحقيق حلمهم بإقامة دولة يهودية على أرض فلسطين العربية. وحتى الولايات المتحدة الأميركية، التي كانت ولا تزال الحامي والمدافع عن إسرائيل والضامن لبقائها واستمرارها ضاقت ذرعا بتصرفات "بنيامين نتنياهو " وجماعاته المتطرفة والمتصلبة. وقد شعرت بالارتياح لسقوطه وغيابه عن المسرح السياسي ونجاح خصمه "باراك" ، وهي تريد اليوم من "باراك" إصلاح ما أفسده "نتنياهو " وأن يزيل العقبات التي تعترض مسيرة السلام المتوقفة.

ومن ناحية أخرى فإن الفوز الكبير الذي حققه "باراك" جاء تعبيرا واضحا عن مدى كره الإسرائيليين لسياسة "نتنياهو " المتصلبة التي أدت إلى تردي أوضاع البلاد الاقتصادية وزيادة عزلة إسرائيل وتوجيه مزيد من اللوم والانتقادات لسياستها تجاه عملية السلام. ولاشك في أن الذين أعطوا أصواتهم

إلى "باراك" كانوا يعلقون عليه الآمال لإصلاح البلاد واستئناف عملية السلام التي أوقفها "نتنياهو ".

وتخطيء حكومة "باراك" إن لم تأخذ في اعتبارها كل هذه الأمور. وفي الوقت نفسه ترتكب خطأ أكبر إذا تجاهلت الحقوق الفلسطينية الثابتة في وطنهم. وعلى "باراك" أن يدرك بأنه إذا كان العرب قد تغيروا وصاروا لا ينكرون وجود إسرائيل فإن على الإسرائيليين بالمقابل الاعتراف بالفلسطينيين وبحقوقهم، ولن تستطيع إسرائيل طردهم من وطنهم كما فعلت في عام ١٩٤٨، فالفلسطيني متمسك بأرضه ولن يرحل عنها وهو مصمم على أن يعيش ويموت عليها ويدفن في ثراها. وعلى الإسرائيليين أن يعلموا بأن القوة وحدها لا تغير الحقائق، فالاتحاد السوفياتي الذي كان القطب العالمي والقوة المنافسة للولايات المتحدة الأميركية انهار دفعة واحدة. ولاشك في أن إسرائيل تحمل جرثومة فنائها في داخل كيانها، وأن فيها من التناقصات الكثيرة، ما يؤدي إلى انهيارها كما انهارت الممالك الصليبية في فلسطين وفي المشرق العربي.

إن إسرائيل اليوم في أمس الحاجة إلشخصية قوية وفذة وجريئة مثل الجنرال "ديجول" الذي قرر الانسحاب من الجزائر فأنقذ فرنسا من غلاة المستوطنين الفرنسيين الذين كانوا يصرون على العيش في الماضي. فهل بإمكان الجنرال "باراك" الاقتداء بشخصية الجنرال "ديجول" فينقذ إسرائيل من الإسرائيليين؟ ... نحن نشك في هذا فالخلاف بين الشخصين كبير جدا. إن السلام لن يسود في المنطقة، والأمن لن يتحقق للإسرائيليين إلا إذا ظهر ديجول إسرائيلي ينقذ اليهود من شرور أعمالهم، وهذا ليس بمستبعد ولا بمستحيل. ولكن بإمكان "باراك" عمل الكثير لتحسين الأوضاع وتنقية الأجواء إن أراد. وكما يقول المثل "من يعش رجبا ير عجبا".

حكومة باراك القادمة بين مطرقة
اليمين وسندان اليسار

يبدو أن أيهود باراك سجل رقما قياسيا من حيث طول المدة التي قضاها في تشكيل حكومته والبالغة خمسة وأربعين يوما استنفدها بالتمام والكمال بذل في أثنائها جهودا متواصلة وقام بمساع حثيثة وعمل دؤوب من أجل تحقيق شعاره الذي طرحه عقب فوزه في الانتخابات وهو "إسرائيل واحدة" يتم بموجبه تأليف حكومة تضم غالبية - إن لم يكن - جميع الأطراف الحزبية والاتجاهات السياسية في إسرائيل، وتشترك فيها معظم الأحزاب لتكون بمثابة حكومة وحدة وطنية قادرة على مواجهة تحديات المرحلة القادمة، وهي مرحلة حرجة وصعبة يطالب الفلسطينيون فيها بتنفيذ ما تبقى من نصوص اتفاقيات السلام بدءا باتفاقية واي بلانتيشن ومفاوضات المرحلة النهائية حول القضايا الصعبة المؤجلة مثل القدس واللاجئين والمستوطنات وأمور أخرى. وعلى المسارين السوري واللبناني يطالب السوريون ببدء المفاوضات من النقطة التي توقفت عندها في عهد وزارة العمل والالتزام بالانسحاب من هضبة الجولان السورية كما يطالب اللبنانيون بضرورة الانسحاب من الجنوب اللبناني دون قيد أو شرط وكما ينص قرار مجلس الأمن رقم ٤٢٥.

وبناء على ما أذاعته ونشرته وسائل الإعلام حتى كتابة هذه السطور فإن التشكيل الوزاري لحكومة "باراك" يضم وزراء ينتمون إلى أحزاب من أقصى اليمين إلى أقصى اليسار ومن المتشددين المتمسكين بمقولة أرض إسرائيل التوراتية التي لا يجوز التفريط فيها أو الانسحاب عن أي شبر منها كما تضم وزراء ذوي اتجاهات تتسم بالمرونة وتنسجم مع طروحات أنصار السلام الذين لا يمانعون الانسحاب من أراض في الضفة الغربية لقاء تحقيق مكاسب لإسرائيل في محيطها العربي . ويدخل في هذا التشكيل الوزاري وزراء ينتمون إلى أحزاب دينية

منغلقة وآخرون علمانيون لا يؤمنون بالأفكار والآراء الدينية التوراتية ولكن الصفة الغالبة على وزارة باراك القادمة أنها أميل إلى التشدد منها إلى المرونة والليونة. وهي على كل حال منسجمة مع أفكار باراك واتجاهاته اليمينية. وقد وصفه أحد الصحفيين الخبراء في الشؤون الإسرائيلية بأنه الليكودي في حزب العمل أو العمالي في الليكود فقد عرف عنه بأنه كان لا يخفي إعجابه ببعض رموز الليكود وبخاصة اسحق شامير رئيس الوزراء الأسبق واريل شارون الذي شغل عددا من الحقائب الوزارية في حكومة الليكود منها وزارة الدفاع ووزارة البنى التحتية وكان آخرها وزارة الخارجية. وقد تم التعارف بين شارون وباراك في نهاية الستينات حينما كان الأول يتولى قيادة القطاع الجنوبي "قطاع غزة" واشتركا معا في مطلع السبعينات في تخطيط وتنفيذ عمليات سرية موجهة ضد العرب.

ومن أبرز المرشحين للمناصب الوزارية الهامة في التشكيل الجديد "ديفيد ليفي" زعيم حركة جيشر، والذي كان وزيرا للخارجية في وزارة بنيامين نتنياهو ثم استقال لأسباب قد تكون شخصية. وبعد الاستقالة انفصل ليفي عن الليكود وانضم إلى العمل. وستسند حقيبة الخارجية إلى "ديفيد ليفي". أما "يوسي ساريد" وهو من حزب "ميريتس" اليساري والحليف التقليدي للعمل فمن المرجح أن يصبح وزيرا للتربية، أما وزارة البناء والإسكان التي تتولى إقامة المستوطنات وتوسيعها فستكون - على ما يبدو - من نصيب "اسحاق ليفي" من الحزب الديني القومي. وهذا التعيين - إن تم - سيرضي المستوطنين.

وتؤكد المعلومات المتسربة من إسرائيل والتي تقول بأن الاتفاق الائتلافي الذي أبرمه رئيس الوزراء الإسرائيلي المنتخب "ايهود باراك" مع ممثلي حزب المفدال اليميني المتطرف وهو حزب المستوطنين في الأراضي المحتلة، و"إسرائيل بعليا" الذي يمثل المهاجرين اليهود من روسيا ينص على عدم وقف الاستيطان اليهودي في الأراضي المحتلة.

وذكرت صحيفة "هآرتس" الصادرة في الثلاثين من الشهر الماضي بأن "باراك" تعهد أمام ممثلي الحزبين بعدم تجميد البناء في معظم المستوطنات

اليهودية المقامة في الأراضي بما فيها القريبـة مـن المـدن الفلسطينية، كالمستوطنات المحاذية للقدس ورام اللـه والخليل، وكذلك البـؤر الاستيطانية في قلب مدينة الخليـل حيـث يستوطن ٣٠٠ يهودي بين ١٨٠ ألف فلسطيني. وأضافت الصحيفة بأن باراك صادق علـى ربـط مستوطنة معاليه أدوميم بالقدس. وتقع هذه المستوطنة في وسط الضفة الغربية، وإلى الشرق من القدس حيث ستتم مصادرة خمسة عشر ألف دونم من الأراضي الفلسطينية لهذا الغرض.

وذكرت مصادر صحفية إسرائيلية بأن سياسة باراك الاستيطانية لن تختلف عـن سياسـة سلفيه "اسحق رابين" و"بنيامين نتنياهو" ولكنه سيعمل في البداية على تقليص البناء وتجميـد بعض المشاريع لغايات تكتيكية هدفها إظهار حكومته بمظهر الحكومة التي تسعى إلى تحقيـق السلام، ثم سرعان ما يطلق العنان للبناء والاستيطان بوتيرة عالية.

وعلى ما يبدو فإن باراك حقق نجاحا كبيرا في تشكيل حكومتـه التـي يريـدها أن تكـون منطبقة مع شعاره سابق الذكر "إسرائيل واحدة" وبـخاصة بعـد أن أعلـن حـزب المركز الـذي يتزعمه "اسحق موردخاي" انضمامه إلى الائتلاف الحكومي الذي يشكله باراك، وتزامن ذلك مـع إعلان السلطة الوطنية الفلسطينية ترحيبها بحكومة إسرائيل الجديدة، وقالت أنها تتطلـع لمرحلة جديدة من "صنع السلام" مؤكدة علـى أن أول اختبار لباراك سيكون تنفيذه لاتفاق واي بلانتيشن الذي وقعه سلفه بنيامين نتنياهو في البيت الأبيض.

من ناحية أخرى أبدت الأوساط العربية في إسرائيل استياءها مـن بـاراك الـذي تجاهـل الأصوات العربية التي تضم عشرة أعضاء في الكنيست وتمثل ثلاث قوائم، وقد أعلنـت تلـك القوائم عن نيتها حجب الثقـة عـن حكومة بـاراك احتجاجا علـى استبعادها عـن مشاورات تشكيل الائتلاف الحكومي.

وإذا كان باراك يبدو مرتاحا وسعيدا بهذا التشكيل الوزاري الذي نجح في تكوينه، لأنه ضمن له أغلبية تقدر بنحو سبعة وسبعين مقعدا، وهي أكبر أغلبيـة برلمانيـة في إسرائيل منذ سنوات، فإنه لن يشعر بالارتياح على المدى البعيد وربما

القريب، لأن هذا التشكيل يضم ائتلافا متنافرا وبعيدا عن التجانس فهو كما قلنا يشمل كتلا متباينة من أقصى اليسار ممثلة في "ميرتس" إلى أقصى- اليمين ممثلة في "المفدال"، إلى جانب الخلافات القائمة بين العلمانيين والمتدينين، وهذا يعني أن الحكومة ستكون بين قوتين متعارضتين إحداهما تشدها إلى الوراء وتدفعها إلى التشدد بوضع العقبات أمام المسيرة السلمية، وثانيهما تسعى إلى تنفيذ الاتفاقيات المبرمة مع الفلسطينيين وتحريك عملية السلام على المسارين السوري واللبناني مع تحقيق الأمن حسب المفهوم الإسرائيلي. فإذا تغلبت قوة الشد إلى الوراء والمتمثلة في الأحزاب اليمينية المتطرفة والدينية المتعصبة، وهذا ما نتوقعه ونرجحه فإنه ليس من المستبعد أن يحدث انهيار في هذا الائتلاف الهش، أما إذا ظهر موقف عربي موحد وقوي مساند وداعم للفلسطينيين فإن قوى الدفع إلى الأمام في الوزارة الإسرائيلية ستجد من المبررات التي تمكنها من تليين المواقف المتشددة للأحزاب المشتركة معها في هذا الائتلاف الوزاري.

ولكن ربما كان أمام باراك إمكانية للتغلب على تجاوز مشكلة التناقضات في الرؤى والاتجاهات داخل حكومته الائتلافية وسعيه من أجل إطالة عمرها، وذلك بارجاء البحث في القضايا الرئيسية الصعبة في الملف الفلسطيني والاكتفاء مؤقتا بتجميد الاستيطان أو تخفيف وتيرته، وتنفيذ ما يمكن تنفيذه من اتفاقية واي بلانتيشن، ثم التحول إلى الملف السوري واللبناني حيث سيجد فيه قواسم مشركة بين كل من اليمين واليسار الإسرائيلي، فغالبية الإسرائيليين ترغب في الانسحاب من لبنان ولكن الاختلافات في التفاصيل فقط والتي يمكن التغلب عليها، كما أن هناك رغبة إسرائيلية في التوصل إلى تسوية حول هضبة الجولان السورية المحتلة تساندها وتؤيدها بل وتحركها الولايات المتحدة الأميركية. وعلى الرغم من توقف المحادثات على المسار السوري إلا أنه جرت مؤخرا اتصالات قامت بها حكومة نتنياهو لإحياء هذا المسار. ولا شك أن التصريح الذي أطلقه الرئيس حافظ الأسد وأشاد فيه بالرئيس الإسرائيلي المنتخب باراك ورغبته الصادقة في التوصل إلى سلام مع سوريا له دلالاته البارزة والتي أكدت عليها

تصريحات مماثلة من باراك نوه فيها بسوريا والرئيس الأسد. وإذا كان الرئيس الأميركي كلينتون صرح بأن الولايات المتحدة لا تريد أن يكون فتح الملف السوري اللبناني على حساب الملف الفلسطيني فإن إسرائيل قادرة على احتواء الوضع وبخاصة أن كلينتون على وشك الخروج من البيت الأبيض وأن معركة الرئاسة الأميركية على الأبواب.

سلام الشرق الأوسط ...

هل سيبقى أسيرا لماضي باراك؟

من المعروف بأن الأوضاع السياسية في إسرائيل تلقي - غالبا - بظلالها على منطقة الشرق الأوسط والمشرق العربي، وبخاصة الأقطار العربية المجاورة لإسرائيل والتي يطلق عليها "دول الطوق" وهي مصر وسورية ولبنان والأردن. ولذلك تحظى الانتخابات الإسرائيلية بأهمية كبيرة، ولم تعد شأنا إسرائيليا بحتا لما لها من انعكاسات إقليمية وعالمية لأنه يتحدد على نتائجها نوع الحكومة القادمة وشكلها واتجاهاتها السياسية ونظرتها إلى الكثير من القضايا وبخاصة ما يتعلق منها بالسلام مع الأقطار العربية، وطبيعة العلاقة مع السلطة الوطنية الفلسطينية. وعلى الرغم من أنه يمكن التوقع بالسياسة التي ستنتهجها الحكومة الإسرائيلية حسب الحزب أو التكتل الحزبي الذي تنتمي إليه، إلا أنه ومنذ أن أصبح انتخاب رئيس الوزراء مباشرة من الشعب وذلك في عام ١٩٩٦ حينما فاز "بنيامين نتنياهو" على "شيمون بيريز" أصبح التركيز ينصب على الرئيس المنتخب أكثر من الحكومة التي يقوم بتشكيلها لأنه يعتقد بأنه أصبح أكثر اعتمادا على الشعب فمنه يستمد قوته ونفوذه. ولذلك أصبح من الضروري التعرف على شخصية الرئيس المنتخب وصفاته وأفكاره وخلفيته التي تؤثر على نمط تفكيره وسلوكه السياسي. وإذا حاولنا تطبيق ذلك على "ايهود باراك" لوجدنا الكثير من المؤشرات والعلامات البارزة التي تحدد ملامح شخصيته، مما يساعدنا على فهم اتجاهات سياسة الحكومة الإسرائيلية القادمة. ولاشك في أن البيئة التي نشأ فيها "باراك" كان لها الدور الأكبر في تشكيل شخصيته في المراحل الأولى من حياته فقد ولد "باراك" في فلسطين في الثاني عشر من فبراير عام ١٩٤٢، وتربى وترعرع في عهد قيام إسرائيل في الخامس عشر- من شهر مايو ١٩٤٨، وتأثر بما يسمى نظرية "القلعة".

نظرية القلعة

قامت إسرائيل على ما يسمى بنظرية القلعة "العسكرية" والتي تهدف إلى تنفيذ مخططاتها وتحقيق أهدافها بالقوة العسكرية والحروب الخاطفة، فمنذ وعد بلفور في الثاني من شهر نوفمبر ١٩١٧ - وحتى قبل هذا التاريخ - حرصت المنظمات الصهيونية على تدريب معظم اليهود الأوروبيين عسكريا قبل أن تتولى تهجيرهم إلى فلسطين، كما نجحت في إقناع الحلفاء بالسماح لفيلق يهودي بالاشتراك في الحربين العالميتين الأولى والثانية لاكتساب خبرة قتالية كافية تؤهل اليهود لتشكيل نواة قوة عسكرية في فلسطين تكون قادرة على تكوين كيان إسرائيلي بالقوة، ومستعدة للدفاع عنه في حالة تعرضه للخطر سواء من عرب فلسطين الذين كانوا يشكلون الأغلبية الساحقة للسكان، أو من الأقطار العربية التي هي أشبه بالمحيط الذي تعتبر فلسطين الجزيرة فيه. وإذا كان "ثيودور هيرتسل" في أواخر القرن التاسع عشر و"حاييم وايزمن" الذي حمل الراية من بعد وفاته في عام ١٩٠٤ يمثلان جيل منظري القلعة وواضعي أسسها النظرية قبل قيام الدولة اليهودية على أرض فلسطين عام ١٩٤٨ - كما ذكرنا - فإن مؤسسي إسرائيل ورؤساء حكومتها الأوائل بدءا بأولهم "ديفيد بن غوريون" ومن بعده "موسى شاريت"، ومرورا بـ "ليفي اشكوك" و"غولدامائير" من الأحزاب العمالية "المابای والمابام ورافي"، وانتهاء بـ "مناحيم بيغن" و"اسحق شامير" من تجمع الليكود لم يتخرجوا من مؤسسات أو معاهد عسكرية ولكن كثيرا منهم كانوا من المتطرفين الذين أسسوا عصابات إرهابية أبان عهد الانتداب البريطاني على فلسطين أو انتسبوا وساهموا في تلك العصابات، وكانوا جميعا من يهود الشتات أي الذين ولدوا خارج فلسطين واصطلح على تسميتهم "الدياسبورا" أي "الشتات". أما الجيل الثاني والذي ينتمي إليه كل من "اسحق رابين" و"شيمون بيريز" فقد ولد بفلسطين ويسمون "يهود الصابرا". والكلمة مشتقة من نبات "الصبار" أو "التين الشوكي". وقد سئل "موشي دايان" وزير الدفاع الإسرائيلي الأسبق عن سبب هذه التسمية فقال: نحن - يعني اليهود المولودين

بفلسطين - مثل الصبار له شوك يؤلم من يلمسه، ولكن قلبه له مذاق حلو وطيب ولذيذ. وإذا كان "اسحق رابين" الذي يتخذه "ايهود باراك" مثله الأعلى كانت نشأته عسكرية واشترك في الحروب العربية الإسرائيلية منذ عام ١٩٤٨، فإن زميله وشريكه في حزب العمل "شيمون بيريز" لم يكن عسكريا ولكنه نشأ وتربى في ظل "بن غوريون" حينما كان مديرا لمكتبه وكان من أشد المعجبين به حتى أنه حاول الاقتداء به، وهو على الرغم من ظهوره اليوم بمظهر رجل السلام إلا أنه كان من المتحمسين لنظرية القلعة ولذلك كان من العاملين على تحصين إسرائيل وزيادة قوتها، وهو الذي عمل على إنشاء أول مفاعل نووي في "ديمونة" بإسرائيل لإنتاج قنابل ذرية لإيمانه بأنها السلاح القادر على حماية هذه القلعة الإسرائيلية من أي تهديد عربي.

لقد تعاقب على إسرائيل في الخمسين سنة من عمرها ثلاثة أجيال تؤمن بنظرية القلعة، فالجيل الأول الذي يمثله - كما قلنا - بن غوريون كان بمثابة سدنة القلعة وكهنتها، بينما كان الجيل الثاني الذي يمثله "رابين" يمثل الضباط والقادة العسكريين فيها، أما الجيل الثالث الذي يمثله "باراك" فهو يمثل العسكر والحراس الذين يتولون حماية القلعة والدفاع عنها. وإذا كانت مهمة الجيل الأول التخطيط ورسم الأهداف فإن مهمة الجيل الثاني تنفيذ الخطط والبرامج، أما وظيفة الجيل الثالث فهو تحقيق الأهداف والغايات وهذا ما يؤمن به باراك ويسعى للوصول إليه، وهو كما يقول علماء النفس والاجتماع بأنه وليد البيئة التي ولد فيها وتربى وعاش ونما وترعرع في أكنافها، ولذلك فهو "مسكون" بعقدة الدولة اليهودية الكبرى، ويعد نفسه لأن يلعب دورا مهما وبارزا في بناء عظمة هذه الدولة. وقد نتساءل عن مدى قدرة "باراك" في تحقيق هذا الحلم. ولاشك في أن الإجابة عن هذا التساؤل تكمن في ملامح شخصية هذا الرجل.

الملامح العامة لشخصية باراك

يعتبر "ايهود باراك" من أكثر الشخصيات الإسرائيلية المحيرة التي تضاربت حولها الآراء، واختلفت بشأنها الأقوال والاجتهادات، إنه شخصية مثيرة للجدل

لأنه يتميز بالكتمان وقلة الكلام ويحب الاستماع، ويتجنب الأضواء الكاشفة ولا يميل إلى إعطاء التصريحات، ويزهد في مقابلات الصحافيين ورجال الأعمال. ولذلك اختلفت صورته عند الناس فهناك من يصفه بالتردد في اتخاذ القرارات، وأنه قليل الخبرة في الشؤون السياسية، يحيط نفسه بالسيئين ويستمع إليهم كثيرا، في حين يصفه آخرون بأنه مهذب ورقيق وخجول وجنتلمان يقدر الأدباء الأذكياء الأكفياء ويحترمهم. إلا أن من الصفات التي يكاد يجمع عليها عارفوه هي الكتمان وقلة الكلام والبعد عن الأضواء. ولاشك في أنه اكتسب هذه الصفات من طبيعة تربيته العسكرية حيث قضى "باراك" في الجيش ما لا يقل عن خمسة وثلاثين عاما، أي نحو ثلثي عمره الذي يبلغ الآن سبعة وخمسين عاما، ونوعية المهام التي أوكلت إليه والأعمال التي قام بها فقد كان في مطلع حياته العسكرية مسؤولا عن وحدة سرية في الجيش أطلق عليها "دورية هيئة الأركان" للقيام بمهمات خاصة. وكان "اسحاق رابين" من الذين اكتشفوا مواهب وقدرات "باراك" فخصه بعنايته، وتولاه برعايته وقربه إليه، واختاره فيما بعد وزيرا للداخلية. وحينما كان باراك في السلك العسكري ترقى بسرعة إلى أن وصل إلى رئاسة الأركان وهو المنصب نفسه الذي كان يشغله "رابين" قبل أن يصبح رئيسا للوزارة، وتلك من الأمور والقواسم المشتركة بين كل من رابين "الأستاذ" وباراك "التلميذ".

ومنذ تسنم باراك المراكز الحساسة والسرية في الجيش أدرك خطورة الأمن وأهميته بالنسبة لإسرائيل "القلعة" واعتقد بأن من أهم مرتكزات تلك القلعة وديمومتها المحافظة على جيش قوي، وقوى ضاربة تتميز بالسرعة في التحرك، وأجهزة أمنية ترصد الحركات المعادية، وتستشرف آفاق المستقبل وخباياه، وقادرة على ضرب كل حركة تمس أمن إسرائيل أو تشكل خطورة عليها، ولذلك وقع عليه الاختيار في قيادة الوحدة التي أوكلت إليها تصفية القادة الفلسطينيين في عام ١٩٧٣ وهم كمال عدوان، ومحمد يوسف النجار، وكمال ناصر. وهي العملية التي أطلق عليها عملية "فردان" نسبة إلى الحي الذي كان يسكنه هؤلاء القادة في بيروت، واغتيال القائد خليل الوزير "أبو جهاد" في تونس في السادس عشر من

أبريل ١٩٨٨، وخطف بعض قيادات حزب الله في جنوب لبنان وقيادة عملية عنتيبي بأوغندا في السبعينات. وتقربه من المستوطنين الإسرائيليين منذ عام ١٩٦٧ واختلاطه بهم ومحاولته كسب ودهم. وفي أثناء عمله كمسؤول في الاستخبارات العسكرية ارتكب جرائم كثيرة ذكرنا بعضها آنفا، وهو الذي وقف وراء تكوين وحدة المستعربين اليهود الذين كانوا يتصنعون اللهجة الفلسطينية ويندسون في الوسط الفلسطيني، ويلبسون الألبسة والأزياء الفلسطينية ويجمعون المعلومات المهمة، وينفذون أقذر العمليات الإرهابية بحق الشعب الفلسطيني.

ولعل من أهم معتقدات باراك التي يرى بأنها من مرتكزات "القلعة" ومعوقاتها: الأرض ووحدة الشعب الإسرائيلي، ففيما يتعلق بالأرض فهو شديد التمسك بها ولا يقبل التفريط أو الانسحاب عن أراضي الضفة الغربية والتي يصر على تسميتها كغيره من الإسرائيليين بيهوذا والسامرة. وهو في هذا الأمر يتفوق على أستاذه رابين ويزيد عنه تطرفا وتعنتا ويقربه من قادة اليمين الإسرائيلي المتطرف وزعماء الليكود مثل"اسحق شامير" و"أرييل شارون". وكما قال "بن كسبيت" و"إيلان كفير" مؤلفا كتاب ظهر حديثا عن "باراك" قبيل فوزه في الانتخابات وعنوانه "ايهود باراك الجندي الأول ... رئيس الوزراء المحتمل" بأن "باراك" كان معجبا بكل من "شامير" و"شارون". وقد تم التعارف بين "باراك" و"شارون" حينما كان الثاني يتولى قيادة القطاع الجنوبي "قطاع غزة" في مطلع السبعينات، واشترك الاثنان في تخطيط وتنفيذ عمليات سرية.

ويتضح موقف "باراك" اليميني وتشدده حينما كان وزيرا للداخلية في حكومة "اسحق رابين" في شهر أغسطس عام ١٩٩٥، حيث عارض انسحابا آخر من أجزاء من الضفة الغربية المحتلة تنفيذا لنصوص اتفاقية اوسلو على الرغم من تحذير أصدقائه ونصحهم له بعدم المعارضة أو الامتناع عن التصويت، لأن موقفا كهذا سيغضب رابين الذي عينه وزيرا للداخلية، وهو منصب هام وحساس. ولكن "باراك" أصر على موقفه. واكتفى بالامتناع عن التصويت مما أغضب رابين وشعر بأن باراك خانه وخرج من الجلسة حانقا وتوجه إلى مكتبه

مباشرة من دون أن ينظر إلى باراك أو يتحدث معه.

إن "باراك" المتشدد الذي يقترب من الليكود اليميني المتعصب يتجلى بوضوح من خلال لاءاته الشهيرة: لا عودة إلى حدود ١٩٦٧، لا وجود لجيش أجنبي غربي نهر الأردن، لا تنازل عن المستوطنات وإنما يجب أن تبقى تحت السيادة الإسرائيلية، لا تنازل عن القدس وإنما تبقى موحدة وتحت السيادة الإسرائيلية. وقال بأن الأمر: "لم يعد يتعلق باختيار بين السلام والأمن، ولكننا سنختار بعد اليوم السلام مع الأمن". لقد أطلق باراك لاءاته تلك بعد فوزه في الانتخابات مما يدل على رغبته في تأكيد نهجه المتشدد. ولكن لو جاءت قبل الانتخابات لقلنا بأنه كان يريد كسب أصوات اليمين الإسرائيلي. وقد علق الدكتور صائب عريقات كبير المفاوضين الفلسطينيين على هذه اللاءات بقوله: "إنها بداية مؤسفة، وتضع قضايا تعجيزية في وجه عملية السلام بدلا من أن يحدد ما سيقوم بفعله لتعزيز هذه العملية".

وربما كان مما يؤكد على خط باراك المتشدد محاولاته المستميتة لإدخال الليكود في حكومته، ولكن هناك من يبرر له ذلك لرغبته في تحقيق شعاره الذي طرحه "إسرائيل واحدة"، ولأن المرحلة القادمة مهمة، وأن التحديات التي يواجهها خطيرة تستدعي تشكيل حكومة وحدة وطنية إلا أنني أميل إلى القول بأن ذلك ينسجم مع مواقفه المتشددة.

المواقف قد تتغير

لاشك في أن السلطة بما تفرضه من مسؤوليات وتبعات، وما يحيط بها من ظروف، وما تتعرض له من ضغوط ومؤثرات داخلية وخارجية، وعلى ضوء ما يتوافر لها من إمكانات تجبر المسؤول في كثير من الحالات على تغيير نهجه أو تعديله، والتخلي عن بعض شعاراته وطروحاته. وقد لا يشذ باراك عن هذه القاعدة. فقد أورد مؤلفا كتاب باراك سابق الذكر، حادثة ملخصها أنه في أثناء قيامه بالتنزه في نهاية الأسبوع في القدس الشرقية وفي المناطق الأخرى التي

احتلت منذ حرب ١٩٦٧ سرح بفكره بعيدا وقال لصديقين كانا معه: "إننا نعيش مرحلة تحول، مرحلة انتقال من دولة صغيرة إلى دولة كبيرة، لا أدري كم سيستمر ذلك، ولكنني واثق أن المناطق ستكون أشبه بوديعة مؤقتة إلى أن يسلم العرب بضرورة الاعتراف بنا، وصنع السلام. وعلى أية حال ستكون قصة الضفة الغربية والجولان وسيناء جزءا لا يتجزأ من حياتنا هنا، وإلى أمد غير معروف، ولما سأله أحد أصدقائه، وماذا ستفعل غدا عندما يتقدم العمر؟ أجاب باراك: "أريد الوصول إلى موقع أستطيع من خلاله لعب دور مؤثر وفاعل في الحياة وفي المجتمع الذي أعيش فيه، موقع يؤهلني للعب دور مؤثر على مستوى المسيرات في الدولة، وربما في المنطقة".

من هذه الأقوال نستنتج بأن باراك كان يعتقد بأن إسرائيل لن تظل متمسكة بالأراضي العربية التي احتلتها في حرب عام ١٩٦٧ على الرغم من انتصارها الساحق والخاطف في تلك الحرب. ولكن قد يرد البعض على ذلك بالقول بأن موقف الإسرائيليين يختلف آنذاك عن موقفهم اليوم، لأن الموقف العربي كان متماسكا ومتضامنا ومتفقا على اللاءات التي أسفر عنها مؤتمر الخرطوم عقب تلك الحرب مباشرة، والذي عقد بين ٨/٢٩ و ١٩٦٧/٩/١ وهي: لا صلح مع إسرائيل، ولا اعتراف بها، ولا مفاوضات معها، أما بعد زيارة السادات للقدس وما أسفرت عنه في النهاية من اتفاقية كامب ديفيد في عام ١٩٧٩، وتداعياتها مثل غزو لبنان في عام ١٩٨٢، وعقد مؤتمر مدريد في عام ١٩٩١، واتفاقية اوسلوا عام ١٩٩٣ وما بعدها من اتفاقيات وما نتج عنها من تنازلات فقد فتحت شهية الإسرائيليين للمزيد من التنازلات، وساهمت في ارتفاع نسبة المتشددين في صفوفهم. إلا أن المتأمل في اتجاهات العلاقات العربية - الإسرائيلية بصفة عامة، وبالعلاقات الفلسطينية - الإسرائيلية بخاصة، يدرك بأن هناك تيارا في إسرائيل يرى بأن من الضروري اغتنام الظروف الحالية التي يبدي فيها العرب تنازلات غير مسبوقة، وسلاما حقيقيا، ورغبة صادقة في الاعتراف بإسرائيل، وقبولها في المنطقة، وتلك فرصة قد لا تتاح في المستقبل، لأن التشدد الإسرائيلي لا شك

سيولد تشددا عربيا وفلسطينيا لن يكون في صالح إسرائيل. وإذا كانت إسرائيل تريد العيش في المنطقة والتعامل مع دولها وشعوبها وبخاصة في المجالات الاقتصادية، وهذه أمور مهمة ومكاسب كبيرة على المدى القريب والبعيد، فلا بد لإسرائيل في المقابل أن تلين مواقفها وتتخلى عن تشددها، وتتوقف عن مصادرة المزيد من الأراضي المحتلة، وأن توقف بناء مستوطنات جديدة، وأن تسمح بقيام دولة فلسطينية بشروط وضوابط تلبي المتطلبات الأمنية الإسرائيلية، وتنفذ الانسحابات التي نصت عليها اتفاقية "واي بلانتيشن"، أما المسائل الأخرى مثل قضية اللاجئين، والقدس ... الخ فهناك هوامش للمفاوضات والمناورات الطويلة والشاقة ولكن المهم عدم اقفال الباب، وإنما تركه "مواربا" وهذا ما نعتقد بأن باراك سينهجه ويسلكه، وهو سيكون طريقا شاقا وصعبا ومضنيا بالنسبة للجانب الفلسطيني وبخاصة أن الموقف العربي في غاية التدهور والسوء، وأن الوزارة التي توصل باراك إلى تشكيلها يغلب عليها الطابع الديني واليميني المتشدد، وهي هشة، ومتباينة الاتجاهات، ومعرضة للانفراط إذا اتسعت هوة الخلاف بين عناصر الائتلاف.

باراك وسياسة خلط الأوراق

إن معايشتي للصراع العربي - الإسرائيلي واتجاهاته في الخمسين سنة الماضية - أي منذ قيام هذه الدولة اليهودية على أرض فلسطين العربية في الخامس عشر من مايو عام ١٩٤٨، وتتابع الزعماء والقادة الإسرائيليين على السلطة بدءا بالمؤسس "بن غوريون" ومن بعده "موسى شاريت"، و"ليفي اشكول" و"جولدامائير" و"شيمون بيريز" و"اسحق رابين" و"مناحيم بيغن" و"اسحق شامير" و"بنيامين نتنياهو " يجعلني أشعر بالخشية والحذر من هذه التصريحات الوردية والمفرطة في التفاؤل والتي تنهال علينا من كل جانب، وكأن أبواب السماء فتحت في ليلة القدر، وأن ساعة الخلاص قد حلت، وأن الآمال العربية تحققت بعودة الأراضي المحتلة، وأن المشاريع الاستيطانية توقفت، وأن مشكلة اللاجئين والنازحين سويت وحلت بالعودة إلى الأوطان، وأن الدولة الفلسطينية وعاصمتها القدس الشريف قامت واستكملت متطلبات سيادتها على أرضها وشعبها.

إن هذه التصريحات التي أطلقها قادة وزعماء عرب امتدحوا فيها "باراك" ووصفوه بصفات قد لا تكون فيه كقولهم بأنه صادق وأمين ويلتزم بما يقول، وعلى استعداد لإطلاق عملية السلام المتوقفة تحيرني، كما أن هذا الترحيب الحار الذي لقيه "باراك" في زيارته لبلدان عربية يستوقفني فلا أجد له تفسيرا مقنعا ومقبولا اللهم إلا أنه يعكس الوضع المتردي الذي وصلت إليه أحوال الأمة العربية التي لم تعد تملك إلا لسانا تمتدح به خصمها، أو إن شئت فقل تستجدي به عدوها الذي انقلب بين عشية وضحاها إلى صديق ... تتوسل إليه بهذا المديح الذي لم يثبت بعد أنه يستحقه عسى أن يتلطف ويتعطف فينظر إلى العرب نظرة حنو وحنان، ويتكرم عليهم بما حرمهم منه سلفه "بنيامين نتنياهو".

ويبدو أن "باراك" المولود بفلسطين والذي يعرف طبيعة النفسية العربية. وهذه المعرفة ساعدته على تشكيل فرق المستعربين الإسرائيليين يدرك مدى تعلق

العرب بالأقوال، فأطلق التصريحات التي أوهمت السذج بأنه رجل السلام، وداعية الأمن والاستقرار في المنطقة، وأنه مبعوث العناية الإلهية جاء لينقذ العرب وينتشلهم من الذل والهوان الذي ارتضوه لأنفسهم بعد أن تخلوا عن ثوابتهم، وأسقطوا جميع خيارات القوة من أيديهم وهي عندنا متوفرة ونقدر عليها لو وحد العرب كلمتهم، ورصوا صفوفهم، وصفوا نفوسهم ونقوا قلوبهم وتناسوا خلافاتهم.

وإذا كان هناك من يطرب لهذه التصريحات ويبني عليها تفاؤله المفرط فإني على العكس من ذلك أشعر بالخشية وعدم الارتياح واعتقد بأنها تخفي في كلماتها وبين عباراتها أشياء كثيرة منها سذاجتنا وضعفنا وهواننا في مقابل المكر والدهاء والخداع والتضليل الإسرائيلي.

أسطورة الجيش الذي لا يقهر:

قد لا أجانب الصواب إذا قلت بأننا نحن العرب بتقاعسنا وبتخاذلنا وبتناحرنا وتباعدنا عن بعضنا بعضا مكنا إسرائيل من إقامة دولتها على أرضنا، وهيأنا لها الأجواء لتصبح قوة عظمى في المنطقة، وثبتنا مقولة انتشرت بأن جيشها قوي لا يقهر. وها نحن اليوم نرتكب خطأ آخر بأن صنعنا من قادتهم وزعمائهم الذين لطخوا أيديهم بدمائنا، وسودوا تاريخهم بماضيهم الإرهابي، أبطال سلام، ودعاة أمن واستقرار، فالإرهابي في نظرنا من يقاوم الاحتلال ويدافع عن الأراضي والأوطان. ولم تعد إسرائيل كيانا مصطنعا ومزعوما كما كنا نردد بالأمس، وإنما الوحدة العربية هي المزعومة، وأن القومية العربية هي دعوة وهمية.

واليوم نحن "وليس الإسرائيليون" الذين رفعنا أسهم باراك وزينا صورته عالميا بعد أن منحناه شهادة الامتياز في حسن السير والسلوك والتي استثمرت غاية الاستثمار في زيارته الأخيرة للولايات المتحدة الأميركية ودخول البيت الأبيض من أوسع أبوابه، واستقبال الرئيس كلينتون له في اليوم الأول من وصوله على غير عادة استقبال كبار الزعماء الذين يزورون أميركا. وقبل هذا الاستقبال الذي لم يسبق له نظير خرج رئيس أكبر دولة في العالم عن وقاره واتزانه وقال بأنه متلهف جدا إلى لقاء باراك كتلهف الطفل إلى لعبة جديدة. وإذا كان كلينتون رضي بأن

يشبه نفسه بالطفل المتلهف المحروم من لعب جديدة، ولم يخجل من أن يصف نفسه بهذا الوصف، فإن الصهاينة لاموه في المؤتمر الصحافي الذي عقد في البيت الأبيض بمناسبة وصول باراك لأنه شبه باراك باللعبة أو الدمية، فما كان من كلينتون إلا أن قدم الاعتذار وقال بأنه لم يكن يقصد ما رموا إليه، وإنما هو استخدم تعبيرا أميركيا يدل على المودة والمحبة المفرطة للشخص المقصود.

وفي مقابل هذه الحفاوة الزائدة، والترحيب البالغ الذي لاقى به كلينتون ضيفه باراك الذي كان في قمة زهوه وكبريائه ووقاره ورزانته واتزانه، وقابل ترحيب مضيفه بكلمات تحمل الكثير من معاني التحذير والتأنيب حيث قال: بأنه لا يريد أن تكون الولايات المتحدة حكما وقاضيا وشرطيا في المفاوضات العربية الإسرائيلية، وإنما يريدها أن تحصر مهمتها في الوساطة وتسهيل الأمور وتيسيرها كلما استدعت الحاجة إلى ذلك. وكان رد كلينتون بالموافقة التامة وتبرير الموقف الأميركي السابق بعبارة تدل في معناها بأن الإدارة الأميركية كانت مضطرة لإتباع ذلك السلوك بسبب تعنت حكومة سلفه نتنياهو وتشددها.

هل أدرك الذين كالوا المديح لباراك وأسبغوا عليه بكرمهم الزائد الكثير من السجايا والصفات أنهم اشتركوا معه أو ساعدوه على إخفاء تاريخه الأسود كشخص له ماض عريق في القتل والإرهاب لطخ يديه بدماء قادة فلسطينيين أمثال محمد يوسف النجار، وكمال عدوان، وكمال ناصر، وخليل الوزير؟، وماذا سيقولون عنه إن خيب آمالهم وبدد أحلامهم إذا لم يحقق لهم ما توقعوه منه؟. وهل سيقولون عنه بأنه خدعهم وغرر بهم، ونكث بما وعدهم به؟ وحتى لو قالوا ذلك فمن سيستمع إليهم ويصدقهم؟. أغلب الظن أنهم سيقبلون ما يعطيه لهم طالما ليست لديهم من أوراق القوة ما تجبره على تنفيذ ما وعدهم به. ألم يسبق لهم أن مدحوا من قبل أستاذه اسحق رابين ومنحوه لقب بطل السلام وأهالوا التراب على ماضيه الأسود، وأعماله الإجرامية ابتداء بعملية اللد والرملة في حرب ١٩٤٨ وآخرها تكسير عظام أطفال الانتفاضة التي بدأت في عام ١٩٨٧ وانتهت في عام ١٩٩٣؟. وهم إلى اليوم يتباكون على سلام رابين الذي اعتبروه بأنه كان شهيد السلام ويطلبون من باراك بأن يقتفي أثره ويسير على نهجه وهداه.

خداع وتضليل ومراوغة:

يتسم الإسرائيليون بالدهاء والذكاء وبقدرتهم الفائقة على الخداع والتضليل والمراوغة وبقوة التأثير على الجماهير وكسب ودهم، ولن أنسى ذلك اليوم من عام ١٩٧٠ حينما شد انتباهي إسرائيلي وقف في حديقة هايد بارك بلندن وألقى في الجموع المحتشدة كلمة مؤثرة حاول أن يثبت فيها بأن اليهود يطلبون السلام أما العرب فيريدون الحرب. وأن على القوى الغربية وبخاصة بريطانيا والولايات المتحدة الأميركية الابتعاد عن المشكلة وترك العرب والإسرائيليين ليتفاهموا مع بعضهم لأن الأصل الواحد يجمعهم والماضي المشترك يؤلف بينهم. ولما انتهى من كلامه قلت موجها كلامي إلى الجمهور الذي أعجب بمنطقه وسحر ببلاغته: إن الإسرائيليين الذين تزعم بأنهم أبناء عمومتنا يريدون سلاما مفرغا من محتواه ليصبح في واقع الأمر استسلاما. ألا تعتقد بأن اللاءات التي تضعها إسرائيل بعد حرب عام ١٩٦٧ وهي: لا انسحاب من كامل الأراضي الفلسطينية والعربية، ولا تنازل عن القدس العربية، ولا عودة للاجئين والنازحين الفلسطينيين إلى أراضيهم وأوطانهم، ولا اعتراف ومفاوضة مع منظمة التحرير الفلسطينية ، هي دعوة صريحة إلى الحرب أو مطالبة العرب بالاستسلام. إن الإسرائيليين يخدعون العالم حينما يقولون بأنهم يطلبون السلام لأنهم بذكائهم ودهائهم يعملون للحرب بينما العرب لسذاجتهم يهددون بالحرب في حين أنهم متلهفون للسلام إذ ليس لديهم القدرة على شن حرب على إسرائيل ومن ورائها القوى العظمى وبخاصة الولايات المتحدة وبريطانيا.

واليوم يخدع رئيس الوزراء الإسرائيلي باراك الجميع بتصريحاته التي يظن أنها تطمئن الشارع العربي من خلال حديثه مع القادة حينما يقول: "مشكلتي مع سورية ولبنان خارجية، ولكن هناك مشاكل فلسطينية - فلسطينية داخلية، وفلسطينية - إسرائيلية، في حين أن هناك مشاكل داخلية إسرائيلية - إسرائيلية الأمر الذي يستدعي الحذر والعناية وإعطاء المزيد من الوقت وإظهار مزيد من الصبر حتى تنضج الأمور على نار هادئة".

ويكشف باراك عن بعض توجهاته السياسية حينما قال قبل لقائه بعرفات بأنه يريد إقناع الزعيم الفلسطيني بالتراجع عن مطالبته بتطبيق كامل وفوري لاتفاقات واي بلانتيشن والعمل بشكل تدريجي. ويعتبر باراك بأن التطبيق الكامل لهذا الاتفاق ينطوي في الوقت الحاضر على مخاطر جمة، لأن ذلك سيحد من فرص التوصل إلى سلام دائم، مشيرا إلى مخاطر الإرهاب.

ونقلت صحيفة نيويورك تايمز عن محللين إسرائيليين قولهم بأن تطبيقا سريعا للمرحلة النهائية لاتفاق واي بلانتيشن حول إعادة ١٣% من مساحة الضفة الغربية - منها ٣% محمية طبيعية خاضعة لإشراف مشترك - إلى الفلسطينيين قد يكون خطرا ولا يحظى بتأييد شعبي إسرائيلي.

وبمناسبة زيارة باراك إلى الولايات المتحدة كتبت صحيفة نيويورك تايمز تحليلا سياسيا مهما كشفت فيه توجهات باراك السياسية في المنطقة قالت فيه بأن ايهود باراك رئيس الوزراء الجديد، قد لا يكون أسهل في التعامل من نتنياهو. إن المشكلة ليست في استعداد باراك للسلام، وهو بالتأكيد أكبر من استعداد نتنياهو، ولا في خلافاته مع الرئيس السوري حافظ الأسد الذي تبادل معه عبارات المجاملة وهو أمر لم يحدث في تاريخ العلاقات السورية الإسرائيلية، فوصف الأسد باراك بأنه "مخلص وصادق" ووعد باراك سورية بسلام الشجعان مما يدلل على أن كلا الطرفين قد وطنا نفسيهما على تحمل تكلفة السلام. ولكن العائق يتمثل في وجهة نظر باراك في الخلاف مع الفلسطينيين الذين يعتبرهم بأنهم جوهر النزاع ولب الصراع العربي - الإسرائيلي الذي مضى عليه الآن مئة عام. وكعسكري محنك ومخضرم فإن باراك يميز بوضوح ما بين سورية التي لديها أوراق قوية منها قدرتها العسكرية وسيطرتها على الملف السوري اللبناني، وفلسطينيي ياسر عرفات الذين لا يمتلكون شيئا من القوة العسكرية ولم يعد بحوزتهم أوراق قوية يتفاوضون بها.

وفي مقابلة حديثة مع صحيفة "هآرتس" الإسرائيلية، ردد باراك فلسفة أستاذه "اسحق رابين" حيث قال: "لن أذهب إلى السلام إن لم أكن مقتنعا بأنه

سيعزز أمن البلاد". ثم أضاف قائلا بأن لدى السوريين سبعمائة طائرة وأربعة آلاف دبابة، وألفين وخمسمائة قطعة مدفعية، وصواريخ أرض - أرض منظمة بشكل جيد، ويمكنهم تغطية المنطقة كلها بغاز الأعصاب. أما الفلسطينيون فهم أضعف خصومنا، إنهم لا يشكلون أي تهديد عسكري لإسرائيل".

كما أن باراك يدرك خطوط سورية الحمراء وهي: لا اتفاق على أمن إسرائيل من دون الانسحاب الكامل من هضبة الجولان. وهو على استعداد للانسحاب من الأراضي السورية واللبنانية مقابل ترتيبات أمنية. وقد يطرح أية معاهدة مع سورية للاستفتاء العام كما وعد عشية نجاحه في الانتخابات، وسيبذل جهده في إقناع الإسرائيليين بتلك المعاهدة ما دام التنازل عن الأرض سيجعل إسرائيل في وضع أكثر أمنا.

أما مع الفلسطينيين فالأمر مختلف فهو يستبعد التنازل عن مزيد من الأراضي وأكثر مما قدمت إسرائيل حتى الآن لأن ذلك كما يقول لا يعرض المستوطنات الإسرائيلية في الأراضي المحتلة أو يهودا والسامرة - كما يصر على تسميتها - والتي أطلق عليها تعبير "مهد تاريخنا" للخطر فقط وإنما يعرض إسرائيل كلها للخطر. ويبدو أن باراك أخذ مصطلح "مهد تاريخنا" عن الرئيس الصربي "سلوبودان ميلوسوفيتش" الذي وصف به إقليم كوسوفو الذي كان يصر على الاحتفاظ به.

سياسة خلط الأوراق:

يعارض باراك القيام بانسحابات سبق أن فاوض عليها بنيامين نتنياهو في الخريف الماضي في اتفاقية "واي بلانتيشن"، ثم تراجع عنها قبل سقوط حكومته. إن تشدد رئيس الوزراء "ايهود باراك" في هذه الناحية يولد الغضب واليأس في صفوف الفلسطينيين ولأنه يريد القفز من فوق تلك الاتفاقية للوصول إلى المرحلة النهائية. وقد تأكدت تلك الشكوك حينما صرح باراك بنفسه عن هذا التوجه. ويهدف باراك من وراء ذلك إلى تمكينه من مناورة يقدم من خلالها بعض

التنازلات البسيطة والشكلية للفلسطينيين مثل الموافقة على إقامة دولة محدودة السيادة في مقابل التشدد في القضايا الرئيسية مثل الاستيطان واللاجئين والحدود والقدس. ويرى معظم الفلسطينيين بأن السلام لن يتحقق من دون عودة اللاجئين إلى بيوتهم السابقة في حين يصر باراك بأنه لا يمكن إعادة أي لاجئ فلسطيني إلى ما يعرف اليوم بالدولة اليهودية.

ويعتقد الفلسطينيون بأن التنازلات التي قدمتها لهم إسرائيل بموجب اتفاقية اوسلو قد حولت بعض الأراضي لسيطرتهم إلا أنها جلبت المزيد من نقاط التفتيش، والمزيد من القيود على السفر، وأوضاع اقتصادية أشد قسوة. وبقدر رغبة الرئيس عرفات في تحقيق السلام، فإنه يعلم بأن شعبه لن يتسامح في أية اتفاقية لن تفعل سوى إعادة تشكيل الاحتلال وفق الخطوط التي يرسمها باراك. إن قمع عرفات للمقاومة وفق اتفاقية اوسلو وما بعدها من دون أن تلتزم إسرائيل بالبنود التي نصت عليها يحرج السلطة الفلسطينية ويعرضها للخطر. ويجدر بنا أن نستذكر بأن جنوح رابين إلى السلام جاء بعد حسابات دقيقة لتكاليف الانتفاضة بالنسبة لإسرائيل. لقد كلفت الانتفاضة الفلسطينية إسرائيل كثيرا، وأضرت بسمعتها عالميا. ولم تنجح حكومة شامير ومن بعده رابين في إخمادها وبخاصة في قطاع غزة حيث كان كثير من الجنود الإسرائيليين يرفضون العمل فيه.

وأخيرا نتساءل: هل سيسلك باراك نهجا ظاهره إطلاق التصريحات الخادعة والمضللة، وباطنه التشدد والتزمت؟ ولكن هل يعلم بأن منهجا كهذا قد يفجر الأوضاع ويولد انتفاضة عارمة تهدم المعبد على رؤوس من فيه، وفي هذه الحالة فإن إسرائيل ستكون الخاسر الوحيد لأنه لم يبق للفلسطينيين ما يفقدونه*.

* أن ما توقعناه يحدث الآن بعد تفجر انتفاضة الأقصى في ٢٠٠٠/٩/٢٩م.

أما آن الأوان لعقد قمة عربية؟

لا أدري لماذا كل هذا الإصرار على عدم عقد مؤتمر قمة عربية حتى الآن على الرغم من القضايا الكثيرة التي تستحق البحث والدراسة والاهتمام, ولماذا لا يريد بعض القادة عقد هـذه القمة علما بأن هناك أكثر من سبب لعقدها، فالأوضاع العربية متـدهورة وسـيئة، والتحـديات التي تواجه الأمة العربية كبيرة وخطيرة. وإذا لم تعقد هـذه القمـة الآن فمتـى يمكـن عقـدها؟ وهل يتوقع القادة والزعماء العرب أوضاعا أكثر سوءا وتدهورا وأشد انحطاطا وتفسخا؟!

إن التعلل بـأن أي قمـة عربيـة إذا أريـد لهـا أن تعقـد يجـب أن يسـبقها إعـداد جيـد أصبحت حجة واهية تدين من يطلقها أو يتستر خلفها، ذلك أنه ليست هناك موانـع وعقبـات تحول أو تمنع أو حتى تعطل هذا الإعداد الجيد. ولماذا لا نبدأ وعلى الفور بهذا الإعـداد؟ وهـل هذا الإعداد يستغرق الشهور والسنين؟

إن الأمر الطبيعي هو أن تنعقد القمة العربية سنويا كـما تقـرر في مـؤتمر القمـة الثـاني المنعقد في مدينة الإسكندرية بين ٥ و ١٩٦٤/٩/١١ وحضره ملوك ورؤساء جميع الدول العربيـة وتقرر فيه بأن يكون اجتماع مجلس الجامعة العربيـة عـلى مستوى الملـوك والرؤسـاء في شـهر أيلول سبتمبر من كل عام، ولم يهمل القرار مسألة الإعداد الجيد والمتابعة فقد نص على تشكيل لجنة متابعة تضم الممثلين الشخصيين للملوك والرؤساء لتبدأ عملها في تنفيذ القـرارات عـلى أن تجتمع مرة كل أربعة أشهر على مستوى رؤساء الوزارة أو نوابهم على الأقل.

وبصرف النظر عن القضايا العربية الكثيرة فإن الصراع العـربي - الإسرائـيلي اليـوم وصـل إلى نقطة حاسمة وشديدة الحساسية، ولذلك فإن من الطبيعي أن تكون قضية هذا الصراع على جدول أعمال القمة العربية التي تأخر موعد انعقادهـا كثـيرا، فهـذه القضـية تعتـبر أكـبر تحـد يواجه الأمة العربية اليوم وغدا، وأنه لا ينبغـي تـرك الموضـوع لإسرائيـل، تقـرر فيـه مـا تشـاء، ويكون بيدها زمـام المبـادرة وقيـادة التوجيـه لتتلاعـب بالمسـارات حسـب مشيـئتها وأهوائهـا ورغباتها وبما

يحقق أهدافها ومخططاتها. لقد نص القرار الأول من قرارات مؤتمر القمة الثالث المنعقد في الدار البيضاء بين ١٣ و ١٩٦٥/٩/١٨ على: "التزام الملوك والرؤساء العرب بميثاق للتضامن والحفاظ على وحدة التراب الوطني للأقطار العربية ضد كل محاولة استعمارية انفصالية". وقد ظلت الدول العربية ملتزمة بهذا القرار حتى حرب عام ١٩٧٣ وما أسفرت عنه من مفاوضات مصرية - إسرائيلية أدت في النهاية إلى عقد صلح منفرد وتوقيع معاهدة "كامب ديفيد" في عام ١٩٧٩م والتي كان من نتائجها الكثير من التداعيات والتراجعات على الساحة العربية، وساد جو من الشك وعدم الثقة بين القيادات العربية تجلت بوضوح في مؤتمر مدريد للسلام في عام ١٩٩١، والذي كان من المفروض أن توحد الأطراف العربية فيه جهودها وتنسق فيما بينها، وتتعاون مع بعضها لمواجهة إسرائيل صفا واحدا. ولكن ما حدث كان على العكس تماما إذ أخذ كل طرف يعمل بمعزل عن الطرف الآخر، خشية أن يسبقه في التوصل إلى تسوية مع إسرائيل تكون على حسابه. وكانت إسرائيل تروج لذلك لتزيد الصف العربي انقساما وفرقة. وللأسف هناك من بلع هذا الطعم الإسرائيلي ولا زال يدفع الثمن غاليا. وفي المقابل فإن هناك من يريد لمن بلع هذا الطعم أن يظل وحده يعاني منه، وفي الوقت نفسه يعمل على إحباط أي مسعى له يهدف إلى عقد قمة عربية قد يجد فيها الملجأ والملاذ.

إن الذين يبدون تحفظهم أو معارضتهم لعقد مؤتمر قمة عربية في الظروف الراهنة يخشون من أن يتحول المؤتمر إلى مناسبة يتم فيها التغطية والتستر على تنازلات عربية جديدة غير مبررة لإسرائيل وبخاصة على المسار الفلسطيني الذي وصلت فيه المفاوضات مع الإسرائيليين إلى مرحلة حرجة وحساسة، وتتعلق بقضايا كانت مؤجلة حان موعد استحقاقها مثل قضية القدس وقضية اللاجئين علاوة على قضايا الاستيطان والحدود والدولة. ويبدو أن الذين يعارضون عقد القمة يريدون الابتعاد بأنفسهم حين بحث هذه القضايا لاعتقادهم بأن الفلسطينيين قد يجدون أنفسهم مضطرين في ظل الأوضاع الراهنة وبسبب اختلال الموازين لصالح إسرائيل إلى تقديم الكثير من التنازلات للإسرائيليين.

ويحمل المعارضون الفلسطينيين المسؤولية الكاملة فهم الذين انفردوا بقضيتهم حينما فاجئوا العرب باتفاقية اوسلو في عام ١٩٩٣ مع الإسرائيليين، وهم المسؤولون عن تراجع القضية الفلسطينية من كونها قضية العرب الأولى إلى قضية قطرية تخصهم دون سواهم تمشيا مع الشعار الذي رفعوه والمتمثل في استقلال القرار الفلسطيني، ولذلك فإن عليهم تحمل نتائج أعمالهم. وليس من المنطق أن يطلبوا من العرب أن يتحملوا معهم هذه النتائج وما يترتب عليها من مسؤوليات.

ربما يكون تفسير المعارضين لعقد مؤتمر قمة عربية جديد صحيحا، فالقيادة الفلسطينية - كما يبدو - في موقف حرج وحساس وضعيف ولا تملك من أوراق القوة ما يمكنها من تحقيق مطالبها أو تضغط بها على الجانب الإسرائيلي وليس لديها من الوسائل والإمكانيات ما يساعدها على جعل البيت الأبيض يستمع إلى مطالبها وبخاصة بعد رحيل بنيامين نتنياهو وحكومته المتشددة ونجاح "ايهود باراك" في تشكيل حكومة ائتلافية تحظى بدعم وتأييد من الحكومة الإسرائيلية. وقد تجسد هذا التأييد بالاستقبال الحار الذي قابل به الرئيس كلينتون ضيفه باراك واستماعه لمطالبه، وموافقته على أن تكف الولايات المتحدة عن دورها كشرطي وقاض وحكم في المفاوضات الإسرائيلية - الفلسطينية، وأن يقتصر دورها على المساعدة وتذليل العقبات.

وعلى ضوء ذلك لم يعد أمام القيادة الفلسطينية غير اللجوء إلى القمة العربية لتدعم موقفها، وتعزز مكانتها وتقوي أزرها وتساندها في مواجهة التشدد الإسرائيلي، وبخاصة أن القضايا المطروحة عربية صرفة فالقدس لا تهم الفلسطينيين وحدهم وإنما هي قضية عربية وإسلامية. وكذلك الحال بالنسبة لقضية اللاجئين الذين يتوزعون في عدد من البلاد العربية، وترفض إسرائيل عودتهم وإنما تريد توطينهم في البلاد العربية وبخاصة التي يقيمون عليها الآن، وبطبيعة الحال فإن القيادة الفلسطينية لا تملك وحدها حق التصرف في قضية كهذه لها أبعاد وتشعبات وتعقيدات عربية عديدة.

إنه لمن الخطأ الفادح النظر إلى القمة العربية باعتبارها مقترحا يلبي غايات

قيـادة عربيـة معينة أو مصالح ضيقة، فالمصلحة العربيـة العليـا يجب أن تكـون دومـا فوق كل مصلحة خاصة، والواجب يستدعي عقد القمة في موعدها سنويا كما نصت القرارات السابقة لمناقشة ودراسة جميع المستجدات على الساحة العربية ومواجهة ما يواجه العرب من تحديات ونحن لا نعتقد بأن تعطيل عقد مؤتمر القمة هو العقاب الأمثل - إن صدق اعتقادنا - لمن انفرد بالحل مع إسرائيل، فهناك أطراف عربية أخرى سبق لها وانفردت بالحلول وغيبت الجامعة العربية. ونحن لا نقول هذا القول تبريرا ودفاعا عن أي طرف حاول الانفراد بـل عـلى العكس من ذلك فإننا نقول بأنه كان على الطرف الفلسطيني أن يحـافظ عـلى جعل قضيته عربية حتى لو حاول العرب الانفراد بقضاياهم وحل مشاكلهم مع إسرائيـل لأن وضع القضية الفلسطينية خاص ومميز ومختلف عن أية قضية عربية أخرى.

إن عدم عقد مؤتمر قمة عربية حاليا معناه تـرك كل طرف عـربي يتفاوض مـع إسرائيـل دون تنسيق عربي وفي غياب رؤية عربية موحدة، من شأنه إلحـاق مزيـد مـن انقسـام الصـف وزيادة التدهور، وترك المجال لإسرائيل لتتصرف وحدها في المنطقـة العربيـة وتقرر مـا يحقـق أهدافها وينفذ تطلعاتها، وفي الوقت نفسه فإن من نتائج عدم عقد القمة هو تجميد مؤسسـة القمة في جو متآكل - كما يقول الكاتب العربي الـدكتور "رغيد الصـلح: "في ظل مؤسسـات ومناهج العمل العربي الجماعي .. وأن تدخل قيادات سورية ولبنان وفلسطين عملية التفاوض مع الإسرائيليين وهي تشعر بأن الدول العربية غير قادرة على التفاهم على أية قضية من قضايا التعاون، وعلى أي معلم من معالم الحياة العربية الجماعيـة سـواء في مجال الصراع العربي - الإسرائيلي، أو في المجالات الأخرى مثل تطبيق منطقة التجارة الحرة العربية الكبرى.

إن انحسار النظام القومي العربي وتراجع مؤسساته سيؤثران بشكل مباشر عـلى سـير المفاوضات فيضعفان موقف المفاوض العربي ويعززان موقف المفاوض الإسرائيلي، ويوسعان هامش المناورة لديه، ويمكنانه من فرض التنازلات المجحفة على الأطراف العربية سـواء شـاءت هذه الأطراف أم أبت.

الدولة الفلسطينية كما يريدها باراك

لعل من أهم ما يثير الاهتمام حاليا أخبار المفاوضات السرية التي تقول الصحف الإسرائيلية بأنها تمت بين السلطة الوطنية الفلسطينية، وقيادات إسرائيلية، حيث عرض فيها الجانب الإسرائيلي شكل التسوية النهائية مع الفلسطينيين. وهذا العرض الإسرائيلي ظهر في مقال بعنوان "شروط مسبقة لإقامة الدولة الفلسطينية" نشرته صحيفة "هآرتس" في السادس عشر من الشهر الماضي، ثم صدر على شكل تقرير عن مؤسسة واشنطن لدراسات الشرق الأدنى. وكاتب المقال والتقرير هو "زئيف شيف" المراسل العسكري لصحيفة "هآرتس"، وهو خبير استراتيجي ومطلع بشكل جيد على أفكار أصحاب القرار في إسرائيل وعلى رأسهم "ايهود باراك"، وله اتصالات مباشرة مع قيادة الجيش، ووزارة الخارجية. ولذلك فإن المقال والتقرير يعبران عن وجهات نظر المسؤولين الإسرائيليين، وفي الوقت نفسه يثيران الكثير من الشكوك حول مصداقية حكومة "باراك" الذي هلل له بعض العرب، ونفر من الفلسطينيين وفرحوا بفوزه في الانتخابات وظنوا بأنه رجل السلام الذي جاء لينفذ الاتفاقيات الموقعة بين الإسرائيليين والفلسطينيين بدءا باتفاقية اوسلو في عام ١٩٩٣ وانتهاء باتفاقية "واي بلانتيشن" في عام ١٩٩٨. إن الذين انخدعوا بباراك أدركوا أخيرا بأنه وسلفه بنيامين نتنياهو متفقان في الجوهر، مختلفان في المظهر، وهذا يذكرنا بقصة الحاخام والثور المعروفة ومفادها أن يهوديا اشتكى إلى الحاخام من ضيق مساحة الغرفة التي يعيش فيها مع أسرته، فأشار عليه الحاخام بأن يشتري ثورا ليعيش معهم في الغرفة. ولما زادت معاناة الرجل وأسرته وضاقوا ذرعا بالحياة، ذهب إلى الحاخام ليشكو إليه تدهور الحال, فنصحه الحاخام بإخراج الثور من الغرفة. وتصادف أن قابل الرجل الحاخام الذي بادر بسؤاله عن حاله بعد إخراج الثور، فرد الرجل قائلا بأنه يحمد الله فقد أصبحت الحياة الآن افضل.

وهذه القصة تعبر عن وضع العرب وبخاصة الفلسطينيين مع الحكومات

الإسرائيلية المتعاقبة ورؤسائها بدءا بالمؤسس "بن غوريون" و"موسى شاريت" في الخمسينات، و"ليفي اشكول" و"جولدا مائير" في الستينات، و"اسحق رابين" و"شيمون بيريز" و"مناحيم بيغن" في السبعينات، و"اسحق شامير" و"بنيامين نتنياهو" و"ايهود باراك" في التسعينات.

من قراءة مقال "زئيف شيف" يتبين لنا بأن العرض الإسرائيلي هو كيان فلسطيني محدود وليس دولة، وهو صورة أخرى من كيان الحكم الذاتي الذي اقترحه "مناحيم بيغن" والذي يتمسك به الليكود، سواء تحت قيادة شامير أو نتنياهو أو شارون. إن هذا الكيان لن يكون أكثر من "بانتوستان" أي أرض تتمتع بقدر محدد من الحكم الذاتي وتحمل اسم دولة.. إنها كما يقولون وبصراحة تامة دولة دون سيادة، تظل المستوطنات الإسرائيلية قائمة على أرضها، ويسكنها مستوطنون يخضعون للقانون الإسرائيلي وللسيادة الإسرائيلية، وهي دولة لا تملك حق إبرام الاتفاقيات إلا بعد الموافقة الإسرائيلية، وليس لها جيش ولكن لها قوة شرطة مهمتها إنهاء المقاومة الفلسطينية، فهي في نظر الإسرائيليين إرهاب، وزج كل من يدعو إلى المقاومة في السجون بحجة أن كل من يقوم بهذا العمل يحرك الإرهاب، ويعرض أمن إسرائيل للخطر.

وعلى الرغم من هذه القيود، وفي ظل الأوضاع العربية المتدهورة فهناك نفر من العرب والفلسطينيين لم يروا بأسا في قبول دولة كهذه على أمل أن تكون النواة، وتمشيا مع مبدأ خذ وطالب، ولكن عهد باراك الذي هللوا له وطبلوا وزمروا فاجأ هؤلاء بما لم يكن في حسبانهم، ذلك أن باراك لم يكتف بالقيود المفروضة بل زاد عليها ليتفوق على من قبله من غلاة المتشددين. ومن مقال "شيف" سابق الذكر نتعرف على شكل هذه الدولة الفلسطينية التي يمكن أن تقبل إسرائيل بقيامها. ففيما يتعلق بحدود هذه الدولة، فإن إسرائيل لن تقبل العودة إلى حدود ما قبل حرب ١٩٦٧، وتضع شروطا قاسية وهي:

١- ضم جميع المستوطنات التي أقيمت عبر الخط الأخضر في الضفة الغربية من ضواحي جنين إلى ضواحي اللطرون.

٢- توسيع المعبر المؤدي إلى القدس على الجانبين.

٣- الاحتفاظ بغور الأردن ومرتفعاته "إلى أن يبت في الموضوع مستقبلا".

٤- ضم الجبال المحاذية للبحر الميت.

٥- توسيع بلدية القدس الكبرى شرقا بضم مستوطنة "معاليه ادوميم"، وغربا بضم مستوطنتي "افرات" و"بيتار".

٦- إبقاء المستوطنات في قطاع غزة على حالها.

ومن المعلوم بأن عدد المستوطنات في الأراضي الفلسطينية المحتلة منذ عام ١٩٦٧ بلغ ١٤٤ مستوطنة يسكنها نحو ١٧٠ ألف مستوطن، يضاف إليهم ٢٠٠ ألف مستوطن في القدس الشرقية "العربية" وأراضيها. وهذه المستوطنات ستظل تحت السيادة الإسرائيلية ما عدا بعض مستوطنات نائية لا تحظى بأهمية تذكر سيتم تفكيكها مقابل تنازلات من الفلسطينيين.

أما فيما يتعلق بالقدس فقد تم الاتفاق في المحادثات السرية التي أشرنا إليها في بداية هذا المقال، وهي المحادثات التي جرت بين "يوسي بيلين" (وهو أحد مفاوضي أوسلو) والسلطة الفلسطينية على تأجيل الحل النهائي لمدينة القدس إلى أجل غير مسمى، والقبول حاليا بالوضع القائم للمدينة المقدسة على أساس من التعايش بين السكان العرب واليهود. واتفق أيضا على توسيع بلدية القدس كما في البند الخامس سابق الذكر بحيث تصل حتى حدود مدينة رام الله وجميع القرى العربية المجاورة لها، ما عدا مثلث بيت لحم - بيت جالا - بيت ساحور. وتقام هيئتان بلديتان في بلدية القدس الكبرى، واحدة إسرائيلية تتولى تصريف شؤون الضواحي والأحياء اليهودية، بينما تشرف الثانية على تقديم الخدمات للضواحي والأحياء العربية. وفي الوقت نفسه يتم تشكيل مجلس بلدية كبير وشامل يضم فيه أعضاء من العرب. ويعتبر هذا المجلس المرجع القانوني والإداري لمدينة القدس الكبرى الموحدة.

ويعلق البعض على ذلك قائلا بأن هذا يجعل الاعتراف بالقدس الغربية المحتلة منذ عام ١٩٤٨، وبالقدس الشرقية التي احتلت بعد حرب ١٩٦٧ كعاصمة لإسرائيل من قبل العرب والمجتمع الدولي أمرا واقعا، علما بأن هيئة الأمم المتحدة ومجلس الأمن الدولي لا زالا يرفضان الاعتراف بالقدس الموحدة عاصمة لإسرائيل

وترفض معظم دول العالم نقل سفاراتها من تل أبيب إلى القدس، وتعتبر القدس الشرقية أرضا محتلة مثل أراضي الضفة وقطاع غزة المحتلة.

وفيما يتعلق باللاجئين فإن إسرائيل ترفض الدخول في أية مفاوضات تتعلق بحق عودتهم ولكنها على استعداد للتباحث في كيفية استيعاب عدد قليل منهم في أراضي الكيان الفلسطيني، أما القسم الأكبر من اللاجئين فتصر إسرائيل على توطينهم في البلاد العربية، أو تهجيرهم إلى بلدان خارج الوطن العربي.

ويقول "شيف" بأن اتفاقية أوسلو لم تنص على إقامة دولة فلسطينية، ولكن الواقع فرض نفسه بعد ذلك. ويقول بأن هناك وجهتي نظر في هذا الشأن أحدهما فلسطينية والثانية إسرائيلية. وحسب الرؤية الفلسطينية فإن البداية تكون باتفاق الطرفين على إقامة الدولة - وبعد ذلك تقوم الدولتان - الإسرائيلية والفلسطينية - بإجراء محادثات حول الضوابط أو القيود الأمنية التي ستقبل دولة فلسطين الخضوع لها. ويعتقد "شيف" بأن وجهة النظر هذه مرفوضة لأنها تعبر عن أسلوب خطير من حيث المبدأ وطريقة التفاوض، فالدولة الفلسطينية التي ستقام ستصر على رفض أية قيود عليها تنتقص من سيادتها، وتحد من سلطاتها، وتقيد حريتها وفاعليتها.

أما وجهة النظر الإسرائيلية التي يفضلها "شيف" فتحبذ بأن تتم المفاوضات بطريقة عكسية، أي أن تبدأ بوضع مواصفات الدولة المقترحة، والشروط المسبقة، والمحددات والضوابط، وهي ولا شك تسلبها كل مقوماتها، وتجعلها كيانا هزيلا يستخدم كوسيلة لإنهاء الصراع العربي - الإسرائيلي، ويسدل الستار على القضية الفلسطينية. ويؤكد "شيف" على ذلك بقوله: "سيكون من الخطأ بمكان بحث قضية إقامة الدولة الفلسطينية بشكل منفصل عن القضايا الأخرى من التسوية الدائمة. ومن المحظور اتخاذ قرار بشأن كل مسألة على حدة والانتقال بعدها إلى مسألة أخرى. إن التعامل الشامل والمتكامل هو الذي سيسمح وحده للأطراف بالتوصل إلى الحلول الوسط الشاملة، حيث سيكون بإمكان أحد الجانبين التنازل في مسألة محددة، وأن يحصل في المقابل على تعويض في مسألة أخرى".

لاشك في أن "شيف" يعبر عن وجهة نظر باراك بحكم قربه منه واتصاله الدائم به، وبذلك فهو يكشف عن خطة باراك التي يهدف من ورائها تأجيل اتفاقية "واي بلانتيشن" والقفز إلى قضايا المرحلة النهائية. ولاشك في أن السلطة الفلسطينية تدرك ذلك جيدا فقد صرح ياسر عبد ربه إلى هيئة الإذاعة البريطانية في الحادي والثلاثين من الشهر المنصرم قائلا بأن باراك يتعمد خلط الأوراق، ولا يريد الانسحاب من ١٣% من أراضي الضفة كما نصت على ذلك اتفاقية "واي بلانتيشن"، علما بأن ٣% منها خصصت لتكون محمية طبيعية خاضعة للطرفين، وإنما هو يريد الانسحاب من ٥% أو ٦% فقط ويترك الباقي لمفاوضات المرحلة النهائية.

ونحن نتساءل عن موقف السلطة الفلسطينية لو أصر "باراك" على موقفه؟ وهل تملك السلطة من أوراق يمكنها من الضغط على باراك وتجعله يتزحزح عن تصلبه؟ وهل الموقف العربي قادر على دعم السلطة في موقفها هذا؟ إن الأسئلة كثيرة وتنتظر إجابات محددة. ولكن الأوضاع الفلسطينية والعربية الراهنة لا تدعو إلى التفاؤل. فبدلا من الدعم العربي الذي يجب تقديمه للفلسطينيين في هذه المرحلة الحرجة والخطيرة، فإنه يخشى من استخدام أطراف عربية لإقناع الفلسطينيين والضغط عليهم لقبول عروض باراك، طالما أنه ليست لديهم خيارات أخرى، وأن السياسة هي فن الممكن. وفي الوقت نفسه قد تهدد إسرائيل الفلسطينيين بأنها في حالة رفض مقترحاتها فإنها مضطرة إلى تأجيل بحث الملف الفلسطيني والتحول إلى ملف آخر.

وإذا لم يتفق العرب ويتخذوا موقفا موحدا وحازما يمليه عليهم واجبهم القومي والوطني يواجهون به باراك وحكومته التي تراهن على الفرقة العربية والانقسام العربي، فإن النتيجة ستكون كارثة قومية تلحق الأذى بجميع العرب، وتطيح حتى بالمكاسب القطرية والانتعاش الاقتصادي الذي تحقق في بعض الأقطار العربية.

التشدد الإسرائيلي
والوحدة الوطنية الفلسطينية

حتى كتابة هذه السطور يكون قد مضى على فوز "ايهود باراك" في الانتخابات على خصمه "بنيامين نتنياهو" نحو ثلاثة شهور ونصف، وعلى تسلمه مقاليد السلطة ما يقرب من الشهرين، بينما مفاوضات السلام بين الفلسطينيين والإسرائيليين تراوح في مكانها وتصطدم بالتشدد والتعنت الإسرائيلي، ويرفض "باراك" تنفيذ اتفاق "واي بلانتيشن" الذي وقعه سلفه بنيامين نتنياهو في البيض الأبيض بحضور وكفالة الرئيس الأمريكي "بيل كلينتون" في الثالث والعشرين من شهر تشرين الأول ١٩٩٨. أما على المسار السوري فلا تزال المفاوضات متوقفة منذ ثلاث سنوات على الرغم من موجة التفاؤل التي عمت الكثيرين على أثر التصريحات المتفائلة التي أطلقها الرئيس الإسرائيلي الجديد والذي أعلن فيها بأنه سيبدأ المفاوضات مع السوريين من النقطة التي توقفت عندها. وقد رد عليه الرئيس السوري بكلمات مشجعة ووصفه بأنه صادق وشجاع.

إن هذا الوضع السيئ الذي تعاني منه المنطقة بأسرها بسبب تعثر المفاوضات واصطدامها بالكثير من العقبات والعراقيل يثير القلق عند الكثيرين. فقد كتب المعلق الإسرائيلي الشهير "زئيف شيف" والمراسل العسكري لصحيفة "هارتس" مقالا في هذه الصحيفة هذا الشهر يتساءل فيه قائلا: "أما أن تكون مبادرة ايهود باراك السلمية في المنطقة لا وجود لها، أو أنها محاطة بسرية بالغة بحيث لا يعرفها أحد غيره، حتى أن مساعديه ومستشاريه المقربين لا يعرفون شيئا عنها".

ومن المعروف بأن "شيف" خبير استراتيجي ومن المقربين إلى "باراك" نفسه. وبعد نشر مقال "شيف" بثلاثة أيام كتب المعلق الإسرائيلي "هنري سيغمان" مقالا في الصحيفة نفسها "هآرتس" يقول فيه: "كلام باراك المعسول.

بدأ يتبخر وأن المناخات والأجواء الملائمة والمهيأة للسلام قد انقضت، وأن المجتمع الدولي أصبح يتطلع اليوم ليرى دلائل ملموسة عن حركة فعلية على الأرض .. ولذلك فإما أن يكون الشرق الأوسط قد عاد إلى مسيرته البطيئة والبائسة نحو الغرق".

وإذا كان الكتاب والمعلقون العرب الذين علقوا آمالهم على "ايهود باراك" باتوا يتشككون حاليا في نواياه السلمية، فإن هناك كثيرا من نظرائهم الإسرائيليين الذين يشاركونهم الرأي نفسه والشعور ذاته، فالجميع مندهش لدرجة أنه أصبح مصابا بخيبة الأمل بسبب هذا السلوك المريب والمحير لرئيس وزراء إسرائيل الحالي، حتى أصبح الكل متشككا بقدراته على تنفيذ ما سبق وأن تعهد به. ويقول عدد من المعلقين السياسيين في إسرائيل بأن "ايهود باراك" أعاد للإسرائيليين الذين صوتوا له في الانتخابات الأخيرة القلق والخشية من المستقبل وهي نفس المشاعر التي ساورتهم طيلة حكم سلفه "بنيامين نتنياهو"، مما جعل أحد المعلقين الإسرائيليين يطلق عليه اسم "باراكياهو". وعلى أية حال فإن معظم الانتقادات الإسرائيلية الموجهة إلى "باراك" لا تنصب على تصرفاته مع الفلسطينيين أو مع رئيس السلطة الوطنية ياسر عرفات ووعوده باستئناف المسيرة السلمية على جميع المسارات بقدر ما تنصب على سلوكه وتصرفاته وأسلوبه في الحكم في المسائل الداخلية والخارجية، فهو من وجهة نظرهم يعمل بشكل منفرد، ولا يضع أي وزن لآراء ومؤهلات وزرائه ومستشاريه، ويتصرف كدكتاتور، ويتملكه الغرور، ويضع نفسه فوق الجميع، ويظن بأنه أكثر خبرة من الخبراء، وأعلم من العلماء. وقد زاد من غروره فوزه الكاسح في الانتخابات، ودعم الكنيست له، والاستقبال الحار غير المسبوق الذي استقبله به الرئيس الأمريكي "بيل كلينتون" في البيت الأبيض وغيره من قادة العالم مثل رئيس الوزراء البريطاني "توني بلير". والرئيس الروسي "بوريس يلتسين"، وترحيب قادة عرب به وكيل المديح له والثناء عليه، وتهافت بعضهم على مصافحته على الرغم من عدم وجود علاقات دبلوماسية واعتراف متبادل بين دولهم وإسرائيل.

ويعتبر "باراك" إن من أهم إنجازاته السريعة عقده اتفاقا أمنيا مع الولايات

المتحدة الأمريكية في أثناء زيارته لها في الثامن عشر من شهر تموز - أي عقب تسلمه السلطة . -

وقد جاء هذا الاتفاق في إطار الدفاع ضد الصواريخ وأسلحة الدمار الشامل، فيما أكدت مجموعة "لوكهيد مارتن" شراء إسرائيل خمسين طائرة مقاتلة من طراز "اف - ١٦"، وأن قيمة الصفقة تبلغ ١.٨ مليار دولار، وأن الطلبية الإجمالية مع الخدمات تصل إلى ٢.٥ مليار دولار. وفي الوقت نفسه أعلن الرئيس الأمريكي أن رائد فضاء إسرائيليا سيشترك في رحلة يقوم بها مكوك فضاء أمريكي العام القادم في إطار توسيع مجال التعاون مع حكومة "باراك" في ميدان الفضاء. كما أعلن الرئيس الأمريكي تقديم مساعدات أمنية جديدة لإسرائيل، وتشكيل مجموعة تخطيط إسرائيلية أميركية مشتركة تختص بالمسائل الأمنية بين البلدين، مشيرا إلى أن الشراكة بينهما ستتطور إلى مستويات جديدة.

على الرغم من إعلان "ايهود باراك" المتكرر بالتزامه بتطبيق اتفاقية "واي بلانتيشن" إلا أنه يضع العراقيل والعقبات على أرض الواقع، ولم يوقف عمليات سلب ومصادرة الأراضي الفلسطينية وإقامة المزيد من المستوطنات وهذا ما يزعج الفلسطينيين ويقلقهم ويزيد من تشككهم في مصداقية "باراك". وقد أفادت دائرة الشؤون الفلسطينية التابعة لرئاسة الوزراء بأن البناء في المستوطنات الإسرائيلية ارتفع خلال العام الماضي بنسبة عالية جدا بلغت ١٠٥%، وأن أمام رئيس الوزراء الإسرائيلي الآن خطة خمسية لبناء ٣٢٠٠ وحدة سكنية مصادق عليها منذ أيام "نتنياهو" إضافة إلى مناقصة لبناء ١٨٠ وحدة سكنية في جبل أبو غنيم.

وذكرت تقارير الهيئة العامة للاستعلامات الفلسطينية عن مصادرة إسرائيل لمساحات واسعة من الأراضي منها ٧٧٧ دونما في قطاع غزة في الفترة الواقعة بين ٢٥ آذار إلى ٢٥ نيسان، وتم الاستيلاء على خمسة عشر دونما من أراضي المواصي الواقعة غرب مدينة خان يونس، كما تمت الموافقة على مخطط استيطاني للاستيلاء على ٦٢٠ دونما في مدينة رفح لتوسيع مستوطنة "موراج".

تواجه السلطة الوطنية الفلسطينية اليوم وضعا حرجا وصعبا لم يسبق لها أن واجهته من قبل، وبخاصة بعد أن خفت حدة الضغط - أو اختفت - على إسرائيل عقب سقوط حكومة "بنيامين نتنياهو" وفوز "ايهود باراك". وعلى الرغم من قيام الرئيس الفلسطيني بعدة زيارات إلى الخارج وحثه الولايات المتحدة الأمريكية والدول الأوروبية للضغط على إسرائيل، إلا أن هذه الزيارات لم تسفر عن نتائج إيجابية ملموسة. كما أن الأوضاع الداخلية في مناطق السلطة تزاد سوءا وتدهورا مما يخلق تحديات جديدة للرئيس ياسر عرفات وإدارته. وعلى المستوى العربي فلم ينجح الرئيس عرفات في إقناع القادة العرب بعقد مؤتمر قمة يناقش الأوضاع العربية المتدهورة، ويقدم الدعم اللازم للفلسطينيين في مواجهة التصلب الإسرائيلي، ويلتزم باستراتيجية واحدة وموقف موحد. ولم يبق أمام عرفات غير الاتصال بكل من مصر- والأردن طالبا منهما الدعم والتأييد والمساندة. أما على المستوى الفلسطيني فقد أحرز عرفات بعض التقدم وبخاصة بعد اجتماعه الإيجابي مع نايف حواتمة زعيم الجبهة الديمقراطية لتحرير فلسطين في القاهرة مؤخرا والذي صرح قائلا بأن المحادثات بينه وبين عرفات تهدف إلى "دفع قضايا الوحدة الوطنية في الاتجاه الصحيح على قاعدة تجاوز اوسلو نحو استراتيجية سياسية وتفاوضية جديدة تستند إلى قراري الشرعية الدولية ٢٤٢ و ٣٣٨ ومبدأ الأرض مقابل السلام". وكان الرئيس عرفات قد اجتمع بنائب زعيم الجبهة الشعبية لتحرير فلسطين والتي يتزعمها الدكتور جورج حبش، وأجرى معه محادثات إيجابية. ويسعى الرئيس الفلسطيني حاليا لتوحيد الصف، وفتح الحوار مع مختلف الفصائل الفلسطينية، والالتقاء مع المعارضة على أرضية مشتركة لتقوية موقفه وتعزيز سلطته ليتمكن من مواجهة المواقف الإسرائيلية المتشددة. فهل ستسفر هذه المساعي عن نتائج إيجابية؟ وهل يستطيع عرفات تليين الموقف الإسرائيلي المتشدد أو حلحلته؟ ... لاشك في أن الأيام القادمة ستجيب عن تساؤلات كهذه، ولو أننا نشك في ذلك.

هل الممر الآمن آمن حقا ؟

يكثر الجدل هذه الأيام حول اتفاقية الممر الآمن التي وقعتها كل من السلطة الوطنية الفلسطينية وإسرائيل في الخامس من هذا الشهر، وذلك بعد شهر واحد من توقيع اتفاقية شرم الشيخ أو ما يسمى "واي ٢" التي اتهمت السلطة الوطنية إسرائيل بعدم الالتزام تماما بأحد بنودها وهو المتعلق بإطلاق سراح عدد من السجناء الفلسطينيين.

قبل توقيع اتفاقية الممر الآمن بيومين نشبت خلافات حادة بين السلطة الوطنية وإسرائيل التي وضعت قيودا صارمة على افتتاح الممر متذرعة بحجج أمنية مما دعا جميل الطريفي وزير الشؤون المدنية الفلسطينية القول بأن الممر سيصبح بموجب هذه القيود الإسرائيلية الشديدة بمثابة مصيدة تصطاد بموجبها إسرائيل من تريد اصطياده من الفلسطينيين الذين توجه إليه مختلف التهم.

الآمال التي كان متعلقة على الممر

كان الفلسطينيون يعلقون الكثير من الآمال على الممر الآمن بحيث يريحهم من الإجراءات الشديدة والمذلة التي تسلكها إسرائيل وتطبقها على كل من يرغب الخروج من قطاع غزة واجتياز حاجة "إريز".

وانسجاما مع هذه الآمال فنحن نفترض أن يحقق هذا الممر المميزات التالية للفلسطينيين إذا كان آمنا بالفعل وانطبقت عليه صفة الآمن.

١- تجنيب الفلسطينيين الاحتكاك المباشر بالإسرائيليين حينما يقدمون طلباتهم للسلطات الإسرائيلية كلما أرادوا السفر إلى الضفة الغربية أو الأراضي المحتلة منذ عام ١٩٤٨. وكثيرا ما ترفض إسرائيل طلبات الفلسطينيين مما جعل القطاع أشبه بسجن كبير لسكانه. وهناك أشخاص ولدوا وكبروا ولم يغادروه حتى الآن.

٢- التخلص من المتاعب والمواقف المملة التي يعاني منها الراغبون في السفر من القطاع إلى الضفة في الوقت الحاضر. إذ يتوجب عليهم التوجه بعد

منتصف الليل إلى مكان محدد في مدينة غزة يتجمع فيه المسافرون ولا تتحرك الحافلات إلا بعد اكتمال العدد. وكثيرا ما تلغى الرحلات دون إعلان الأسباب. وترافق الحافلات من الأمام والخلف قوة عسكرية إسرائيلية. وعند حاجز "اريز" يفتش المسافرون ويخضعون لإجراءات أمنية صارمة ومهينة.

٣- انسياب الحركة وعدم تعطيل السير في أثناء مرور المسافرين، والسيارات بما تحمله من سلع وبضائع وخدمات.

٤- ضمان سلامة وأمن المسافرين على هذا الممر وعدم تعرضهم لأي نوع من المضايقات أو التحرشات التي يقوم بها أحيانا بعض المستوطنين واليهود المتطرفين وبخاصة في حالة حدوث حوادث تصيب الإسرائيليين يتهم فيها فلسطينيون.

٥- تنشيط الحركة بين غزة والضفة وتشغيل ميناء غزة مما يؤدي إلى إنعاش الأحوال الاقتصادية وسهولة حركة السلع والبضائع والخدمات والعمالة من وإلى الضفة والقطاع.

٦- توثيق الروابط والصلات الاجتماعية بين سكان القطاع والضفة والتي قطعت منذ قيام إسرائيل في عام ١٩٤٨. ويفترض في الممر الآمن أن يعيد اللحمة بين الشعب الفلسطيني في الضفة والقطاع.

٧- ربط القطاع بالضفة جغرافيا بإيجاد نوع من الاتصال الأرضي بين منطقتي السلطة الوطنية مما يمكن الإدارة الفلسطينية من القيام بمهامها وتحمل مسؤولياتها وواجباتها. ويمهد لإعلان الدولة الفلسطينية في المستقبل.

٨- إضفاء جو من الثقة بين السلطة الوطنية وإسرائيل مما قد يساعد على المضي- قدما في مفاوضات المرحلة النهائية والتي أصبحت على الأبواب. إن لم تكن مقدماتها قد بدأت بالفعل.

وهل سيحقق الممر هذه الآمال ؟

يبدو أن آمال كثير من الفلسطينيين قد خابت بعد نشر- بنود اتفاقية الممر الآمن، إذ تشترط هذه الاتفاقية على الراغبين في عبوره التقدم بطلباتهم إلى وزارة

الشؤون المدنية الفلسطينية التي بدورها تحيلها إلى المنسق الخاص الإسرائيلي والذي يملك وحده سلطة الرفض أو القبول، أي أن دور السلطة الوطنية كدور ساعي البريد، كما وسيخضع جميع المسافرين لإجراءات أمنية صارمة عند معبر "اريز" في بداية الممر أو عند "ترقومية" في نهايته. وكما قالت صحيفة الحياة اللندنية، بأن الفلسطيني الذي كان يعاني من حاجز "اريز" وحاجته إلى إذن من إسرائيل لاجتيازه أصبح الآن محتاجا إلى إذنين الأول لاجتياز "اريز" والثاني للوصول إلى الممر، ولذلك أطلقت عليه الصحفية "الممر غير الآمن" وعلاوة على ذلك فإن من سيحصل عليهما ويريد عبور الممر لا تسمح له السلطات الإسرائيلية بالخروج من الضفة إلى المناطق المحتلة منذ عام ١٩٤٨، ولا تبيح له البقاء في الضفة لأكثر من عام.

إن قيدا كهذا يشعر المرء وكأنه يقيم في بلد أجنبي، وفي الوقت نفسه تحرم السلطة من بعض صلاحياتها على السكان في داخل مناطقها. وإذا كانت إسرائيل قد أباحت لنفسها التدخل فيما يتعلق بالأرض ومواردها في مناطق السلطة فإن اتفاقية الممر الآمن أعطتها صلاحية التدخل في السكان أيضا.

ونحن نميل إلى الاعتقاد بأن هذا الممر لن يحقق للفلسطينيين المسافرين عليه الأمن الذي يتوقعون مادامت إسرائيل أعطت نفسها الحق في اعتراضهم وتفتيشهم. وكما قال "شمعون رومح" الخبير في شؤون الأمن الإسرائيلي بأنه ليس هناك ما يمنع إسرائيل من إلقاء القبض على أي شخص بحجج وذرائع أمنية حتى ولو كان يحمل بطاقة مرور صادرة من سلطات إسرائيلية، لأن مفهوم الممر الآمن عند الطرفين الفلسطيني والإسرائيلي مختلف، فالممر الآمن عند الفلسطينيين يعني المرور الآمن الذي لا يعرض المسافر عليه للاعتقال أو أية مضايقات، أما عند الإسرائيليين فإن هذا المفهوم يعني كما قال "شمعون رومح" عدم استخدامه لنقل الأسلحة وكل ما لا ترغب إسرائيل في نقله أو عبور أشخاص مطلوبين أمنيا لإسرائيل.

الاعتماد على حسن النوايا الإسرائيلية :

في مساء يوم الأحد ٩٩/١٠/١٠ سأل مذيع في هيئة الإذاعة البريطانية "شمعون شطريت" نائب رئيس بلدية القدس عما إذا كانت إسرائيل - وكعادتها - ستلجأ إلى تفسيرها الخاص حينما تريد إلقاء القبض على من تشاء من الذين يعبرون الممر. وكان الجواب بالنفي طبعا، إلا أنه أكد شكوك المذيع حينما قال بأن الأساس في تنفيذ الاتفاق هو حسن النوايا بين الطرفين الإسرائيلي والفلسطيني. ومن المعروف بأن حسن النوايا مفهوم غامض ولا محل له في الاتفاقيات الدولية.

وحول هذه النقطة أجاب الوزير الفلسطيني نبيل عمرو قائلا بأن إسرائيل عودتنا على خرق الاتفاقيات والتراجع عنها، إلا أننا لا نستطيع تقييم هذه الاتفاقية إلا بعد التجربة فقد تنشأ مشكلة بيننا وبينهم إذا قاموا بالتفسير على هواهم.

وعلى أية حال فإن هذا التخوف يظل قائما، فما من اتفاق تعقده إسرائيل مع السلطة إلا ويحتاج إلى اتفاق آخر عند التطبيق هدفه إجبار الطرف الفلسطيني على تقديم المزيد من التنازلات بعد أن أصبح ضعيفا، وداخل القفص الإسرائيلي ولا يجد من ينجده ويقف معه ويشد أزره, وربما كان أوضح مثال على الابتزاز والتشدد الإسرائيلي المشكلة التي تتعلق بإطلاق عدد من السجناء كما نصت علها بنود اتفاقية "واي ١"الموقعة في البيت الأبيض بين الرئيس ياسر عرفات ورئيس وزراء إسرائيل آنذاك "نتنياهو" وبكفالة الرئيس كلينتون في ٩٨/١٠/٢٣. واتفاقية "شرم الشيخ" أو "واي ٢" الموقعة مع باراك في ٩٩/٩/٥. ولا تزال هذه المشكلة قائمة حتى كتابة هذه السطور مما جعل السلطة الوطنية تستنجد بجميع القوى بما فيها الأجنبية للضغط على إسرائيل.

ربما سيكون لافتتاح الممر الآمن بعض النتائج الإيجابية على أراضي السلطة الوطنية الفلسطينية وبخاصة قطاع غزة، لأن الممر قد يساعد على سهولة حركة السلع والبضائع ويؤدي إلى تحسن الأوضاع الاقتصادية المتردية في القطاع، وبخاصة بعد افتتاح ميناء غزة البحري وتشغيله مما يولد حركة اقتصادية نشطة

ويمتص نسبة لا بأس بها من البطالة العالية في قطاع عـزة ، وفي الوقت نفسه ستجد الضفة الغربية من ميناء غزة منفذا بحريا لتصدير منتجاتها إلى الخارج وبخاصة إلى دول الاتحاد الأوروبي، واستيراد ما تحتاجه من سلع وبضائع، ويغنيها عن الاعتماد على الموانئ الإسرائيلية وبخاصة ميناء أسدود، ولكن هذا كله مرهون بحسن النوايا الإسرائيلية، وهل تشغيل ميناء غزة سيلغى الإجراءات المتبعة حاليا والتي تفرض على التاجر الفلسطيني أن تكون مستورداته من الخارج عن طريق تاجر أو وكيل إسرائيلي ؟ وهذا الإجراء يحتاج إلى اتفاق آخر فيما بعد.

ويبدو لنا بأن تشكك صلاح الدين عبدالشافي - وهو اقتصادي غزي - في حسن النوايا الإسرائيلية في محله فسجلها الحافل في خرق الاتفاقيات وإلغائها حافل بالأحداث، كما أن اتفاقية الممر الآمن - كما يقول عبد الشافي - أعطت إسرائيل الصلاحيات الكاملة على الممر، على الرغم من أن الضفة وغزة يجب أن يشكلا وحدة جغرافية تتمثل مقوماتها في الأرض والسكان، ومن المفروض أن يمر الفلسطيني دون عائق أو عقبات، وأن يظل الممر مفتوحا ولا يتعرض للإغلاق أبدا.

وعلى أية حال فإن اتفاقية الممر الآمن تعكس واقعا يتجلى فيه اختلال موازين القوى لصالح إسرائيل، ولذلك فإن القوي في العادة يفرض شروطه على الضعيف، وربما يحقق الفلسطينيون بعض المزايا إذا ما ثم بناء جسر علوي أو نفق تحت الأرض يربط الضفة بالقطاع.

السلطة الوطنية الفلسطينية ومأزق القضايا المؤجلة

مع اقتراب موعد بحث القضايا المؤجلة التي نصت عليها اتفاقية "أوسلو" يـزداد القلـق والترقب، وتكثر الشائعات والأقاويل والتكهنات التـي أصـبحت تمـلأ الأجـواء هـذه الأيـام حـول شكل المرحلة النهائية مـن المفاوضـات وبـخاصة تلـك التـي تناولـت أخطـر القضـايا وأهمهـا: القدس، والمستوطنات، واللاجئين، والنازحين والمياه، والحدود، والدولة الفلسطينية، وما ستسـفر عنه من نتائج.

ويزعم بعض ناشري هذه الأقاويل بأنهم على مقربة من الأحداث، أو على صلة مبـاشرة بشخصيات بارزة في أطقم المفاوضات. وهناك من يبني فرضـياته وتصـوراته وتكهناتـه عـلى مـا يتسرب من معلومات من داخل دوائر صنع القرار أو من تصريحات لمسؤولين كبار في إسرائيـل، أو ما يكتبه صحفيون إسرائيليون لهم صلات مميزة مع قادة إسرائيليين وبـخاصة رئيس الـوزراء "أيهود باراك".

هل الجميع في مأزق ؟

إن المتابع لما يذاع مـن أخبـار ومـا ينشرـ مـن تعليقـات تبثهـا وسـائل الإعـلام العربيـة والأجنبية، وكذلك المطلع على الأوضاع في إسرائيل ومناطق السلطة الوطنية الفلسطينية يلمـس بأن هناك مأزقا يواجه الجميع وبـخاصة السـلطة الوطنيـة. وتتبـاين الـرؤى وتختلـف المواقـف حول كيفية مواجهة هذا المأزق أو التغلب عليه، فالطرف الإسرائـيلي لا يجـد صـعوبة كبـيرة في الخروج من هذا المأزق منتصرا لأنه الأقوى والذي بيـده جميـع الأوراق ويملـك كـل الخيـارات. والقوة هذه تراكمية استمدها من عوامل كثيرة منها تدهور الأوضاع العربية وتراجـع ا لمسـألة الفلسطينية من قضية قومية إلى قضـية قطريـة، وضـعف منظمـة التحريـر الفلسـطينية بعـد خروجها من لبنان عام ١٩٨٢ لتقيم في منفى يبعـد عـن حـدود وطنهـا آلاف الأميـال، وتشـتت قواتها في أكثر من بلد عربي، وباتت تشعر كالضيف الثقيل غير المرغوب في بقائه.

كـان الطـرف الإسرائـيلي عـلى إدراك تـام بنقـاط الضـعف هـذه فعـرف كيـف يوظفهـا ويستثمرها في تحقيق أكبر قدر من المكاسب حينما وقع مع الفلسطينيين اتفاقية "أوسـلو" ومـا تبعها من اتفاقيات. ولذلك فقد كـان لديـه الوقـت الكـافي الـذي مكنـه مـن تحديـد أولوياتـه، وصياغة برامجه وخططـه ووضـع أهدافـه التـي توصـله إلى تحقيـق غاياتـه ومقاصـده متجنبـا الخطوط الحمراء التي تمس أمنه واستقراره.

لقد تمثل هذا المأزق في تمكن الطرف الإسرائيلي من الضغط على الطرف الفلسـطيني في تجاوز القضايا الهامة وتأجيلها والبدء بتنفيذ المسـائل البسـيطة التـي لا تشـكل أي خطـر عـلى إسرائيل، ولا تتعارض مع ثوابتهـا ولاءاتهـا. وفي الوقـت نفسـه اتبـع الطـرف الإسرائـيلي أسـلوب المماطلة في تلك المسائل لإطالة الوقت الذي عرف كيف يسـتغله في تغيـير الكثـير مـن الوقـائع على الأرض. لقد راهن الإسرائيليون - إذن - على عنصر الوقت، وكانوا يعتقدون أنه بمرور الزمن فلن يبقى للفلسطينيين شيء هام من القضايا المؤجلة ما يمكن التفاوض عليه.

وقد نتساءل فيما إذا كان الجانـب الفلسـطيني يـدرك أبعـاد الأهـداف الإسرائيليـة مـن تأجيل القضايا الهامة إلى آخر مرحلة من مراحل المفاوضات؟. وهل كانت لديه أولويات أخـرى بحيث يوافق على تأجيل تلك القضايا الهامة وبالتالي يقع في المصيدة الإسرائيليـة؟. إن الإجابـة على هذا التساؤل قد نجـده في كتـاب "أوري سـافير" بعنـوان "المسـار" THE PROCESS والـذي سجل فيه اللقاءات الأولى في ضواحي أوسلو مع المفاوض الفلسطيني أحمد قريع "أبو علاء".

يقول "سافير" بأن أبو عـلاء نقـل للقيـادة الفلسـطينية في تـونس انطباعاتـه الأولى عـن المفاوضات مع الجانب الإسرائيلي ووصفها بأنها كانت إيجابية، وأنه نتيجة لذلك وافق كـل مـن عرفات ومحمود عباس "أبو مازن" على استبعاد القدس الشرقية من منطقة الحكم الـذاتي. وأن هذا الموضوع سوف تتم إثارته في مفاوضات الوضع النهائي.

ويقول "سافير" بأنه كان مندهشا لهذا الجواب السريع والحاسـم، وأن "شـيمون بيريـز" طلب من "تيري لارسون" الدبلوماسي النرويجي الذي كان

عراب اللقاءات أن يبلغ الرئيس عرفات أن ثلاث مسائل غير قابلة للنقاش وهي: استثناء القدس من مناطق الحكم الذاتي، وعدم توسيع منطقة أريحا، وعدم منح الفلسطينيين سيادة على الممر ما بين غزة والضفة الغربية. وقد حمل "يوهان هولست" وزير خارجية النرويج آنذاك هذه الخطوط الحمراء التي رسمها "بيريز" الذي كان وزير خارجية إسرائيل في وزارة اسحق رابين الأخيرة إلى قيادة منظمة التحرير في تونس.

وعاد "هولست" من تونس يحمل رسالة أكيدة وواضحة وهي أن أهم أولويات منظمة التحرير الفلسطينية هو موضوع دخولها ووجودها في مناطق الحكم الذاتي.

وبعث "هولست" برسالة خطية إلى "شيمون بيريز" يقول فيها على لسان الرئيس عرفات بأن "منظمة التحرير الفلسطينية جاهزة للتوقيع".

لاشك في أن قبول منظمة التحرير بلاءات "بيريز" شجع الإسرائيليين على وضع لاءات أخرى وإلى تأجيل القضايا الهامة كالمستوطنات واللاجئين والنازحين والمياه إلى المرحلة النهائية. وأدخل في ذهن المفاوض الإسرائيلي بأن هذه القضايا تأتي في أدنى سلم الأولويات الفلسطيني، وأن المنظمة كانت متلهفة للدخول إلى الأراضي الفلسطينية وكأنها كانت تخشى ـ من قيام قيادات بديلة في الأراضي المحتلة تحل محلها، وربما كان هذا الهاجس من أهم الأسباب التي دفعت منظمة التحرير الفلسطينية إلى فتح قناة اتصال سرية عبر أوسلو في الوقت الذي كان فيه الوفد الفلسطيني برئاسة الدكتور حيدر عبد الشافي يتفاوض مع الإسرائيليين في واشنطن. وبهذا الاتصال تكون المنظمة قد حفرت نفقا من تحت هذا الوفد الذي كان متمسكا بقضايا القدس واللاجئين والنازحين والاستيطان والمياه، وبضرورة بحثها أولا وكشف حقيقة المواقف الإسرائيلية حيالها.

إلا أن المنظمة بقبولها تأجيل هذه القضايا الهامة لم يكن يعني أنها غير مهمة في نظرها، وإنما كانت تعتقد - فيما نظن - بأن الخطوة الأولى هي أن تضع أقدامها في الأراضي الفلسطينية، وتتولى إدارتها بنفسها وتثبت أوضاعها فيها وتحقق ما

تستطيع تحقيقه من الإسرائيليين ثم تطالب ببحث القضايا الصعبة وذلك تطبيقا للمثل القائل "خذ وطالب". إلا أن الإسرائيليين كانوا يدركون هذا تماما ولذلك وضعوا الكثير من القيود والعقبات والعراقيل لإفشال التكتيك الفلسطيني.

الإيجابيات والسلبيات :

ربما كان من المناسب أن نسأل عما حققه الفلسطينيون منذ توقيع اتفاقية أوسلو التي مضى عليها ست سنوات ونيف، وهل تمكنت السلطة من تنفيذ استراتيجيتها بالاعتماد على مبدأ "خذ وطالب"؟. وبطبيعة الحال لا نستطيع في مقال كهذا الإجابة على هذا السؤال الذي يتطلب بحثا مطولا وتقييما موضوعيا وعلميا، إلا أنه لا بأس من الإجابة عليه، ولكن على شكل نقاط مركزة وفي غاية الاختصار لإعطاء القارئ فكرة عامة تمهد للإجابة عن سؤال آخر يتناول الآفاق المستقبلية والإمكانيات المتاحة أمام الفلسطينيين.

١- تعتبر منظمة التحرير الفلسطينية بأن دخولها إلى الأراضي الفلسطينية والتحامها مع شعبها من أهم الإنجازات التي لم تتمكن قيادات فلسطينية سابقة من تحقيقها. ففي الماضي اضطرت الظروف القيادات الفلسطينية إلى الإقامة في الخارج بعيدا عن شعبها مما جعل من الصعب عليها قيادة النضال الفلسطيني بكفاءة وفعالية واكتفت بالتوجيه والإشراف عن بعد، فنتج عن ذلك أخطاء، وأصيبت الثورات بانتكاسات.

إلا أن إسرائيل عملت على حرمان الفلسطينيين من الانتفاع بهذه الميزة بمحاولاتها الدؤوبة والمستمرة للسيطرة على السلطة واحتوائها وتضيق الخناق عليها وسلبها جميع الأوراق التي كانت بحوزتها، مما جعلها أشبه بالسجين في القفص الإسرائيلي.

٢- تجسيد الكيان الفلسطيني على ارض الواقع لأول مرة، وكسب الدعم والتأييد له عربيا وعالميا بحيث لا يمكن لأحد إنكاره، وحتى إسرائيل لا تستطيع تجاوزه أو إهماله. وهذا أصبح يشكل هما دائما وقلقا مستمرا لإسرائيل على الرغم من محاولاتها للانتقاص من أهمية هذا الكيان بسلبها أهم مقوماته وحرمانه

من أقوى مرتكزاته، فقد تمكنت من تهويد القدس ومعظم أراضي الضفة الغربية ونحو ثلث أراضي القطاع وتقسيمها إلى مناطق "أ" ، "ب"و "ج" فالمنطقة "أ" تخضع إداريا وأمنيا للسلطة الوطنية، أما "ب" فتخضع إداريا وأمنيا لإسرائيل، بينما "ج" ظلت تحت السيطرة الإسرائيلية الكاملة، وتشكل منطقتي "أ" و "ب" نحو ٨% من مجمل أراضي الضفة،ولن تزيد في المستقبل بأي حال من الأحوال عن ١٨% . وهذه النسبة المتدنية لم تسلم من المقص الإسرائيلي الذي لجأ إلى اقتطاع مساحات واسعة من الأراضي الفلسطينية لشق طرق التفافية عليها لخدمة المستوطنات في المنطقة ولتمزيق أراضي السلطة حتى لا تصبح وحدة جغرافية تسمح بقيام دولة فلسطينية ذات سيادة في المستقبل.

إن قبول السلطة بهذه الأوضاع جعل البعض يوجه إليها الكثير من الاتهامات، والتي من أهمها إخفاقها في تحقيق آمال وتطلعات الشعب الفلسطيني، وأن إسرائيل نجحت في جعلها أداة تقمع بها الفلسطينيين، وهي مهمة فشلت إسرائيل في إنجازها قبل أن تتسلم السلطة مهماتها ومسؤولياتها.

وعلاوة على تمزيق أوصال أراضي السلطة فقد سيطرت إسرائيل على جميع معابر الكيان الفلسطيني مما مكنها من التحكم في الدخول والخروج، ولا يتم أي شيء إلا بموافقتها ورضاها. وحتى الممر الآمن فقد أصرت إسرائيل بأن تشرف عليه، واشترطت على مستخدميه الحصول على بطاقات ممغنطة تصدرها السلطات الإسرائيلية التي فتحت ملفات لهؤلاء الذين سيمرون عليه مما يمكنها من مراقبة السكان والسيطرة على تحركاتهم، وهذا تدخل سافر في صميم اختصاصات السلطة الوطنية.

ولهذه الأسباب وغيرها يتساءل البعض فيما إذا المنظمة تتوقع إجراءات إسرائيلية كهذه تهدف إلى إيصال السلطة إلى ما تعانيه اليوم من أوضاع حرجة، وإنها لو توقعت ذلك فهل كانت تقدم على توقيع اتفاقية أوسلو، وتستمر في مسيرتها السلمية هذه مع إسرائيل، أم أنها تفضل بأن تتولى مهمة التفاوض نيابة عنها قيادات فلسطينية في الأراضي المحتلة تثق المنظمة في ولائها لها وإخلاصها

للقضية ؟ ... إلا أن المتتبع للأحداث في الأراضي المحتلة إبان الانتفاضة يلاحظ ظهور قيادات وشخصيات فلسطينية سلطت عليها الأوضاع. واستقطبت الجماهير التي التفت من حولها، مما ولد الحساسية عند المنظمة التي خشيت على نفسها من هذه القيادات الجديدة، وكان هذا من العوامل المهمة التي دفعت المنظمة إلى فتح قناة سرية مع شخصيات إسرائيلية وجعلت على رأس أولوياتها الدخول إلى الأراضي الفلسطينية كما سبق القول.

وهناك من يقول : ألم يكن من الأفضل للمنظمة لو بحثت عن صيغة مناسبة ومعدلة لقرار مؤتمر القمة العربية في الرباط عام ١٩٧٤ بحيث تكون المنظمة هي الممثل الشرعي والوحيد للشعب الفلسطيني "كما نص القرار"، دون أن تتحمل المسؤولية في الأراضي الفلسطينية المحتلة في حرب الخامس من يونيو "حزيران" عام ١٩٧٦، وأن تظل هذه الأراضي أمانة لدى بعض الدول العربية التي كانت هذه الأراضي تشكل جزءا من أراضيها أو كانت تشرف على إدارتها وتتولى شؤونها، وأن الدول العربية لا يجوز اعفاؤها من مسؤولية تحرير هذه الأراضي واسترجاعها، وبعد ذلك يمكن للمنظمة أن تقوم بدورها كاملا بعد التحرير، وهذا النهج كان يلتزم به المرحوم أحمد الشقيري مؤسس الكيان الفلسطيني وأول رئيس لمنظمة التحرير الفلسطينية.

ألم تدرك المنظمة آنذاك بأن قرار القمة آنذاك كان توريطا للمنظمة في مشكلة أكبر منها وفوق طاقاتها وإمكانياتها، وبخاصة بعد أن فشل العرب في حلها، ولذلك حملهم الفلسطينيون أسباب نكبة وطنهم في عام ١٩٤٨؟ ... ألم يكن من نتائج هذا التوريط تحمس المنظمة في البحث عن حلول للقضية بما فيها سلاح المقاومة ... وتحت ظروف معينة ولأسباب يعرفها كثيرون. وفي وقت محدد رفعت المنظمة شعار استقلالية القرار الفلسطيني الذي استغل استغلالا سيئا وأدى إلى تراجع القضية الفلسطينية إلى قضية قطرية بعد أن كانت قومية، وأصبح العرب وسطاء بعد أن كانوا شركاء ... وكانت النتيجة ما وصلنا إليه وانقلب الوضع وأصبح الفلسطينيون هم المتهمون لأنهم فرطوا في قضيتهم واتصلوا بعدوهم وفتحوا الباب للدول العربية للدخول منه إلى إسرائيل.

وعلى الرغم من وجهات النظر السلبية هذه إلا أن وجود السلطة الوطنية على جزء من ترابها الوطني أوجد متاعب لإسرائيل ووضعها أمام مأزق لا تستطيع تجنبه ولا حتى تجاهله، وفي الوقت نفسه أصبحت عاجزة عن احتواء هذه السلطة بالكامل رغم المحاولات الكثيرة التي بذلتها، وهي لا تستطيع الحد من تحركات الرئيس عرفات على الساحة الدولية. وقد أسفرت هذه التحركات في إحداث تغييرات في المفاهيم عـن الفلسطينيين فأصبحوا في نظر الأسرة الدولية طلاب حقوق ودعاة سلام بعد أن كانوا إرهابيين يجب القضاء عليهم والتخلص منهم. وفوق هذا وذاك فقد نجحت هـذه التحركات التي قـام بها عرفات وزملاؤه في المنظمـة في إظهار حقيقة إسرائيل كدولة محتلة ومغتصبة لحقوق الشعب الفلسطيني مما نتج عنه تعاطف كثير من الدول، إن لم يكن جميعها مع الفلسطينيين وأصبحت هذه الدول تدعم الحقوق المشروعة لعرب فلسطين. ولاشك في أن هذا سيكون له نتائج إيجابية في المستقبل إن عرفت السلطة كيف تستغله وتستثمره في خدمة القضية.

٣- إعادة فتح ملف القضية الفلسطينية التي كادت تضيع في زوايا قضية الشرق الأوسط نتيجـة المساعي والجهود الإسرائيلية الحثيثة والدؤوبة الرامية إلى تذويب القضية في قضية أخرى أكبر منا لتصبح مشكلة حدود بدلا من قضية وجود ، أو اختزالها لتصبح قضية لاجئين يمكن حلها باستيعابهم في البلاد العربية وتوطينهم عليها.

لاءات باراك وثوابته

إذا اعتمدنا على التصريحات التي يدلي بها كل طرف فإن الصورة تبدو لنا في غايـة القتامة فرئيس الوزراء الإسرائيلي "ايهود باراك" بعد ساعات من إعلان فوزه في الانتخابات على خصمه "بنيامين نتنياهو" في الثامن عشر من شهر مايو هذا العام قام بزيارة حائط المبكى "وهو في الأصل حائط البراق الذي يشكل أحد أسوار الحرم القدسي الشريف"، ثم إلى قبر أستاذه "اسحق رابين". وهناك أطلق ولأول مرة لاءاته الأربع الشهيرة التي تعبر عن سياسته والتي سبق لنا ذكرها.

وقد جدد "باراك" أقواله السابقة أثناء حملته الانتخابية حيث وعد بإجراء استفتاء قبل توقيع اتفاق نهائي مع الفلسطينيين.

وكانت هذه اللاءات مخيبة لآمال الفلسطينيين الذين كانوا يتوقعون بأن يكون عهده أفضل من عهد سلفه " بنيامين نتنياهو" اليميني الليكودي المتزمت، ولذلك كانت الردود غاضبة، ويومها علق الدكتور صائب عريقات كبير المفاوضين الفلسطينيين على هذه اللاءات قائلا بأنها تشكل "بداية مؤسفة، وتضع قضايا تعجيزية في وجه عملية السلام بدلا من أن يحدد باراك ما سيقوم بفعله لتعزيز هذه العملية".

الثوابت الفلسطينية

لقد أعلنت السلطة الوطنية الفلسطينية أكثر من مرة وعلى لسان عدد من المسؤولين فيها عن الثوابت التي لا يمكن التنازل عنها أو حتى زحزحتها وهي :

١- لا تفريط ولا تنازل عن حق اللاجئين والنازحين في العودة إلى وطنهم وهو حق كفله لهم قرار الأمم المتحدة رقم ١٩٤ الصادر في عام ١٩٤٨ والذي ينص صراحة وبكل وضوح على حق عودة اللاجئين إلى ديارهم وتعويض من لا يرغب منهم في العودة.

٢- إزالة المستوطنات التي أنشئت بعد حرب عام ١٩٦٧ لأنها وكما وصفتها الأمم المتحدة في قراراتها "غير شرعية وأقيمت على أراض محتلة" (القرار رقم ٥٠٠ بتاريخ ٩/١٢).

٣- التمسك بالقرارات الدولية عن القدس. وبخاصة القرار رقم ٢٥٢ بتاريخ ٢١ مايو عام ١٩٦٨ والصادر عن مجلس الأمن الدولي والذي جاء فيه.

(١) يعتبر "المجلس" جميع التشريعات والإجراءات الإدارية والتصرفات التي اتخذتها إسرائيل، بما في ذلك نزع ملكية الأراضي والممتلكات الكائنة عليها، والتي من شأنها تغيير الوضع القانوني للقدس. بأنها باطلة لا يمكن أن تغير هذا الوضع.

(٢) يدعو المجلس إسرائيل بصورة عاجلة إلى إلغاء جميع الإجراءات التي اتخذت فعلا وإلى الامتناع فورا عن القيام بأي عمل آخر من شأنه تغيير الوضع في القدس.

٤- حق الفلسطينيين في إقامة دولتهم المستقلة على ترابهم الوطني.

٥- أن تكون القدس عاصمة للدولة الفلسطينية، وقد كانت ردود الفعل غاضبة حينما قالت بعض القيادات العربية بأن "العاصمة في القدس "بدلا من أن" القدس هي العاصمة".

٦- حق الفلسطينيين في السيطرة على مواردهم الطبيعية وبخاصة المياه التي هي أساس الحياة. وأهم ضرورات البقاء والاستقرار ومنطق كل تنمية اقتصادية واجتماعية.

تكتيك باراك واستراتيجيته

منذ استلام "باراك" للسلطة في الأول من شهر يوليو من هذا العام - أي بعد خمسة وأربعين يوميا من فوزه في الانتخابات، وهو يماطل في استئناف مفاوضات السلام الموقعة منذ عهد حكومة سلفه "بنيامين نتنياهو". وكان هدف "باراك" من هذه المماطلة، وكما أعلن بنفسه بأنه يريد دمج تنفيذ بنود اتفاقية "وأي بلانتيشن" الموقعة في البيت الأبيض في ٩٨/١٠/٢٣ مع قضايا المرحلة النهائية. وهذا يعبر عن تكتيك حاول اتباعه للتوصل إلى صفقه مع الفلسطينيين ينفذ بموجبها البنود التي يراها مناسبة من تلك الاتفاقية. وبالمقابل يتساهل الفلسطينيون في تنفيذ القضايا المؤجلة ويتنازلون عن المسائل التي تشكل الثوابت الإسرائيلية مثل القدس واللاجئين والنازحين والاستيطان.

إلا أن الفلسطينيين أدركوا خطورة هذا التكتيك ، وسياسة الصفقات التي يريد "باراك" جرهم إليها فرفضوها وأصروا على تنفيذ اتفاقية "واي بلانتيشن". فأخذ باراك يماطل كسبا للوقت الذي استغله في تغيير كثير من الظواهر على الأرض. ولكنه وافق أخيرا على توقيع اتفاقية ثانية في ٩٩/٩/٥ بشرم

الشيخ عرفت باسم "واي ٢" لأن هدفها كان تنفيذ اتفاقية "واي بلانتيشن" سابقة الذكر.

وعلى الرغم من هذا كله لم يتخل "باراك" عن تكتيك المماطلة فوضع العقبات أمام تنفيذ كل بند من البنود، منها على سبيل المثال البند المتعلق بالإفراج عن المتعقلين. والبند الخاص بالممر الآمن، ويبدو أن "باراك" قد اتبع هذا الأسلوب من المماطلة والتسويف. ووضع العراقيل، واختلاق الصعوبات ليوصل الجانب الفلسطيني إلى حافة اليأس ويدفعه إلى قبول سياسته والإذعان لشروطه والتسليم بخطته التي وضعها لحل القضية وعرضها على شكل تصورات وأفكار عامة على الرئيس الأمريكي "بيل كلينتون" حينما التقاه في العشرين من شهر تموز/ يوليو في هذا العام أثناء الزيارة التي قام بها إلى الولايات المتحدة. وقد نشرت صحيفة "هآرتس" الإسرائيلية آنذاك الخطوط العريضة لخطة باراك على النحو التالي :

١- الحدود : يسيطر الفلسطينيون على رقعة جغرافية في الضفة الغربية تصل وتربط بين تجمعات السكان الفلسطينيين، ويصار إلى إقامة جسر علوي "معلق" ليتم استخدامه كممر آمن ودائم بين الضفة الغربية وقطاع غزة.

٢- الكيان الفلسطيني : لن تعارض إسرائيل أو تمانع في الإعلان عن قيام دولة فلسطينية مستقلة في نهاية مفاوضات الوضع النهائي.

٣- القدس : تبقى المدينة موحدة تحت سيادة إسرائيلية مطلقة وعاصمة لإسرائيل ولا يتم إعطاء الفلسطينيين آية مكانة سياسية في هذه المدينة المقدسة.

٤- اللاجئون : يتم توطين اللاجئين الفلسطينيين في الدول التي يعيشون فيها الآن بإسهام تمويلات دولية، ولن يكون بإمكانهم العودة، ولن يتم إعطاؤهم حق العودة إلى إسرائيل.

٥- المستوطنات : يبقى معظم المستوطنين اليهود في تجمعات استيطانية تحت السيادة الإسرائيلية في الضفة الغربية وقطاع غزة.

٦- الأمن : يكون نهر الأردن الحدود الأمنية الدائمة لإسرائيل ولا يرابط أو يقيم غربي هذا النهر أي جيش أجنبي. كما تكون إسرائيل مخولة بإقامة وتشغيل

محطات منشآت للإنذار داخل مناطق الدولة الفلسطينية حينما تقوم في المستقبل.

الآفاق المستقبلية للحل

هناك ولاشك تباين كبير بين وجهات النظر والمواقف الفلسطينية والإسرائيلية حول القضايا المؤجلة بحيث يبدو للجميع بأنه لا يمكن التوفيق بينها لأن الخلافات عميقة، والهوة سحيقة، ومن المستحيل ردمها أو حتى تجسيرها. فالقضايا التي ستطرح خطيرة. وهي بمثابة المحرمات عند كل طرف والتنازل عنها قد يرقى إلى مستوى الخيانة الوطنية.

وعلى الرغم من هذه العقبات إلا أن حلا ما لابد أن يفرض نفسه أو قد تفرضه الظروف في النهاية. وهذا الحل لن يكون مطابقا بالتمام والكمال لرغبات إسرائيل وشروطها التي وصفت بأنها تعجيزية. قد يكون هذا الحل على خط التماس مع الخطوط الحمراء الإسرائيلية.

وفي اعتقادنا ينبغي على إسرائيل التوصل إلى حل مع السلطة الوطنية الفلسطينية الحالية فهي في نظر الإسرائيليين واقعية ومرنة ويمكن التفاهم معها وأن من مصلحة الإسرائيليين عدم تفويت فرصة كهذه. وقد عبر عن ذلك المفاوض الإسرائيلي في مفاوضات "أوسلو" أوري سافير "في كتابه" "المسار" The Process المشار إليه سابقا.

يقول "سافير" ما نصه : "بعد ثلاثين ساعة عمل أمضاها "يونيل زينغر" (المستشار القانوني الإسرائيلي) مع "أبي علاء" (أحمد قريع) محاولا استكشاف اتجاهات منظمة التحرير الفلسطينية وكنه تفكيرها وأفكارها، خرج بانطباع جيد عن شريكه الجديد ، يقصد منظمة التحرير. والتقى "زينغر" "شيمون بيريز" مباشرة بعد لقائه مع أبي علاء. وحين سأله "بيريز" ماذا في جعبته ، أجاب "زينغر" قائلا بأنه إذا لم نصل إلى اتفاق مع هؤلاء الناس فسنكون بهائم "asses".

لقد سبق وقلنا في مقالنا الأول بأن الطرف المفاوض من منظمة التحرير كان يهمه في المقام الأول الخروج من تونس ودخول مناطق الحكم الذاتي. وكما

قال الخبير القانوني للوفد الفلسطيني في فترة لاحقة ولمدة محددة الدكتور "أنيس فوزري قاسم" في محاضرة له ألقيت في ندوة "بيت المقدس وأكناف بيت المقدس" في عمان في ٩٩/١٠/٢، وكان لنا شرف المساهمة في إعدادها "أن الأخ أبو عمار لم يكن منزعجا بقضية القدس والممر الآمن بقدر اهتمامه بموضوع عودته من تونس إلى مناطق الحكم الذاتي. وفي اتفاقيات أوسلو الأولى والثانية كانت الصفقة تتمثل في التسهيلات والامتيازات الممنوحة للقيادة الفلسطينية وأجهزتها الأمنية ، وفي كيفية دفع الجمارك في حسابات خاصة، وفي التسهيلات التي تمنح تحت غطاء الوكالات التجارية . وبعد حوالي خمس سنوات من عهد أوسلو، تشكلت الآن في مناطق الحكم الذاتي طبقة من أصحاب الامتيازات الذين لهم مصالح كبيرة لا تتعارض مع سلطة الاحتلال".

ويختتم الدكتور أنيس قاسم محاضرته بالتحذير قائلا: "إن القضية الكبرى أن نصل إلى مرحلة إجراء صفقة كبيرة تتم فيها مقايضة إعلان الدولة بالتنازل عن قضايا القدس واللاجئين والمياه والمستوطنات والحدود. وهذا القول ليس قراءة في الكف، بل يستند إلى منهاج تفاوضي متسق ومستمر، وآخر صوره اتفاق "واي ٢" أو ما يسمى باتفاق شرم الشيخ الموقع في ٩٩/٩/٥. إذ كيف يكون من المستساغ للمفاوض الفلسطيني - مثلا أن يوافق على إعادة انتشار قوات الاحتلال دون أن تحدد المناطق التي سوف يعاد الانتشار فيها؟. إن تحديد الخرائط يقع في صلب مهمة المحافظة على التواصل الجغرافي بين مدن الضفة الغربية وقراها. إلا أن الذي كان يضغط على المفاوض الفلسطيني والقيادة الفلسطينية هو الوصول إلى "صفقة" ما للخروج من المأزق التفاوضي ... لذا أكرر خوفي وأصرخ، احذروا الصفقات في المفاوضات القادمة".

ونحن نميل إلى الأخذ بهذا القول، فالحل النهائي سيكون على شكل صفقة لن تلبي الحد الأدنى من الآمال والطموحات الفلسطينية. ما دامت السلطة متلهفة للتوصل إلى حل. وما دامت لا تملك من أوراق القوة ما تضغط بها على إسرائيل. وطالما بقي الموقف العربي على حاله من التردي والتفكك والتشرذم والانقسام،

فأصبح كل بلد لا يهتم بما يحدث خارج حدوده. بل هناك بلدان عربية تضغط على الجانب الفلسطيني للقبول بما يعرضه الإسرائيليون، وهم يعتقدون بأنه في الظروف الحالية فإن الحصول على شيء أفضل من إضاعة كل شيء.

قد يكون الحل أو الصفقة هذه والتي نشرت تفاصيلها في ما سمي بوثيقة "بيلين - أبو مازن" والتي جاء فيها بأن عاصمة الفلسطينيين ستكون في "أبو ديس"، وأن الأماكن المقدسة ستظل تحت السيادة الإسرائيلية في إطار صيغة "الفاتيكان"، وأن المستوطنات الكبرى ستبقى وستظل تحت السيادة الإسرائيلية،وأن الدول الفلسطينية ستكون منزوعة السلاح وغير مكتملة السيادة، وستلغي وكالة غوث اللاجئين "الأونروا" وتستبدل بهيئة جديدة لاستيعاب النازحين وتوطين اللاجئين في أماكن إقامتهم دون ضجة أو صخب.

صحيح أن "أبا مازن" "محمود عباس" نفى أية علاقة له بهذه الوثيقة، وأنكر ما جاء فيها إلا أن هناك ما أثبت صحتها وأكد على وجود وثيقة بهذا الاسم وأن المؤشرات والدلائل تدل على أن السلطة الوطنية ستقبل بأن تكون عاصمة الدولة في "أبو ديس" وهي اليوم من ضواحي القدس، ومن علامات ذلك - كما يقول كثيرون - نشاط السلطة المتزايد في إقامة مبان يعتقد بأنها ستكون مقرا لإدارات الدولة القادمة.

أما فيما يتعلق بمساحة هذه الدولة فبناء على دراسة أعدها مركز الشرق الأوسط في عمان ونشرت خلاصتها في جريدة الدستور بتاريخ ٩٩/١٠/١٧ فإنه وبعد تطبيق المرحلة الثالثة من اتفاق شرم الشيخ في العشرين من شهر يناير عام ٢٠٠٠ فإن السيطرة الفلسطينية الكاملة أمنيا وإداريا ستصل إلى ٥.٤٣% من مجمل مساحة الضفة الغربية، بينما ستصل نسبة السيطرة المشتركة الفلسطينية - الإسرائيلية إلى ٢٩.٦% من مساحة الضفة أما النسبة المتبقية وهي ٦٤.٩٧% فستبقى تحت السيطرة الإسرائيلية الكاملة، أي أن سلطة الدولة الفلسطينية أمنيا وإداريا لن تتعدى ٥.٤٣% من مساحة الضفة أو ما يعادل نحو ٤٨٩ كيلو مترا مربعا فقط وهي مساحة مقطعة تفصلها بؤر استيطانية وطرق التفافية، وإذا أضيف إلى هذه

المساحة حوالي ٢٠٨كليو مترات مربعة هي المساحة التي تخضع إداريا وأمنيا للسلطة الوطنية في قطاع غزة ، فإن مساحة الدولة الفلسطينية المنتظرة ستبلغ نحو ٦٩٧ كليومترا مربعا. وإذا ظلت جميع المعابر والمنافذ تحت السيطرة الإسرائيلية فإنها ستكون دولة منقوصة السيادة، وهو نمط لا سابق له في الأعراف الدولية.

وعلى أية حال فإن حلا كهذا تفرضه قوة المحتل في ظل اختلال الموازين في المنطقة وفي واقع عالمي كهذا لن يكتب له البقاء والاستمرار، ولن ينهي الصراع والنزاع، وأن هذا النوع من الاتفاقيات لا يوقعه عادة إلا المضطرون من الضعفاء الذين لن يجبروا الأجيال من بعدهم على الخضوع له والتقيد بما جاء فيه، فما أكثر الشعوب التي مزقت اتفاقيات أذلتها وأهانتها واستجمعت قوتها وناضلت من أجل استرداد حقها واسترجاع كرامتها. والشعب الفلسطيني الذي كافح وناضل ولم يمل أو يتعب من النضال لن يستثني نفسه من هذه القاعدة وكما قال أبو القاسم الشابي رحمه الله.

إذا الشـــعب يومـــا أراد الحيـــاة   فلابـــد أن يســـتجيب القـــدر

ولابـــد لليـــل أن يـــنجلي

ولابـــد للقيـــد أن ينكسر

الآفاق المستقبلية للقاء أوسلو الحالي
وهل يمهد إلى كامب ديفيد جديد ؟

اللقاء الثلاثي للرؤساء "بيل كلينتون" و"ياسر عرفات" و"ايهود باراك" والذي تم في يوم الاثنين، الأول من هذا الشهر* في أوسلو يثير الكثير من التساؤلات، ويضع العديد من علامات الاستفهام حول طبيعة هذا اللقاء وسببه، وهل هو احتفالي - بدليل حضور "ليئة" أرملة رابين - أقيم احتفاء بالذكرى الرابعة لاغتيال "اسحق رابين" رئيس الوزراء الإسرائيلي الأسبق الذي جعلوه بطلا للسلام، وصانعا للأمن والاستقرار، وواضعا أسس الوئام في المنطقة، ونسوا أنه صاحب الكثير من المآسي والنكبات التي حلت بالشعب الفلسطيني والتي ذكرناها في مقالاتنا السابقة.

وإذا لم يكن هذا اللقاء احتفاليا فما عساه أن يكون ؟ هل هو سياسي ؟ فإن كان كذلك فما دوافعه ؟ وما الأهداف التي يسعى إلى تحقيقها ؟ وما الذي دعا الرئيس الأمريكي إلى حضوره، علما بأن بقاءه في البيت الأبيض أصبح محدودا وأن فترة رئاسته الثانية بقي لها عام ونيف ؟ وماذا يتوقع "ايهود باراك" من وراء اجتماعه بعرفات وكلينتون ؟

يحاول هذا المقال الإجابة عن هذه الأسئلة وغيرها مما قد يثيرها البعض أو تترد في أذهان الكثيرين الذين يتابعون الشأن الفلسطيني ويحللون الأحدث على المسار الفلسطيني وما تعترضه من عقبات وعراقيل.

إيجابيات اللقاءات وسلبياتها

من الناحية النظرية البحتة فإن اللقاءات أفضل بكثير من عدمها. لأنها تزيل ما قد يعلق في النفوس من تهم ربما كانت باطلة، وتقضي على إشاعات هدفها نسف جسور التقارب، وتؤدي في الوقت نفسه إلى تقريب الأشخاص من

---

* ١٩٩٩/١١/١م

بعضهم حتى لو كانوا متباغضين متنافرين، وتصفي القلوب، وتدفع الأمور إلى الأمام، وتساعد في إنجاز القضايا المعلقة، وتساعد في حل المسائل الصعبة، وتخلق جوا من الثقة وحسن النية بين الأطراف المتلاقية. إلا أن هذه المزايا تعتمد أولا وقبل كل شيء على النوايا الصادقة والمخلصة عند جميع الأطراف المتلاقية. ولا شك في أن عدم توافرها سيقلب الإيجابيات إلى سلبيات ، والحسنات إلى سيئات.ونحن البشرـ لا نملك إلا الظواهر والمؤشرات للحكم بها على النوايا والتي من السهل على الإنسان مداراتها وإخفاءها، أما بواطن الأمور فلا يعلم بها إلا الله سبحانه وتعالى. ولعل من أهم هذه السلبيات إضاعة الوقت عند طرف ومحاولة استغلاله من جانب طرف آخر.

التقليل من أهمية اللقاء

المسؤولون الإسرائيليون يقللون من أهمية هذا اللقاء ويعتقدون بأنه لن يسفر عن أي شيء مهم. ففي تصريح أدلى به "داني ياتوم" مستشار باراك للشؤون الأمنية قال فيه بوضوح بأن يجب عدم توقع نتائج أساسية خلال قمة أوسلو هذه. وأضاف في تصريح للإذاعة الإسرائيلية بأنه جرت لقاءات سياسية عديدة في أوسلو، ولا أظن أنه سيتم وضع خطوط عريضة لأي اتفاقات.

وتابع "داني ياتوم" قائلا أنه من غير الضروري الذهاب إلى أوسلو للمناقشة. فلدينا اتصالات مع الفلسطينيين، وأن مفاوضات الوضع النهائي ستبدأ في المنطقة قريبا.

ومن جهتها شددت، "ميراف بارسي" الناطقة باسم باراك على أن القمة في أوسلو لن تكون قمة سياسية بل قمة تكريم لذكرى اسحق رابين.

وقد نشرت صحيفة "نيويورك تايمز" مقالا يوم الأحد الحادي والثلاثين من الشهر* المنصرم تناولت فيه آفاق اللقاء ونتائجه المتوقعة على مسيرة السلام جاء فيه ما يلي :

"من الأمور التي تثير القلق في الأوساط المعنية في الشرق الأوسط أن رئيس الوزراء الإسرائيلي ايهود باراك الذي أدار حملته الانتخابية حول موضوع السلام ووصل إلى رئاسة الحكومة محمولا بأجنحة وعوده المتعددة بهذا الشأن قد فشل حتى الآن في الإيفاء بالوعد الذي قطعه على نفسه بالتوصل إلى اتفاقية سلام دائم بين الفلسطينيين والإسرائيليين بحلول شهر أيلول من هذا العام. وهذا هو أيلول يأتي ويمضي ويتبعه شهر آخر ووعد باراك ما زال بعيدا عن التحقيق.

قد لا يكون للأيام والشهور حساب كبير في الأحداث التاريخية التي تغير حياة الشعوب. لكن مسيرة السلام الفلسطينية - الإسرائيلية التي عانت كثيرا من التعطل والاختناقات تظهر حساسية كبيرة إزاء أي توقف مهما كان قصيرا.

ومما يضاعف القلق الفلسطيني والعربي أن التباطؤ على مسار السلام يرافقه تعجيل خطير في مجال تثبيت الوجود اليهودي في الضفة والقطاع والذي سيشكل محورا رئيسيا في مباحثات السلام.

وإذا كان باراك قد تراجع عن وعده الأول،وحدد موعدا آخر للوصول إلى إطار كامل بشأن الوضع النهائي في شهر فبراير المقبل فإن الكثيرين وفي مقدمتهم الرئيس الفلسطيني ياسر عرفات والمسؤولين الأميركيين وحتى بعض الإسرائيليين صاروا يشكون في تحقيق هذا الوعد أيضا".

وتختتم الصحيفة مقالها بالقول "ولهذا السبب نجد أن الزعيمين الإسرائيلي والفلسطيني لا يفصل بين مكتبيهما في القدس ورام الله أكثر من عشرة أميال يطيران اليوم إلى أوسلو حيث يجتمعان بالرئيس الأمريكي "بيل كلينتون" في اجتماع يصفه المراقبون بأنه لقاء بين ثلاثة أطراف متباينة الدوافع والأهداف".

---

* ١٩٩٩/١٠/٣١م

كل يغني على ليلاه

إذا كان هناك من يشك في أهمية هذا اللقاء ، فما الذي دفع هؤلاء الرؤساء على الرغم من مشاكلهم الكثيرة- وبخاصة الرئيس الأمريكي "بيل كلينتون" إلى حضوره؟ ... هل قطعوا هذه المسافات البعيدة وتكبدوا عناء السفر وجاءوا إلى أوسلو لمجرد المصافحة وإضاعة الوقت وفي ترديد عبارات الود والمجاملات، وتكرار دبلوماسية القبلات.

دعونا نبدأ أولا بالرئيس كلينتون الذي توج فترة رئاسته الأولى باتفاقية أوسلو الموقعة في حديقة البيت الأبيض في الثالث عشر من شهر سبتمبر عام ١٩٩٣ في احتفال عالمي كبير وحملة إعلامية كبيرة لم يشهد لها البيت الأبيض مثيلا منذ زمن بعيد. فإذا كان الرئيس "جيمي كارتر" تمكن من جمع الرئيس المصري "محمد أنور السادات" والرئيس الإسرائيلي "مناحيم بيغن" ونجح في إقناعهما بتوقيع اتفاقية "كامب ديفيد" في عام ١٩٧٩. وهو إنجاز عظيم أمكن بموجبه إخراج مصر من دائرة الصرع العربي - الإسرائيلي فإن "بيل كلينتون" حقق هو الآخر إنجازا في غاية الأهمية والخطورة تمثل في جمع الرئيس الفلسطيني ياسر عرفات والرئيس الإسرائيلي "اسحق رابين" وتوقيعهما على اتفاقية أوسلو التي أخرجت القضية الفلسطينية من مسارها القومي إلى وضعها القطري لينفرد كل قطر عربي بهمومه وقضاياه في نهاية المطاف وهذا ما نراه ونلمسه في هذه الأيام.

الرئيس الأمريكي "بيل كلينتون" أصبح الآن على وشك الخروج من البيت الأبيض وهو يريد قبل أن يترك مكتبه البيضاوي الضخم والفخم تحقيق أكبر قدر من الهالة والتقدير على اعتبار أنه تمكن من حل أعقد مشاكل هذا القرن وأكثرها تشابكا فهو بحضور هذا اللقاء واختلاق مناسبة تكون أوسلو مقرها يهدف إلى استحسان زخم هذه الاتفاقية ويريد تسليط الأضواء عليها والتي تضعه في دائرة الضوء من جديد. أنه كالممثل الذي يغادر المسرح والأضواء الكاشفة تودعه عند آخر درجات المسرح ومن حوله الجمهور يحيونه بالهتاف والتصفيق.

ويريد "كلينتون" في الوقت نفسه الاحتفاظ لنفسه ولبلاده أميركا بدور بارز ومهم وكحكم في مباحثات السلام بين الفلسطينيين والإسرائيليين.

أما رئيس الوزراء الإسرائيلي "ايهود باراك" فله أهدافه الخاصة وحساباته المختلفة. فهو على الرغم من رغبته في تحويل العلاقات الثلاثية إلى علاقة ثنائية بين الفلسطينيين والإسرائيليين وتقليص الدور الأمريكي من حكم ومشارك إلى داعم ومؤيد للموقف الإسرائيلي فإنه يريد بحضوره إلى أوسلو إشعار الولايات المتحدة الأميركية بأن لها دورا مركزيا في عملية السلام من أجل أن يدفع الكونجرس إلى إطلاق المساعدة الموعودة لإسرائيل والبالغة مليار ومئتي مليون دولار التي ما زال الكونجرس متحفظا بشأن المصادقة على منحها. وفي الوقت نفسه فهو يريد الالتقاء بعرفات وقد سبق وصرح بأنه يريد أن يكون التباحث في القضايا النهائية على مستوى القمة بينه وبين عرفات. وقد عارض الفلسطينيون هذا الاقتراح وأصروا بالتفاوض على مستوى أبعادها المختلفة.

وبطبيعة الحال فإن للرئيس ياسر عرفات أهدافه التي يسعى إلى تحقيقها في هذا اللقاء وهو لا شك شخصية محنكة لها خبرتها الطويلة في التعامل مع الإسرائيليين ولديه الرؤية البعيدة في قضايا بلده التي يحمل همومها منذ الستينات.

لقد عزز ياسر عرفات علاقته بالولايات المتحدة الأميركية في أثناء حكم الرئيس الإسرائيلي المتزمت "بنيامين نتنياهو" وهو لا يريد الجلوس وحيدا مع الإسرائيليين على طاولة المفاوضات، وهو يصر على أن يظل الطرف الأمريكي شريكا في المفاوضات وحكما في المباحثات.

هي سيشهد هذا اللقاء مفاوضات جديدة ؟

كثرت التكهنات حول هذا اللقاء وتعددت التفسيرات والتأويلات فهناك من يقول بأن هناك نوعا من الصفقة على وشك أن تتم قبل موعد الاتفاق النهائي حول القضايا المؤجلة. أو أن هناك طبخة سياسية يعد لها، ويتم التشاور

وجس النبض لها في هذا اللقاء، فالقمم في العادة تعقد للتصديق على صفقات أو طبخات سرية كما حدث في اتفاقية أوسلو الأولى قبل ست سنوات، وليس من المعقول أن يحضر الرئيس كلينتون لأجل المصافحة.

ويرى البعض بأن هذا اللقاء يعتبر إحدى القنوات الخلفية التي سبق وحذر منها ياسر عبد ربه الوزير في السلطة الوطنية الفلسطينية، وهناك من يعتقد بأن باراك يحضر اللقاء ومعه أوراق يريد من الطرف الفلسطيني توقيعها والموافقة عليها. ويرى آخرون بأنه سيتم في هذا اللقاء وضع إطار العمل لمرحلة المفاوضات النهائية ووضع أولوياتها. وربما تفكيك القضايا المؤهلة وتجزئتها بحيث يبدأ بحث السهل منها أو الذي لا يشكل هما كبيرا وخطيرا وعظيما على إسرائيل.

ويعتقد نفر من المتابعين للشؤون الفلسطينية بأن هذا اللقاء سيخصص معظمه لمراجعة ما تم الاتفاق عليه في شرم الشيخ أو اتفاقية "واي ٢" الموقعة في الخامس من شهر سبتمبر هذا العام وذلك على ضوء التنفيذ السيئ لحكومة باراك واستمرارها في عمليات الاستيطان.

وعلى الرغم من وجاهة كل هذه الآراء واحترامي وتقديري لأصحابها ولكونها قد تكون صادقة، إلا أنني أميل إلى الرأي الذي يقول بأن لقاء أوسلو هذا لن يتم فيه التوصل إلى اتفاقية جديدة، وإنما سيكرس لإعادة بناء الثقة بين الأطراف بالعودة الرمزية إلى أوسلو حيث تم التوصل إلى الاتفاق الأول بين الرئيس الإسرائيلي الراحل "اسحق رابين" والرئيس الفلسطيني "ياسر عرفات".

ولاشك في أن الفلسطينيين في أمس الحاجة إلى أحياء وتفعيل العملية السلمية الكثيرة التوقف وهم لم يدخروا وسعا في تقديم دلائل حسن النية لباراك. وفي هذا يقول كبير المفاوضين الدكتور "صائب عريقات"، "لقد فعلنا كل ما بوسعنا لاستعادة الثقة والمشاركة لكن محادثات السلام لم تبدأ، يضاف إلى ذلك ما نشهده من تصعيد في إقامة المستوطنات ومصادرة الأراضي الذي يجعل هذا النوع من المحادثات عديم الجدوى".

صحيح أن تنشيط المحادثات وتفعيل العملية السلمية يمكن أن يتما دون الذهاب إلى أوسلو، إلا أن الفلسطينيين لا يمانعون في الذهاب إلى أي مكان ولو في آخر الدنيا حتى يثبتوا للجميع بأنهم دعاة سلام وطلاب قضية عادلة وأصحاب حقوق ثابتة في أرضهم ووطنهم.

أما الإسرائيليون فعلى الرغم من عدم قناعتهم بجدوى لقاء أوسلو كما ذكرنا في بداية هذا المقال إلا أن رئيس وزرائهم "ايهود باراك" قال بأن "البدء في إحياء ذكرى رابين يزكي شحنة عاطفية لدى جميع الأطراف المشاركة ... وإن العودة إلى إرث رابين سوف يساعدنا في التركيز على التزامنا المشترك بإقامة السلام ثم يكون علينا أن نبارك ما تم التوصل إليه ونعود إليه لنستخدمه كدافع باتجاه ما سوف يأتي".

وعلى أية حال فإن أقوالا كهذه لا تعبر بالضرورة عن الأهداف الحقيقية والنوايا الباطنية التي تخفيها الصدور، وبخاصة في وضع كهذا معقد ومتعدد التوجهات والتطلعات. فباراك وهو جنرال سابق ناجح، وعسكري محنك لا يمكن أن يقدم على عمل دون تخطيط سابق وتدبير فائق ولغايات محددة. فهو يؤمن بأن القرارات الصعبة بشأن الاتفاق النهائي ستكون من اختصاصه واختصاص الرئيس عرفات، وهي ... من وجهة نظره لن تحتاج إلى إجراءات مطولة يضطلع بها المفاوضون.

وعلاوة على ذلك فقد اختار باراك قبل التفاوض مع الفلسطينيين، التشاور أو التفاوض مع الإسرائيليين حتى يتجنب الفخاخ التي وقع فيها من قبل أستاذه الراحل رابين ودفع حياته ثمنا لها. وإذا كان يريد السعي إلى الهدف نفسه الذي توخاه رابين وهو "السلام مع الأمن" وعلى الطريقة الإسرائيلية وهو هدف يسعى إليه انطلاقا من خلفيته كجنرال محارب تحول في نظر البعض بأنه صانع سلام فإنه يريد أن يفعل ذلك بحذر شديد.

الاستيطان يلقي بظلاله الثقيلة على اللقاء

الاستيطان الإسرائيلي هو الخطر الأكبر الذي يخشاه الفلسطينيون. وبه يتأكدون من مدى صدق النوايا الإسرائيلية من عدمها، فالاستيطان معناه الاستيلاء

على مزيد من الأراضي الفلسطينية. وهو الوسيلة التي تلجأ إليها إسرائيل في تغيير الواقع الجغرافي والديموغرافي على الأرض.

لقد كان الاستيطان الذي لم يتوقف بمثابة الهم الأكبر الذي حمله الفلسطينيون معهم في لقاء أوسلو. وقد سبق لوزير التخطيط الفلسطيني الدكتور نبيل شعث أن قال بأن "تثبيت المستوطنات يعني تعميق الاحتلال في الوقت الذي نتصدى فيه للتفاوض انطلاقا من مبدأ مبادلة الأرض بالسلام".

وقد أطلق باراك في مجلس الوزراء الإسرائيلي مؤخرا تعبيرا جديدا يقول فيه "نحن هنا وهم هناك". وهو يعبر عن سياسة للفصل بين الفلسطينيين والإسرائيليين وهو يريد تجسيد سياسته هذه بتبني مقولة الصحافي البريطاني المعروف "روبرت فسك" والتي مفادها بأن "الأسوار الجيدة تصنع جيرانا جيدين". ولذلك فهو يرغب في إنشاء مناطق أمنية مسورة بأسوار فعلية تعزل المناطق التي يسكنها الفلسطينيون عن المناطق الإسرائيلية، كما يرى باراك بأن الطرق الخارجية المغلقة هي خير وسيلة للربط بين المناطق الفلسطينية التي تفصل بينها أراض ومستوطنات يريد الاحتفاظ بها لإسرائيل.

وعلى أية حال فإن من يعلق الآمال على هذا اللقاء فهو مخطئ لأن نتائجه ستكون محدودة جدا ما دام الجانب الإسرائيلي يهتم بالمظهر أكثر من الجوهر، وطالما سياسة المماطلة والتسويف وكسب الوقت هي النهج الذي ينهجه الإسرائيليون، لبناء المزيد من المستوطنات، وتوسيعها وتهويد الأرض وتغيير الوقائع حتى لا يتبقى شيء مهم يمكن التفاوض عليه مع الفلسطينيين.

هل يريد باراك هدم المعبد على رؤوس من فيه ؟

اكتب هذا المقال، وأنا استمع إلى إحدى محطـات الإذاعـات الأجنبيـة وهـي تقـول بـان الجلسة الأولى من جلسات الوضع النهائي بين الفلسطينيين برئاسة ياسر عبد ربه وزير الإعلام في السلطة الوطنية، والجانب الإسرائيلي برئاسـة "أوديد عيران" الـديبلوماسي، بمدينـة رام اللـه بالضفة الغربية ستبدأ في الساعة العاشرة مـن صبـاح هـذا اليـوم الاثنيـن في الثامـن مـن هـذا الشهر.*

وسيبحث الطرفان القضايا المؤجلة كما نصت عليها اتفاقية "أوسلو". وكان مـن المفروض الانتهاء من بحث هذه القضايا في عام ١٩٩٨. إلا أن المماطلة والتسويف مـن جانب إسرائيل وعدم الالتزام بتطبيق بنود اتفاقيـة القاهـرة الموقعـة في عـام ١٩٩٤. واتفاقيـة الخليل في عـام ١٩٩٦. واتفاقيـة "واي بلانتيشين" في عـام ١٩٩٨، وأخـيرا اتفاقيـة "شرم الشيخ" أو "واي ٢" في الخامس من سبتمبر هذا العام تسبب في هـذا التـأخير المقصـود إلي تمكين الإسرائيليون مـن استغلاله بتغيير الواقع الجغرافي والـديمغرافي في أراضي الضفة والقطاع. ومازال الإسرائيليون يتمسكون بمقولة رئيس وزارتهم الأسبق "اسحق رابين" الـذي كـان يـبرر المماطلـة والتسويف بترديد عبارته المشهورة والتي تقول بأنه ليست هناك مواعيد مقدسة تجبرنا على التقيد بها.

إن هذه القضايا التي يبدأ الطرفان - الفلسطيني والإسرائيلي - ببحثها ومناقشتها اليـوم هي الأخطر والأهم والأكثر تعقيدا لأنها تتنـاول مسائل خلافيـة مثل القـدس، والمستوطنات، والحـدود، واللاجئيـن والنـازحين. والدولـة الفلسطينيـة والميـاه. لقـد وضـع كـل طـرف ثوابتـه وخطوطه الحمراء من هذه القضايا معتبرا أن التزحزح عنها تجاوزا وتهاونا وتفريطا في حقوقـه الوطنية ومساسا بمحرماته. ولا نعتقد بـأن التنـازل عـن هـذه الثوابـت ليـس سهلا . ولا يمكن الانتهاء من هذه

---

* ١٩٩٩/١١/٨م

المفاوضات في شهر أيلول من العام القادم كما أعلن الطرفان. وهذا برأينا تفاؤل مفرط في السذاجة.

تصريحات اللحظة الأخيرة لباراك

في اجتماع "أوسلو" الأخير الذي عقد يوم الاثنين الأول من هذا الشهر وحضره الرؤساء الثلاثة"بيل كلينتون" و "ياسر عرفات" و "أيهود باراك" كرر الرئيس الإسرائيلي باراك" لاءاته الأربعة التي استهل بها حكمه والتي سبق أن ذكرناها في مقالاتنا السابقة أكثر من مرة.

وقبيل انعقاد الجلسة الأولى من مفاوضات المرحلة النهائية بساعات قلائل زاد "باراك" لاءاته إلى خمس بعد أن صرح قائلا بأن قرار مجلس الأم رقم ٢٤٢ لا ينطبق على الفلسطينيين، وإنما على الدول ذات السيادة فقط،وهو يقصد ولاشك مصر والأردن وسورية ولبنان.

وربما كان من المفيد للقارئ أن يعرف نصوص هذا القرار الذي قد يكون نسيه كثيرون، وحتى نفهم ما يقصده باراك بالتحديد. وهل من حقه إطلاق تصريح كهذا ؟ وهل يملك حق استبعاد الفلسطينيين من القرار ؟.

قرار مجلس الأمن رقم ٢٤٢ :

صدر هذا القرار في الثاني والعشرين من شهر نوفمبر عام ١٩٦٧. أي عقب حرب الخامس من حزيران عام ١٩٦٧ وجاء في هذا القرار ، "إن مجلس الأمن:

(١) إعرابا عن قلقه المستمر على الموقف الخطير في الشرق الأوسط.

(٢) وتأكيدا لعدم جواز السماح بالاستيلاء على أراض بالحرب، وللحاجة إلى العمل في سبيل سلام عادل دائم تستطيع فيه كل دولة في المنطقة أن تعيش في أمان.

(٣) وتأكيدا كذلك بان جميع الدول الأعضاء عند قبولها لميثاق الأمم المتحدة قد التزمت أن تتصرف وفقا للمادة الثانية من الميثاق.

١- يؤكد أن الوفاء بمبادئ الميثاق يقتضي إقرار سلم عادل دائم في الشرق الأوسط يتضمن تطبيق كل من المبدأين التاليين :

أولا : جلاء القوات الإسرائيلية عن أراض احتلت في الصراع الأخير.

ثانيا : إنهاء جميع الادعاءات أو حالات الحرب واحترام السيادة وسلامة الأراضي والاستقلال السياسي والاعتراف بها لكل دولة في المنطقة. واحترام والاعتراف بحق كل دولة في المنطقة في أن تعيش في سلام داخل حدود آمنة معترف بها حرة من التهديدات أو أعمال القوة.

٢- ويؤكد كذلك ضرورة.

أ- حماية حرية الملاحة عبر الممرات الدولية في المنطقة.

ب- تحقيق تسوية عادلة لمشكلة اللاجئين.

ج- ضمان عدم انتهاك الأراضي والاستقلال السياسي لكل دولة في المنطقة بإجراءات منها إنشاء مناطق مجردة من السلاح.

٣- ويطلب إلى الأمين العام أن يعين ممثلا خاصا ليتوجه إلى الشرق الأوسط وينشئ ويقيم اتصالا مع الدول المعنية بالأمر رغبة في تهيئة أسباب الاتفاق والمساعدة في الجهود لتحقيق تسوية سلمية مقبولة وفقا لأحكام هذا القرار ومبادئه.

٤- ويطلب إلى الأمين العام أن يقدم تقريرا إلى مجلس الأمن عن سير العمل في جهود الممثل الخاص في أقرب وقت ممكن.

وفي الثاني والعشرين من شهر أكتوبر عام ١٩٧٣ أي عقب حرب عام ١٩٧٣ أصدر مجلس الأمن قراره الدولي رقم ٣٣٨ يؤكد على القرار السابق رقم ٢٤٢.

باراك يتجاهل الحقائق

لاشك في أن باراك باستبعاد الفلسطينيين من القرار رقم ٢٤٢ يرتكب أخطاء من أهمها :

١- نسف الأساس الذي عقد بموجبه مؤتمر مدريد للسلام. والذي بدأ أعماله في الثلاثين من شهر تشرين الأول (أكتوبر) عام ١٩٩١ . وقد اتخذ هذا المؤتمر شعاره المشهور "الأرض في مقابل السلام" من واقع قراري مجلس الأمن ٢٤٢ و ٣٣٨، وبموجبهما وافق الإسرائيليون والعرب بمن فيهم الفلسطينيون والذين كانوا تحت المظلة الأردنية، أي ضمن الوفد الأردني، على حضور المؤتمر والبدء بمفاوضات مباشرة ، وبإشراف راعيي عملية السلام، وهما الولايات المتحدة الأمريكية ممثلة برئيسها أنذاك "جورج بوش" والاتحاد السوفياتي قبل تفككه ممثلا بآخر رؤسائه "ميخائيل غورباتشوف".

٢- نسف اتفاقية أوسلو الموقعة في عام ١٩٩٣ بين منظمة التحرير الفلسطينية ممثلة برئيسها "ياسر عرفات" والحكومة الإسرائيلية ممثلة برئيس وزراء إسرائيل آنذاك "اسحق رابين وبكفالة الرئيس الأميركي "بيل كلينتون".

وفي هذه الاتفاقية اعترفت إسرائيل بمنظمة التحرير الفلسطينية.وفي الوقت نفسه تكون قد اعترفت ضمنيا بقرار القمة العربية السابعة والمنعقدة في التاسع والعشرين من شهر أكتوبر عام ١٩٧٤ بمدينة الرباط بالمملكة المغربية والذي جاء فيه بأن منظمة التحرير هي الممثل الشرعي والوحيد للشعب الفلسطيني.وكذلك اعترفت بقرار فك الارتباط الذي أصدره الملك حسين في ١٩٨٨/٧/٣١. وهذان القراران يخولان منظمة التحرير الفلسطينية الحق في تحرير الأراضي الفلسطينية المحتلة في حرب عام ١٩٦٧.

ومن المعلوم بأنه حينما صدر قرار مجلس الأمن رقم ٢٤٢ عام ١٩٦٧ كانت الضفة الغربية جزءا من المملكة الأردنية الهاشمية، وباعتراف عربي دولي مما يعطي الحق والشرعية للأردن باستعادة الضفة، كما يعطي الحق لمصر باستعادة قطاع غزة الذي كان خاضعا لها.

وبصدور قرار قمة الرباط عام ١٩٧٤ وقرار الأردن بفك الارتباط بالضفة الغربية يكون حق التحرير أو استرجاع الأراضي الفلسطينية المحتلة عام ١٩٦٧ قد انتقل إلى منظمة التحرير الفلسطينية . وباعتراف إسرائيل بمنظمة التحرير في

اتفاقية أوسلو تكون قد اعترفت بهذا الانتقال، وعلى أساسه قبلت التفاوض مع الفلسطينيين. وإذا كان "باراك" يريد استثناء الفلسطينيين من قرار ٢٤٢، وإن إسرائيل لها تفسيرها الخاص لهذا القرار، كما قال رئيس الوفد الإسرائيلي "أوديد عوران" في مؤتمر صحفي عقب انتهاء الجولة الأولى من مفاوضات المرحلة النهائية، فعلى ماذا كان يتفاوض الفلسطينيون والإسرائيليون طيلة السنوات الست الماضية والتي تعاقبت في خلالها وزارات إسرائيلية مختلفة ؟ . وهل أضاعوا هذه المدة الطويلة في ثرثرات فارغة، وأحاديث تافهة ومجاملات زائفة وكاذبة؟ وعلى أي أساس قامت السلطة الوطنية الفلسطينية ؟ وهل من الممكن قيام سلطة بلا أرض ؟ وما نوع وشكل الدولة التي يفاوض الطرفان على قيامها إن لم يكن لها أرض محددة وذات حدود ثابتة ؟ وإذا لم تقم هذه الدولة في الأراضي التي احتلتها إسرائيل في حرب ١٩٦٧ فأين ستقام إذن ؟.

إذا كان "ايهود باراك" يريد من إطلاقه هذا التصريح العجيب التأكيد للفلسطينيين وللعالم بأن إسرائيل لن تعيد جميع الأراضي التي احتلت في عام١٩٦٧، فإن الفلسطينيين يدركون ذلك ويفهمونه وقد وافقوا عليه ضمنيا حينما وقعت منظمة التحرير الفلسطينية مع إسرائيل اتفاقية أوسلو عام ١٩٩٣ وما تلاها من اتفاقيات حيث قسمت الأراضي الفلسطينية المحتلة عام ١٩٦٧ التي تخضع لانسحابات إسرائيلية إلى ثلاث مناطق هي "أ" و"ب" و"ج" وسبق أن شرحناها في مقالاتنا السابقة.

أفعال باراك لا توحي بالسلام

لاشك في أن تصريحات "باراك"هذه لا تخدم السلام، وإنما تسمم أجواء المفاوضات قبل أن تبدأ، وهو يريد وضع العقبات أمام العملية السلمية.

ولم يكتف "باراك" باطلاق التصريحات، وإنما عزز أقواله ودعمها بالأفعال. فقبل أيام قلائل شرع مستوطنون إسرائيليون في مصادرة ما لا يقل عن ألفي دونم في منطقة المواصي والتي تمتد من مدينة خان يونس شمالا حتى مدينة رفح جنوبا. وأقاموا سياجا من الأسلاك الشائكة حول هذه المنطقة ولمسافة ثلاثة كيلو مترات

من الشمال إلى الجنوب وبعرض سبعمائة متر من الغرب إلى الشرق. ووضعوا على السياج نقاط مراقبة إلكترونية.

ومنطقة المواصي هذه تفصل خان يونس عن ساحلها الجميل المطل على البحر المتوسط. وبهذا العمل يكون الإسرائيليون قد حرموا المدينة، التي تعتبر الثانية بعد مدينة غزة من حيث الحجم السكاني في القطاع، من التمتع بساحل البحر والذي هو بمثابة الرئة الوحيدة للمدينة. وحالوا دون امتدادها العمراني نحو الغرب بعد أن أوقفوا العمران باتجاه الشمال والجنوب ببناء العديد من المستوطنات. وحصروا المدينة في منخفض من الأرض مما يشكل تهديدا خطيرا لها ولبيئتها.

وفي الوقت نفسه وافق "باراك" على توسيع مستوطنة "إيتيمارب" قرب مدينة نابلس بالضفة إلى عشرة أضعاف مساحتها الأصلية مما يعني مصادرة المزيد من الأراضي الفلسطينية والاستيلاء عليها بالقوة وخنق كبرى المدن العربية في الضفة. كما أنه يواصل عملية تهويد القدس وتوسيعها بعد أن وافق على امتداد مستوطنات "معاليه أدوميم" لتصل إلى مشارف مدينة أريحا.

وفي القدس الشرقية التي احتلتها إسرائيل في عام ١٩٦٧ وجميع سكانها كانوا من العرب قام الإسرائيليون بمصادرة الأراضي وطرد السكان فقد صادرت إسرائيل ما لا يقل عن ٣٤% من أراضي القدس الشرقية واعتبرت ٥٢% منها مناطق خضراء يحظر البناء فيها لتشكل احتياطيا إستراتيجيا للتوسع الاستيطاني الإسرائيلي. ولم يتبق للسكان إلا ١٤% من مساحة المدينة. وقال تقرير حديث أصدره مركز القدس للحقوق الاجتماعية والاقتصادية أن إسرائيل أقامت خمسة عشرة مستوطنة يهودية وتسعة مناطق صناعية. ونحو مائة مصنع للصناعات التكنولوجية والخفيفة على الأراضي المصادرة.

ولا شك في أن الاستيطان هو الخطر الأكبر الذي يهدد السلام. وقد أطلق ياسر عبد ربه وزير الأعلام الفلسطيني تصريحات قال فيها بأن "قرارات حكومة

باراك بما يخص الاستيطان ومصادرة الأراضي استفزازية ومجنونة وتدمر عملية السلام".

تطلعات الفلسطينيين

يأمل الفلسطينيون والإسرائيليون في اجتماعات مفاوضات المرحلة النهائية والتي بـدأت صباح يوم الاثنين - كما سبق وقلنا في التوصل بداية في أواسط شهر فبراير إلى اتفاق عـام أو مـا يسمى بالإطار المؤقت الذي يحدد الخطوط العريضة للتسوية النهائية.

وجاء في الدستور الأردنية بـأن وكالة "قدس برس" نقلت عـن صحيفة إسرائيلية أن الخرائط السرية التي أعدها الفلسطينيون لمفاوضات المرحلـة النهائيـة تشـير إلى استعدادهم بالموافقة على استعادة خمسة وستين في المائة من مساحة الضفة الغربية.

وذكرت صحيفة "كـول هعـير" الأسبوعية التي أوردت ذلك أن الخرائط التـي رسـمها الفلسطينيون لمفاوضات الوضع النهائي تدل على أن السلطة الفلسطينية مستعدة لإجراء مساومة مع إسرائيل في نطاق هذه المفاوضات.

ووفقا لما تورده الصحيفة الإسرائيلية فإن موقف الفلسطينيين الافتتاحي في المفاوضـات سيطالب بقيام دولة فلسطينية على ثمانين في المائة من أراضي الضفة والقطاع. وإنه إذا وافقت إسرائيل على التنازل والاستجابة لمطالب الجانب الفلسطيني المتعلقـة بمسـائل عـودة اللاجئين والقدس فإن الفلسطينيين سيوافقون من جـانبهم عـلى المسـاومة بشـأن حجم الأراضي التـي ستنتقل إلى سيطرتهم في نطاق اتفاق دائم، أي الموافقة على ما مساحته ٦٥% فقط من مساحة الضفة الغربية.

وتمضي الصحيفة الإسرائيلية قائلة بأن الخرائط الفلسطينية تظهر للمرة الأولى استعداد السلطة الفلسطينية للتسليم ببقاء تجمعات استيطانية إسرائيلية كبيرة في الضفة والقطاع.

التصورات الإسرائيلية :

وفي السياق نفسه نشرت صحيفة "كوهزمان" الأسبوعية الإسرائيلية تقريرا كتبه، "شالوم يوروشالمي" تطرق فيه إلى وجهة نظر الحكومة الإسرائيلية الحالية إزاء العديد من المواضيع الحساسة التي ستطرح على مائدة المفاوضات الحالية.

ويستعرض الكاتب الخطوط الهيكلية لبعض المشكلات والاقتراحات التي تطرحها حكومة "باراك" وهي على النحو التالي :

بالنسبة للمستوطنات: بسط السيطرة على مزيد من الأرض شريطة أن تكون هذه الأرض متواصلة إقليميا لأن عرفات يمكن أن يوافق على وجود ثلاث أو أربع كتل استيطانية تستوعب المستوطنات الصغيرة التي تحول دون التواصل الإقليمي بين الأراضي الفلسطينية، وهذا الأمر سيؤدي إلى إجلاء حوالي ثلث عدد المستوطنين في الضفة الغربية إلى التجمعات الاستيطانية الكبرى.

وبخصوص القدس يقول التقرير، لاشك أن حل هذه المشكلة سيتطلب جهدا كبيرا والأفكار التي تطرح في ديوان باراك مفادها أن النية تتجه لتقسيم المدينة تقسيما وظيفيا بحيث تكون بلدية القدس بمثابة هيئة بلدية عليا تقدم الخدمات للجميع، وفي إطار ذلك تسري على القدس الشرقية سيادة فلسطينية غير كاملة، سكانها يدفعون الضرائب العادية للدولة الفلسطينية ، ويدفعون الأملاك لبلدية القدس، وسيكون باستطاعة سكان القدس الشرقية رفع العلم الفلسطيني على مؤسساتهم.

أما المؤسسات الفلسطينية فإنها ستكون في الأحياء السكنية الفلسطينية الواقعة حول القدس مثل "أبو ديس". وحيث أن مشكلات القدس ليست قابلة للحلول السريعة فإنه لا مانع من الإعلان عن بعض المناطق داخل المدينة على أنها مناطق "مثار خلاف" على أن تحدد في الاتفاق فترة زمنية وطواقم مختصة تتولى إيجاد حل لهذه المناطق لصالح الطرفين.

أما بالنسبة لمشكلة اللاجئين، فإن باراك لا يرى في هذه المشكلة عقدة لا يمكن حلها. فهو يعتقد بأن الفلسطينيين توصلوا إلى شبه قناعة بأن حق العودة إلى

الأراضي الواقعة داخل الخط الأخضر "إسرائيل" أصبح أمرا غير ممكن. ورئيس السلطة الفلسطينية ياسر عرفات يدرك أن الإسرائيليين على جميع مستوياتهم يعارضون فكرة العودة إلى داخل الخط الأخضر، ولذلك فإنه لن يصر على ذلك، ويعرض الإنجازات التاريخية التي حققها للخطر، وخاصة أن هذه الإنجازات ستتمخض عن قيام الدولة الفلسطينية المستقلة.

وعلى أية حال فإن المفاوضات ستكشف عن مدى التباين، والتقارب بين التطلعات الفلسطينية، والتصورات الإسرائيلية. وفي كل الأحوال فإن المفاوضات ستطول كثيرا وستتعدى المدة الزمنية المقررة لها وهي شهر سبتمبر عام ٢٠٠٠.

ونختتم مقالنا بالقول بأن تصريحات باراك وأعماله يريد بها استرضاء اليمين المتشدد وكسبه إلى جانبه. وهو لاشك واحد من هذا اليمين، وكان من المعارضين لاتفاقية أوسلو. فهل يريد باراك للمفاوضات أن تستمر وللسلام أن يسود، ولأعلامه أن ترفرف، وللأمن والاستقرار أن يستتب في المنطقة؟ أم أنه يسعى إلى هدم المعبد على من فيه، ويكون أحد ضحاياه؟. وهذا ما نتوقعه إن ظل باراك سائرا على هذا الدرب*.

* وما توقعناه قد حدث في انتفاضة الأقصى.

نداء إلى العرب ... من كامب ديفيد ١٩٧٨
إلى كامب ديفيد ٢٠٠٠*

هل كان اختيار "كامب ديفيد" مقصودا ليكون المكان الذي يجتمع فيه الرئيس الأميركي بيل كلينتون والرئيس الفلسطيني ياسر عرفات برئيس الوزراء الإسرائيلي ايهود باراك ؟ ... إن كان الأمر كذلك فإن هذا يدعو إلى التشاؤم. فالمكان نذير شؤم على الأمة العربية ، وإن كنا لا نحمل المكان التشاؤم فالمكان لا ذنب له، وإنما نحن نتحمل وحدنا وزر ما صنعناه، وقبلناه في ذلك المكان قبل نحو اثنين وعشرين عاما.

لقد كانت اتفاقية كامب ديفيد مأساة لها تداعياتها، لتضاف إلى مسلسل المآسي والنكبات التي حلت بالعرب في تاريخهم المعاصر. فبناء على دعوة من الرئيس الأميركي الأسبق جيمي كارتر تم اللقاء في الخامس وحتى الثامن عشر من شهر سبتمبر / أيلول عام١٩٧٨، بين الرئيس المصري أنور السادات ورئيس الوزراء الإسرائيلي آنذاك مناحيم بيغن في منتجع كامب ديفيد حيث تم التوصل إلى اتفاق بين مصر وإسرائيل مهد إلى توقيع اتفاقية صلح بين البلدين في السادس والعشرين من شهر مارس عام ١٩٧٩.

لقد كان لهذا الاتفاق الكثير من النتائج الخطيرة والتداعيات الأليمة لعل من أبرزها إخراج مصر - أكبر دولة عربية من ميدان الصراع العربي الإسرائيلي - وزيادة تردي الأوضاع العربية وانهيارها لتفسح المجال لأحداث خطيرة مثل غزو لبنان في عام ١٩٨٢ وطرد المقاومة الفلسطينية ومنظمة التحرير من الأراضي اللبنانية. وتدمير المفاعل النووي العراقي. وغزو العراق للكويت، ونشوب حرب الخليج الثانية، وتدمير العراق، وانعقاد مؤتمر مدريد للسلام... إلى غير ذلك من فواجع وأحداث يعرفها الجميع ولا مجال لذكرها الآن.

---

* عقد هذا المؤتمر في ٢٠٠٠/٧/١٠م واستمر حتى ٢٠٠٠/٧/٢٥م وانتهى بالفشل.

لولا كامب ديفيد الأولى لما كانت الثانية

الفارق كبير جدا بين كامب ديفيد الأولى في عـام ١٩٧٨ وكامـب ديفيـد الثانيـة في عـام ٢٠٠٠. ففي الأولى لم يكن الوضع العربي قد وصـل إلى مـا هـو عليـه اليـوم مـن تـرد وانحطـاط وتشرذم وانقسام.

لقد ذهب السادات إلى كامب ديفيد وهو يحمل بيده الكثير من الأوراق الخطيرة التـي كان العدو يعرف أهميتها وخطورتها أكثر مما يعرف حاملها. وكانت إسرائيـل تعـرف مـا يـدور بذهن السادات وما يفكر فيه، وتدرك ماذا يريد، فقد كان يبوح عبر قناة سرية للعزيز هـنري كيسنجر بهمومه وشكواه ويعرض عليه أفكاره وآراءه وكثيرا ما كان يطلب نصائحه.

كان السادات يريد استرجاع سيناء وترسيم الحدود مع إسرائيل بموجب الحدود الدوليـة التي كانت سارية أبان الانتداب البريطاني على فلسطين. وكانت إسرائيـل لا تمانـع في هـذا، فهـي على استعداد للانسحاب مـن سيناء بشرط أن تكـون منزوعـة السلاح، وخاليـة مـن الوجـود العسكري المصري، وإن تقام فيها نقاط مراقبة ترصد أي تحرك مصري يخل بشروط الاتفاق.

لقد كانت الصدمة قوية آنذاك على العرب بمن فيهم غالبية المصريين فلم يحتملوا رؤية العلم الإسرائيلي يرفرف ولأول مرة عـلى أرض عربيـة، ويخفـق في سـماء القاهـرة، مقصد آمـال العرب، ومقر جامعتهم، وموحدة كلمتهم، وجامعة شملهم، وقائدة مسيرتهم.

إن الذين يشيدون اليوم بمـا تحقق في كامب ديفيـد الأولى، ويشيدون بالجهود التـي أسفرت عن تحرير الأراضي المصرية أغمضوا عيونهم عن الثمن الباهظ الذي دفع بالمقابل. لقد كان الثمن على حساب القضية الفلسطينية، وعلى حساب وحدة الصف العربي وتضامنه. وإن المكاسب التي حققتها إسرائيل لا تقـدر بـثمن إذ أنـه ولأول مـرة، وبعـد لاءات العـرب، وعـلى الرغم من كل الهزائم التي ألحقتها إسرائيل بهم والتي كانت آخرها لاءات الخرطوم الثلاث بعد هزيمة

عام ١٩٦٧ تخرج أكبر دولة عربية عن الإجماع العربي، وتعترف بإسرائيل. وقد كان هذا الاعتراف آنذاك في غاية الأهمية لإسرائيل. ذلك أنه إذا كان وعد بلفور في عام ١٩١٧ قد وضع بذرة الدولة اليهودية في فلسطين قلب الوطن العربي، فإن اتفاقية كامب ديفيد عام ١٩٧٨ كانت أول اعتراف عربي بكيان اعتبره العرب كيانا غريبا غير شرعي قام على اغتصاب أرض عربية وشرد أهلها منها. أي أن اتفاقية كامب ديفيد الأولى منحت الشرعية لكيان لا شرعي.

لو ألقينا نظرة فاحصة على كامب ديفيد الأولى والثانية وقارنا بينهما لوجدنا الكثير من الفروق. ففي كامب ديفيد الأولى حضر السادات ومعه الكثير من الأوراق الهامة كما قلنا منها وزن مصر الكبير، ومكانتها الكبيرة في الوطن العربي، ودورها المحوري في القضية الفلسطينية، ووزنها الإقليمي والدولي. وعلاوة على ذلك فقد كانت الرؤى آنذاك واضحة، والطرق سالكة، والحقائق ظاهرة والأهداف غير خافية. أما بالنسبة لكامب ديفيد الثانية فالأوضاع مختلفة. فالرئيس عرفات يساق إلى هذا المكان سوقا فيذهب إليه وهو متخوف، فالرؤى غير واضحة، والطرق غير سالكة، والنتائج غير مضمونة, ومعظم الحقائق غير معلومة، والمنافذ ملغومة، وبخاصة بعد أن وضع باراك لاءاته الخمس المعروفة.

وإذا كان السادات قد ذهب إلى كامب ديفيد الأولى ومعه أوراق كثيرة وقوية، فإن عرفات يذهب إلى كامب ديفي الثانية بخطى متثاقلة، وبدون أوراق، فيما عدا ورقة الدولة الفلسطينية التي يهدد بها ... والأمة العربية اليوم عادت إلى جاهليتها قبائل وعشائر متناحرة متباغضة ومتصارعة. يهرول بعض قادتها وجماعاتها نحو إسرائيل. وتتدافع على أبوابها عسى أن يشفع ذلك لها عند حليفتها الولايات المتحدة فترضى عنها.

إن أقصى ما يمكن للقيادة الفلسطينية أن تتوقعه من القيادات العربية هو أن تتوسط لها عند إسرائيل على أمل أن تلين من مواقفها، وتخفف من تصلبها وتعنتها. ومما يحز في النفس أن تتراجع القضية الفلسطينية من قضية قومية إلى

قضية قطرية، ويحتمي العرب بشعار مفاده : "نقبل بما يقبل به الفلسطينيون".

إنها قمة المأساة أن يتحول العرب من شركاء إلى وسطاء ... ومع من ؟ مع إسرائيل بالذات عدوتهم الأولى، وفي قضية كانت بالأمس قضيتهم الأولى.

إعلان الدولة الفلسطينية وما يشكله من ضغط

تعتقد القيادة الفلسطينية بأنها تمتلك ورقة تهدد بها إسرائيل وتلوح بها في وجه الولايات المتحدة وهي ورقة إعلان الدولة الفلسطينية. فهل إعلان الدولة الفلسطينية تعتبر ورقة قوية لا تزال تمسك بها القيادة الفلسطينية ؟ وما مدى تأثيرها على إسرائيل ؟ ولماذا تهدد إسرائيل بضم أراض فلسطينية في حالة إعلان هذه الدولة ؟ ولماذا تضع قواتها في حالة تأهب واستنفار تحسبا من نتائج قيام دولة فلسطينية ؟ وهل قيام هذه الدولة يشكل خطرا على إسرائيل ؟ وما شكل هذا الخطر وما نوعه وحجمه ؟

الكل يعلم بأن إسرائيل تعارض في الأساس قيام دولة فلسطينية على أي جزء من التراب الفلسطيني، على الرغم مما أبداه الصهاينة في الماضي من موافقة على قرار الأمم المتحدة رقم ١٨١ في عام ١٩٤٧ والذي نص على تقسيم فلسطين وقيام دولة عربية على القسم العربي، ودولة يهودية على القسم اليهودي. لقد كان الصهاينة يخططون لإجهاض الدولة العربية، ويراهنون على الرفض العربي لأنهم اعتقدوا بأن قيام دولة فلسطينية يشكل الكثير من المخاطر على دولتهم، ويخلق التحديات العديدة لها. فالفلسطينيون لن يتنازلوا عن وطنهم، ولن ينسوا ثأرهم، ولن يكفوا عن التطلع إلى استعادة أراضيهم والعودة إلى بلاهم. ولاشك في أن قيام الدولة سيبعث الأمل في نفوس الفلسطينيين على تحقيق مطالبهم. ويعزز الثقة بقدرتهم على نيل كامل حقوقهم. وإذا كانت الدولة الفلسطينية ستكون ضعيفة لا تشكل خطرا على إسرائيل فلا أحد يضمن الظروف، ويتحكم فيها في المستقبل. وقد أثبت الفلسطينيون قدرتهم على بناء الكثير من المؤسسات بسرعة فائقة وهم اليوم يمتلكون بعض مقومات هذه الدولة.

وفي الوقت نفسه فإن قيام دولة فلسطينية سيسبب الكثير من الازعاجات والمضايقات لإسرائيل،وبخاصة إذا حصلت على اعتراف عالمي، ودعم وتأييد أوروبي ولذلك جاء تحرك باراك السريع عقب زيارة عرفات لبعض الدول الأوروبية وحاول الحصول على وعد من بلير رئيس وزراء بريطانيا وشيراك رئيس جمهورية فرنسا بعدم الاعتراف بالدولة الفلسطينية في حالة قيامها.

ولو قامت الدولة الفلسطينية وحصلت على الاعتراف المطلوب فإن إسرائيل قد تواجه وضعا عالميا حرجا وحساسا هي في غنى عنه. فهذه الدولة ستطالب إسرائيل بالانسحاب عن أراضيها التي خصصتها لها الأمم المتحدة بموجب قرارا التقسيم سابق الذكر، وهو القرار الذي منح إسرائيل الشرعية واعتمد عليه الإسرائيليون حينما أعلنوا عن قيام دولتهم في ليلة الخامس عشر من مايو/أيار عام ١٩٤٨. ولذلك لا يحق لإسرائيل الطعن في هذا القرار فإن فعلت تكون قد طعنت في الأسس والقواعد الشرعية لقيامها.

وبموجب هذا القرار وغيره من قرارات الأمم المتحدة ومنها القرار ٢٤٢ فإن إسرائيل تعتبر محتلة لأراضي دولة أخرى بالقوة، مما يعطي الحق للدولة المحتلة بأن تحرر أراضيها بكل السبل المتاحة.

وقد لا يجد الكثيرون صعوبة في الرد على هذا المنطق بالقول بأن إسرائيل لا تضع أي وزن للقرارات الدولية، وهي ليست على استعداد للالتزام بها وتنفيذها، والفلسطينيون لا يملكون القوة لإجبار إسرائيل على احترام أي قرار دولي يصدر لصالحهم، وإن التحرك الإسرائيلي سيكون سريعا بحيث لا يترك وقتا يمكن أن يستغله الفلسطينيون ويستثمرونه لصالحهم.

وتدرك القيادة الفلسطينية أخطار إعلان الدولة بدليل أنها لم تلتزم بموعد الإعلان الذي كان مقررا في الثالث عشر من سبتمبر/أيلول القادم وأجلته حتى الخامس عشر من شهر نوفمبر/تشرين الثاني من هذا العام، وفوضت الرئيس عرفات بتنفيذه في الوقت المناسب وحسب رؤيته للأحداث والظروف والمستجدات مما يعني تعليق موعد الإعلان إلى موعد غير محدد.

هل ستفشل القمة ؟

الاحتمالات كلها واردة في كامب ديفيد إلا أن الفشل يبدوا واضحا وسيظل مخيما على أجواء المؤتمر، فالفلسطينيون لم يبق لديهم شيء يتنازلون عنه، فتجردوا من ملابسهم ولم تبق إلا ورقة التوت التي تستر عورتهم، ولا أحد يملك حق التفريط فيما تبقى من ثوابتهم وحقوقهم الأساسية والمتمثلة في حقهم في العودة إلى أوطانهم التي طردوا منها، وتعويضهم عن معاناتهم طيلة تشردهم، وهو حق كفلته لهم قرارات الأمم المتحدة وأولها قرارا رقم ١٩٤ لعام ١٩٤٨، وحقهم في إقامة دولتهم على ما تبقى من تراب وطنهم، وأن تكون القدس عاصمة هذه الدولة، وأن يرحل المستوطنون عن أراضيهم المحررة، وأن يكون لهذه الدولة حدود واضحة ومعترف بها، ولها منافذ لا تتحكم فيها إسرائيل.

وفي مقابل هذه الحقوق والمطالب يرفع باراك لاءاته الخمس والتي تعبر عن الرفض التام لكل هذه المطالب والحقوق، وهو لا يقبل مجرد التفاوض عليها، أو التباحث بشأنها متذرعا بتهديدات الأطراف المشاركة في حكومته بالانسحاب منها مما يعرضها لخطر التفكك والسقوط.

وعلى أية حال فإن الجميع ينتظر ما ستسفر عنه قمة كامب ديفيد الثانية، إلا أنه وعلى ضوء تصريحات الأطراف المشتركة فإن الاحتمال المرجح هو الفشل.

عربة السلام الذهبية بلا عجلات

الأحداث كثيرا ما تثير في النفس الشجن، وتحرك في القلب ذكرى الألم .. وهذا ما شعرت به حينما انتهيت من قراءة مقال ساخر ولكنه معبر للكاتب البريطاني المعروف "روبرت فيسك" نشره في صحيفة "الاندبندنت" البريطانية بتاريخ ٢٠٠٠/٧/٢٦ أي في اليوم التالي الذي أعلن فيه الرئيس الأميركي "بيل كلينتون" فشل مؤتمر قمة كامب ديفيد .. بعد قراءة هذا المقال تداعت الذكريات، وتتابعت مشاهد الماضي في مخيلتي وكأنها شريط سينمائي مسلسل لم تكتمل أحداثه.

يقول"روبرت فيسك" في مقاله بأن اتفاقية أوسلو المحكومة بالفشل واجهت مصيرها المحتوم والمشؤوم في كامب ديفيد لأن ياسر عرفات رضي آنذاك- أي قبل سبع سنوات- باتفاقية دون ضمانات. وأن الإسرائيليين لم يعدوه بدولة، ولا بوقف الاستيطان اليهودي، ولا بعودة اللاجئين ،والأهم من هذا كله لا عاصمة له في القدس.

صورة من الماضي

التساؤلات التي أثارها المقال في نفسي كثيرة ...قلت مخاطبا نفسي- يا إلهي... لماذا نحن العرب لا نحاول الاستفادة من أخطائنا؟ ولماذا لا نريد أن نتعظ من دروس الماضي؟.. لماذا لم نفكر بجدية عن أسباب هزائمنا في صراعنا مع إسرائيل؟ وإن عرفنا الأسباب فلماذا لم نعمل على تلافيها؟ .. لماذا نرفض التغيير ومجاراة الزمن الذي يتغير؟ ولماذا نفضل الثبات والجمود ونحن نعيش على كوكب يدور في فلك تحدد مساره قوانين علمية قابلة للجدل والنقاش؟ ولماذا نصر على القول بأن التاريخ يعيد نفسه, وهي مقولة أثبت العلم بطلانها؟.

رجعت بذاكرتي إلى ماضي لا زال حيا في ذاكرة أبناء جيلي المسمى " جيل النكبة" وتذكرت يوم الخامس عشر من شهر مايو عام ١٩٤٨، وهو اليوم الذي دخلت فيه الجيوش العربية فلسطين من الجنوب والشمال والشرق. وكنت شاهدا على دخول الجيش المصري فلسطين من الجنوب وكنت أسمع المذياع وهو يصف

دخول الجيش السوري واللبناني من الشمال، والجيش الأردني والعراقي من الشرق. وخرجت مع أقراني من الصبية الذين هرعوا صباح ذلك اليوم مع ذويهم لاستقبال الجيش المصري وتحيته والترحيب به، والهتاف لفاروق ملك مصر آنذاك.

بعد أيام من دخول الجيش المصري صار الناس يتساءلون: لماذا يواصل هذا الجيش زحفه مكتفيا بالاستيلاء على الأراضي التي كانت لا تزال بحوزة عرب فلسطين، وفي حماية مجاهديهم وبمساعدة متطوعين من العرب؟ ولماذا لم يحاول الجيش تطهير المناطق التي احتلها من المستعمرات اليهودية المقامة على محاور الطرق الرئيسية والمواقع الهامة والاستراتيجية التي تتحكم في الطرق والمواصلات، وتسيطر على المدن والقرى العربية؟ وهل كان زحف الجيش المصري بمثابة انتشار سريع لقواته لكسب الوقت حتى لا تسرع القوات اليهودية باحتلال المزيد من الأراضي الفلسطينية بعد جلاء القوات البريطانية؟ وهل قلل قادة الجيش المصري آنذاك من خطورة بقاء المستعمرات اليهودية بحيث أجلوا القضاء عليها حتى تتم عملية انتشار الجيش؟.

لقد تبين فيما بعد أن الإبقاء على هذه المستعمرات اليهودية كان الخطأ القاتل الذي ارتكبه الجيش المصري، واعترف به فيما بعد قادة مصريون كبار، إذ سرعان ما بدأت هذه المستعمرات بقطع الطريق على إمدادات الجيش المصري، ونسف خطوط مواصلاته، ومهاجمة قواته التي انتشرت على مساحة تفوق نصف مساحة فلسطين، وألحقت بها الهزائم، وأجبرت الجيش على الانسحاب من النقب والساحل الفلسطيني ومن مناطق داخلية حول مدينة الخليل. وكانت النتيجة سقوط مدن وقرى كثيرة من أهمها بئر السبع والفالوجة واسدو وعراق سويدان. وتقلصت المساحة التي كان يسيطر عليها الجيش المصري إلى شريط ضيق جدا من الأرض محاذ لساحل البحر المتوسط لا يزيد طوله على أربعين كيلومترا من الشمال إلى الجنوب، وبعرض يتراوح ما بين ستة إلى ثمانية كيلومترات من الغرب إلى الشرق وقد أطلق على هذا الشريط"قطاع غزة". وقد أصبح فيما بعد قطاعا مقطوعا من كل صلة تربطه بوطنه العربي فيما عدا صحراء سيناء المصرية.

ما أشبه الليلة بالبارحة

قد يتساءل القارئ الكريم عن العلاقة بين هذا الذي ذكرته عن دخول الجيش المصري فلسطين وما انتهى إليه الأمر، وما آلت إليه اتفاقية أوسلو حيث لفظت أنفاسها مؤخرا في كامب ديفيد؟ وأجيب قائلا بأن الأخطاء وأن اختلفت نوعا وشكلا إلا أنها تتشابه مضمونا، فالجيش المصري حينما ترك المستعمرات اليهودية وتجاوزها على أمل القضاء عليها بعد أن يستكمل انتشاره، وذلك كسبا للوقت، وظن أنها ستسقط من تلقاء نفسها حينما تجد نفسها محاطة بقوات من الجيش المصري، فإنه قد سمح ببقاء قنابل موقوتة كان عليه تطهيرها قبل انفجارها.

والشيء نفسه يقال عن اتفاقية أوسلو التي وافق فيها الطرف الفلسطيني على تأجيل بحث القضايا الهامة كالقدس، واللاجئين، والاستيطان، والمياه، والحدود والدولة، إلى المرحلة النهائية من المفاوضات معتقدا بأنه يريد كسب الوقت، وحتى تتمكن القيادة الفلسطينية من وضع أقدامها ولو على شبر من تراب وطنها ثم تطالب بما تريد تمشيا مع أمثال شعبيه منها "نحن وأنتم والزمن طويل" و "خذ وطالب"، ولكن كما تبينت قيادة الجيش المصري خطأها أثبتت الأحداث بأن قضايا المرحلة النهائية هي قنابل موقوتة فجرت مؤتمر كامب ديفيد الذي أعلن الرئيس الأميركي عن فشله. ولو أن المسؤولين يقولون بأنه نجح في إرساء أسس التفاهم في مرحلة قادمة قريبة.

عربة بلا عجلات

اختار "روبرت فيسك" لمقاله المذكور آنفا عنوانا ساخرا "العجلات انتزعت من العربة الذهبية التي لم تكن إلا يقطينة". وفي جنوب فلسطين يطلقون على اليقطين اسم "قرع" ومفردها "قرعة".

يتساءل "فيسك" في بداية مقاله قائلا: هل من الممكن، وفي الحقيقة، تحويل يقطينة "قرعة" اتفاقية أوسلوا إلى عربة سلام ذهبية؟ من الذي حث ياسر عرفات على قبول الاتفاقية دون ضمانات؟

ويقول "فيسك" أن هذه اليقطينة التي أراد منظموا حفل التوقيع تحويلها إلى عربة سلام ذهبية لتبدو جميلة وكي تزهو بنفسها في حدائق البيت الأبيض في يوم التوقيع على اتفاقية أوسلو في الثالث عشر من شهر سبتمبر/ أيلول عام ١٩٩٣ حيث أسفر المشهد الدرامي عن مصافحة بالأيدي بين الرئيس الفلسطيني ياسر عرفات والرئيس الإسرائيلي آنذاك "اسحق رابين"، وبينهما وقف الرئيس الأميركي "بيل كلينتون" يلقي كلمته التي ضمنها بضع كلمات من القرآن الكريم. أنه يبدو في نظر كاتب هذه السطور على هيئة قسيس يعقد قرانا بين زوجين غير متكافئين ويخفيان عكس ما يظهران.

ويقول "فيسك"بأن هذه اليقطينة التي تحولت في هذا المشهد الاحتفالي "الكرنفالي" وبقدرة قادر إلى عربة ذهبية كانت غير قادرة على التحرك من مكانها لأنها بلا عجلات. أي أن "فيسك" يريد القول بأن سلام أوسلو الذي وصفوه بسلام الشجعان كان كسيحا لا يقوى على الحركة والتقدم للأمام. لأن الأطراف التي اشتركت في هذا السلام لم تتحدث عما كان ينبغي التحدث فيه وهي قضايا القدس، والاستيطان، واللاجئين، والدولة، والحدود، والمياه. لقد اتفق على تأجيل الحديث عن هذه القضايا حتى تنقضي ثلاث سنوات على توقيع اتفاقية أوسلو. إلا أن إسرائيل لم تلتزم بالمواعيد المحدد وكان الإسرائيليون بمن فيهم "رابين" الموقع على الاتفاقية يتعلل بذلك قائلا بأن المواعيد ليست مقدسة. ومرت الأيام وانقضت المدة دون نتيجة، وأظهرت الحقيقة بأن اتفاقية أوسلو كانت فاشلة.

التفاوض على القرار ٢٤٢

يواصل"روبرت فيسك" حديثه قائلا بأن مجرد النظر والتأمل إلى ما قيل في الأصل من أن إعلان المبادئ في أوسلو قد نص في مادته الأولى وتحت بند "هدف المفاوضات" على القول وبالتحديد أنه من المفهوم ... الحالة النهائية للمفاوضات إلى تنفيذ قرار مجلس الأمن رقم ٢٤٢ والقرار رقم ٣٣٨".

ومن المعلوم بأن هذين القرارين اللذين صدر أولهما في عام ١٩٦٧. وثانيهما عام ١٩٧٣ دعيا إلى انسحاب القوات الإسرائيلي من الأراضي العربية التي احتلت في حرب عام ١٩٦٧، والاعتراف بحق كل دولة في المنطقة بما فيها إسرائيل-في أن تعيش في سلام داخل ضمن حدود آمنة معترف بها، حرة من التهديدات أو أعمال القوة".

ويستطرد "روبرت فيسك" ويقول بأن "اتفاقية أوسلو سمحت للإسرائيليين بالمفاوضة على القرار ٢٤٢ مما يعطيهم المجال ليقرروا الأجزاء من الأراضي المحتلة التي يمكنهم إعادتها إلى الفلسطينيين. هل على سبيل بالمثال-يعيدون إليهم "مقلب قمامة غزة؟ وأي الأجزاء التي ستبقى معهم ولن يتخلوا عنها للفلسطينيين كالقدس ومعظم المستوطنات؟".

كلينتون يهدد ويتوعد

في الكلمة التي ألقاها الرئيس "بيل كلينتون" وأعلن فيها فشل مؤتمر كامب ديفيد، قال بأن اتفاقية أوسلو لم تشترط بأن يكون القرار ٢٤٢و ٣٣٨ أساسا للتفاوض ، أي أنه يكون قد أجرى تغييرا على تلك الاتفاقية وقلص من بنودها. ويمضي- "روبرت فيسك" قائلا بأنه "كان ينبغي على ياسر عرفات أن يدرك بأن النهاية في أزفت، وذلك حينما تقدمت وزيرة الخارجية الأميركية "مادلين أولبرايت" باقتراحها غير المعقول والذي نشر في صحيفة "نيويورك تايمز" بتاريخ ٢٠٠٠/٧/٢٥ وفيه تكتفي بالقول بأن من حق الفلسطينيين الإحساس بالسيادة على المواقع الإسلامية في القدس"، ولا عن الانسحاب الإسرائيلي من القدس، ولا عن إيقاف الاستيطان اليهودي".

ويختتم "روبرت فيسك" مقاله بطرح أسئلة منها: "ماذا يقول ياسر عرفات لشعبه بعد فشل المؤتمر الذي أثبت سقوط اتفاقية أوسلو وفشلها؟ وبعد هذا الفشل وجد الرئيس "كلينتون" بأن من المناسب امتداح أقوى الطرفين، فقد أفاض في وصف باراك بكثير من الصفات كالشجاعة ونفاذ البصيرة، ولكنه لم يتحدث عن عرفات واكتفى بذكر كلمة "التزاماته".

ليت الرئيس الأميركي توقف عند هذا الحد بل تعداه ليحمل أوزار فشل المؤتمر على الطرف الضعيف (الرئيس عرفات)، ويرعد ويزبد، ويحذر الفلسطينيين وينذرهم بالويل والثبور وعظائم الأمور إن هم أعلنوا دولتهم ويهدد بقطع المعونات والمساعدات عنهم، وبنقل السفارة الأميركية من تل أبيب إلى القدس، كتعبير عملي على اعتراف الولايات المتحدة بسيادة إسرائيل على القدس واعترافا بأنها العاصمة للدولة اليهودية.

ونتساءل فيما إذا كان يحق للرئيس كلينتون بتهديداته هذه إجبار الفلسطينيين على التنازل عن القرارات الدولية التي تمثل الحد الأدنى لمطالبهم الوطنية وحقوقهم في وطنهم، وهي قرارات وافقت عليها الولايات المتحدة الأمريكية ووقعت عليها؟ وما موقف العرب من هذا التحول الأميركي الخطير والانحياز الذي لم يسبق له مثيل لإسرائيل؟ .. إنها أسئلة وغيرها كثير تحتاج إلى إجابات.

الفصل الخامس

السلام يتحطم على صخرة اللاجئين والقدس

على الرغم من أهمية القضايا المؤجلة إلا أن قضيتي القدس واللاجئين تقفان على رأس هذه القضايا من حيث الأهمية والخطورة . فمشكلة اللاجئين أهم المشاكل التي أفرزتها النكبة الفلسطينية منذ عام ١٩٤٨م ، وهي تجسد مأساة الفلسطينيين على حقيقتها .. إنها مأساة شعب اقتلع من وطنه ، وطرد من أرضه ، وحرم من حق العودة إلى دياره .

وقضية اللاجئين هي المحك والاختبار العملي لحقيقة النوايا الإسرائيلية نحو السلام ، وبها يمكن الحكم على مدى جدية إسرائيل في الالتزام بالسلام الحقيقي، فإن لم تنفذ قرارات الشرعية الدولية وبخاصة القرار رقم ١٩٤ لعام ١٩٤٨م والذي نص على حق اللاجئين الفلسطينيين في العودة إلى أوطانهم التي طردوا منها ، فإن المنطقة لن تعرف السلام ، وسيظل الصراع العربي ـ الإسرائيلي قائما ومستمرا ودون حل .

أما القدس فهي مفتاح السلم والحرب في المنطقة . ولا يمكن للفلسطينيين أن يتنازلوا عن قدسهم التي بناها أجدادهم منذ آلاف السنين وعاشوا فيها منذ نشأتها وحتى يومنا هذا . وتظل القدس على مر العصور رمز الكرامة العربية وعنوان عزتهم ، وبدونها يفقد الكيان الفلسطيني معناه ، وتصبح دولة فلسطين بلا مقومات .

والقدس جزء من الأراضي العربية المحتلة في حرب عام ١٩٦٧م ، والتي نصت قرارات الأمم المتحدة ـ وبخاصة ٢٤٢ و ٢٥٢ و ٣٣٨ ـ على ضرورة انسحاب إسرائيل منها .

إن حل مشكلتي القدس واللاجئين تتطلب تضافر العرب ومؤازرة المسلمين ومساندتهم ، وبلورة موقف عربي ـ إسلامي موحد لمواجهة التعنت الإسرائيلي ، وهذا ما أكدت عليه المقالات التي يشتمل عليها هذا الفصل .

إن رفض إسرائيل تنفيذ قرارات الشرعية الدولية ، وبخاصة ما يتعلق منها بعودة اللاجئين والانسحاب من القدس الشرقية ، وإصرارها على قدس

موحدة لتكون العاصمة الأبدية للدولة اليهودية ، وتمسكها بالسيطرة على المسجد الأقصى ، كانت أهم الأسباب التي أدت إلى فشل قمة " كامب ديفيد " في ٢٠٠٠/٧/٢٥م ، وأوصلت المسيرة السلمية إلى طريق مسدود وأثبتت فشل اتفاقية أوسلو وما تبعها من اتفاقيات . وقد ولد هذا الفشل إحباطا لدى الشعب الفلسطيني ، وأدى إلى توتر الأجواء وانعدام الثقة بإسرائيل وقادتها الذين استخدموا السلام حسب مفهومهم له ليوصلوا الفلسطينيين في النهاية إلى الاستسلام . وقد أفضى هذا الفشل إلى الانتفاضة التي سيرد ذكرها في الفصل السابع من هذا الكتاب والتي قضت على أي أمل في التوصل إلى سلام مع الإسرائيليين ينال الفلسطينيون بموجبه الحد الأدنى من حقوقهم التي كفلتها لهم قرارات الشرعية الدولية وحقوق الإنسان .

تعالج مقالات هذا الفصل حقوق الشعب الفلسطيني وبخاصة حق العودة، وحق استرجاع مدينته المقدسة ، وحق الإشراف على المسجد الأقصى ، كما تبين الموقف العربي المتخاذل من هذه القضايا وذلك بسبب تراجع القضية الفلسطينية من قضية قومية (عربية) إلى إقليمية (فلسطينية) ، وتحول العرب إلى وسطاء بعد أن كانوا شركاء .

المقال الأول وعنوانه : " مشكلة اللاجئين والموقف العربي الموحد " نشر بالدستور في ١٩٩٩/٩/١١م ، وفيه طالبت بموقف عربي داعم للفلسطينيين في قضية اللاجئين ما دام اللاجئون ينتشرون في البلاد العربية كافة . أما المقال الثاني وعنوانه : " اللاجئون الفلسطينيون وحقهم في العودة والتعويض محور القضية الفلسطينية " ونشر بصحيفة الاتحاد الظبيانية في ٢٠٠٠/٣/١٨م فكتبته بمناسبة التحرك الذي قام به آنذاك مثقفون وناشطون فلسطينيون للمطالبة بحق العودة للفلسطينيين وتعويضهم .

في الثامن من شهر نيسان/ ابريل عام ٢٠٠٠م عقد هؤلاء المثقفون والناشطون مؤتمرهم في مدينة بوسطن الأميركية . وقد حضر المؤتمر الصحفي البريطاني المعروف " روبرت فسك " حيث أبدى ملاحظات قيمة ، وعلى ضوء

هذه الملاحظات كتبت المقال الثالث وعنوانه : " هل حقق مؤتمر اللاجئين الفلسطينيين وحق العودة في بوسطن أهدافه ؟ " . ونشر هذا المقال بالاتحاد في ٢٠٠٠/٥/٦م . وفي الشهر نفسه عقد في الأردن مؤتمر اللاجئين اتخذ طابعا رسميا حيث بحث فيه السيناريوهات المطروحة لحل مشكلة اللاجئين . وفي المقال الرابع وعنوانه : " قضية اللاجئين بين حق العودة والتعويض إلى التأهيل والتوطين " ونشر بالدستور في ٢٠٠٠/٥/٦م ذكرت هذه السيناريوهات وقمت بتحليلها .

أما بالنسبة لقضية القدس فقد جاء عنوان المقال الخامس في هذا الفصل بعنوان : " إنقاذ القدس ليس بالقرارات وحدها " ونشر بالدستور في ١٩٩٩/٩/٣٠م ، وقد كتبته حينما قامت شركة " والت ديزني " الأميركية بتنظيم معرض القرية الألفية في مدينة " أورلاندو " بولاية فلوريدا بمناسبة استقبال الألفية الثالثة . وفي هذا المعرض خصصت الشركة لإسرائيل جناحا خاصا أبرزت فيه بأن القدس يهودية وعاصمة لإسرائيل ، مما أثار استياء العرب ألا أنهم اكتفوا بالاحتجاج وإصدار القرارات .

في ٢٠٠٠/٧/١٠م عقد مؤتمر كامب ديفيد برعاية الرئيس الأميركي " بيل كلينتون " وبحضور الرئيس الفلسطيني " ياسر عرفات " ورئيس وزراء إسرائيل " ايهود باراك " لكسر الجمود في المسيرة السلمية وبخاصة مفاوضات الوضع النهائي بسبب موقف " باراك " المتصلب والمتعنت . وكانت قضية القدس وقضية اللاجئين أهم القضايا المطروحة في هذا المؤتمر . وكان من الملفت للنظر عدم صدور بيان رسمي عربي يدعم الجانب الفلسطيني في كامب ديفيد وبخاصة في قضية القدس والتي هي قضية عربية وإسلامية كما هي فلسطينية ، وهذا ما دعاني إلى كتابة المقال السادس وعنوانه : " القدس واللاجئون في كامب ديفيد .. وهذا الصمت العربي المريب " ، ونشر بالاتحاد في ٢٠٠٠/٧/٢٢م .

في الخامس من شهر ايلول/ سبتمبر صرح السيد " أحمد قريع " رئيس المجلس الوطني الفلسطيني في مقر الاتحاد الأوروبي في ستراسبورج الفرنسية بأنه في حالة عدم التوصل إلى اتفاق حول القدس فانه يعلن موافقته على توحيد

القدس الشرقية مع القدس الغربية وتدويلها . وقد رددت على هـذا الطرح بالمقـال السابع وعنوانه : " القدس بين التدويل والتهويد ... ما بينهما أمور مشـتبهات " ونشرـ بالاتحـاد في ٢٠٠٠/٩/١٧م .

أما المقال الثامن وعنوانه : " مصير القدس بـين اسـتقلالية القـرار الفلسـطيني وقـرارات القمم العربية " ونشر بالاتحاد في ٢٠٠٠/٧/٢٩م " فقد ذكرت فيه العرب بمـا صـدر عـن القمـم العربية من قرارات تعتبر القـدس والقضـية الفلسـطينية قضـية عربيـة لا تخـص الفلسـطينيين وحدهم ، وإنما العرب كلهم .

أما المقال التاسع وعنوانه : " هل اختزلت القضية الفلسطينية إلى نـزاع حـول السـيادة على المسجد الأقصى ؟ " والذي نشر في الاتحاد بتاريخ ٩/٣٠ ، و ٢٠٠٠/١٠/٢م فقد كتبته حينما ركزت المفاوضات على المسجد الأقصى والـذي بـدا لي ولغـيري ، وكـأن القضـية الفلسـطينية قـد اختزلت فيه .

مشكلة اللاجئين الفلسطينيين والموقف العربي الموحد

إن مشكلة اللاجئين من أهم المشاكل التي أفرزتها القضية الفلسطينية وأشدها تفجرا وحساسية في الوقت الحاضر. وهي من المشاكل المؤجلة التي اتفق الفلسطينيون والإسرائيليون في اتفاقية اوسلو عام ١٩٩٣ على بحثها في المرحلة النهائية، شأنها في ذلك شأن مشاكل أخرى مؤجلة مثل القدس، والحدود، والمستوطنات ... الخ.

إن مما زاد في تعقيد هذه المشكلة وصعوبتها عدم تمكن المجتمع الدولي بإلزام إسرائيل بتنفيذ القرار رقم (١٩٤ - ٣) الذي أصدرته الجمعية العامة لهيئة الأمم المتحدة في الحادي عشر من كانون الأول ١٩٤٨ وهو الحل الأنسب لمشكلة اللاجئين الفلسطينيين والذي يطالب العرب بضرورة تنفيذه. وينص هذا القرار على ما يلي:

"يجب السماح للاجئين الراغبين في العودة إلى أوطانهم والعيش بسلام مع جيرانهم في أسرع وقت ممكن. وينبغي التعويض الكامل لمن يختارون عدم العودة عن فقدان أو تدمير ممتلكاتهم من الحكومات أو السلطات المسؤولة، وذلك بموجب القانون الدولي ومبادئ العدل".

ولما تبين للأمم المتحدة بأن إسرائيل ترفض تنفيذ هذا القرار أصدرت الجمعية العامة قرارا آخر رقم (٢٩٤ - ٣) بتاريخ ١١ أيار ١٩٤٩ تؤكد على إسرائيل ضرورة التقيد بقرارها السابق وتربط ذلك بقبولها في الأمم المتحدة. وقد جاء في هذا القرار ما يلي:

"إذ تأخذ الجمعية العامة للأمم المتحدة علما بالتصريح الذي تقبل إسرائيل فيه دون تحفظ الالتزامات التي يفرضها ميثاق الأمم المتحدة وتتعهد بالتقيد بها في اليوم الذي تصبح فيه عضوا في الأمم المتحدة. وإذ تذكرها بقراريها المؤرخين في ٢٩ تشرين الأول عام ١٩٤٧ و ١١ كانون الأول عام ١٩٤٨، وإذ تأخذ

علما بالتصريحات التي قدمها ممثل إسرائيل أمام اللجنة السياسية الخاصة بشأن تنفيذ القرارين المشار إليهما، تقرر قبول إسرائيل في منظمة الأمم المتحدة".

لم تستجب إسرائيل لهذين القرارين ولجميع القرارات التي صدرت بعدهما وتؤكد على حق اللاجئين في العودة إلى الوطن، بحجة أن عودتهم تشكل خطرا على إسرائيل، إلا أنها لم ترفض مبدأ التعويض ولكن وفق شروطها ومنظورها الخاص، فقد بعثت بردها فيما بعد إلى لجنة التوفيق الدولية. وفي ٤٩/٣/٢١ أعلن "موشيه شاريت" وزير الخارجية الإسرائيلي آنذاك عن موقف حكومته قائلا:

"من أجل المساعدة في تمويل مشاريع التوطين في الأقطار المجاورة لإسرائيل، فإن إسرائيل على استعداد لدفع التعويضات عن الأراضي في إسرائيل التي هجرها العرب بعد فرارهم منها، على أن يتم هذا كجزء من تسوية سلام عامة، لأنه حينما يصبح بالإمكان المفاوضة من أجل السلام، فإن دفع إسرائيل للتعويضات عن الأراضي التي هجرها العرب لن تكون البند المالي الوحيد الذي يبحث، لأن إسرائيل ستطالب بتعويضها عن الأضرار التي أصابتها من الدول المعتدية (يقصد الدول العربية التي اشتركت في حرب ١٩٤٨) والتي أدت إلى خسائر مؤكدة نتيجة عدوان تلك الدول وما ترتب عليها من أعباء ثقيلة لنفقات الحرب تحملها شعب إسرائيل".

كانت إسرائيل تراهن على عامل الزمن معتقدة بأنها كلما طال الأمد فإنه ليس من خيار أمام العرب والفلسطينيين غير الاستسلام للواقع وأن ليس هناك من حل لمشكلة اللاجئين إلا التوطين في البلاد العربية. ولذلك طرحت مشاريع كثيرة للتوطين في الخمسينات والستينات كان من أقدمها مشروع "كلاب" ومشروع "باروخ"، ومشروع "جونسون" لتوطين اللاجئين في شبه جزيرة سيناء المصرية، وفي الأردن، وفي ليبيا، وفي العراق، ولبنان وسوريا وأقطار الخليج العربي. وقد أعدت الكثير من الدراسات حول هذه المشاريع وتم برمجة بعضها وخطوات التنفيذ ومصادر التمويل، ولكنها فشلت عند التنفيذ بسبب إصرار اللاجئين الفلسطينيين على العودة إلى أوطانهم التي طردوا منها.

المراهنة الإسرائيلية على عامل الزمن أثبتت فشلها، وأدت إلى تعقيد المشكلة وبخاصة بعد زيادة أعدادهم. ففي عام ١٩٤٨ تقول السجلات والمصادر الموثوقة بأن عدد الفلسطينيين الذين طردتهم إسرائيل من فلسطين بلغ نحو مليون شخص أي حوالي ٧٥% من مجموع عرب فلسطين آنذاك. ففي عام ١٩٤٦ - أي قبل النكبة بعامين - أجرت حكومة الانتداب البريطاني آخر إحصاء لفلسطين حيث بلغ المجموع الكلي نحو ١.٩٧٢.٥٦٠ نسمة منهم ١.٣٤٨.٨٤٠ عربي (٦٨% من سكان فلسطين). أما اليهود الذين لم يزد عددهم في عام ١٩١٨ (وهو العام التي خضعت فيه فلسطين لحكم عسكري بريطاني بعد احتلالها من الأتراك عام ١٩١٧) عن ٥٦ ألف نسمة - أي ٨% من جملة سكان فلسطين، فقد زاد عددهم في عام ١٩٤٦ - أي بعد ٢٨ عاما - إلى أحد عشر ضعفا فبلغوا نحو ٦٠٨.٢٣٠ نسمة أو ٣١% من جملة السكان على الرغم من قيام حكومة الانتداب بفتح أبواب فلسطين على مصاريعها للهجرات اليهودية من شتى أنحاء العالم.

وبناء على أحدث المعلومات المستقاة من التعداد الرسمي الصادر عن وكالة الغوث الدولية "الاونروا" والتعداد المحتمل للاجئين عام ١٩٩٨ بأن عدد اللاجئين حتى عام ١٩٩٨ بلغ نحو ٤.٩٤٢.١٢١ لاجئا كحد أدنى وحوالي ٥.٤٧٧.٧٤٥ لاجئا كحد أعلى، وأن المسجلين في سجلات الاونروا الذين يستفيدون من خدماتها بلغ ٣.٦٠٢.٨٨٧ لاجئا، وأن عدد الفلسطينيين في أنحاء العالم يقدر بنحو ٧.٧٨٨.١٨٥ نسمة كحد أدنى وحوالي ٨.٤١٥.٩٣٠ كحد أعلى.

ولاشك في أن هذه الزيادة الكبيرة في إعداد اللاجئين الفلسطينيين لا تعود إلى الزيادة الطبيعية وإنما إلى حركة النزوح التي لم تتوقف والتي تهدف إلى سياسة إسرائيلية ترمي إلى تفريغ فلسطين من سكانها العرب واستقدام المزيد من يهود العالم ليحلوا محلهم مما يحقق مخطط التهويد لكامل الأراضي الفلسطينية.

وإذا كانت موجة النزوح الأولى عن فلسطين عام ١٩٤٨ قدرت بنحو مليون شخص حيث أطلق على أفرادها مصطلح "لاجئون"، فإن الموجة الثانية من النزوح التي نجمت عن حرب ١٩٦٧ وبلغت نحو ٥٤٧ ألف شخص فقد أطلق على أفرادها مصطلح "نازحون".

وتتعلل إسرائيل برفضها وممانعتها بعودة اللاجئين قائلة بأن رجوع ما يزيد على أربعة ملايين لاجئ معناه تدمير إسرائيل بهذه القنبلة الفلسطينية السكانية، ولذلك فهم يطالبون بتبادل يهود الدول العربية الذين تركوا ديارهم قبل عام ١٩٦٧، وكذلك بتبادل التعويضات بين الطرفين. وهذا ولا شك فيه الكثير من المغالطات وينسجم وسياسة خلط الأوراق، ذلك لأن عرب فلسطين أجبرتهم إسرائيل على الرحيل بعدة وسائل حتى يتم لها تهويد البلاد. وجميع سجلات الأمم المتحدة وتقارير المراقبين الدوليين تشهد بذلك وحتى بعض الكتاب اليهود تؤكد هذه الحقائق. أما يهود البلاد العربية فقد غادروها بمحض إرادتهم وبدعم وتشجيع من حكومة إسرائيل والمنظمات الصهيونية. ولم يسبق للعرب أن أكرهوهم على الخروج فقد كانوا مواطنين عاشوا بين العرب منذ آلاف السنين، عليهم ما على العرب من التزامات، ولهم ما لغيرهم من المواطنين من حقوق.

السياسة الإسرائيلية لا تقوم على المغالطات وخلط الأوراق فقط، وإنما تعتمد على كثير من التناقضات التي من بينها أنها ومنذ أن قامت بسن قانون العودة وهي ملتزمة به تماما، والذي يعتبر بأن أي يهودي في العالم يرغب في القدوم إلى إسرائيل عائدا إلى وطنه ويمنح الجنسية الإسرائيلية حالما تطأ قدماه أرض فلسطين، ولكنها تنكر هذا الحق على الفلسطينيين أصحاب الأرض الشرعيين.

إن هناك العديد من المواقف المتباينة تجاه قضية اللاجئين فإسرائيل - كما قلنا - ترفض عودتهم والولايات المتحدة الأمريكية تحاول تأجيل بحث هذا الموضوع في الوقت الراهن، بينما يرى الفلسطينيون بأن عدم طرح مشكلة اللاجئين بطريقة عادلة، كما نصت قرارات الأمم المتحدة يعني تجاهل قضيتهم والحكم عليهم بالتشرد المستمر والغربة الدائمة.

وبما أن مشكلة اللاجئين من صلب القضية الفلسطينية، وهي قضية عربية في المقام الأول، ونظرا لأن اللاجئين منتشرون في أقطار الوطن العربي، وأن من أبرز الحلول المطروحة توطينهم في تلك الأقطار فإن من الضروري اتخاذ موقف

عربي موحد من هذه المشكلة والتمسك بقرارات الأمم المتحدة التي نصت على حق العودة. إن ترك قضية اللاجئين للسلطة الوطنية الفلسطينية وحدها للتفاوض مع إسرائيل بشأنها، وهي لا تملك من أوراق القوة لتضغط بها على إسرائيل وفي زمن اختلت فيه موازين القوى لن يلحق الأذى بالفلسطينيين وحدهم بل بالعرب جميعا.

اللاجئون الفلسطينيون وحقهم في العودة والتعويض محور القضية الفلسطينية

التحـرك الـذي يقـوم بـه حاليـا مثقفـون وناشـطون فلسـطينيون ودعـوتهم جميـع الفلسطينيين إلى التمسك بحقهم في العودة إلى أراضيهم التي طردوا منها منذ نكبـة عـام ١٩٤٨ وبالتعويض عن الأضرار الجسيمة التي نتجـت عـن هـذا الطـرد يـدل عـلى أن هنـاك موجبـات تستدعي ذلك. وهذه الموجبات يؤكدها البيان أو الإعلان الذي أصدره هؤلاء المثقفـون وطـالبوا الفلسطينيين في الشتات بالتوقيع عليه.

وهذا التحرك سبقه تحرك مـن نوعـه قـام بـه أهـالي قريـة "عـين كـارم" قـرب القـدس، والمقيمين في الأردن، حيث وقعوا في العام الماضي عـلى ميثـاق شرف أكـدوا فيـه عـلى تمسـكهم بوطنهم وبحقهم التاريخي فيه، وبحقهم في العودة التي لا بديل لها ولا قبول بالتعويض عنهـا، وتحريم بيع الأراضي والممتلكات. وحذا سـكان مدينـة القـدس وأكنافهـا حـذوهم فأصـدروا في السادس عشر من شهر يونيـو عـام ١٩٩٩ ميثـاق شرف كـان لنـا شرف المساهمة في صياغته - أكـدوا فيـه عـلى "أن القـدس هـي جـوهر الصراع العـربي - الصـهيوني وبأنهـا عاصـمة الدولـة الفلسطينية الناجزة، وهي أمانة في عنق كل عربي ومسلم، وبأن الحـق في سـيادتنا عـلى قدسـنا وأكنافها، هو حق أبدي لا تنتزعه منا معاهدة أو اتفاق أو أي شكل من أشـكال الاحـتلال، فـإن حقنا في العودة إلى ديارنا حق نتمسك به ونطالب به، وهـو أمـر حتمـي .. كـما أنـه حـق مـن حقوقنا كفلته جميع الشرائع الدينية والدنيويـة، وكفلتـه الأمـم المتحـدة في قراراتهـا المختلفـة، وبـخاصة قرار ١٩٤ لعام ١٩٤٨، كما كفله الإعلان العـالمي لحقـوق الإنسـان الـذي يجسـد حـق الشعوب في أرضها وممتلكاتها ووطنها".

واشتمل الميثاق على بند لا يعترف بأي اتفاق أو معاهدة تبرمه أية هيئـة تتجـاوز هـذه الحقوق. فالبند الثالث من الميثاق يقول: "أننا نتمسك بحقنا التاريخي في السيادة على القـدس وسائر فلسطين، وهو حق أزلي لا يملك أحد أو هيئة

التصرف به، ولا تنتزعه منا مؤامرة زرع اليهود زرعا في بلادنا، ولا تلغيه معاهدة أو اتفاقات تفرضها القوة الغاشمة وموازين القوى غير المتكافئة بعيدة عن مرتكزات الحق ومبادئ حقوق الإنسان، وأن حق سيادتنا على أرضنا حق ثابت لا نفرط فيه ولا نتنازل عنه".

ولماذا في هذا الوقت بالذات؟

يبدو أن هذه التحركات الفلسطينية غير الرسمية جاءت متزامنة مع موعد اقتراب بدء مفاوضات الوضع النهائي بين السلطة الوطنية الفلسطينية وإسرائيل، وتكمن أهميتها في أن من يقوم بها نخبة من المثقفين الذين يؤمنون بضرورة تحريك جميع الطاقات الفلسطينية وتفعيلها لتتحمل مسؤولياتها التاريخية في وقت تجادل فيه إسرائيل لتصفية القضية وتتجاوز المسائل المهمة والمؤجلة والتي تشكل صلب الصراع العربي - الإسرائيلي وجوهر ومضمون القضية الفلسطينية ومحتواها، وبدونها لا يحقق الفلسطينيون أي شيء يذكر. ولذلك تواجه مناقشة هذه المسائل بتشدد وتعنت إسرائيلي، ومما يساعد الإسرائيليين على هذا التشدد انقسام الصف العربي وتشرذمه، وتراجع القضية الفلسطينية من قضية قومية إلى قطرية، وعجز السلطة الوطنية الفلسطينية عن التصدي وحدها للغطرسة الإسرائيلية، وغياب معارضة فلسطينية قوية وفاعلة تستطيع تحديد أهدافها وممارسة نشاطاتها بحرية كاملة، وفي جو عالمي تنفرد فيه الولايات المتحدة الأميركية كقطب وحيد يصول ويجول على الساحة الدولية.

وقد جاء هذا التحرك من النخبة الفلسطينية من منطلق الحرص على القضية من التصفية وتحسبا لأي ظرف تجد فيه السلطة الوطنية الفلسطينية أنها مجبرة أو مضطرة لتوقيع اتفاق أو معاهدة غير متكافئة مع إسرائيل تتجاوز فيها الحقوق الثابتة للشعب الفلسطيني في هذه المسائل وبخاصة حقه في العودة إلى وطنه.

ولماذا التركيز على العودة؟

يعتبر موضوع اللاجئين وحقهم في العودة إلى وطنهم الذي طردوا منه أهم البنود التي تبحث في القضايا المؤجلة، وهي في اعتقادي جوهر القضية الفلسطينية وأهم إفرازاتها. وآمل أن لا يساء فهم ما أقصده بقولي هذا، وأتهم بأنني اختزلت القضية وحولتها إلى قضية لاجئين فقط كما حاولت إسرائيل ولا تزال تحاول وتساندها في ذلك قوى غربية على رأسها الولايات المتحدة الأميركية. فأنا لا انظر إلى اللاجئين كمشكلة لأناس طردوا من أرضهم، أو خرجوا منها بمحض إرادتهم أو استجابة لنداءات القادة والزعماء العرب كما تزعم إسرائيل، ولا حل لها إلا بتوطينهم في الوطن العربي الواسع ليعيشوا مع إخوانهم من أبناء الأمة العربية، وإنما انظر إليها على أنها مشكلة وطن سلب وانتزع من أصحابه الشرعيين، وهودت أرضه واستبيحت حرماته ودنست مقدساته، وطرد أهله وشردوا في الآفاق.. إن هذا يمثل حادثة خطيرة لا مثيل لها في التاريخ في جميع أزمنته وعصوره، وتشكل سابقة خطيرة تنعكس آثارها على أمم العالم وشعوبه.

وإذا كان المرتكز الأول والأهم الذي اعتمدت عليه الصهيونية في إقامة الدولة اليهودية في فلسطين تمثل في فتح أبواب فلسطين ليهود العالم ليصبحوا مع الزمن الأغلبية السكانية فيها، فإن تحقيق ذلك لن يتم إلا بتهجير عرب فلسطين بمختلف الوسائل كالطرد بالقوة وبالإرهاب وبارتكاب المجازر وبمصادرة الأراضي والتفنن في سن القوانين الجائرة وغيرها من الأساليب التي ابتدعها وطبقها ونفذها الصهاينة قبل نكبة عام ١٩٤٨ وبعدها. ولهذا يمكن القول بأن الصراع العربي - الصهيوني ارتكز في بدايته على عمليتين متناقضتين هما: الهجرة، والهجرة المضادة؟ الأولى يهودية داخلية إلى فلسطين، بينما الثانية عربية خارجة منها معتمدة على نظرية الجذب والطرد التي تفسر الهجرات البشرية في الأزمنة والأمكنة.

لقد شعر الإسرائيليون بالارتياح حينما علموا بأن منظمة التحرير الفلسطينية وافقت في مباحثات أوسلو عام ١٩٩٣ على تأجيل بحث قضية اللاجئين

إلى قضايا المرحلة النهائية من المفاوضات، واعتقدت بأن الزمن وحده كفيل بحل هـذه القضية بتوطينهم في البلاد العربية التي يقيمون عليها، وكانت المنظمـة معنيـة بالدرجة الأولى بدخولها إلى الأراضي المحتلة وسيطرتها على أي أرض فلسطينية تنسحب منها إسرائيل، ولم تكـن راغبة في إثارة قضايا مهمة وخطيرة مثل قضية اللاجئين مـن شـأنها نسـف المباحثات مع الإسرائيليين إذا هي أصرت على إثارتها، واعتقدت بأن من الممكن التوصل إلى حل مناسب لهذه القضية وغيرها من القضايا المؤجلة تمشيا مع المبدأ القائل: خذ وطالب.

إن موضوع اللاجئين شديد الحساسية والأهمية لكل مـن الإسرائيليين والفلسطينيين فإسرائيل تسعى إلى إسدال الستار على هذا الموضوع، وقد سبق وأوهمت العالم عبر وسائل الإعلام المختلفة بأن الإسرائيليين عادوا إلى وطنهم فلسطين الذي انتظرهم طويلا وكأن فلسطين كانت خالية من سكانها العرب. ومنذ نكبة فلسطين عام ١٩٤٨ وإسرائيل تخاطب العرب سواء بطرق مباشرة أو غير مباشرة ، وترفض التخاطب مع الفلسطينيين وهذا يؤكد نفيها لوجودهم وعدم الاعتراف بهم.

وكان الإسرائيليون يشعرون بالانزعاج الشديد إذا صرح أي قائد أو زعيم بأقوال تخالف وجهة نظرهم عن قضية اللاجئين. فحينما صرح الرئيس الأميركي "بيل كلينتون" في اجتماع له مع الرئيس المصري محمد حسـني مبارك يـوم الخميـس ١٩٩٩/٧/١ بأن مـن حـق اللاجئين في أن يكونوا أحرارا في اختيار المكان الذي يعيشون فيه، قامت قيامة الإسرائيليين، ولم يهدأوا إلا بعد أن نجحت الإدارة الأميركية في التقليل من شأن هذه التصريحات، وقال متحدث باسم البيت الأبيض يوم السبت - أي بعد يومين فقط من تصريح كلينتون - بأن الرئيس الأميركي كان يعنـي بأن قضية اللاجئين الفلسطينيين هـي مـن بين القضايا العديدة التي مـا زال يتعين تركها لمفاوضات الوضع النهائي لكي يحلها الطرفان، وأكد أن الولايـات المتحـدة لم تغير موقفهـا مـن موضوع اللاجئين الفلسطينيين.

يجب توحيد كل الجهود

لاشك في أن هؤلاء المثقفين والناشطين الفلسطينيين يدركون بأن اللاجئين يمثلون لب القضية الفلسطينية وتحدد المأساة بكل أشكالها وأبعادها القطرية والقومية والعالمية. ولهذا فإنهم ومن واقع حرصهم على القضية ومصيرها لا يريدون ترك مشكلة اللاجئين للسلطة الوطنية الفلسطينية لتنفرد بحلها والتباحث بشأنها مع إسرائيل في غياب دعم عربي وعالمي، وفي وضع يتوجب فيه مساندة السلطة والتي يهمها تعزيز مكانتها وتقوية موقفها بكل الطاقات والإمكانات الفلسطينية حتى ولو اختلفت معها في الرؤى والتوجهات، ولذلك فإن على السلطة الوطنية الفلسطينية تهيئة الأجواء للمعارضة وتشجيعها لتقوم بدورها وتتحمل مسؤولياتها في هذه المرحلة الحرجة وتتعامل معها لمواجهة التعنت الإسرائيلي. وفي الوقت نفسه استثمار المواقف الشعبية العربية المؤيدة للحقوق الفلسطينية، والاستعانة بمنظمة حقوق الإنسان العالمية في الدفاع عن قضية الإنسان العربي وحقه في العودة إلى وطنه والعيش على أرضه التي طرد منها.

إن إعلان المثقفين والناشطين الفلسطينيين يهدف إلى حفظ الحقوق الفلسطينية وهو إنذار لأي جهة حتى لا تنفرد بهذه الحقوق، وفي الوقت نفسه أخطار إسرائيل بأن أي اتفاق أو معاهدة تتجاوز حقوق الفلسطينيين لاغية، وأن فرض ذلك بالقوة باطل وغير شرعي، وأن الشعب الفلسطيني يعلنها وبصراحة بأنه وحده الذي يملك هذا الحق غير القابل للإنابة أو التصرف، وأنه إذا كانت العودة حقا من حقوقهم تكفله لهم جميع القوانين والشرائع، فإن التعويض عن معاناتهم منذ طردوا من أوطانهم حق آخر من حقوقهم الثابتة، وهذا مبدأ طبقته إسرائيل ولا تزال تطبقه حينما طالبت الدول الأوروبية بالتعويض عن أضرار تقول بأنها لحقت باليهود في أثناء الحرب العالمية الثانية وبسبب المذابح التي تدعي بأن النازيين ارتكبوها بحق اليهود في أوروبا.

أهم بنود البيان

إن من يطلع على البيان الذي أصدره هؤلاء المثقفون والناشطون الفلسطينيون يدرك بأنه صيغ بعناية فائقة وبأسلوب علمي رصين، ويخلو من

الإثارة والصخب، ويبدأ بتحديد مفهوم اللاجئين على أنهم الذين طردتهم القوات العسكرية الصهيونية والإسرائيلية من فلسطين عام ١٩٤٨م وأجلتهم عن ٥٣١ مدينة وقرية وصادرت أراضيهم التي تبلغ ٩٢% من مساحتها الحالية، وقد اشتمل البيان على نقاط أهمها:

١- إن طرد الفلسطينيين كان ضمن عملية منظمة ومدبرة ومدعومة من الخارج وكان هدفها إزاحة الشعب الفلسطيني من وطنه وإحلال مهاجرين يهود من جميع أنحاء العالم ليحلوا محله.

٢- إن حق اللاجئين الفلسطينيين في العودة إلى ديارهم حق أساسي من حقوق الإنسان أكده الميثاق العالمي لحقوق الإنسان والميثاق العالمي للحقوق المدنية والسياسية وميثاق إزالة كل أشكال التمييز العنصري، والمواثيق الأوروبية والإفريقية والأميركية لحماية حقوق الإنسان والحريات الأساسية.

٣- إن حق اللاجئين الفلسطينيين في العودة إلى ديارهم حق غير قابل للتصرف ولا يسقط بالتقادم قد أكدته الأمم المتحدة أولا في قرارها ١٩٤ عام ١٩٤٨ وأعادت تأكيده بعد ذلك بمائة وعشر مرات.

٤- إن حق العودة نابع من حرمة الملكية الخاصة ولا يزول بالاحتلال أو السيادة وهو الحق الذي طبق على اليهود الأوروبيين الذين استعادوا أملاكهم التي صودرت في أثناء الحرب العالمية الثانية دون الرجوع إلى قرار دولي محدد. كما أن حق العودة حق شخصي في أصله لا تجوز فيه الإنابة أو التمثيل عنه أو التنازل عنه لأي سبب في أي اتفاق أو معاهدة.

٥- إن حق العودة لا ينتقص ولا يتأثر بإقامة دولة فلسطينية بأي شكل. وبموجب هذا فإن الموقعين على هذا البيان يعلنون عن عدم اعترافهم بكل ما يتمخض عن مفاوضات من اتفاق عن أي جزء من هذا الحق بعودة اللاجئين والمهجرين والنازحين إلى أراضيهم وأملاكهم التي طردوا منها عام ١٩٤٨ وعام ١٩٦٧ وتعويضهم، وأنهم لا يقبلون بدلا عن العودة.

٦- الحق بالمطالبة بالتعويض المناسب عن المعاناة النفسية والأضرار المادية وجرائم الحرب التي لحقت باللاجئين خلال واحد وخمسين عاما استنادا إلى قرارات الأمم المتحدة والسوابق القانونية.

وقد نظم هؤلاء المثقفون والناشطون مؤتمرا في جامعة بوسطن سيعقد في الثامن من شهر إبريل القادم يتناول حقوق اللاجئين الفلسطينيين ويبحث مشاكلهم. واتفق على أن يكون شعار المؤتمر وعنوانه: "حق العودة .. اللاجئون الفلسطينيون وآفاق السلام الدائم".

هل حقق مؤتمر اللاجئين الفلسطينيين وحق العودة في بوسطن أهدافه؟

لقد بات واضحا بأن قضية اللاجئين أخطر القضايا المؤجلة بين السلطة الوطنية الفلسطينية وإسرائيل، فهي جوهر القضية الفلسطينية اليوم وأهم نتائجها وإفرازاتها، وتجسد المأساة الفلسطينية على حقيقتها، وتعبر عن شعب اقتلع من وطنه،وطرد من أرضه، وحرم من حق العودة إلى دياره، وحل محله شعب غريب عن المنطقة، وغير متجانس عرقا وحضارة وثقافة، وهي حادثة لا سابق لها في التاريخ.

ونحن بقولها هذا لا نقلل من أهمية القضايا الأخرى المؤجلة وهي: القدس، والاستيطان، والمياه، والدولة، والحدود، فكلها مهمة وحساسة، ولو لم تكن كذلك، لما أصرت إسرائيل في اتفاقية أوسلو مع منظمة التحرير الفلسطينية عام ١٩٩٣ على تأجيلها لأسباب بدت واضحة تماما للجميع. ويبدو أن المساومات ستظل قائمة بين السلطة الوطنية الفلسطينية وإسرائيل لأجل التوصل إلى تفاهم واتفاق حول هذه القضايا، والتي يتحدد بمقتضاها شكل الكيان الفلسطيني، وما يتمتع به من نفوذ وصلاحيات ومسؤوليات.

وقد لا يخفى على الكثيرين بأن لدى الإسرائيليين تصورات "وسيناريوهات" لكل قضية من هذه القضايا المؤجلة تعطى للمفاوض الإسرائيلي أكبر قدر من المناورة، وتمكن من إطالة أمد المفاوضات إلى أطول مدة ممكنة يتم بموجبها ابتزاز الطرف الفلسطيني الضعيف، واستنزاف طاقته وصبره، وتوصله إلى حافة اليأس، وتجعله يقبل في النهاية الطروحات الإسرائيلية، معتقدا بأن الحصول على شيء افضل من فقدان كل شيء، في زمن رديء يعاني فيه الجميع من وضع تعيس، حيث يشهد الصف العربي انقساما خطيرا، وتشرذما بغيضا، وتخاصما شديدا. وفي الوقت نفسه تراجعت القضية الفلسطينية ولم تعد قضية عربية قومية تجمع العرب حولها على اعتبار أنها قضيتهم الأولى والأهم،

فأصبحت قضية قطرية تخص الفلسطينيين وحدهم، واختفى العرب وراء شعار ابتدعوه مفاده بأننا نقبل بما يقبله الفلسطينيون، وذلك بعد أن رفعت منظمة التحرير الفلسطينية في ظروف معينة شعار "القرار الوطني الفلسطيني المستقل"، وقبل ذلك كانت المنظمة قد ابتلعت طعم "الممثل الشرعي والوحيد للفلسطينيين" في مؤتمر الرباط عام ١٩٧٤.

وإذا كانت هناك حلول لابد من أن يتوصل إليها الفلسطينيون والإسرائيليون حول القضايا المؤجلة، فإن هذا لا يعني أن قضية اللاجئين ستبقى دون حل. ويتفق الفلسطينيون والإسرائيليون على أنها أهم القضايا وأخطرها ولكن تتباين رؤاهم وطروحاتهم حولها، وتختلف حلولهم لها. ويرى الإسرائيليون بأنه ما لم تنته قضية اللاجئين فإن النزاع سيظل قائما . ويعتقد الفلسطينيون بأن بقاء اللاجئين وعدم السماع لهم بالعودة يعني أن القضية الفلسطينية لا تزال دون حل كامل وعادل.

مما تبين ندرك بأن قضية اللاجئين لن تظل معلقة إلى مالا نهاية، ولكن إسرائيل التي تتبع سياسة الابتزاز والمماطلة تعتقد بأن الزمن كفيل بحلها في القريب العاجل، وهي ترى بأن العرب الذين ظلوا يرفضون الاعتراف بها ويعتبرونها كيانا مزعوما، رضخوا أخيرا للأمر الواقع واعترفوا بها، وهاهم اليوم يتسابقون في التطبيع معها، سيضطرون في المستقبل إلى قبول الطروحات الإسرائيلية التي تدعو إلى توطين اللاجئين الفلسطينيين في البلاد العربية.

ونحن هنا نتساءل - وربما يتساءل معنا كثيرون - عن مدى مصداقية هذه الرؤى الإسرائيلية؟ وهل ستنجح إسرائيل في النهاية في فرض سياسة الأمر الواقع على العرب بمن فيهم الفلسطينيين؟ وهل استطاع الفلسطينيون والعرب صياغة خطة تحدد أهدافهم، وعمل إستراتيجية توجه تحركاتهم وتساعدهم على جمع شملهم.

ربما كانت الإجابة على أسئلة كهذه يمكن استنباطها من مواقف شعبية ورسمية للعرب والفلسطينيين في الوقت الحاضر. وهنا أود أن أذكر القارئ الكريم

بمقال لي نشر بجريدة الاتحاد في ٢٠٠٠/٣/١٥م بعنوان: "اللاجئون الفلسطينيون وحقهم في العودة والتعويض محور القضية الفلسطينية" قلت فيه بأن ناشطين ومثقفين فلسطينيين تحركوا من أجل تحقيق حق العودة، ووقعوا على ما يشبه الميثاق الذي يلزم الجميع بالتمسك بحق العودة، وأنهم قرروا تنظيم مؤتمر يبحثون فيه هذا الحق، ويؤكدون عليه، ويعقد في الثامن من إبريل (المنصرم) بجامعة بوسطن بالولايات المتحدة الأميركية.

وعقد هذا الاجتماع في موعده المقرر وحضره وساهم فيه الصحافي البريطاني المعروف "روبرت فسك" ببحث عن اللاجئين الفلسطينيين في لبنان. و"روبرت فسك" يكتب في العادة في صحيفة "الاندبندنت" البريطانية مقالات رصينة وموضوعية يرى فيها كثيرون بأنها تميل إلى التعاطف مع العرب.

وقد أرسل لي صديق من الولايات المتحدة بالبريد الإلكتروني انطباعات "روبرت فسك" التي يبدي فيها ألمه واستياءه من منظمي مؤتمر بوسطن، ومن الذين حضروه من العرب. ويبدو من تعليقات "روبرت فسك" التي سنوردها بعد قليل بأننا أضعنا فرصة نادرة ولم نعرف كيف نستفيد من مناسبة مهمة، كان في إمكاننا استثمارها في إبراز آرائنا وعرض طروحاتنا، وتوضيح قضيتنا العادلة، ففشلنا في كسب المؤيدين والأنصار، وخسرنا الأحباب والأصدقاء.

وأود أن لا يفهم من هذا بأنني أريد "التيئيس" والطعن في جدوى عقد مؤتمرات كهذه، وإنما هدفي أن نتعرف على سلبياتها ونستفيد منها. وأن لا نظل نرى أمورنا بعيوننا وعقولنا فقط، وإنما لابد أن نراها أيضا من خلال عيون الآخرين وعقولهم، وبخاصة إذا كانوا محايدين أو أصدقاء. وفي الوقت نفسه فإن عرضنا لانطباعات "روبرت فسك" وآرائه لا يعني بالضرورة أننا نوافقه على كل كلمة يقولها.

يقول "روبرت فسك" بأن المفكر الفلسطيني المعروف "إدوارد سعيد" كان أعظم وأشجع متحدث عربي في المؤتمر. وقد استغرقت كلمته ٤٥ دقيقة. وكان يبدو

عليه معاناته الشديدة من مرض "اللوكيميا" (سرطان الدم)، إلا أن معاناته كانت أكثر وألمه كان أشد من منظمي المؤتمر لأنهم لم يكترثوا بوضع شرائح الصور ووسائل الإيضاح في وضعها الصحيح والمناسب، فصاح فيهم ادوارد سعيد بعصبية وهو يتألم بشدة قائلا لهم بأنه يريد أن يعرف لماذا لم توضع وسائل إيضاح محاضرته بشكل صحيح؟. وقد اقترن غضبه هذا بشجبه لسياسة الاستيطان اليهودية.

ويستطرد "روبرت فسك" قائلا بأن "نعوم شومسكي" وهو لغوي وفيلسوف وناشط وأكبر ليبرالي من الحضور الأميركان، وأكثرهم شجبا لحكومات الولايات المتحدة المتعاقبة من عهد الرئيس "جون كيندي" في الستينات، وحتى عهد الرئيس الحالي "بيل كلينتون" مما أدى إلى حرمانه من عموده المنتظم في الصحافة الأميركية، فقد تكلم بعاطفة قوية عن الظلم الذي وقع على الفلسطينيين، وعبثية عملية سلام الشرق الأوسط، وسيطرة الولايات المتحدة بالكامل على الإقليم، ولكن للأسف فإن كثيرا من الحضور (العرب) انشغلوا في التحدث مع بعضهم البعض.

وعندما ألقى "جبور سليمان" كلمته عن تطبيق إسرائيل لنظام "الباتستان" الذي مزق أراضي الضفة الغربية، كان الحضور من العرب يطالعون الصحف والكتيبات التي بحوزتهم. ولم يتحمل "روبرت فسك" هذا المشهد اللامبالي ووقف يقول مغتاظا للحاضرين بأنهم ليسوا على صلة بحقائق الشرق الأوسط، واتهم "اللوبيات العربية" بالرضاء عن أوضاعها التي لا تسر وبكسلها أحيانا، ولكن هذا النقد لم يعجب البعض، فقد حدث صخب واضطراب، وصاح من بين الحضور شاب وقال لروبرت فسك: "كفى سخرية ... يجب عدم توجيه النقد للعرب".

وينتقد "روبرت فسك" منظمي المؤتمر لأنهم لم يحاولوا إظهار مأساة اللاجئين على حقيقتها، وكما هي على أرض الواقع حتى يدرك الناس وبخاصة الأميركيين حجم المعاناة التي يعانيها اللاجئون الفلسطينيون.

ويقول بأنه قبيل حضور المؤتمر ببضعة أيام كان في زيارة لإطلال مخيمي صبرا

وشاتيلا للاجئين حيث ذبح فيها الإسرائيليون وحلفاؤهم من اللبنانيين المسيحيين أكثر من ألفي شخص في حرب ١٩٨٢م. ويقول بأنه زار المكان مائة مرة بعد المذبحة، ومع ذلك فلا يزال يرعبه، فالفئران التي يبلغ حجم الواحد منها حجم كرة القدم تصول وتجول في أكوام القمامة، وقد أصبح القبر الجماعي الذي دفن فيه ضحايا المذبحة مكبا للنفايات، ويعيش في الأكواخ الخرسانية ما بقي من الأحياء مع ذكرياتهم الأليمة، ويتنفسون رائحة المجاري الطافحة. وهو يعتقد بأنه لو عاش هناك لظل يفكر حتى يصاب بالجنون. ومن أجل المقارنة ينقلنا "روبرت فسك" من هذا المشهد الحي للاجئين البؤساء إلى مشهد مؤتمر بوسطن المناقض له تماما ويقول منتقدا: "لقد وجد منظمو المؤتمر بأن من اللائق تقديم المشروبات في كلية "هارفارد" والمشهورة بتقديم أفخر أنواع الخمور، وتعرض فيها لوحات زيتية، وهي مفروشة بالسجاد الثمين، ويقوم بخدمة الضيوف أشخاص يتقنون فن المجاملة ويتحلون بالأدب".

وكي يثبت "روبرت فسك" عدم اكتراث الفلسطينيين بقضيتهم وبحقهم في العودة إلى وطنهم في مؤتمر هدفه تأكيد حق عودة الفلسطينيين إلى ديارهم يقول، بأنه التقى في المؤتمر شابة فلسطينية حاصلة على تعليم عال وأخبرته بأنه لم يسبق لها الذهاب إلى فلسطين لأن لديها أطفالا صغارا، وأن السفر بصحبتهم غير مريح، وقارنت بين الرحلة إلى فلسطين وبين سفرها في رحلة عائلية إلى "ديزني لاند" قامت بها مؤخرا لتستمتع بالملاهي هناك ... وسألته الشابة باستغراب قائلة له: "هل تستطيع أن تتصور سفرا إلى فلسطين مع أطفال؟ .. لقد فكرت في هذا كثيرا من أجل حق العودة". وكأن "روبرت فسك" يريد أن يقول بأن هذه الشابة الفلسطينية تعتقد بأن حق العودة لا يستحق منها تحمل متاعب السفر مع الأطفال إلى فلسطين، وأن سعادتها بملاهي "ديزني لاند" تفوق سعادتها برؤية وطنها الذي من حقها أن تعود إليه.

وقد لا أكون مخطئا لو قلت بأن لسان حال "روبرت فسك" يقول: "أما كان من الأفضل لو عقد هذا المؤتمر في لبنان وقريبا من مخيمات اللاجئين

الفلسطينيين ليرى عرب أميركا معاناة إخوانهم وبني جلدتهم في هذه المخيمات، وليعرف المشاركون في المؤتمر من الأجانب مأساة اللاجئين على الواقع.

ويبدو من وجهة نظر "روبرت فسك" أننا لا نعرف كيف نكسب الرأي العام ونجعله يتعاطف مع قضايانا العادلة، وأننا لا نجيد فن الإعلان والدعاية ... لننظر إلى اليهود ونرى كيف تمكنوا من تحويل مزاعمهم وأباطيلهم إلى حقائق وأقنعوا العالم بها وجعلوه يدافع عنها، ويحارب من أجلها، ويحاكم كل من يطعن أو يتشكك في صحتها. وعلى سبيل المثال استغلوا اضطهاد هتلر لهم في أثناء الحرب العالمية الثانية وبالغوا في عدد من مات منهم، واختلقوا محرقة قالوا بأن هتلر أعدم بالغاز زهاء ستة ملايين يهودي، علما بأن عدد جميع يهود أوروبا آنذاك لم يبلغ نصف هذا الرقم، وأنشأوا بعد الحرب العالمية الثانية غرف غاز في معسكرات للاعتقال في بولندا وجعلوها متحفا دائما يزوره الجميع. ومن وراء هذا حقق اليهود العطف والتأييد العالمي وأجبروا دولا أوروبية وبخاصة ألمانيا على دفع بلايين الدولارات أنقذت إسرائيل من الانهيار في الستينات.

وفي القدس أقاموا نصبا لهذه المحرقة المزعومة، وفرضوا على جميع كبار الزوار الذهاب إليها والاعتراف بحقيقتها. وأدخلوا هذه المحرقة في المناهج والكتب المدرسية في الغرب ويريدون إدخالها في مدارسنا ومعاهدنا وجامعاتنا، وللأسف يجدون منا من يؤيدهم في ذلك.

وعلى ضوء هذا كله نسأل: لماذا لا نجعل من مخيمات اللاجئين الذين يعبرون عن مأساة هي من صنع إسرائيل، المكان المفضل لعقد المؤتمرات والندوات التي تناقش قضية اللاجئين وحقهم في العودة والتعويض عن طردهم من أوطانهم وعن المعاناة التي عانوها ولا زالوا منذ عملية الطرد هذه، وعن الأضرار التي لحقت بهم؟ أليس عقدها في هذه المخيمات أفضل بكثير من عقدها في فنادق ضخمة أو صالات فخمة يقدم فيها أفخم الطعام والشراب، وتبعد عن المخيمات (المأساة) بآلاف الأميال؟.

لماذا لا نقوم بتنظيم رحلات يمول بعضها أو نسبة منها أثرياء العرب إلى هذه المخيمات، ليرى العالم مأساة هذا العصر وليطلعوا على المجازر التي ارتكبها اليهود بحق الفلسطينيين والعرب في حين يوهمون العالم بأنهم مضطهدون؟ أليس من الواجب الوطني أن يواظب الفلسطينيون على زيارة مدنهم وقراهم في فلسطين، ليوثقوا ارتباطهم بوطنهم، ويعلموا أطفالهم على حب أوطانهم، ويثبتوا للعالم تمسكهم بحق العودة، وأن معيشتهم المرفهة في المهاجر التي حصلوا على جنسيتها لن تنسيهم فلسطين، ولن تعوضهم الحرمان من حضنها الدافئ، ولن تكون بديلا عن مسقط رؤوسهم ومواطن آبائهم وأجدادهم؟ ونحن إن فعلنا ذلك فنكون قد سرنا على الطريق الصحيح الذي سيوصلنا إلى فلسطين ... أنه طريق العودة ... وإن العودة حق ... وإن الحقوق لا تمنح ولا توهب وإنما تنتزع بالقوة ... وما ضاع حق وراءه مطالب ... "وقل اعملوا فسيرى الله عملكم ورسوله والمؤمنون" صدق الله العظيم.

قضية اللاجئين بين حق العودة والتعويض إلى التأهيل والتوطين

(١)

إسرائيل - كما يعلم الكثيرون منا - تتعامل مع المسائل والمشاكل بمنهج علمي وبأسلوب مؤسسي، ولذلك نجدها اليوم في تعاملها مع قضايا الوضع النهائي والمؤجلة مع الطرف الفلسطيني تلجأ إلى وضع الخيارات والبدائل والسيناريوهات، وصياغة الاستراتيجيات التي تتحرك بموجبها وتوصلها إلى تحقيق أهدافها، ولذلك فإن الرؤى تكون دائما واضحة عند المفاوض الإسرائيلي، وهامش الحركة والمناورة لديه واسعا، مما يمكنه من أخذ زمام المبادرة، مستغلا قوة حكومته وضعف الجانب الفلسطيني المغلوب على أمره، والذي لا يملك من أوراق القوة ما يمكنه من الحصول على ما يريد، فيضطر في النهاية إلى التسليم بالواقع الذي تعكسه موازين القوى على الأرض لصالح إسرائيل وغياب الدعم العربي، وضعف التأييد العالمي.

(٢)

وعلى الرغم من أن القضايا المؤجلة وبخاصة قضية اللاجئين تتجاوز في أبعادها وانعكاساتها البعد الفلسطيني، لتصبح قومية بقدر ما هي قطرية، وعالمية بقدر ما هي محلية وإقليمية، إلا أنه - وللأسف الشديد - لا توجد خطة عربية مشتركة، ولا إستراتيجية موحدة، ولا أهدافا محددة لهذه القضايا على الرغم من أهميتها البالغة، صحيح هناك مواقف تجاه هذه القضايا، إلا أن الخطط شيء والمواقف شيء آخر، فالخطط تبنى على بحوث ودراسات لها أهداف وغايات وأولويات واستراتيجيات تتحدد بموجبها المواقف الملزمة للجميع. أما المواقف فغالبا ما تعبر عن ردود أفعال وقتية لا تصنع سياسات وإنما تدل على انفعالات تتسم بالسلبيات متمثلة بالرفض لما هو مطروح دون إيجاد البديل المقنع.

إن المواقف السلبية التي يبديها العرب اليوم من هذه القضايا والتستر وراء شعار استراحوا له مفاده بأنهم "يقبلون بما يقبل به الفلسطينيون" نتيجة أسباب لعل من أهمها انقسام الصف العربي وتشرذمه، وتخاصم العرب وتنابذهم حال دون عقد قمة عربية تناقش المشاكل العربية، وتبحث في الأوضاع الراهنة المتدهورة، وتفكر في وسيلة لمواجهة التحديات التي تجابه الأمة العربية.

(٣)

وفي هذا الوضع العربي المأساوي تمارس عدة دول عربية وبخاصة التي يقيم اللاجئون الفلسطينيون على أرضها بكثافة عالية، أو التي تتخوف من توطينهم فيها ما يسمى "لعبة الكراسي الموسيقية"، ففي غياب خطة عربية موحدة وموقف واحد محدد أصبح هناك تخوف من حل لمشكلة اللاجئين يفرض على العرب من القوى الكبرى وعلى رأسها الولايات المتحدة، وتكون ضحيته دول عربية معينة. وربما كان لبنان من أكثر الدول العربية حساسية لمشكلة اللاجئين الفلسطينيين بسبب وضعها الجغرافي الخاص وتركيبتها السكانية القائمة على توازن طائفي وعقائدي حساس وهش. ولذلك لا نستغرب التصريحات التي أطلقها مسؤولون ومنهم رئيس الجمهورية بنزع سلاح المخيمات وإيجاد حل لنحو أربعمائة ألف لاجئ فلسطيني يعيشون على أرض لبنان ويقيم غالبيتهم في مخيمات في الجنوب وحول بيروت.

وفي الخليج العربي عقد مؤتمر في الشهر المنصرم لمقاومة التطبيع مع إسرائيل نوهنا عنه في حينه وأشدنا به وبالذين دعوا إليه وأشرفوا على عقده وتنظيمه وإنجاحه، إلا أن هناك من قال بأن هذا المؤتمر جاء عملا استباقيا، وكان من أهدافه مقاومة كل تطبيع يكون بمثابة حصان طروادة أو العربة التي تحمل اللاجئين لتوطينهم في الخليج العربي. فبعض دول الخليج وبخاصة الكويت التي عقد المؤتمر على أرضها ودعا إليه رجالها - تخلصت من أكبر عدد من الفلسطينيين مستغلة أزمة الغزو العراقي للكويت في آب ١٩٩٠. والكويت التي نزح عنها ما لا يقل عن ثلاثمائة ألف فلسطيني وأردني من أصل فلسطيني بسبب

هذا الغزو لا ترغب في عودتهم أو عودة بعضهم لخشيتها من توطينهم في المستقبل.

وهناك إشاعات مفادها بأن مشاريع التوطين في العراق التي طرحت في مطلع القرن المنصرم تعود لتطرح اليوم من جديد، وأن الذين يطرحونها يستغلون الأوضاع المأساوية في العراق، وأن التوطين سيكون ضمن صفقة تتضمن رفع الحصار الذي فرض على العراق منذ عشر سنوات.

(٤)

في شهر نيسان المنصرم عقد مؤتمران للاجئين يمكن من خلالهما معرفة الطروحات الإسرائيلية وردود الفعل العربية عليهما. وقد عقد الأول في بوسطن في الولايات المتحدة الأمريكية وتحدثنا عنه في مقالنا السابق. أما المؤتمر الثاني فعقد في الأردن وحضره خبراء ومتخصصون يمثلون ١٢ دولة منها: الأردن ومصر وفلسطين والسويد وسويسرا وهولندا وفرنسا واليابان والولايات المتحدة والهند وإسرائيل. وكان هذا المؤتمر تحت رعاية كل من المعهد الديبلوماسي الأردني ومؤسسة يابانية مهتمة بعملية السلام.

وكعادة إسرائيل في ندوات ومؤتمرات كهذه أرادت أن تحصر أعمال هذا المؤتمر في بعده الإنساني فقط دون التطرق للأبعاد السياسية والاقتصادية. وقد بذل رئيس الوفد الإسرائيلي أقصى جهده في هذا الاتجاه إلا أنه لم ينجح في ذلك لأن كثيرا من المشتركين في المؤتمر من أكاديميين وسياسيين تطرقوا إلى الجوانب السياسية والاقتصادية لمشكلة اللاجئين حينما بحثوا في أصل المشكلة ونشأتها وتطورها حتى وصلت إلى ما هي عليه الآن. ومن المعلوم بأن بحث قضية اللاجئين من منطلق إنساني صرف - كما تريد إسرائيل - يعني البحث عن حلول لها تخفف من معاناتهم وسوء أحوالهم وتوطينهم في البلاد العربية وبخاصة تلك التي يقيمون عليها. ولكن إذا تناول البحث الأبعاد السياسية والاقتصادية لمشكلة اللاجئين فهذا يعني فتح ملف القضية الفلسطينية والنزاع العربي - الإسرائيلي من أساسه وتحميل إسرائيل المسؤولية في ظهور هذه المشكلة ومطالبتها بحق العودة والتعويض وهذا ما لا يقبل به الإسرائيليون.

(٥)

وبطبيعة الحال وكما قلنا في بداية هذا المقال فإن السيناريوهات الإسرائيلية كانت جاهزة ومعبرة بكل وضوح عن رؤية الإسرائيليين لقضية اللاجئين ويمكننا تلخيصها في النقاط التالية:

إن الدول العربية وليست إسرائيل هي التي تتحمل المسؤولية الكاملة لمشكلة اللاجئين لأنها هي التي شنت حربا على إسرائيل في عام ١٩٤٨ وشجعت عرب فلسطين على النزوح من ديارهم ووعدتهم بإرجاعهم عليها بعد القضاء على إسرائيل. وهذا ما قاله سفير إسرائيل السابق في الأمم المتحدة "ابا ايبان" في حيثيات رفضه لقرار الأمم المتحدة عام ١٩٤٨ رقم ١٩٤ والذي ينص على حق العودة والتعويض للاجئين ولا تزال إسرائيل تتمسك بهذا الإدعاء.

ولا تكتفي إسرائيل بتحميل الدول مسؤولية اللاجئين وإنما توجه لهم اللوم الشديد لأنها لم تحاول حل مشكلتهم منذ حرب عام ١٩٤٨ بل أبقتهم في مخيمات لتحقيق أهداف سياسية، وحتى لا ينسوا قضيتهم وعملت على غرس وتعميق مفاهيم العودة وتحرير فلسطين والقضاء على إسرائيل.

وتصر إسرائيل - كما قلنا - على اعتبار قضية اللاجئين قضية إنسانية بحتة لا تتحمل مسؤوليتها ولكنها على استعداد للمساهمة في حلها وفق منظورها الخاص والذي بموجبه تقبل إسرائيل بعودة عدد محدود من اللاجئين إلى مناطق السلطة الوطنية الفلسطينية حسب الطاقة الاستيعابية لتلك المناطق وبالاتفاق مع إسرائيل. ولن تقبل إسرائيل بأي حال من الأحوال عودة أي لاجئ إلى مناطقها.

وترى إسرائيل ضرورة إعادة تأهيل اللاجئين في أماكن إقامتهم الحالية بشرط تجنب إيجاد وضع من الممكن تفجره لاحقا، وهذا التأهيل يتطلب إنشاء جهاز دولي يتولى مهمة التأهيل والتعويض وستكون مشاركة إسرائيل فيه رمزية لأنها لا تملك الموارد المالية اللازمة لتمويله والذي ينبغي أن يتحمل معظمه المجتمع الدولي.

وتبدي إسرائيل معارضتها لمبدأ التعويضات الشخصية للاجئين عن ممتلكاتهم وإنما تريد أن تخصص هذه الأموال لتأهيل اللاجئين وهدم مخيماتهم وبناء بيوت دائمة لهم وتطوير مصادر لتشغيل اللاجئين وتوفير الخدمات اللازمة لهم. وفي اعتقاد إسرائيل بأن جهاز التأهيل الدولي يتطلب حل وكالة غوث وتشغيل اللاجئين الفلسطينيين التابعة للأمم المتحدة.

وترى إسرائيل بأن لها مطالب بشأن تعويض اليهود عن ممتلكاتهم في الدول العربية، إلا أن هذه المطالب قد لا تدخل في أي اتفاق مع الفلسطينيين.

ومن حيث عدد اللاجئين فإن إسرائيل لا تعترف بالعدد الذي يقدره الطرف الفلسطيني وهو ٤.٥ مليون لاجئ وإنما ترى بأن عددهم لا يزيد على ٣.٢ مليون لاجئ فقط.

وقد تبين من الطروحات الإسرائيلية في المؤتمر بأن إسرائيل تعمل على تأجيل بحث ملف اللاجئين أطول مدة ممكنة، وكل ما تريده في مؤتمرات كهذه التنصل من أية مسؤولية نحوها وإبعاد المشكلة عنها وإلصاقها بغيرها وتحويلها إلى قضية إنسانية وأن الزمن كفيل بحلها، وأنه إذا تحسنت أوضاعهم فإن رغبتهم في العودة ستتلاشى تدريجيا.

(٦)

أما الجانب الفلسطيني فيصر ـ على أن مشكلة اللاجئين سياسية واقتصادية وقومية وليست إنسانية فقط. وأنه يجب عدم إرجاء بحثها فقد أرجئت إلى ما فيه الكفاية، وأن على إسرائيل الاعتراف بمسؤوليتها الكاملة في خلق هذه المشكلة، وأن تعترف بحقهم في العودة إلى الأراضي التي طردوا منها مع إعادة ممتلكاتهم وعقاراتهم التي كانوا يملكونها حتى أيار ١٩٤٨ وهو تاريخ إعلان قيام دولة إسرائيل، كما ينبغي تعويض اللاجئين عن الأضرار النفسية والمعنوية والمادية التي لحقت بهم وبممتلكاتهم.

إن هذه المطالب الفلسطينية رغم عدالتها واستنادها على القرارات الدولية التي تعترف بحق اللاجئين الفلسطينيين بالعودة والتعويض إلا أن الكلمة الفصل هي اليوم للقوة التي تعتمد عليها إسرائيل في فرض طروحاتها وتمكن الصهاينة من كسب التأييد العالمي، فالمجتمع الدولي يبدي تجاهلا للظلم الذي تعرض له الفلسطينيون ولا يزالون يعانون منه ممالأة للصهيونية وخشية من بطشها وخضوعها للنفوذ الصهيوني المهيمن على القوى العالمية الكبرى. ومما يضعف الموقف الفلسطيني انقسام الصف العربي وتشرذمه - كما قلنا - وعدم وجود خطة عربية واضحة تلزم الجميع بموقف موحد.

وعلى أية حال فإن أي حل غير عادل وغير منصف ويتجاهل الحقوق المشروعة للشعب الفلسطيني وبخاصة حقه في العودة والتعويض فإن الصراع العربي - الإسرائيلي لن ينتهي ولن يحل وإنما سيرحل إلى المستقبل.

إنقاذ القدس ليس بالقرارات وحدها

يحفل أدبنا الشعبي بالكثير من الحكم والأمثال التي تنطق بواقع كل حال، فما من موقف يواجهه المرء إلا ونجد له أكثر من مثل ينطبق عليه ويعبر عنه. والأمثال والحكم حصيلة تجارب الشعوب والأمم عبر الزمن. وهي خلاصة خبراتها الطويلة من ممارساتها وأفعالها في بيئاتها التي تعيش عليها وتتفاعل معها.

فكرت في الاهتداء إلى مثل من أمثالها الشعبية ينطبق على النزاع الدائر حاليا بين العرب وشركة "والت ديزني" الأمريكية التي تنظم معرض القرية الألفية في مدينة "أورلاندو" بولاية فلوريدا وذلك بمناسبة انتهاء الألفية الثانية للميلاد واستقبال الألفية الثالثة. وفي هذا المعرض خصصت الشركة لإسرائيل جناحا أبرزت فيه القدس على أنها يهودية الهوية وأنها العاصمة الأبدية للدولة العبرية مخفية بذلك أصالة عروبتها، ومتنكرة لتاريخها العربي الذي بدأ منذ أن بناها اليبوسيون قبل أكثر من ثلاثة آلاف عام، ومتجاوزة الوضع الحضاري الإسلامي والمسيحي لهذه المدينة.

لم يطل بي التفكير طويلا فقد تذكرت مثلا كان لحادثة مفادها أن لصوصا سرقوا صندوقا لشخص وضع فيه مجوهراته ومدخراته. وذهب هذا الشخص لصديق له يخبره بما حدث له وقال له بأنه لا يزال سعيدا لأنه يحتفظ بمفتاح الصندوق معه. فضحك الصديق وعجب من سذاجة هذا الشخص وقال له : وما قيمة المفتاح يا هذا وقد سرق منك الصندوق؟! وهل يعجز اللصوص عن فتحه أو كسره وأخذ ما بداخله ؟ ... عليك يا صديقي أن تجتهد في البحث عن الذين سرقوا صندوقك، وتبذل كل ما في وسعك حتى تتمكن من استرداده.

وهذا المثل أصبح يطلق حينما يتمسك الشخص بالشكل دون الجوهر. والصندوق هنا هي القدس التي أضاعها العرب والمسلمون أو كادوا يضيعونها بعد أن هودها الصهاينة. والمفتاح يعبر عن الحق الشرعي الذي لا يملك العرب سواه في وضعهم الراهن. ويتمسكون به في دعم موقفهم من القدس، ومطالبتهم بها عاصمة لدولة فلسطين القادمة.

ونحن لا نريد أن يفهم من كلامنا هذا بأننا نقلل من قيمة وأهمية الحملة العربية على شركة "ديزني" بل نراها ضرورية ولازمة وداعمة للحق العربي في القدس. وبهذه المناسبة فإننا نشيد بمواقف كل من يتبنى دعوة كهذه ونحيي موقف دولة الإمارات العربية المتحدة التي تثبت على الدوام على أصالة معدنها العربي وصدق انتمائها القومي وجهودها المشكورة في رأب الصدع العربي وتوحيد الكلمة العربية. كما نحيي موقف الشيح عبد الله بن زايد آل نهيان وزير الثقافة والإعلام في الإمارات لقيادته لتلك الحملة المشرفة. وفي الوقت نفسه نعترف بالجهود المشكورة التي بذلتها المنظمة الإسلامية الأمريكية في الولايات المتحدة. ومقاومتها شركة "همبرجر كنج" لافتتاح فرع لها في مستعمرة "معاليه أدوميم" قرب القدس مما أسفر عن إقفال هذا الفرع. فأثار ذلك الفزع والهلع عند الصهاينة. واعتبروا ذلك سابقة خطيرة ومؤشرا في غير صالحهم. ولذلك استماتوا في الدفاع عن موقف "ديزني" وقاموا بالضغط على المسؤولين الأميركان بمن فيهم الرئيس كلينتون ليستخدموا نفوذهم حتى لا تستجيب "ديزني" للمطالب العربية.

وقد أثمر هذا الضغط بثبات "ديزني" على موقفها مكتفية بشطب عبارة"القدس عاصمة لإسرائيل" ومبقية لكل الإشارات والشواهد اليهودية التي تعطي الانطباع لكل زائر بأن القدس هي عاصمتهم.

ويبدو أن شركة "ديزني" كانت تراهن، حينما ثبتت على موقفها، على عدة أشياء منها أن العرب سيتراجعون في المستقبل وأنهم لو قرروا مقاطعتها فإن هذه المقاطعة لن تدون طويلا، وأن الجميع لن يلتزم بها، وقد تأكدت صحة هذه التوقعات حينما صرح الشيخ عبد الله بن زايد آل نهيان قائلا بأن بعض الشخصيات العربية اتصلت بشركة "ديزني" وطمأنتها بعدم أخذ التهديدات العربية الرسمية وغير الرسمية بمقاطعتها مآخذ الجد.

ونحن نميل إلى الاعتقاد بأن ضغوطا أجنبية قد مورست على دول عربية حتى تلين موقفها مع شركة "والت ديزني". ومن الأدلة على ذلك تراجع موقف

الدكتور عصمت عبد المجيد الأمين العام لجامعة الدول العربية. ففي الأسبوع الماضي قال لمندوب محطة هيئة الإذاعة البريطانية بأن شركة "ديزني" قد خدعته حينما اكتفت بحذف عبارة "القدس عاصمة لإسرائيل"، ولكنها أبقت على جميع الشواهد التي تؤكد أنها عاصمة لإسرائيل وأنها يهودية الطابع والهوية، وأنه سيبحث الأمر في اجتماع مجلس وزراء الخارجية العرب لبحث موضوع مقاطعة الشركة، ولكنه غير موقفه بعد ذلك قائلا بأنه حصل على ضمانات تستجيب للمطالب العربية. وهذه الضمانات - كما نعلم - أرسلت للأمين العام بالفاكس - كما قال في حديثه لمندوب الإذاعة البريطانية واتهم حينها "ديزني" بالمخادعة لأن الضمانات ليست سوى حذف العبارة التي سبقت الإشارة إليها.

وإذا كنا لا نعلق أملا كبيرا في نتائج معركة - حتى ولو كسبناها - ما دامت لا تحظى بأي سند على أرض الواقع. صحيح أنها قد تكون مقدمة ناجحة تساعدنا في مقاومة اللوبي الصهيوني الذي يضغط ومعه الكونغرس الأمريكي لحث الرئيس كلينتون بنقل السفارة الأمريكية من تل أبيب إلى القدس، فإن ذلك لن يكون الأساس، وإنما يجب أن يكون مكملا وملازما ومساعدا لأعمال تمارس على أرض الواقع أي في القدس نفسها ومن حولها. فالقدس التي أجلت بحث قضيتها إلى آخر مراحل المباحثات على وشك أن يفتح ملفها. وقد استفاد اليهود من عامل الوقت واستثمروه في أحكام قبضتهم على المدينة وتهويدها شبه الكامل وتغيير معالمها العربية والإسلامية وترحيل سكانها العرب ومصادرة الأراضي وإقامة المزيد من المباني والأحياء اليهودية، وتوسيع حدود المدينة لتصل إلى مشارف رام الله شمالا وبيت لحم جنوبا، وأريحا شرقا وتبتلع نحو ربع مساحة الضفة الغربية.

لقد فرضت إسرائيل واقعا شديد الخطورة على القدس وسائر الأراضي الفلسطينية فغيرت جغرافيتها، وطمست معالم تاريخها، وبدلت مظاهر الحياة فيها، وفرضت متغيرات ديموغرافية جديدة. وقد كشفت شبكة (C.N.N) الإخبارية الأمريكية في مطلع هذا العام عن حقائق في القدس حيث قالت بأن نسبة اليهود

في القسم العربي والذي يطلق عليه "القدس الشرقية" قبيل احتلاله في حرب الخامس من حزيران عام ١٩٦٧ كان صفرا، إلا أن هذه النسبة ارتفعت بالتدريج حتى وصلت إلى ما لا يقل عن ٤٠% في الوقت الحاضر.

وقد نجم عن ذلك ارتفاع نسبة اليهود في مجمل مدينة القدس بشقيها : الغربي والشرقي إلى ما لا يقل عن ٧٠% من مجموع السكان الكلي في حين تضاءلت نسبة السكان العرب إلى حوالي ٣٠% فقط، وهي مرشحة لمزيد من الهبوط.

المعركة الأساسية - إذن - ليست في الولايات المتحدة الأمريكية، وليست مع شركة "والت ديزني"، ولا يمكن اختزالها في القرية السياحية لتلك الشركة، ولا في المعرض الإسرائيلي فيها،وإنما المعركة الحقيقية مع الإسرائيليين، وفي القدس، وعلى الأراضي الفلسطينية التي ما زال غول الاستيطان يبتلعها ويقضمها قطعة بعد قطعة.

وما قيمة تراجع "والت ديزني" عن موقفها إذا لم نحافظ على ما تبقى من عروبة القدس وسائر الأراضي الفلسطينية ونرفع عن عنقها سكين التهويد؟. ثم ما قيمة وأهمية القرارات الدولية إذا لم يتفان العرب في التمسك بها ويعرفوا كيف يوظفونها لصالح قضيتهم ويصروا على تنفيذها؟. ألم تصدر الأمم المتحدة الكثير من القرارات والتي من بينها القرار رقم (١٩٤-٣) والذي ينص على حق اللاجئين الفلسطينيين في العودة إلى أوطانهم. علاوة على قرارات لا تعترف بضم القدس الشرقية وتهويدها؟... وهل حاول العرب التمسك بها أو أنهم على وشك التفريط بها؟ ألم تصدر الأمم المتحدة قراراها الشهير رقم ٣٣٧٩ بتاريخ ١٩٧٥/١١/١٠ والذي جاء فيه بأن الجمعية العامة "تقرر بأن الصهيونية هي شكل من أشكال العنصرية والتمييز العنصري"؟ وللأسف تمكنت إسرائيل فيما بعد من استصدار قرار آخر يلغيه ولم يحرك العرب ساكنا - وقيل أنهم أيدوا ذلك وباركوه ما داموا قد دخلوا عصر السلام مع إسرائيل.

وكرد فعل - علما بأن جميع أعمالنا هي ردود أفعال ودون المطلوب - على الحملة الاستيطانية الإسرائيلية الكبرى في منطقة جبل "أبو غنيم" بالقدس، ألم تقم محطة الشرق الأوسط الفضائية قبل عامين باستنفار العرب من الخليج إلى المحيط وحثتهم على التبرع بسخاء لنجدة القدس وحمايتها من التهويد، فماذا كانت حصيلة ذلك ؟... لقد كانت النتيجة مخزية إذ لم تزد تبرعات ثلاثمائة مليون عربي ومعهم ألف مليون مسلم عن ستة ملايين دولار، في حين تبرع اليهودي الأمريكي المسمى "مسكوفتش" بأكثر من مائتي مليون دولار واشترى وحده أرضا في منطقة رأس العمود بالقدس الشرقية لبناء حي يهودي ... فهل يعجز العرب عن عمل كهذا وفيهم عشرات الألوف من الأثرياء؟، ومنهم من يفوق "مسكوفيتش" ثراء وغنى ؟ نحن نعتقد بقدرتهم على العمل ولكننا نشك في صدق انتمائهم لعروبتهم، وبقوة الإيمان بدينهم وبمقدساتهم، وفي الوقت نفسه نؤكد على خلو قلوبهم من الحمية لقوميتهم.

يا عرب إن القدس قد هودت، وإن فلسطين قد ضاعت، وإن أراضي السلطة الفلسطينية قد مزقت وتقطعت أوصالها، والفلسطينيون قد دخلوا القفص الإسرائيلي بأرجلهم. وإن اللاجئين لن يعودوا إلى أوطانهم وإنما سيفرض عليهم التوطين في دياركم شئتم أم أبيتم، والمياه تمت سرقتها من فوق أرضكم ومن تحت أقدامكم ... ليس لكم إلا كما قال طارق بن زياد يوم قرر عبور الأندلس "و الله ليس أمامكم غير الصدق والصبر" ... الصدق مع أنفسكم وتنقية قلوبكم من بغض وكره بعضكم لبعض، والصبر على المكاره والجلد والاتحاد والوقوف في صف واحد، وبذل كل غال ورخيص حتى يتحقق لكم كسب معركة الكرامة، لعل وعسى أن تحتلوا موقعا لكم تحت الشمس، كما فعلت أمم وشعوب ليس لها مجد أو تاريخ مثلكم ... فهل أنتم مستعدون لدخول القرن القادم الذي لم يتبق له سوى أيام معدودة برؤوس مرفوعة وهامات شامخة أم... ؟

القدس واللاجئون في كامب ديفيد
وهذا الصمت العربي المريب

في هذا اليوم الذي أكتب فيه المقال تكون قد مضت سبعة أيام على مفاوضات الوضع النهائي والتي تعقد في "كامب ديفيد" بالولايات المتحدة الأمريكية بين الوفد الفلسطيني برئاسة ياسر عرفات والوفد الإسرائيلي برئاسة ايهود باراك رئيس وزراء إسرائيل وبرعاية الرئيس الأمريكي بيل كلينتون.

وعلى الرغم من انقضاء هذه المدة إلا أن سياسة التعتيم الإعلامي التي تنتهجها الجهة الراعية للمؤتمر لا تزال تخيم على أروقة الاجتماعات وقاعاتها. وفي اعتقادنا أن هذا مؤشر له دلالاته الكثيرة وانعكاساته الخطيرة على مسيرة المؤتمر بعامة، وعلى الجانب الفلسطيني بخاصة، لا لشيء إلا لأنه الأضعف والأكثر تعرضا للضغوط كما أنه يواجه خصما عنيدا يمتلك كل مقومات القوة والتي يفرض بها نفسه على أرض الواقع. وبالاستناد على هذه القوة يرمي بلاءاته في وجه الطرف الفلسطيني، وهو في الوقت نفسه يختفي وراء مناورات الكتل والأحزاب المكشوفة والتي هدفها الضغط على الجانب الفلسطيني وابتزازه وعن طريق توزيع الأدوار بين الحكومة والمعارضة، و هي لعبة يتقنها الإسرائيليون ويلجئون إليها كوسيلة يتغلبون بها على المشاكل التي تواجههم وبخاصة في المواقف الحساسة والصعبة كالحالة الراهنة.

الابتزاز الإسرائيلي :

ربما كانت أول ورقة حاول "باراك" الإمساك بها واستثمارها في المفاوضات الجارية بكامب ديفيد هي ورقة صفقة بيع إسرائيل للصين طائرات متقدمة ذات تقنية فائقة تم تصنيعها ضمن مشروع تعاون أميركي - إسرائيلي بهدف إنتاج أسلحة متطورة. وقد أعلن باراك في بداية المؤتمر إلغاء الصفقة التي أزعجت الولايات المتحدة. وكادت تعكر صفو العلاقة الأميركية - الإسرائيلية المتميزة.

ولم يكن هذا الإلغاء لسواد عيون كلينتون - كما يقول المثل - وإنما هدفه ابتزاز الحكومة الأميركية اقتصاديا وسياسيا لأن التوقيت يثبت ذلك. فمن الناحية الاقتصادية تطلب إسرائيل من الولايات المتحدة تعويضا عن الأضرار التي نجمت عن إلغاء هذه الصفقة. وتقدر إسرائيل هذه الأضرار بنحو ألف مليون دولار على الرغم من أن قيمة الصفقة لا تتجاوز ٢٥٠ مليون دولار.

أما من الناحية السياسية فإن باراك يريد من الرئيس الأميركي لقاء ما يعتقده بالمكرمة الإسرائيلية الوقوف التام والالتزام الكامل مع إسرائيل وتبني طروحاتها أو دعمها في المفاوضات الجارية بالضغط على الطرف الفلسطيني على الرغم من انحياز الولايات المتحدة الدائم إلى جانب إسرائيل مما يشكك في دورها كراع في المحادثات الحالية والسابقة.

وعلى الرغم من التعتيم الإعلامي على ما يدور داخل صالات المؤتمر، إلا أن الأنباء المتسربة لا تدعو إلى التفاؤل ولا تبعث على الاطمئنان. وعلى الرغم من نفي هذه الأنباء في البداية، إلا أنه تأكد من صحتها فيما بعد.

الأخبار المتسربة تفيد بأن ضغوطا شديدة تمارس على الجانب الفلسطيني لقبول عروض وحلول وطروحات منها منح بعض الأحياء العربية في القدس نوعا من الحكم الذاتي، وإنشاء ممر يسهل على الفلسطينيين الوصول إلى أماكنهم المقدسة، والسماح لعدد محدود من اللاجئين الفلسطينيين - بما لا يزيد على مائة ألف لاجئ - بالعودة بموجب مبدأ "لم الشمل" والموافقة على قيام دولة فلسطينية منقوصة السيادة. وهناك من يقول بأن، ما هو مطروح حاليا ما سمي بـ"وثيقة أبي مازن - بيلين" المثيرة للجدل والتي سبق ونفاها الجانب الفلسطيني وأنكر وجود وثيقة بهذا الاسم.

ومن أساليب الضغط التي تبذلها الحكومة الأميركية على الجانب الفلسطيني عدم السماح لأشخاص يمثلون بعض الأطياف السياسية في منظمة التحرير الفلسطينية بالدخول إلى كامب ديفيد حتى يظلوا بعيدين عن الوفد الفلسطيني والرئيس عرفات وخشية من تأثيرهم على أجواء المؤتمر.

ومن المعلوم بأن الرئيس عرفات، وإدراكا منه لخطورة هذه المرحلة على القضية الفلسطينية وإيمانا منه بأنه لا يجرؤ أحد على التنازل أو التهاون أو التفريط في قضايا شديدة الأهمية والحساسية وخاصة قضيتي القدس واللاجئين فقد أراد أن يشرك معه ممثلين من أطياف مختلفة قد تتصف بالمعارضة لتتحمل مسؤولياتها في هذا الظرف العصيب، وهو إجراء متبع عالميا، وتلجأ إليه الحكومات حينما تواجه وضعا وطنيا حرجا وخطيرا، فتقوم بتشكيل ائتلاف حكومي.

التخلي عن قومية القضية :

إن إشراك أشخاص يمثلون أطيافا مختلفة في المفاوضات الجارية في كامب ديفيد أمر ضروري، إلا أنه من حيث المبدأ، جاء متأخرا، وربما بعد فوات الكثير من الفرص والمناسبات، فقد كان من الفروض أن تكون منظمة التحرير الفلسطينية وفصائل المعارضة في الصورة وأن تكون مشاركة في جميع المؤتمرات التي أسفرت عن اتفاقيات مع الإسرائيليين بدءا باتفاقية أوسلو ومرورا باتفاقية القاهرة، وانتهاء باتفاقيتي واي ريفر وشرم الشيخ ما دام الأمر يتناول جوهر القضية الفلسطينية، ولو اتبع هذا الإجراء من البداية لما تعرض الطرف الفلسطيني المفاوض لضغوط لا يقدر وحده على تحملها ، وكانت النتيجة في كل مرة تقديم المزيد من التنازلات لإسرائيل.

ونحن نؤمن- وسبق أن قلنا أكثر من مرة - بأن أكبر خطأ ارتكب بحق القضية الفلسطينية حينما تم تحويلها من قضية عربية (قومية) إلى مجرد قضية فلسطينية (قطرية) تخص الفلسطينيين وحدهم. كما نكرر ما قلناه في مقالات لنا في صحف عربية بأن قرار قمة الرباط في عام ١٩٧٤ كان نقطة التحول في مسار القضية الفلسطينية، وإن منظمة التحرير قد ابتلعت الطعم حينما هللت وكبرت للقرار الذي نص على إنهاء "الممثل الشرعي والوحيد للشعب الفلسطيني" واعتبرت ذلك أكبر انتصار لها.

وإذا كنا لا نؤيد نظرية المؤامرة لأنها أصبحت ممجوجة ومتداولة بشكل مبتذل ولأنها صارت كالمشجب الذي نعلق عليه كل مشاكلنا ومصائبنا، إلا أننا لا نستطيع إسقاط نظرية المؤامرة أو إنكارها. ولذلك فإننا نقول بأن قرار الرباط كان

آنذاك بمثابة المؤامرة على القضية الفلسطينية بدليل أن نتائجها اليوم أصبحت واضحة لكل إنسان ولا تحتاج إلى ذكاء لكشف أبعادها وآثارها.

الدول العربية التي تؤيد قيام دولة فلسطينية هي التي كانت تعارض قيامها ففي مؤتمر بلودان بلبنان في عام ١٩٤٧ وقبل النكبة طرح زعيم فلسطين آنذاك المفتي الأكبر محمد أمين الحسيني فكرة إنشاء حكومة فلسطينية على مجلس جامعة الدول العربية المنعقد على مستوى رؤساء الوزارات ولكن مشروعه ووجه بمعارضة شديدة من بعض المشاركين. وفي عام ١٩٤٨، وبعد النكبة أعلن المفتي عن قيام حكومة عموم فلسطين في غزة لم تعش طويلا. كما أنه كان بالإمكان إقامة دولة فلسطينية حينما كانت الضفة الغربية وقطاع غزة تحت السيطرة العربية.

لقد أراد العرب في قمة الرباط عام ١٩٤٧ التخلي عن القضية الفلسطينية، والتنصل من مسؤولياتها بعد فشلهم في حلها. واعتقدوا أنها أصبحت عبئا عليهم يحول دون التوصل إلى سلم بينهم وبين إسرائيل.

الصمت المريب :

إن مما يثير التساؤل، ويبعث على العجب، هو الصمت العربي المريب والسكوت الإسلامي المعيب الذي يبديه العرب والمسلمون حكاما ومحكومين تجاه ما يجري في كامب ديفيد الآن، وكأن القدس لا تهمهم، وموضوعها لا يخصهم وأمرها لا يعنيهم فتركوا مصيرها ليقرره الفلسطينيون وحدهم، على الرغم من إدراكهم بأن الفلسطينيين هم الطرف الضعيف في معادلة القوة ، وأنهم بدون دعم عربي وإسلامي عاجزون عن الدفاع عن عروبة القدس وحماية مقدساتها. أليس هذا الصمت كان من نتائج قرار مؤتمر الرباط الذي تخلى فيه العرب عن القضية الفلسطينية وحملوها للفلسطينيين ليسدلوا الستار على مسرحيتها ثم من بعد ذلك يحملونهم وزر ضياعها ؟.

نحن لا نجد تفسيرا لهذا الصمت المريب غير هذا، ونحن لا نبرئ الفلسطينيين من الأخطاء التي أوصلتهم إلى ما هم فيه من أحوال، ولو أن كثيرا من هذه الأخطاء قد دفعوا إليها دفعا.

لقد تفاءلنا حينما صرح مسؤول عربي قائلا أن الرئيس عرفات لا يملك التنازل عن القدس لأنها قضية عربية، إلا أننا كنا نتوقع تأكيدا لهذا التصريح وترجمة عملية له. وقد يتعلل البعض بأن القيادة الفلسطينية لم تدع أطرافا عربية لتشارك معها في مفاوضات كامب ديفيد. ونحن نقول أن صاحب الحق لا يحتاج إلى دعوة، والعرب والمسلمون أصحاب حق في القدس، ومن واجبهم الدفاع عنها وحمايتها من الأخطار.

هل كان آباؤنا أكثر منا وعيا وتحررا وتفهما للواجب والمسؤولية حينما عقدوا الكثير من المؤتمرات العربية والإسلامية للدفاع عن القدس منذ النصف الأول من القرن العشرين. ففي عام ١٩٢٨ عقد المؤتمر الإسلامي بقصد التضامن والدفاع عن حائط البراق وهو الحائط الغربي للمسجد الأقصى والذي يسميه اليهود "حائط المبكى". وفي عام ١٩٣١ عقد المؤتمر الإسلامي العام للدفاع عن القدس التي لم تكن تشهد تهديدا كما هو اليوم.

فأين المنظمات والهيئات والمؤسسات الكثيرة من عربية وإسلامية - وهي اليوم كثيرة وجميعها تدعى بأنها تدافع عن القدس؟ ولماذا لم نسمع صوتها الآن ؟ وما سر سكوتها المخيب للآمال ؟ وبماذا نفسر صمت الجميع ؟

إن لم يكن بالإمكان عقد قمة عربية أو إسلامية - ويقينا ليس هناك ما يمنع - فلماذا لا تعقد جامعة الدول العربية ومنظمة العالم الإسلامي اجتماعات وعلى أي مستوى لإصدار بيان على الأقل يؤكد على تمسك العرب والمسلمين بالقدس ودعمهم للفلسطينيين واستعدادهم للدفاع عن مدينتهم المقدسة.

أليس تهويد القدس عملا منكرا وأن السكوت على المنكر هو في حد ذاته منكر؟ ألم يسمع العرب والمسلمون بقول رسول الله صلى الله عليه وسلم ، "من رأى منكم منكرا فليقومه بيده، فإن لم يستطع فبلسانه، وإن لم يستطع فبقلبه. وذلك أضعف الإيمان" فهل رضوا بأن يكونوا من ضعاف الإيمان ؟ أم هم ارتضوا بأن ينطبق عليهم المثل القائل "الساكت عن الحق شيطان أخرس"؟.

اللاجئون قضية عربية

إن قضية القدس ليست وحدها التي تبحث في كامب ديفيد اليوم، فهناك قضية اللاجئين الفلسطينيين الذين طردتهم إسرائيل منذ قيامها أو اضطروا للخروج من مدنهم وقراهم بسبب الحرب في عام ١٩٤٨ أو بسبب المجازر والأعمال الإرهابية الإسرائيلية. وكذلك الذين نزحوا بعد حرب ١٩٦٧.

هؤلاء اللاجئون اليوم موزعون في عدد من البلاد العربية ولا زال معظمهم محروما من حقوقه المدنية وبخاصة حق المواطنة.

وبحكم هذا الانتشار فإن قضية اللاجئين أصبحت قضية عربية لا تخص الفلسطينيين وحدهم وإنما الدول العربية أيضا. وبخاصة أن لبنان وعلى لسان رئيس الجمهورية اميل لحود يطالب باستمرار بإيجاد حل للفلسطينيين المقيمين على الأراضي اللبنانية، وأنه ينبغي ترحيلهم عن لبنان. ولاشك في أن الدول العربية ودون استثناء لا تقبل توطين اللاجئين الفلسطينيين على أراضيها كما تطالب إسرائيل. كما أن الفلسطينيين أنفسهم يرفضون التوطين، ولا يرضون عن وطنهم بديلا، وجميعهم يتمسك بحق العودة والتعويض الذي كفلته لهم جميع قرارات الأمم المتحدة بدءا بالقرار رقم ١٩٤ لعام ١٩٤٨. فلماذا لا تطالب الدول العربية الإدارة الأميركية لتؤكد بأن عودة اللاجئين إلى مدنهم وقراهم التي طردوا منها مطلب عربي قبل أن يكون مطلبا فلسطينيا؟

نحن لا نجد تفسيرا لهذا الصمت العربي المريب، ولا نجد أي تبرير لهذا السكوت المعيب غير أننا نعيش اليوم في عصر الانحطاط العربي،وانقسام الصف وتشرذمه، وشيوع ظواهر مرضية كالقطرية والطائفية والجهوية والقبلية والعشائرية والعقائدية ... إلى غير ذلك من الأعراض التي تدل على مرض الجسد العربي.

القدس بين التدويل والتهويد، ما بينهما أمور مشتبهات

أثار تصريح أحمد قريع رئيس المجلس التشريعي الفلسطيني في البرلمان الأوروبي في مدينة ستراسبورج بفرنسا في الخامس من هذا الشهر ردود فعل على كافة المستويات: المحلية والعالمية. فقد صرح أحمد قريع قائلا بأنه في حالة عدم التوصل إلى اتفاق حول القدس، فإنني أعلن موافقتنا على توحيد القدسين: الشرقية والغربية، وألا تكون القدس عاصمة لفلسطين أو لإسرائيل، وإنما عاصمة للعالم أجمع.

وكما يرى كثيرون، فإنه بهذا التصريح يكون الفلسطينيون قد تنازلوا عن واحد من أهم ثوابتهم التي تصر على أن القدس عاصمة الدولة الفلسطينية، وأنه لا يمكن التفريط والتنازل عن هذه المدينة المقدسة، فهي جزء من الأراضي التي احتلت في حرب عام ١٩٦٧م، وفي الوقت نفسه لا تخص الفلسطينيين وحدهم، وإنما تخص العرب والمسلمين أيضا. ولا شك في أن تنازلا أساسيا كهذا يتيح المجال لتنازلات أخرى، ويفتح شهية الإسرائيليين ويشجعهم على مطالبة الجانب الفلسطيني بمزيد من التنازلات، والتمسك بالسيادة على القدس الموحدة كعاصمة أبدية لإسرائيل كما يدعون ويكررون باستمرار، وهذا ما يدعونا إلى بحث مسألة السيادة على القدس.

السيادة على القدس

إن مسألة السيادة على القدس في غاية الأهمية والحساسية، وبخاصة أن هذه المدينة لم تكن في يوم من الأيام خاضعة لسيادة كيان مستقل أو دولة ضمن الحدود السياسية لفلسطين كما رسمتها وحددتها اتفاقية سايكس بيكو في عام ١٩١٦، كما أنه لم تكن هناك دولة أسمها فلسطين، لأن فلسطين كانت جزءا من بلاد الشام أو تابعة لمصر كما حدث في فترة من فترات عصر الفراعنة، وفي أثناء قيام دولة إسلامية في مصر- مثل الدولة الطولونية والدولة الأخشيدية ثم الفاطمية والأيوبية، ودولة المماليك التي قضى عليها الأتراك العثمانيون في عام ١٥١٧م حيث انتقلت السيادة على القدس للعثمانيين.

حينما احتلت بريطانيا فلسطين من العثمانيين خضعت القدس لسلطة الانتداب البريطاني من عام ١٩١٧ وحتى عام ١٩٤٨. وبما أن مهمة الانتداب كانت الإشراف على البلاد المنتدبة من أجل تهيئتها وإعداد شعبها للاستقلال وتدريبه على حكم نفسه بنفسه، فإن من القانونيين من يرى أن السيادة على القدس في هذه الحالة تكون قد انتقلت إلى الشعب الفلسطيني، وكان الفلسطينيون قبل الاحتلال البريطاني رعايا عثمانيين.

ولما تمت الوحدة بين الضفتين: الغربية والشرقية لنهر الأردن في عام ١٩٥٠ وتحت اسم المملكة الاردنية الهاشمية، فإن القدس أصبحت في هذه الحالة تحت السيادة الأردنية، وهنا لا بد من التساؤل عن أي قدس نعني؟

التحديد الجغرافي للقدس

قبل الانتداب البريطاني على فلسطين وفي أثنائه لم تكن هناك إلا قدس واحدة، ويقصد بها المدينة القديمة داخل الأسوار والضواحي والأحياء الجديدة خارج الأسوار، والتي نشأت نتيجة الامتداد العمراني، واتساع المدينة في كافة الاتجاهات وبخاصة نحو الشرق والغرب.

لم يظهر مصطلح قدس شرقية، وقدس غربية إلا في حرب عام ١٩٤٨ وذلك حينما تمكن الجيش الأردني من السيطرة على القسم الشرقي من القدس بينما استولى الاسرائيليون على القسم الغربي منها.. وتضم القدس الشرقية المدينة القديمة والأحياء الشرقية والضواحي المحيطة بها. أما القدس الغربية فتشمل الأحياء والضواحي والقرى الواقعة غرب المدينة التي التحمت بالقدس عمرانيا.

تدويل القدس

تدويل القدس ليست فكرة جديدة، فقد طرحت لأول مرة في تقرير لجنة بيل البريطانية والمؤرخ في ٧ / ٧ / ١٩٣٧، وفي مشروع موريسون عام ١٩٤٦، وكذلك في قرار هيئة الأمم المتحدة رقم ١٨١ بتاريخ ٢٩ / ١١ / ١٩٤٧ والذي ينص على إقامة دولتين في فلسطين، واحدة عربية، والثانية يهودية، بينما توضع القدس تحت إشراف دولي.

وقد لاقى مشروع تقسيم فلسطين آنذاك معارضة فلسطينية وعربية بينما اعتبره الاسرائيليون خطوة عملية نحو تحقيق حلمهم في إقامة دولة يهودية على أرض فلسطين، وبطبيعة الحال فإن هذا الرفض لا يحرم الفلسطينيين من حقهم في فلسطين - كما يدعي الاسرائيليون- لأنه رفض لقرار التقسيم الذي اعتبروه اعتداء صارخا وجائرا على حقوقهم في كامل وطنهم، إذ لا يحق لأي قوة أو سلطة أن تنتزع من الشعب الفلسطيني أو تقتطع أي جزء من وطنه لتمنحه لأي طرف حتى ولو كان هذا الطرف يمثل جزءا من هذا الشعب ما دام لا يشكل إلا نسبة قليلة من جملة السكان الفلسطينيين، كما أن رفض الفلسطينيين لقرار التقسيم كان بالأغلبية المطلقة، وهو في الوقت نفسه تعبير عن حقهم في تقرير مصيرهم الذي يتعارض ومبدأ التقسيم. وهذا الحق اعترفت به هيئة الأمم المتحدة في قراراتها العديدة، ومنها قرار مجلس الأمن الدولي رقم ٤٧٨ بتاريخ ٣٠ / ٦ / ١٩٨٠ الذي أكد على حق الشعب الفلسطيني في السيادة على أرضه وعدم جواز ضم الأراضي العربية التي احتلت في حرب عام ١٩٦٧ بما فيها القدس، وأن قرار إسرائيل بضم القدس باطل ولاغ.

ولا بد لنا من التنويه هنا إلى أنه إذا كانت الأمم المتحدة لم تعترف بالقدس عاصمة لإسرائيل بما فيها القدس الغربية إلا أن قرار مجلس الأمن رقم ٢٤٢ المشهور والذي اعتبر مع القرار رقم ٣٣٨ المرجعية لعملية السلام في مؤتمر مدريد عام ١٩٩١، طالب إسرائيل بالانسحاب من الأراضي التي احتلتها في حرب ١٩٦٧، والعودة إلى حدود ما قبل هذا التاريخ بما في ذلك القدس العربية.

ومما ينبغي ذكره في هذا المقام أن المملكة الاردنية الهاشمية ظلت ومنذ أصبحت الضفة الغربية جزءا من أراضيها تعارض فكرة تدويل القدس لما تشكله من أخطار، ولما لها من سلبيات منها خروج القدس الشرقية بما تضمه من أماكن مقدسة إسلامية ومسيحية من السيادة الاردنية وفقدانها لهويتها العربية.

المزاعم الإسرائيلية

تصر إسرائيل على أن تظل القدس الموحدة بقسميها الشرقي والغربي تحت سيطرتها لتكون العاصمة الأبدية لها، وعلى الرغم من خضوع القدس الشرقية للسيادة الأردنية بعد وحدة الضفتين كما ذكرنا إلا أن إسرائيل لا تعترف بسيادة الأردن على القدس لاعتبارات تتعلل بها لعل من أهمها:

١- أن الجيش الإسرائيلي قام بتحرير القدس من السيطرة الأردنية، وهي في نظر الإسرائيليين سلطة محتلة قامت باحتلال المدينة بعد جلاء القوات البريطانية والتي كانت صاحبة السيادة عليها حتى عام ١٩٤٨، وهو عام الجلاء.

٢- أن القدس كانت في الماضي عاصمة يهودية، وأن لليهود فيها حقوقا دينية وتاريخية، بينما لم تكن في يوم من الأيام عاصمة لدولة عربية أو إسلامية.

وهذه ولا شك مزاعم وادعاءات من السهل الرد عليها ودحضها كالقول بأن المحتل هم الاسرائيليون وليس العرب، وأن فلسطين أرض عربية منذ آلاف السنين وقد تعرضت لاحتلال اسرائيلي طرد شعبها العربي وشرد.

أما أن القدس لم تكن في يوم من الأيام عاصمة لدولة عربية أو إسلامية فليس هذا مبررا لأن يسيطر عليها الإسرائيليون، لأن الأهم من هذا أن تاريخ القدس منذ نشأتها يشهد بأنها عربية وأن السيادة على القدس من الوجهة الشرعية لم تكن من حق الدولة المنتدبة بريطانيا التي احتلت فلسطين بالقوة من الأتراك العثمانيين في عام ١٩١٧، وإنما هي من حق الشعب الفلسطيني الذي عبر عن رغبته بالانضمام إلى المملكة الاردنية الهاشمية وبمصادقة برلمانية وبطريقة شرعية مما ينفي مزاعم إسرائيل التي اعتبرت الأردن محتلة للقدس بعد انتهاء الانتداب البريطاني.

التدويل يعني التخلي عن السيادة الفلسطينية

يقول الذين يؤيدون تصريح أحمد قريع ويدافعون عنه بأن الهدف منه كان العودة إلى قرار الأمم المتحدة بتقسيم فلسطين الذي سبقت الإشارة إليه، على

اعتبار أنه نص على تدويل القدس، وهذا ما ترفضه إسرائيل الآن مما يسبب إحراجا لها، ويجعل الكرة في مرماها.

إلا أنه من السهل الرد على قول كهذا بأن فكرة تدويل القدس ليس بالضرورة تظل مرتبطة وملازمة لقرار التقسيم، أي أن الموافقة على تدويل القدس، إن تمت، لا تعني بأي حال من الأحوال الموافقة على قرار التقسيم الذي تعتقد إسرائيل ومعها القوى الغربية بأن الزمن تجاوزه، كما أن العرب وفي مقدمتهم الفلسطينيون لا يطالبون اليوم بفلسطين التاريخية، وإنما أصبحت سقف مطالبتهم بالأراضي الفلسطينية التي احتلت في حرب ١٩٦٧، أي الضفة الغربية وقطاع غزة، ولذلك فإن قبول الفلسطينيين اليوم بتدويل القدس يفهم منه أنهم تخلوا عن مطلبهم بأنها العاصمة لدولتهم التي يصرون على إقامتها كما أن الفاتيكان يطالب حاليا بوضع خاص للقدس لا يختلف كثيرا عن فكرة التدويل ولكنه يطبق على القدس الشرقية فقط نظرا لاحتوائها على الأماكن المقدسة، وهذا ما أثار استياء العرب.

إن تصريح أحمد قريع يذكرنا بحادثة التحكيم المشهورة بين الإمام علي ومعاوية حيث تمكن الداهية عمرو بن العاص ممثل معاوية أن يخدع أبا موسى الأشعري ممثل الإمام علي، بإيهامه بأن الحل الأمثل لهذه المشكلة والتغلب على تلك الفتنة هو خلع الاثنين، علي ومعاوية، فوافق أبو موسى وأعلن ذلك على الملأ. فما كان من عمرو بن العاص إلا أن قام وقال بأنه إذا كان أبو موسى قد خلع صاحبه، فإني أثبت معاوية كما أثبت هذا الخاتم في إصبعي، وهكذا خسر علي التحكيم، وانشق عنه بعض أتباعه وأنصاره.

وبناء عليه فإنه إذا كان الفلسطينيون قد تخلوا عن سيادتهم على القدس لصالح التدويل، فإن هذا يعطي الحجة لإسرائيل بالطعن في حق السيادة الفلسطينية على القدس، وفي الوقت نفسه يؤكد سيادتها على هذه المدينة المقدسة، وهذا ما حدث بالفعل، فقد رد شيمون بيريز على تصريح أحمد قريع بأنه "كلام بلا أساس يطلق في الهواء"، ثم تساءل قائلا: "كيف تدول المدينة؟، من

سيديرها؟، كائنات من الخارج؟، هذا مجرد لغو، هل سيتولى إدارة المدينة، منغولي، بالتشاور مع الهند أم الصين وروسيا وأمريكا؟".

مواقف متباينة

بينما يصر الرئيس ياسر عرفات في تصريحاته المختلفة بأنه لن يتنازل عن القدس، وأنه لا يملك ذلك، لأن القدس لا تخص الفلسطينيين وحدهم وإنما هي للعرب والمسلمين والمسيحيين، وأن تقاسم السيادة على القدس الشرقية خيانة، وأنها العاصمة الأبدية لدولة فلسطين، نسمع بين الحين والآخر تصريحات غير مقبولة لشخصيات فلسطينية كالقول بتدويل المدينة، وبتقسيمها وظيفيا أو أفقيا بمعنى أن تخضع ساحة البراق والذي يطلق عليه اليهود حائط المبكى والحي اليهودي إلى السيادة الإسرائيلية، علما بأن حائط البراق هو الحائط الغربي لسور المسجد الأقصى، والذي أفتت لجنة من الفقهاء القانونيين الدوليين بحق المسلمين الكامل في هذا الحائط وكان ذلك بعد ثورة البراق في عام ١٩٢٩، كما أن حارة اليهود كان يملكها العرب وكان يطلق عليها حارة الشرف. ومن المعلوم بأنه كان في كثير من المدن والعواصم العربية كالقاهرة مثلا حارة لليهود لأن سكانها غالبيتهم من اليهود، فهل يعني ذلك أن السيادة على هذه الحارات أو الأحياء ينبغي أن تخضع للسيطرة الاسرائيلية؟

إن فكرة تقسيم القدس الشرقية يعيد إلى الأذهان مأساة مدينة الخليل التي تحتفظ فيها إسرائيل بالسيطرة الكاملة على الحي اليهودي فيها وما يسببه ذلك من مشاكل واضطرابات، كما أن مطالبة اليهود بتقسيم ساحة المسجد الأقصى في القدس لإقامة كنيس يهودي داخل الحرم يكرر مأساة تقسيم الحرم الإبراهيمي في الخليل.

إن الموقف العربي والإسلامي اللامبالي من القدس يشجع الإسرائيليين على التصلب في مواقفهم، ويغريهم على الإسراع في تهويدها بالكامل، ولا شك في أن الفلسطينيين وحدهم لن يستطيعوا الوقوف في وجه الإسرائيليين الذين نجحوا في بناء علاقات قوية مع عدد من الدول العربية والإسلامية؟

لقد كان من المفروض عقد قمة عربية مستعجلة في أثناء محادثات كامب ديفيد تدعم الطرف الفلسطيني، وتؤكد على عروبة القدس وترسم الاستراتيجيات التي يمكن بواسطتها الدفاع عن هذه المدينة التي أوشكت اليوم على التهويد بالكامل.

وإذا كان لبعض القادة والزعماء العرب تحفظات على عقد هذه القمة فيجب كشفها، ويجب فتح جميع الملفات، وإذا كان هناك حظر أمريكي على عقد هذه القمة، كما يقول البعض، فمن من هؤلاء القادة يملك الشجاعة بالدعوة إلى قمة عربية في عاصمة بلاده ويحضرها من يشاء ويتغيب عنها من يشاء وتتخذ موقفا تعلنه على الملأ. ما أحوجنا اليوم إلى قائد شجاع مثل جمال عبدالناصر حينما شعر بقيام إسرائيل بتحويل مياه الأردن دعا إلى مؤتمر قمة في القاهرة حضره ملوك وأمراء ورؤساء العرب في عام ١٩٦٤ بمن فيهم خصومه.

مصير القدس .. بين استقلالية القرار الفلسطيني وقرارات القمم العربية

في مقال الأسبوع الماضي أثرنا موضوع الصمت العربي حيال ما جرى في كامب ديفيد. واليوم وقد انفضت أعمال القمة دون توقيع أي اتفاق حسبما أعلن، فإن العرب، وقد اكتفوا بموقف المراقب والمتفرج طيلة أيام المفاوضات، لم يعكر صفو صمتهم أي معكر.

وفيما عدا لقاء تم بين الرئيس المصري محمد حسني مبارك والعاهل السعودي الملك فهد، ولم يعلن عما دار فيه، فإن الصمت المريب- إن لم نقل المعيب- ظل مخيما على العالمين العربي والإسلامي، ولم نسمع عن أي تحرك عربي أو إسلامي لنصرة القدس الشريف قبلة الإسلام الأولى وفيها ثالث الحرمين الشريفين، ورمز الشرف العربي والكبرياء القومي. فهل هذا الصمت يؤكد تخلي العرب عن القضية الفلسطينية وإلقاء مسؤولياتها وتبعاتها على الفلسطينيين وحدهم تنفيذا لقرار مؤتمر القمة السابع في الرباط عام ١٩٧٤ والذي أعتبر منظمة التحرير الفلسطينية دون سواها هي الممثل الشرعي الوحيد للشعب الفلسطيني؟

ونحن نرد على ذلك بالقول بأن هذا القرار لا يعني إعفاء الدول العربية من مسؤولياتها وواجباتها تجاه القضية الفلسطينية، وأن التمثيل الشرعي الذي أنيط بمنظمة التحرير لا يحملها وحدها مسؤولية تفوق قدراتها وإمكاناتها والدليل على ذلك أن مؤتمر القمة السابع نفسه قد أصدر عدة قرارات بشأن القضية الفلسطينية جاء فيها:

١- في مجال تحديد الهدف المرحلي للأمة العربية فقد أكد الملوك والرؤساء قرارات مؤتمرهم الخامس في الرباط بشأن "التزام الدول العربية كلها بتحرير جميع الأراضي العربية المحتلة واستعادة الحقوق الوطنية للشعب الفلسطيني وفق ما تقرره منظمة التحرير الفلسطينية".

٢- في مجال الأسس التي يقوم عليها العمل العربي المشترك فقد قرر المؤتمر "تعزيز القوى الذاتية للدول العربية عسكريا واقتصاديا وسياسيا" وتحقيق تنسيق سياسي وعسكري واقتصادي عربي فعال بما يؤدي إلى تحقيق تكامل عربي في مختلف المجالات"، كما قرر "عدم قبول أية محاولة لتحقيق أية تسويات سياسية جزئية انطلاقا من قومية القضية ووحدتها، فقضية فلسطين هي قضية العرب جميعا، ولا يجوز لأي طرف عربي التنازل عن هذا الالتزام".

٣- في مجال دعم نضال الشعب الفلسطيني أكد المؤتمر على "حق الشعب الفلسطيني في إقامة السلطة الوطنية المستقلة بقيادة منظمة التحرير الفلسطينية بوصفها الممثل الشرعي الوحيد للشعب الفلسطيني على أية أرض يتم تحريرها".

في مؤتمر القمة التاسع الذي عقد في بغداد عام ١٩٧٨ عقب توقيع الرئيس المصري محمد أنور السادات على اتفاقية كامب ديفيد مع مناحيم بيغن رئيس الوزراء إسرائيل آنذاك اتفق الملوك والرؤساء وممثلوهم على ما يلي:

١- إن قضية فلسطين قضية عربية مصيرية، وهي جوهر الصراع مع العدو الصهيوني، وأن أبناء الأمة العربية وأقطارها جميعا معنيون بها وملزمون بالنضال من أجلها وتقديم كل التضحيات المادية والمعنوية في سبيلها. وأن النضال من أجل استعادة الحقوق العربية في فلسطين والأراضي العربية المحتلة مسؤولية قومية عامة، وعلى جميع العرب المشاركة فيها، كل من موقعه، وبما يمتلك من قدرات عسكرية واقتصادية وسياسية وغيرها. وأن الصراع مع العدو الصهيوني يتعدى إطار الصراع ضده من قبل الأقطار التي احتلت أراضيها في عام ١٩٦٧ إلى الأمة العربية كلها لما تشكله الصهيونية وكيانها في الأراضي المحتلة من خطر عسكري وسياسي واقتصادي وحضاري على الأمة العربية كلها، وعلى مصالحها القومية الجوهرية، وعلى حضارتها ومصيرها، الأمر الذي يحمل كل أقطار الأمة العربية مسؤولية المشاركة في هذا الصراع بكل ما تملكه من إمكانات.

٢- الالتزام باستعادة الحقوق الوطنية للشعب العربي الفلسطيني بما في ذلك حقه في العودة وتقرير المصير وإقامة الدولة الفلسطينية المستقلة على ترابه الوطني بقيادة منظمة التحرير الفلسطينية. وتقوم الدول العربية بمساندة هذه الدولة عند قيامها في جميع المجالات وعلى جميع المستويات.

٣- قضية فلسطين هي قضية العرب جميعا ولا يجوز لأي طرف عربي التنازل عن هذا الالتزام.

لاشك في أن العرب بعامة والفلسطينيين بخاصة هللوا وكبروا لهذه القرارات الواضحة والصريحة والجريئة التي تؤكد على تمسك العرب وعلى أعلى مستوى بقومية القضية الفلسطينية وبعروبتها، وبخاصة أن قرارات مؤتمر القمة التاسع في بغداد كانت قوية لترد الاعتبار للأمة العربية وتعيد الأمل في نفوس العرب بعد الصدمة القوية التي أصابتهم بعد توقيع اتفاقية كامب ديفيد سابقة الذكر.

ونحن لا ننكر بأن أحداثا هامة وخطيرة حدثت على الساحة العربية كانت لها انعكاساتها السلبية على التضامن العربي كان من أبرزها غزو العراق للكويت وما أعقبه من حرب سقط فيها العرب جميعا فكانت كالزلزال الذي أصاب الوطن العربي بالتدمير وأدى إلى انقسام الصف العربي وتشرذمه مما حال دون انعقاد قمة عربية مكتملة. وعلى الرغم من جسامة هذا الحدث إلا أنه لا ينبغي أن يكون عذرا تحتمي به الدول العربية لتتحلل من التزاماتها نحو القضية الفلسطينية، وتلقيها على عاتق الفلسطينيين وحدهم.

وإذا كان هناك من يحمل القيادة الفلسطينية مسؤولية تحويل القضية من قومية إلى قطرية بسبب الشعار الذي رفعته منظمة التحرير الفلسطينية في أثناء أزمتها في لبنان والتي انتهت بخروجها منه وهو شعار مفاده "استقلالية القرار الفلسطيني"، فربما تكون المنظمة قد اعتمدت في رفع هذا الشعار على أحد قرارات مؤتمر القمة السابع في الرباط عام ١٩٧٤ والذي أعلن فيه الملوك والرؤساء العرب وممثلوهم "عدم التدخل في الشؤون الداخلية للعمل الفلسطيني". إلا أن

ذلك لا يعني عدم التدخل في القضية الفلسطينية نفسها، فهي ما أكدتها جميع القرارات التي اتخذت في مؤتمرات القمم العربية بأنها قضية عربية تهم العرب كلهم ودون استثناء، وأنه لا يجوز لأي طرف حتى ولو كان طرفا فلسطينيا أن ينفرد بقرارات مصيرية تتعلق بحق القضية.

وبناء عليه فإن قرار عدم التدخل في الشؤون الداخلية للعمل الفلسطيني لا يعطى الحق للفلسطينيين التصرف بقضيتهم وبما يتعارض مع قرارات القمم العربية المشار إليها سابقا.

وإذا كان العرب قد اعتبروا بأن القيادة الفلسطينية قد أخلت بهذه القرارات حينما تفاوضت سرا مع الإسرائيليين في أوسلو وانتهت بتوقيع عدة اتفاقيات معهم فإن سكوت العرب على هذه التصرفات تعني الموافقة وهم يتحملون هذا السكون انطلاقا مع القاعدة الشرعية التي تقول :"السكوت في معرض الحاجة بيان".

وكما عقد العرب مؤتمر قمتهم التاسعة في بغداد عام ١٩٧٨ لتدارس نتائج توقيع اتفاقية كامب ديفيد آنذاك فلماذا لم يعقدوا مؤتمر قمة حينما عقدت القيادة الفلسطينية اتفاقية أوسلو في عام ١٩٩٣ مع إسرائيل؟.

ونحن نجيب على هذا السؤال فنقول بأن العقد العربي كان قد انفرط عقب حرب الخليج الثانية واستغل البعض هذا الوضع وهرولوا بمن فيهم منظمة التحرير الفلسطينية إلى مؤتمر مدريد الذي عقد في الثلاثين من أكتوبر (تشرين أول) عام ١٩٩١دون أن ينسقوا فيما بينهم ودون أن يوحدوا مساراتهم التفاوضية مع إسرائيل، بل على العكس من ذلك أخذوا في التسابق والتنافس فيما بينهم لأن الشك والريبة من بعضهم البعض ملأ قلوبهم وجاء هذا كله لصالح إسرائيل التي نجحت في الاستفراد بكل طرف بعد أن فصلت المسارات عن بعضها.

الجميع إذ يشترك في الخطأ والخطيئة ولو أن النسب مختلفة، ولذلك ينطبق عليهم قول المسيح عليه السلام حينما شاهد جمعا من اليهود يتأهبون لرجم إمرأة زانية فقال مخاطبا هذا الجمع:"من لم يرتكب منكم خطيئة فليرجمها بحجر؟". فنظر الناس إلى بعضهم وألقوا الحجارة من أيديهم وانصرفوا إلى أعمالهم.

هذا عن فلسطين فماذا عن القدس التي كان مصيرها موضع بحث في كامب ديفيد خلال الأيام الأخيرة، والعرب والمسلمون في صمت مريب وسكوت معيب؟

إن كانت فلسطين قد تخلى عنها العرب وألقوا مسؤولية هذا التخلي على الفلسطينيين الذين رفعوا شعار "القرار الفلسطيني المستقل" وخرجوا من تحت المظلة الأردنية التي احتموا تحتها وبفضلها دخلوا مؤتمر مدريد، ليحفروا نفقا سريا من تحت أقدام الوفد الفلسطيني المفاوض برئاسة الدكتور حيدر عبد الشافي في واشنطن ليوصلهم إلى أوسلو ليتفاوضوا مع الإسرائيليين، فإنه ليس من حقهم إلقاء مسؤولية القدس عليهم على الرغم من كونها تقع في أرض فلسطينية، وأنها العاصمة الشرعية للدولة الفلسطينية، إن فعلوا ذلك فإنهم يكونوا قد خالفوا جميع قرارات مؤتمر القمم العربية التي نصت على عروبة القدس. وعلى سبيل المثال فقد نص أحد قرارات القمة العربية السابعة عام ١٩٧٤ على "تحرير مدينة القدس العربية، وعدم القبول بأي وضع من شأنه المساس بسيادة العرب الكاملة على المدينة المقدسة".

وأخيرا نتساءل ونقول: هل تراجع القادة والزعماء العرب عن قراراتهم السابقة؟ وهل تخلوا عن التزاماتهم، وتنصلوا من مسؤولياتهم عن القدس كما تنصلوا وتخلوا عن فلسطين؟

وإذا كان الأمر كذلك فما تفسير هذا الصمت المريب على المستوى الشعبي العربي والإسلامي؟

ولماذا لم نسمع أصوات الهيئات والمنظمات الكثيرة التي تدعي بأنها قامت للدفاع عن عروبة القدس وأهميتها للعرب والمسلمين.

هذه عينة من أسئلة كثيرة نوجهها إلى كل من يعنيهم الأمر، وعلى مختلف مراتبهم ومسؤولياتهم ومواقعهم في العالمين العربي والإسلامي آملين أن نرى الرد العملي قبل فوات الأوان وعندها فإن الأجيال لن ترحمهم، وأن التاريخ سيحملهم مسؤولية هذا التقاعس والإهمال والخذلان.. اللهم أني قد بلغت فاشهد.

هل اختزلت القضية الفلسطينية إلى نزاع حول السيادة على المسجد الأقصى؟

من الواضح أن القضية الفلسطينية قد دخلت اليوم المرحلة الأخيرة من مراحل التصفية النهائية، تمهيدا لإسدال الستار عليها، كما أسدل الستار من قبل على قضايا عالمية شغلت العالم لفترات من الزمن.

وعلى الرغم من أن النكبة في عام ١٩٤٨م أسفرت عن قيام إسرائيل وهزيمة العرب آنذاك، إلا أن ذلك لم يسفر عن تصفية القضية الفلسطينية وإنما زاد من حدة الصراع العربي - الإسرائيلي ونشوب حروب في المنطقة أدت إلى زعزعة أمنها واستقرارها. ومع ذلك فقد ظلت فكرة التصفية قائمة، تراود إسرائيل والقوى الغربية الكبرى التي أقامتها وظلت تؤيدها وتساندها.

وإذا كانت هذه التصفية قد بدأت في الستينات من القرن المنصرم عن طريق التمييع والإذابة في مشكلة أكبر منها، فإنها اليوم تسلك أسلوب الاختزال والانكماش لتتحول من قضية وطن مغتصب إلى مشكلة مسجد يتنازع الفلسطينيون والإسرائيليون السيادة عليه.

وفي هذا الزمن الرديء الذي يصم فيه العرب والمسلمون آذانهم حتى لا يسمعوا استغاثات المسجد الأقصى ـ ومن حوله. ويغمضوا عيونهم حتى لا يروا جرافات الاحتلال الإسرائيلي وهي تدك المنازل وتجرف الأراضي تمهيدا لبناء المزيد من المستوطنات، وشق الطرق الالتفافية لإحكام الطوق حول القدس الشريف وخنقها، وابتلاع ما تبقى من الأراضي العربية في فلسطين وتهويدها، فقد وجدنا بأن الواجب يدعونا إلى إعداد هذه الدراسة الموجزة المركزة التي تهدف إلى إظهار بعض الحقائق الهامة، وإطلاع القارئ الكريم على مراحل تصفية القضية الفلسطينية التي كانت بالأمس القريب قضية العرب الأولى، فإذا بها اليوم تتراجع لتصبح قضية قطرية تخص الفلسطينيين وحدهم. وفي الوقت نفسه لا تجد القدس من يدافع عنها، ولا يجد المسجد الأقصى من يحميه من التهويد، فهل تخلى

العرب والمسلمون عن أولى القبلتين وثالث الحرمين الشريفين ومسرى نبيهم الكريم إلى السموات العلا؟ وإذا لم يكونوا قد تخلوا عن القدس والمسجد الأقصى فما تفسير هذا السكوت المريب، والتقاعس المعيب.

وفي هذه الدراسة سنقوم بالإجابة عن هذا السؤال وغيره بتحليل أسباب تراجع القضية الفلسطينية من قومية إلى قطرية وأبعاد هذا التراجع وأخطاره وآثاره فلسطينيا وعربيا وإسلاميا.

التصفية بالتمييع والإذابة

بعد نكبة عام ١٩٤٨م حاولت إسرائيل وحلفاؤها في أوروبا والولايات المتحدة الأمريكية بأول محاولة لتصفية القضية عن طريق اختزالها لتصبح قضية لاجئين لا بد من حلها بالإغاثة أولا ثم بالتدريب والتأهيل ليتكيفوا مع بيئاتهم الجديدة، وتعويضهم توطينهم في البلاد العربية.

ولما فشلت هذه المحاولة ظهرت أفكار جديدة، وبخاصة بعد حرب الخامس من يونيو حزيران عام ١٩٦٧م. وتتلخص هذه الأفكار في تمييع القضية الفلسطينية وإذابتها في مشكلة أكبر ذات أبعاد أوسع لتتجاوز فلسطين بحيث تشمل منطقة الشرق الأوسط بأسرها. وكانت هذه بمثابة المحاولة الثانية من محاولات تصفية القضية. فعلى أثر احتلال إسرائيل في تلك الحرب للضفة الغربية، وقطاع غزة وعلى أراض عربية خارج حدود فلسطين شاع استخدام مصطلح "قضية الشرق الأوسط" ليحل محل مصطلح "قضية فلسطين" الذي كان مستخدما آنذاك، وكان الهدف من استخدام مصطلح الشرق الأوسط بدلا من فلسطين، تغيير مفهوم الصراع العربي - الإسرائيلي وإيهام الرأي العام العالمي على أنه نزاع على الحدود بين العرب وإسرائيل، وأن الحل يتحقق بالتفاهم بين الجانبين والاتفاق على حجم الانسحاب الذي يجب أن تقوم به إسرائيل في مقابل اعتراف العرب بها، وبدون هذا الحل فإن النزاع سيظل مستمرا، مما يشكل تهديدا للأمن والاستقرار في منطقة الشرق الأوسط، ويعرض السلم العالمي للخطر.

وللأسف انطلت هذه الحيلة على كثير من العرب، وصارت وسائل الاعلام العربية آنذاك تردد هذا المفهوم الجديد وتذكر قضية الشرق الأوسط بدلا من ذكرها قضية فلسطين. وقد تنبه بعض المفكرين والسياسيين العرب من ذوي البصيرة النافذة، والرؤية السديدة إلى الأهداف الشريرة لهذه التسمية الجديدة، وحذروا من أبعادها وخطورتها، وقد حدثني الدكتور جورج طعمة مندوب سوريا الدائم في الأمم المتحدة آنذاك بالدور الهام الذي قام به من أجل تصحيح الوضع والعودة إلى استخدام مصطلح "القضية الفلسطينية".

من القومية إلى القطرية

أما المحاولة الثالثة نحو تصفية القضية الفلسطينية - وهي الأخطر - فكانت تهدف إلى اختزالها من قضية عربية لتصبح فلسطينية بحتة، أي تتراجع من مستواها القومي العربي إلى مستوى فلسطيني قطري محلي محدود.

وكانت هذه فكرة خبيثة ماكرة خطط لها بدهاء بعد أن تبين للقوى الغربية، وعلى رأسها الولايات المتحدة الأمريكية بأن من الصعب جدا - وربما كان من المستحيل - التعامل مع القضية الفلسطينية وحلها بالطريقة التي تقبلها إسرائيل ما دامت قومية تهم جميع العرب، وأنه لا أحد من القادة العرب يجرؤ على الانفراد بحلها حتى لا يتهم بالتفريط والتهاون أو الخيانة.

وفي الوقت نفسه أصبحت القضية الفلسطينية عبئا ثقيلا على بعض الدول العربية بعد أن فشلت في حلها كما كانت تتطلع، ولم تجد في الأفق أي إمكانية لحلها، وشعرت بالعجز في تحقيق أي نجاح ولو كان جزئيا على كافة المستويات وبخاصة بعد هزيمة عام ١٩٦٧م، وازدياد قوة إسرائيل لتصبح أقوى دولة في المنطقة.

وإذا كان هذا ما كان يشعر به العرب - حتى أن بعضهم أصبحت تستهويه فكرة فسخ الارتباط بالقضية الفلسطينية والانصراف إلى تنمية بلده ورفع مستوى معيشة شعبه- فإن الفلسطينيين يئسوا من العرب وحملوهم أسباب

نكبتهم، وفقدوا الثقة بهم، واتهموهم بأنهم استغلوا القضية في خلافاتهم واستخدموها كقميص عثمان، وأنهم لم يحاولوا التخفيف من معاناتهم وهم يلقون المتاعب في كل بلد عربي مروا به، أو ارتحلوا عنه، أو أقاموا على أرضه.

وفي هذا الجو الذي اختلطت فيه المشاعر والأحاسيس، وتباينت فيه الرؤى والاتجاهات، وتضاربت حولها الأهداف والغايات توحدت القناعات في مؤتمر الرباط عام ١٩٧٤م بأن تصبح منظمة التحرير الفلسطينية الممثل الشرعي الوحيد للشعب الفلسطيني.

ونحن لا ننكر أن بعض الدول العربية لم تكن راضية على قرار مؤتمر الرباط هذا لتضاربه مع رؤاها أو حساباتها الخاصة، إلا أن هناك دولا عربية شعرت بالارتياح بعد أن أزاحت عن كاهلها عبء القضية الفلسطينية، لاعتقادها بأنه سيتيح لها مرونة التحرك بما يحقق مصالحها الخاصة وسيمكنها من حرية العمل لأقطارها والتفرغ لاستثمار مواردها وطاقاتها لتنمية بلدانها وتطويرها بدلا من إنفاقها على التسلح والاستعداد للحرب التي أهدرت طاقاتها ودمرت اقتصادها.

ولم يكن الطرف الفلسطيني أقل سعادة من الذين أيدوا هذا القرار ودعموه في البداية، ومنهم من اعتبره نصرا لمنظمة التحرير الفلسطينية التي اعتقدت بأنه حرر القضية الفلسطينية من الوصاية العربية وأعادتها لأصحابها الشرعيين الذين أبعدوا عنها بمؤامرة دولية، هدفها إنكار الوجود الفلسطيني، وإصرار إسرائيل على التباحث مع العرب، وهذا ما عبرت عنه "غولدا مائير" مندوبة إسرائيل في الأمم المتحدة في الستينات، ورئيسة وزرائها في السبعينات حينما قالت عبارتها المشهورة في هيئة الأمم المتحدة تستنكر فيها وجود الفلسطينيين "وأين هم الفلسطينيون"؟

وإذا كان الفلسطينيين قد فرحوا بقرار الرباط سابق الذكر فلم يدر بخلدهم يومها أن العرب سيتخلون عنهم، وأن قضيتهم ستتحول من قومية إلى قطرية، لقد كانوا يريدون آنذاك تقليد النموذج الجزائري، فالجزائريون هم الذين كانوا يتولون أمور قضيتهم بأنفسهم ومع ذلك ظلت قضيتهم عربية تلقى الدعم المادي والتأييد المعنوي والسياسي من جميع الدول العربية.

ومن قبيل الإنصاف نقول بأن قرار الرباط على الرغم من أنه أراح بعض الدول العربية من عبء حمل القضية الفلسطينية، إلا أن تراجعها لتصبح قطرية لم يحدث فجأة وإنما استغرق بعض الوقت، فالدول العربية ظلت ترفع سياسة دعم الفلسطينيين وتعتبر قضيتهم عربية وقومية، ففي مؤتمر القمة التاسع المنعقد في بغداد عام ١٩٧٨م، بعد توقيع اتفاقية كامب ديفيد بين مصر وإسرائيل، جاء في البند الرابع من قرار هذه القمة بأن: "قضية فلسطين هي قضية العرب جميعا، ولا يجوز لأي طرف عربي التنازل عن هذا الالتزام".

القرار الفلسطيني المستقل

لا شك في أن خروج مصر من دائرة الصراع العربي- الإسرائيلي بعد توقيع اتفاقية كامب ديفيد عام ١٩٧٨م واتفاقية السلام في عام ١٩٧٩م أدى إلى تصدع الصف العربي، وتدهور الأوضاع العربية مما شجع إسرائيل على ضرب المفاعل النووي العراقي، وغزو لبنان واجتياح أراضيه والوصول إلى بيروت في عام ١٩٨٢م، والقضاء على المقاومة الفلسطينية في الجنوب اللبناني، وإخراج منظمة التحرير الفلسطينية من بيروت لتعيش في المنافي بعيدا عن حدود وطنها وارتكاب مجازر صبرا وشاتيلا، ومن قبلها تل الزعتر وجسر ـ الباشا، وشعر الفلسطينيون آنذاك أن العرب تخلوا عنهم، وتركوهم يواجهون الإسرائيليين وحدهم على الرغم من وجود قوات سورية على الأراضي اللبنانية.

وفي أثناء ذلك حدث اقتتال بين الفصائل الفلسطينية في مدينة طرابلس بلبنان أسفر عن انشقاقات على الساحة الفلسطينية دخلت سوريا طرفا فيه، فرفع الرئيس ياسر عرفات آنذاك شعار "استقلال القرار الفلسطيني"، والذي فسره البعض يومها بأن الفلسطينيين لا يريدون تدخلا عربيا في قضيتهم وأنهم يريدون الانفراد بها، فطرح العرب - ولأول مرة- شعارا يقول: "نقبل بما يقبل به الفلسطينيون". وقد اعتبر هذان الشعاران آنذاك بأنه الإعلان الرسمي لتحول القضية الفلسطينية من قومية إلى قطرية.

وانبرى كثيرون لتحميل الفلسطينيين أسباب هذا التحول، ومما شجعهم على ذلك فيما بعد قيام منظمة التحرير الفلسطينية بإجراء تعديل على مسمى "الميثاق القومي الفلسطيني" والذي صاغه أحمد الشقيري مؤسس الكيان الفلسطيني في عام ١٩٦٤م، وأول رئيس لمنظمة التحرير الفلسطينية، ليصبح "الميثاق الوطني الفلسطيني"، فقد علق البعض على هذا التعديل آنذاك بالقول بأن المنظمة قد ابتعدت عن الخط القومي، واختارت التوجه الوطني أو القطري.

ونحن لا نظن بأن هدف هذا التغيير في المسمى كان فصل القضية عن أبعادها القومية وحصرها في بعدها القطري، لأن الفلسطينيين يدركون بأنهم أكثر من غيرهم تضررا من هذا الفصل، وأنهم لا يستطيعون وحدهم، ودون دعم عربي من تحقيق أهدافهم وتحرير وطنهم، وبناء دولتهم، ولو على جزء من بلادهم، وفوق هذا وذاك فهم من أقوى المنادين بالوحدة العربية ومن أكثرهم خسارة من التفسخ والتدهور العربي.

أوسلو والتحول الكبير

على الرغم ما قلناه عن تحول القضية الفلسطينية إلى قطرية على المستوى العربي الرسمي، إلا أنه وعلى الصعيد الشعبي فقد كان التيار العام في الوطن العربي، والشعور السائد آنذاك يصر على قومية القضية.

ويبدو أن هذا الشعور أخذ بالتحول بعد عقد مؤتمر مدريد للسلام في الثلاثين من أكتوبر عام ١٩٩١م.

وفي أثناء المفاوضات بين الفلسطينيين والإسرائيليين في واشنطن فوجئ الجميع بوجود اتصالات سرية بين منظمة التحرير الفلسطينية وإسرائيل دون علم الوفد المفاوض في واشنطن مما سبب صدمة واستياء في الأوساط العربية والفلسطينية، وأعلنت دول عربية شجبها لهذه الاتصالات، وعدم موافقتها على اتفاقية أوسلو التي وقعت بعد ذلك في البيت الأبيض برعاية الرئيس الأمريكي (بيل كلينتون) في الثالث عشر من سبتمبر ١٩٩٣م، وعبرت سوريا عن معارضتها

لهذه الاتفاقية بوضوح في تصريح لوزير خارجيتها فاروق الشـرع قـال فيـه: "بـأن عـلى الفلسطينيين أن يتحملوا وحدهم وزر ما فعلوه".

وكرد على هذا الشجب والإدانة لمحادثات أوسلو السرية ألقى بعض المؤيدين لمنظمة التحرير الفلسطينية المسؤولية على عاتق الدول العربيـة التـي دفعـت الفلسطينيين إلى ذلك، فقد أشعرت هذه الدول منظمة التحرير بأنها أصبحت ضيفا غير مرغوب فيه، وأن أمن وسلامة المسؤولين فيها صارت مهددة بعد سلسلة من الاعتداءات والاغتيالات التي قامت بها إسرائيل وعملاؤها على مقر المنظمـة في تونس، وكان ذلك من الأسباب التـي جعلـت المنظمـة تفكر في البحث عن وسائل تمكنها من الدخول إلى وطنها، وإقامة سلطتها الوطنيـة ولـو عـلى جـزء مـن ترابه. ويبدو أن اتصالات المنظمة بإسرائيل عـبر قنـوات عـدة منهـا شخصيـات إسرائيليـة مـن جماعات أنصار السلام بدأت مبكرة وقبل رحيلها من بيروت عام ١٩٨٢م، وعـلى أيـة حـال فـإن اتفاقية أوسلو تعتبر نقطة تحول هامة في مسـيرة القضيـة الفلسـطينية ينبغـي تسـليط الضـوء عليها.

من أريحا على النهر إلى غزة على البحر

قبل حرب الخامس من حزيران ١٩٦٧م، كان العرب بمـن فيهم الفلسطينيون يصرون على عروبة فلسطين من البحر "البحر المتوسط" إلى النهر "نهر الأردن" وهي الحدود السياسية لفلسطين أيام الانتداب البريطاني وكما رسمتها اتفاقية سايكس - بيكو عام ١٩١٦م. إلا أنه بعد هذه الحرب واستيلاء إسرائيل عـلى الضفة الغربيـة وقطاع غـزة والجـولان السـورية وسيناء المصرية، تغير الموقف الرسمي العربي، وصارت المطالبة بانسحاب إسرائيل مـن جميـع الأراضي العربية التي احتلتها إسرائيل في حرب ١٩٦٧م، وأصبح الخلاف بين العرب وإسرائيل ينحصرـ في تفسير قرار مجلس الأمن رقم ٢٤٢ والصادر في عام ١٩٦٧م. فالعرب يفسرونه بأنه الانسـحاب الكامل من الأراضي المحتلة وتؤيدهم في هـذا فرنسا. أمـا إسرائيل ففسرته بعـد شطب (أل) التعريف، ليصبح الانسحاب من أراض عربية محتلة، وتؤيدها في هذا التفسير الولايات المتحدة الأمريكية وبريطانيا.

كان الفلسطينيون يرفضون القرار ٢٤٢ لاعتبارات كثيرة منها أنه ينظر إلى القضية الفلسطينية على أنها قضية لاجئين يمكن حلها بالتعويض والتوطين خارج فلسطين، كما أنه يحرمهم من حقهم في وطنهم بالكامل والذي يشمل فلسطين من البحر إلى النهر، وكانت "فتح" كبرى فصائل منظمة التحرير الفلسطينية قد طرحت شعارها الذي حرصت على التمسك به وهو "من البحر إلى النهر". وكذلك أكد الميثاق القومي لمنظمة التحرير الفلسطينية على التمسك بكامل التراب الفلسطيني وعدم التنازل عن أي جزء منه، والمحافظة على قومية القضية.

وحينما أعلن الرئيس، ياسر عرفات في أثناء حصار إسرائيل لبيروت في عام ١٩٨٢ لنفر من الصحفيين الأجانب بقبوله القرار ٢٤٢ اعتبره البعض مجرد مناورة تكتيكية لخروج المنظمة من الوضع السيء آنذاك، إلا أن اشتراك المنظمة بحضور وفد عنها في مؤتمر مدريد سابق الذكر أكد على موافقتها على هذا القرار والذي اتخذ هو والقرار رقم ٣٣٨ مرجعين لمبدأ الارض مقابل السلام.

ولا شك في أن القرار ٢٤٢ وموافقة العرب عليه ومن بعدهم الفلسطينيين كما أشرنا سابقا قد اختزل القضية الفلسطينية إلى مجرد أراض احتلت في عام ١٩٦٧م، وتحول سقف المطالبة من حدود فلسطين إبان الانتداب البريطاني إلى مجرد المطالبة بالضفة الغربية وقطاع غزة. وهذا التحول أدى إلى زحزحة إحدى الثوابت الفلسطينية وشطب بعض مواد الميثاق الوطني الفلسطيني، وبخاصة المادة الثانية التي تنص علي أن "فلسطين بحدودها التي كانت قائمة في عهد الانتداب البريطاني، وحدة إقليمية لا تتجزأ"، والمادة السابعة عشرة التي تقول: "إن تقسيم فلسطين الذي جرى عام ١٩٤٧م، وقيام إسرائيل باطل من أساسه مهما طال عليه الزمن لمغايرته لإرادة الشعب الفلسطيني وحقه الطبيعي في وطنه ومناقضته للمبادئ العامة التي نص عليها ميثاق الأمم المتحدة، وفي مقدمتها حق تقرير المصير".

وبناء عليه فإن قبول منظمة التحرير الفلسطينية آنذاك بالقرار ٢٤٢ يعني الاعتراف ضمنا بإسرائيل وبحدودها التي كانت عليها في الرابع من يونيو حزيران عام ١٩٦٧م، وقبولها بمبدأ الارض مقابل السلام مما يستدعي شطب بعض مواد الميثاق الوطني وبخاصة المواد ١٣،١٤،١٦، وهذا من شأنه نسف الميثاق وإلغائه وإعادة صياغته من جديد وذلك قبل أن تطالب بهذا إسرائيل في أثناء مفاوضات أوسلو السرية.

ومن الجدير بالذكر بأن الدول العربية التي قبلت بالقرار ٢٤٢ تكون قد سبقت منظمة التحرير الفلسطينية بالاعتراف الضمني بإسرائيل ضمن حدودها قبل حرب عام ١٩٦٧م.

القضية تختزل لتصبح أراض متنازع عليها

في مؤتمر مدريد للسلام أعلن رئيس الوفد الفلسطيني الدكتور حيدر عبدالشافي عن رفض الفلسطينيين للاستيطان وأكد على حقوقهم المشروعة في وطنهم فقال: "إن الاستيطان في الأراضي الفلسطينية يعطل ويعرقل عملية السلام التي عقد هذا المؤتمر من أجلها. وفي الوقت نفسه فإن الاستيطان يشكل انتهاكا صارخا للحقوق الفلسطينية، ولاتفاقية جنيف الرابعة، ولذلك يجب أن يتوقف بناء المستوطنات التي هي اعتداء على تراث شعبنا ومستقبله، نحن الفلسطينيون شعب له حقوقه المشروعة، فلسنا مجرد سكان مناطق أو طارئين على التاريخ، وعقبة أمام التوسع الإسرائيلي".

إلا أن منظمة التحرير الفلسطينية التي كانت آنذاك تتباحث سرا عبر قناة أوسلو تكون قد تجاوزت مؤتمر مدريد لتوقع اتفاقية أوسلو مع إسرائيل في عام ١٩٩٣م، ووافقت على شروط إسرائيلية منها تأجيل بحث القضايا الأساسية إلى المرحلة النهائية وهي قضايا القدس ، والاستيطان ، والمياه ، واللاجئين ، والدولة والحدود ، وبدأت بالتفاوض على الأراضي التي ستنسحب منها إسرائيل تدريجيا ، مما يعني أن القضية الفلسطينية اختزلت إلى أراض متنازع عليها اتفق على

تقسيمها إلى مناطق " أ " تخضع خضوعا تاما للسلطة الوطنية الفلسطينية و "ب" وتخضع إداريا للسلطة بينما تظل تحت الإشراف الأمني الإسرائيلي و "ج" وتبقى تحت السيطرة الإسرائيلية الكاملة، وعلى الرغم من قبول الفلسطينيين بالشروط الإسرائيلية وتقديم التنازلات في اتفاقية القاهرة عام ١٩٩٤م، واتفاقية واي ريفر في عام ١٩٩٨، واتفاقية شرم الشيخ في عام ١٩٩٩م، إلا أن ذلك فتح شهية إسرائيل وشجعها على المطالبة بالمزيد من التنازلات.

القدس تصبح القضية

في مؤتمر كامب ديفيد الذي عقد في شهر يوليو هذا العام، بحضور الرئيس الفلسطيني ياسر عرفات ورئيس الوزراء الإسرائيلي أيهود باراك، وبرعاية الرئيس الأمريكي بيل كلينتون، تركزت المفاوضات حول القدس الشرقية، وقد بدا لكثير من المراقبين آنذاك بأن القضية الفلسطينية تراجعت واختزلت في جزء من القدس، وليس القدس كلها، وكأن الفلسطينيين والعرب في هذه الحالة قد أسقطوا القدس الغربية من مطالباتهم وتنازلوا عنها، واعترفوا بها عاصمة لإسرائيل كما يطالب الإسرائيليون، علما بأن القدس كلها وبقسميها الشرقي والغربي ما زالت في نظر العالم محتلة، وما زال وضعها القانوني غير معترف به بانتظار الحل النهائي، وقد رفضت جميع دول العالم فتح سفارات لها في القدس الغربية حتى اليوم.

وبمطالبة العرب والفلسطينيين بالقدس الشرقية وتنازلهم عن القدس الغربية يكونون قد ظلموا أنفسهم وارتكبوا خطأ فادحا لأن القدس الغربية قبل احتلال إسرائيل لها في عام ١٩٤٨م كانت عربية بنسبة ٧٠%. لقد كان ينبغي على العرب والفلسطينيين عدم تجزئة القدس في المفاوضات إلى قدس شرقية وقدس غربية، والإصرار على قدس موحدة، ولكن قبولهم بتجزئتها أدى إلى تخفيض سقف المطالبات، وتعنت الإسرائيليين، وزيادة تمسكهم بها وطرح عدد من الحلول كتقسيمها بين الفلسطينيين والإسرائيليين، وظيفيا وأفقيا مع بقاء السيطرة والهيمنة بيد إسرائيل.

المسجد الأقصى هو القضية

من المتعارف عليه في عالم السياسة أن الخاسر هو الذي يخفض من سقف مطالباته، لأن المفاوضات تبدأ عادة من السقف الأعلى ثم يتم الاتفاق فيما بعد بأن يتنازل كل طرف عن بعض مطالبه. فالذي رفع من سقف مطالباته لن يخسر شيئا لأنه يكون قد أعد درسه جيدا ووضع مطالب يعلم بعدم إمكانية تحقيقها ولكنه وضعها للمساومة. أما الطرف الذي خفض سقف مطالباته إلى الحد الأدنى فهو الخاسر لأنه مطالب بالتنازل للطرف الآخر وإلا اعتبر متصلبا وغير مرن ويحملونه الفشل - أو أنه مضطر للرضوخ وبخاصة إذا كان هذا الخصم هو الطرف الأقوى أو المنتصر- وهذا ما حدث بالضبط مع الجانب الفلسطيني في مفاوضاته مع الإسرائيليين، وقد تجلى ذلك في كامب ديفيد حينما بحث موضوع القدس كما ذكرنا سابقا.

وربما كان من أسباب تعنت الطرف الإسرائيلي وتمسكه بالقدس الشرقية وادعاءاته بحقوق له فيها من منطلقات دينية وسياسية، عدم وضوح الموقف الفلسطيني وضبابيته، وتباين تصريحات بعض المسؤولين الفلسطينيين والعرب، فالرئيس ياسر عرفات أعلن في كامب ديفيد تمسكه بالقدس الشرقية وعدم التنازل عنها، لأنه لا يملك ذلك فهي ليست فلسطينية فقط وإنما عربية وإسلامية ومسيحية.

أما أحمد قريع رئيس المجلس التشريعي الفلسطيني فقد طرح في افتتاح البرلمان الأوروبي في استراسبورغ بفرنسا في الخامس من هذا الشهر (سبتمبر/ أيلول) فكرة تدويل القدس مما أثار استياء كثير من الفلسطينيين الذين اعتبروا ذلك تنازلا حتى عن القدس الشرقية، وقد نسبت تصريحات لمسؤولين فلسطينيين منهم فيصل الحسيني مسؤول ملف القدس مفادها بأن الفلسطينيين يقبلون بالسيادة الإسرائيلية على حائط البراق والذي يسميه اليهود حائط المبكى، وعلى حارة اليهود وهي في الأصل مملوكة للعرب، وكان يطلق عليها حارة الشرف.

لا شك أن تنازلات كهذه تعطي لليهود الفرصة لمطالبة الجانب الفلسطيني بمزيد من التنازلات حتى تظل القدس الشرقية جميعها تحت سيطرتهم، وبهذه التنازلات المتتالية والتي هدفها دفع الفلسطينيين حتى يحصروا مطالباتهم بالسيادة على المسجد الأقصى وفي هذه الحالة تكون القضية الفلسطينية قد اختزلت من قضية وطن اغتصب وشرد أهله إلى نزاع للسيادة حول المسجد الأقصى.

ومما يؤلم النفس ويدمي القلب ما نسمعه من تصريحات لمسؤولين عرب يعلنون فيها صراحة بحق اليهود في "حائط المبكى" و "حارة اليهود" ومن هؤلاء المسؤولين سفير مصرـ في إسرائيل "صلاح بسيوني" ومثل هذه التصريحات تدل على جهل تام بالتاريخ وبالقضية الفلسطينية. فحائط المبكى هو حائط البراق كما قلنا وهو السور الغربي للمسجد الأقصى ومن أملاك الوقف الإسلامي وأنه ليس لليهود حق فيه، وقد اعترفت بذلك لجنة دولية أوفدتها عصبة الأمم إلى فلسطين في عام ١٩٣٠م، لبحث موضوع البراق، وقد التزمت بهذا التقرير حكومة الانتداب البريطاني على فلسطين.

السيطرة الإسرائيلية على المسجد الأقصى

كان من نتائج التنازلات الفلسطينية والعربية، والصمت المريب الذي يخيم على العالمين العربي والإسلامي في أثناء بحث قضية القدس في كامب ديفيد وترك الرئيس الفلسطيني ياسر عرفات وحده ليواجه الضغوط الإسرائيلية والأمريكية، تشدد الإسرائيليين وتمسكهم ليس بالقدس وحدها وإنما بالمسجد الأقصى ثالث الحرمين الشريفين الذي تشد إليه الرحال. وهم يطلقون على الارض المرتفعة أو التل الذي يقع فوقه المسجد الأقصى ـ "جبل الهيكل" وهي تسمية عبرية تدل على تمسكهم بالمزاعم التي تقول بأن المسجد الأقصى أقيم علي موقع قديم كان يحتله هيكل سليمان الذي يتطلع اليهود اليوم إلى إعادة بنائه، وعلى الرغم من الحفريات والأنفاق التي قام بها الإسرائيليون منذ احتلالهم القدس في حرب ١٩٦٧م، وعدم عثورهم على أي أثر لهذا الهيكل أو أية آثار يهودية وإنما عثروا على آثار إسلامية إلا أن الإسرائيليين يصرون على تلك المزاعم.

ويبدو أن الصيغة التي تفكر إسرائيل في تطبيقها في المسجد الأقصى- هي تلك التي طبقتها في مدينة الخليل حيث استولت على الحرم الإبراهيمي، وقسمته بين العرب واليهود وأقامت في داخله كنيسا يهوديا، وأبقت سيطرتها على الحرم كله وتحكمت في الدخول إليه وحددت أياما للمسلمين وأياما لليهود، فهل يقبل الفلسطينيون والمسلمون بهذا؟، وإذا كان الإسرائيليون تعللوا حينما قسموا الحرم الإبراهيمي في الخليل بأنه يحتوي على قبور الأنبياء إبراهيم واسحق ويعقوب عليهم السلام والذين يدعون بالانتساب إليهم فما حجتهم في المطالبة بالمسجد الأقصى، كله أو بعضه، بعد أن أثبتت الحفريات التي قاموا هم بها بطلان حججهم ومزاعمهم؟.

إن المسجد الأقصى الذي يطالبون بالسيادة عليه حق للمسلمين وحدهم، وهو جزء من القدس الشريف والتي بناها العرب اليبوسيون قبل ثلاثة آلاف سنة، وبقيت محافظة على عروبتها إلى أن فتحها المسلمون واستلم مفاتيحها الخليفة عمر بن الخطاب رضي الله عنه، وكان اسمها آنذاك "إيلياء"، وهو اختصار للاسم الروماني "ايليانوس كابيتولينا" نسبة لاسم أحد أباطرة روما، وأن اليهود كانوا طارئين على هذه المدينة ولم يستقروا فيها إلا بضعة عقود.

وعلى الجميع أن يعلم بأن القدس بشطريها الشرقي والغربي مدينة عربية وعاصمة فلسطين وطن الشعب العربي الفلسطيني، وأنه ما من أحد يملك حق التنازل عن وطن هو ملك للأجيال كلها. وإذا كان ميزان القوى اليوم يفرض حلا في غير صالح الشعب الفلسطيني فإن من حق الأجيال القادمة أن تنتزع حقها حينما تملك أسباب القوة. وإذا كانت القدس على وشك الضياع اليوم فقد سبق أن احتلها الإفرنج في الحروب الصليبية وقيض الله لها البطل صلاح الدين الذي استرجعها وأعادها إلى حوزة المسلمين، وحرر فلسطين والبلاد العربية من الصليبيين، فإن هذا ما سيحدث في المستقبل إن شاء الله.

الفصل السادس

أوهام طروحات حركات السلام الإسرائيلية

السلام من القيم السامية ، ومن الكلمات المحببة لنا جميعا ، والعزيزة على نفوسنا .. نقولها في كل تحية نحيي بها البعض تطبيقا لتعاليم ديننا الذي أوصانا بأن نطرح التحية قائلين " السلام عليكم " ، أو نرد على من يحيينا قائلين "وعليكم السلام " .

والسلام اسم من أسماء الله الحسنى . و الله سبحانه وتعالى أمرنا بأن نجنح للسلام أن وجدنا لدى الخصم جنوحا نحوه ، والتزاما بأسسه وقواعده من منطلق قوة لا من منطلق ضعف . و الله سبحانه تعالى يقول : " وإن جنحوا للسلم فاجنح لها وتوكل على الله " الأنفال ٦١ . وقوله : " فلا تهنوا وتدعوا إلى السلم وأنتم الأعلون " محمد ٣٥ .

إن مفهوم السلام واضح في الزمان والمكان ، وعند جميع الأمم والأقوام ، إلا اليهود الذين يصرون على أن تكون لهم مفاهيمهم الخاصة لجميع القيم بما فيها السلام . فوراء شعارات السلام التي يرفعونها يخفون حقيقة نفوسهم الميالة نحو الحرب والعدوان ، وهذا طبع متأصل فيهم ، وعادة متحكمة في شخصيتهم ، تظهر في أعمالهم وتصرفاتهم وتعبر عن مفهومهم للسلام كخيار تكتيكي ، على عكس ما هو عند غيرهم الذي هو خيار استراتيجي .

إن الدعوة إلى السلام التي ينادي بها اليهود والتفت حولها جماعات أطلقت على نفسها " جماعات السلام " ومن قبلها أو مزامنة لها " حركة السلام الآن " ما هي إلا حيلة ابتدعها مفكرون يهود لتحقيق أهداف صهيونية عجز أنصار الحرب في إسرائيل عن تحقيقها .. إنها أكذوبة كبرى ظهرت على حقيقتها ، وانكشفت أبعادها في انتفاضة الأقصى ـ الأخيرة ، فلم نسمع صوتا من جماعات السلام يشجب العدوان على الشعب الفلسطيني ، وإنما سمعنا أصواتهم المؤيدة لهذه الحرب التي شنتها حكومة باراك على الفلسطينيين ، وحملت المعتدى عليه وزر المعتدى .

إن " جماعات السلام " و " حركة السلام الآن " ، صهاينة مخلصون لصهيونيتهم وأحـرص من غيرهم على سلامة إسرائيل وبقائها واستمرار وجودها ، فهم يرون بأن ذلك لن يتحقق ما لم يتوصل الإسرائيليون مع العرب والفلسطينيين إلى سلام يتولون هم رسم خطته ، ووضع أسسـه وقواعده ، وصياغة مفهومة ، بما يخدم مصالحهم ويحقق تطلعاتهم .

إن سلاما كهذا ، وبمواصفات كهذه ، لا يمكن التوصل إليـه إلا باتبـاع إسـتراتيجية تمكـن الإسرائيليـين مـن التقـرب إلى مـا يسـمونهم بالمعتـدلين مـن العـرب، وإقنـاعهم بطروحـاتهم ، وإغرائهم بتبنيها ، والدعوة لها في الأوساط العربية . وللأسف فقد انخدع بعـض العـرب وفـيهم فلسطينيون بهذه الدعوة المشبوهة ، وانتظمـوا مـع الإسرائيليـين في حركـات وجماعـات مثـل " جماعة كوبنهاجن للسلام " ، وأفردت لهم وسائل الاعلام ، وبـخاصة المحطات الفضائية العربية مساحات واسعة في برامجها الإعلامية مما شجعهم على بث أفكارهم وطروحـاتهم ـ إن لم نقـل نفث سمومهم ـ بيننا .

وفي هذا الصدد يقول الكاتب المصري " أحمد بهاء الدين شعبان " في كتاب له صدر في عام ١٩٩٩م وعنوانه : " ما بعد الصهيونية وأكذوبة حركة السلام في إسرائيـل " ، صـفحة ١٢٣ ـ ١٢٤ بأن حركة السلام الآن " لا تزيد عن كونهـا كيانـا هلاميـا غـير محـدد الأبعـاد والقسـمات ، وهي جزء عضوي من الكيان الإسرائيلي تنحـاز لفكرتـه ، وتـدافع عـن بقائـه ونقـاء توجهاتـه ، ومواقف حركة السلام الإسرائيلية مائعة لا يمكن الركون إليها أو الاعتماد على ثباتها ، وليس هذا رأينا وحدنا ، بل هو رأي ردده العديدون من الإسرائيليين ومن أصـدقاء إسرائيـل والآملـين خـيرا في قواها (السلامية) .

فالكاتب الإسرائيلي " موردخاي بار ـ اون " ـ على سبيل المثال ـ في مؤلفه " السـعي وراء السلام : تاريخ حركة السلام الإسرائيلية " يدين أعضاء هذه الحركة الذين كانوا يخشون أن يـروا فعلا ما يجري في الأراضي المحتلة .

ويشير بوضوح إلى أن " دوافع حركتهم إنما هي الحرص على مصالح إسرائيل الذاتية ، التي يتهددها نزق حكام الليكود وسياستهم الحمقاء . وهو يرى أن أعضاء الحركة دعاة عنصريون يواجهون التأثير المفسد للاحتلال على المجتمع الإسرائيلي ، قبل أن تكون غايتهم تأمين حياة إنسانية للشعب الفلسطيني أو وضع للسياسات العدوانية الصهيونية . "

ومما يكشف من حقيقة مزاعم دعاة السلام في إسرائيل انضمام " شيمون بيريز " إلى جوقتهم ، فلبس مسوح الرهبان ، وارتدى أردية السلام ليخفي تحتها ملابسه الملطخة بدماء الفلسطينيين ودماء اللبنانيين في العديد من الأماكن التي كان آخرها الدماء التي أراقها في مذبحة قانا عام ١٩٩٦م. وفي الحادي والعشرين من تشرين الأول/ أكتوبر ١٩٩٧م أفتتح بيريز مركزه الذي أقامه من التبرعات باسم السلام ، وحضرت حفل الافتتاح شخصيات عربية رسمية وشعبية رغبت في تناسى تاريخ بيريز وسجله الإرهابي .وقد كتبت يومها مقالا عنوانه : " بيريز ودعوته إلى السلام ". وقد وجدت أن من الأفضل أن يكون بداية مقالات هذا الفصل ، وقد نشر بالدستور في ١٩٩٧/١٠/٢٨م .

في المقال الثاني وعنوانه : " هل تلبي طروحات أنصار السلام الإسرائيلية الحقوق الفلسطينية " . ونشر بالدستور في ١٩٩٩/٧/١٤م ، أثبت بأن طروحات أنصار السلام لا تلبى الحد الأدنى من مطالب الشعب الفلسطيني في حقوقه الثابتة في وطنه ومنها حق العودة وحق الدولة مكتملة السيادة وحق تقرير المصير... الخ .

تطالب جماعات السلام الفلسطينيين بالتنازل عن قرارات الشرعية الدولية كالقرار رقم ١٩٤ لعام ١٩٤٨م والذي ينص على حق عودة اللاجئين إلى أوطانهم التي طردوا منها ، والقرار السابق له وهو ١٨١ لعام ١٩٤٧م والذي نص على تقسيم فلسطين ، والقرار ٢٤٢ الذي اكد على ضرورة انسحاب إسرائيل من الأراضي التي احتلتها في حرب ١٩٦٧م ، والقرار المؤكد له رقم ٣٣٨ ، والقرار رقم ٢٥٢ الذي يعتبر القدس أرضا محتلة يجب الانسحاب عنها .

المقال الثالث الذي جعلت عنوانه " صهيونية ما بعد الصهيونية " فقد رددت فيه على مزاعم أفراد من جماعات السلام ومؤرخين يطلقون على أنفسهم بالمؤرخين الجدد يرددونها علينا ، وقد تنطلي على البسطاء منا كقولهم بأن الصهيونية قد تعداها الزمن لتفسح المجال لما يسمى " ما بعد الصهيونية " ، وهي في حقيقتها صورة محددة ومحدثة للصهيونية ، وهي اشد صهيونية واخطر علينا من التي قبلها . وقد نشر هذا المقال بالدستور في ١٩٩٩/٩/١٨م .

لا شك في أن من أخطر طروحات حركات السلام والمؤرخين الجدد الإسرائيليين دعوتهم لنا بإعادة كتابة تاريخ الصراع العربي ـ الإسرائيلي ومحو كل ما لا يرضى عنه اليهود فبدلا من قولنا غزو اليهود لبلادنا نقول عودة بني إسرائيل إلى وطنهم أو ما يسمونه بـأرض الميعاد ـ أي الأرض التي يزعمون بأن الرب وعدهم بها . وقد لخصنا ذلك في المقال الرابع وعنوانه : " اعادة كتابة تـاريخ الصراع العربي ـ الإسرائـيلي فكـرة صهيونية فاحـذروها " ، ونشرـ بالدستور في ٢٠٠٠/٤/١٥م .

أما المقال الخامس وعنوانـه : " الصفقة الخاسرة في مقايضة تدريس المحرقة بشعر المقاومة " والذي نشر بالاتحاد في ٢٠٠٠/٤/٢٩م ، وفيه استهجن كيف يمكن أن نقبل بتـدريس مزاعم المحرقة التي تعرض لها اليهود في أوربا مقابل إدخال شعر المقاومة الفلسطينية في مناهج الإسرائيليين !؟ .

يعتبر التطبيع بجميع أنواعه وأشكاله أهم طروحـات حركة السلام وجماعاته. ونحن نعتبر التطبيع أخطر ما يواجه الأمة العربية لأنه يتحداها في ذاتها وفي كيانها ووجودها . وقد عالجنا ذلك في مقالين هما السادس والسابع ، من مقـالات هـذا الفصل أولهما بعنـوان : " التطبيع الثقافي خطر يهدد ثقافتنا العربية الإسلامية " وثانيهما عنوانه : " التطبيع نظرة في المفهوم والشكل والمضمون " . وقد نشرا في الاتحاد بأبو ظبـي ، الأول في ٢٠٠٠/٤/٢٢م ، والثاني في ٢٠٠٠/٥/٢٠م .

بمناسبة بـدء الألفيـة الثالثـة قـام البابـا بزيـارة إلى الأمـاكن المقدسـة . وقد اسـتغلت الصهيونية هذه الزيارة لصالح إسرائيل . وقد كتبت آنذاك مقالا عنوانه : " هل كان قلب البابا مع الفلسطينيين وسيفه مع الإسرائيليين " ، ونشر بالاتحاد في ٢٠٠٠/٤/١م .

بيريز ودعوته إلى السلام

في الحادي والعشرين من هذا الشهر* افتتح في "تل أبيب" مركز بيريز للسلام وهو-كما قيل- معهد خاص هدفه دفع عملية السلام من خلال مشروعات توسيع الفرص الاقتصادية. ووصفت الصحف الإسرائيلية مراسم الافتتاح بأنها كانت أكبر تجمع للشخصيات البارزة في إسرائيل منذ فترة تولي "بنيامين نتنياهو" للسلطة. فقد حضر الحفل الرئيس الإسرائيلي "عيزر فايتسمان" ورئيسة الوزراء النرويجية السابقة"جرو هارلم برونتلاند"، ورئيس الوزراء المصري الأسبق في عهد السادات الدكتور مصطفى خليل، ووزير الخارجية المصري عمرو موسى، ووزير خارجية الولايات المتحدة السابق "وارن كريستوفر" والمبعوث الأميركي في الشرق الأوسط "دينس روس" بالإضافة إلى رجال أعمال بارزين.

وبطبيعة الحال فإننا جميعا نرحب بالسلام، ونحيي من يدعو له، وندعم كل عمل مخلص وصادق يوصلنا إلى السلام. فالسلام مطلبنا جميعا وشعارنا الذي نرفعه باستمرار، ونحن من أكثر أمم العالم وشعوبه الذين اكتوا بنيران الحروب، وفجعوا بويلاتها، ونكبوا بمآسيها، وحرموا من الأمن والاستقرار، وتردت أوضاعهم الاجتماعية والاقتصادية والسياسية. ونحن كأمة عربية تسكن هذه المنطقة منذ فجر التاريخ لم نعتد على أحد، ولم نطمع في احتلال أرض أحد، ولم نمارس السيطرة على أحد، ولم تكن الحرب في يوم من الأيام من خياراتنا المطروحة، ولكن كان قدرنا أن نستوطن منطقة تتمتع بموقع استراتيجي بالغ الأهمية والخطورة تطمع فيه جميع القوى الكبرى على مر الزمن، وتريد امتلاكه والسيطرة عليه، وفرض الهيمنة على سكانه. وكان لابد لنا من حمل السلاح للدفاع عن أنفسنا، والذود عن أوطاننا وحرماتنا وحماية مقدساتنا من كل معتد

---

* ٢١/١٠/١٩٩٧م

يحاول الاعتداء علينا أو يريد احتلال بلادنا أو التسلط علينا. إننا دوما في حالة استنفار أملته علينا ظروف الموقع الممتاز وأصبح بمثابة الضريبة التي فرضها علينا هذا الموقع، دفعها أجدادنا وأباؤنا من قبلنا وسيدفعها أبناؤنا من بعدنا.

أننا كعرب وكمسلمين من أكثر شعوب العالم حبا للسلام وتقديسا له فهو عندنا من أسماء الله الحسنى. وفي القرآن الكريم آيات بينات تدعو إلى السلام منها قوله سبحانه وتعالى " يا أيها الذين آمنوا ادخلوا في السلم كافة" البقرة ٢٠٨، وقوله "وإن جنحوا للسلم فاجنح لها وتوكل على الله" الأنفال ٦١، وقوله " فإن اعتزلوكم فلم يقاتلوكم والقوا إليكم السلم فما جعل الله عليكم سبيلا" النساء٩٠.

أن السلام الذي ندعو إليه ونرحب به ليس منقوصا ولا مبهما أو غامضا كما يريده البعض ليسهل عليهم تفسيره كما يشاءون ويريدون. سلامنا الذي نصر عليه ونطالب به لابد أن يقوم على العدل والإنصاف، وأن يكون شاملا يغطي كل أوجه الحياة. أنه السلام الذي نسترد به حقوقنا المسلوبة ووطنا المحتل ويمكن لنا السيادة على أرضنا، ويحقق لنا الأمن والاستقرار حتى نسعد مثل جميع أمم الأرض بالعيش الهادئ والحياة الآمنة المطمئنة، لنتوجه نحو تطوير طاقاتنا، وتنمية قدراتنا، وننهض بأحوالنا وأوضاعنا حتى نلحق بركب الأمم التي كانت وراءنا فأصبحت اليوم تتقدم علينا، أن أي سلام لا يحقق هذه الأمور هو استسلام أو سلم كاذب وخادع وهو كما يقول القرآن الكريم "كسراب بقيعة يحسبه الظمآن ماء حتى إذا جاءه لم يجده شيئا" النور ٣٩.

ما قيمة السلام إذا كان المطلوب منا أن نتنازل عن حقوقنا في وطننا ليظل شعبنا مطرودا من أرضه وأرض آبائه وأجداده ويعيش مشردا بلا وطن يأويه وبلد يحميه؟. وما قيمة السلام إذا كنا لا نستطيع التصرف في مواردنا وثرواتنا في أرضنا؟. وماذا نستفيد من السلام إذا كانت إسرائيل تضع العقبات والعراقيل أمام تنفيذ اتفاقية "أوسلو" والتي هي أصلا لا تحقق لشعبنا مطالبه ولا ترد له

حقوقه، ولكن بعضنا قبلها على مضض وعلى مبدأ "خذ وطالب". ما قيمة السلام وجدواه لنا إذا كانت إسرائيل تصادر المزيد من الأراضي الفلسطينية، وتقيم عليها مستعمرات جديدة أو توسع القائم منها؟ ففي قطاع غزة استولت على نحو ٤٠% من مساحة القطاع الذي هو في الأصل قليل المساحة وغير قادر على استيعاب سكانه الأصليين. وفي الضفة الغربية تفننت إسرائيل في إتباع مختلف الطرق والوسائل لمصادرة مزيد من الأراضي تحت ذرائع مختلفة كشق الطرق الالتفافية، أو لدواع أمنية، هدفها تمزيق مناطق الضفة وتطويق المدن والقرى وفصلها عن بعضها لتحول دون قيام دولة أو كيان فلسطيني في المستقبل. وما قيمة السلام إذا كان الفلسطيني وداخل مناطق الحكم الذاتي يجد أحيانا صعوبة في الانتقال من مدينة إلى أخرى؟ فما أكثر الحواجز الإسرائيلية التي توقفه وقد تعيده من حيث أتى، وحسب مزاج الجنود وأهوائهم؟! ما قيمة السلام إذا كانت إسرائيل تقفل الضفة والقطاع بالضبة والمفتاح كلما حدث حادث أو جد طارئ فتمنع الناس من الخروج أو الدخول وتشعرهم بأنهم في سجن كبير أو في معسكر اعتقال؟ وما قيمة السلام إذا كانت إسرائيل لم تتوقف عن تهويد القدس ببناء مساكن لليهود في قلب الأحياء العربية، وتمنع المسلمين من صيانة وترميم مساكنهم وصيانة دور العبادة، وتتفنن في سن القوانين التي تتيح لهم طرد العرب المقادسة أو سحب الجنسية منهم بذرائع وحجج واهية، في الوقت الذي تفتح فيه أبواب فلسطين لكل يهود العالم وتمنحهم الجنسية بمجرد أن تطأ أقدامهم فلسطين؟ وما قيمة السلام إذا كانت إسرائيل تصر على تطبيق سياسة التمييز العنصري على الرغم من احتجاجات الأمم المتحدة المتكررة، فالقوانين التي تطبق على الفلسطينيين لا تطبق على اليهود والعكس صحيح.

"شيمون بيريز" يقيم اليوم مركز السلام في تل أبيب ويدعو شخصيات عالية لتشهد له بأنه رجل السلام، وبأن إسرائيل محبة للسلام وأنها تريد العيش في أمن وسلام بين العرب الذين بدأوها بالحرب والعدوان. بيريز ينادي بالسلام بعد أن اطمأن على إسرائيل وعاش ليراها وقد حققت أهدافها بالاستيلاء على فلسطين وأراض عربية وطردت سكانها منها.

إذ كان صحيحا ما قاله بيريز في حفل افتتاح مركزه للسلام بأن الغالبية الساحقة في إسرائيل تؤيد السعي للسلام، فمن الذي دعم حكومة "نتنياهو" التي تضع العقبات والعراقيل أمام السلام؟. ومن الذي يحميها من السقوط كلما طرحت الثقة عليها في الكنيست؟. ولو كانت غالبية الشعب الإسرائيلي تريد السلام لما وصل "نتنياهو" وتجمع الليكود إلى الحكم لأن سياستهم واضحة ومكشوفة، وما جاءوا إلا ليبطلوا تنفيذ اتفاقية "اوسلو" التي يعتقدون بأنها في غير صالح إسرائيل. أن الأغلبية التي يقول عنها"بيريز" تؤيد السلام لابد وأنها تنظر إلى هذا السلام بعيون نتنياهو وتفسيراته للسلام. أن السلام الذي يدعو إليه نتنياهو يطالبنا بموجبه أن نسكت عن تهويد ما تبقى من وطننا، ونؤيد مصادرة ما بقي من أرضنا، ونوافق على إقامة المزيد من المستوطنات، ونرحب بالمساكن التي يبنيها لليهود في قلب أحيائنا، وعلاوة على ذلك نقدم له التعهدات بالتصدي لأي معارضة أو مقاومة ضد هذه الإجراءات الإسرائيلية، فالمعارضة والمقاومة عند حكومة نتنياهو إرهاب يجب علينا إقتلاعه لأنه يتعارض ومبادئ السلام. ويبدو أن إسرائيل لن تكف عن قلب الحقائق وخلط الأسباب بالنتائج. ومن حسن حظها أنها تجد من الدول الكبرى من يؤيدها ويقف معها. فنحن في نظر إسرائيل إرهابيون إذا قاومنا الاحتلال ومصادرة الأراضي. أن إسرائيل تستطيع وقف الإرهاب لو توقفت عن جميع الأعمال التي تستفز بها الفلسطينيين.

وإذا كان "بيريز" صادقا فيما قاله في حفل افتتاح مركزه للسلام بأنه يشعر بالخزي كيهودي إزاء معاناة الفلسطينيين، فهل معنى ذلك أنه نادم وغير راض عن أعماله السابقة وتصرفاته مع الفلسطينيين حينما كان وزيرا ورئيسا للوزارة الإسرائيلية. لا شك في أن "بيريز" يتذكر آخر أعماله وهو رئيس للوزراء وإصدار الأوامر للجيش الإسرائيلي بارتكاب المجازر على أرض لبنان وبخاصة مجزرة "قانا" في الثامن عشر من نيسان ١٩٩٦ وراح ضحيتها نحو مائة شهيد وجرح حوالي مائة وخمسة أشخاص. لقد أدى الهجوم الإسرائيلي على لبنان إلى نزوح ما يزيد عن نصف مليون لبناني عن قراهم ومدنهم. وقد خسر "بيريز" بسبب هذا

الهجوم أصوات العرب في إسرائيل الذين اعتبروه أبعد ما يكون عن السلام فسقط في الانتخابات. هل نعتبر هذا التصريح من "بيريز" أشبه بصحوة الضمير التي جاءت متأخرة عن موعدها إذا كان له في الأصل ضمير؟.

أن السلام الذي يتطلع إليه "بيريز" هو الذي يحقق لإسرائيل تفوقا على جميع دول المنطقة لتتمكن من الهيمنة على الأمة العربية ومواردها ومقدراتها، وتحقق السيطرة على أوضاعها وشؤونها. وكان "بيريز" صريحا وواضحا حينما كشف عن ذلك في كتاب له عن الشرق الأوسط الذي يرسم معالم صورته المستقبلية، وقد أكد ذلك حينما قال بأن الهدف من إنشائه للمركز هو دفع مسيرة السلام من خلال إقامة المشاريع التي توسع الفرص الاقتصادية. السلام إذن ليس هدفا بذاته وإنما هو وسيلة لتحقيق ما عجزت إسرائيل عن تحقيقه في الماضي. وهذا أن دل على شيء فإنما يدل على أن النصر الذي حققته إسرائيل في حروبها مع العرب، لم يحقق لها أهدافها التي خططت لها والتي تتمثل في قيام تعاون اقتصادي في المنطقة تمسك إسرائيل بزمامه وقيادته ولها الحق في توجيهه وإدارة دفته، وهذا يجعلها دولة قادرة على النمو والبقاء التلقائي والذاتي ودون الاعتماد على المعونات والمساعدات الأميركية التي لن تدوم إلى الأبد وسيأتي اليوم الذي سيضيق فيه الأميركيون ذرعا بإسرائيل، ويشعر دافعوا الضرائب الأميركان بالأعباء التي يتحملونها تجاه إسرائيل.

أن "بيريز" يريد بإنشاء هذا المركز تحقيق هدفين أحدهما شخصي- بعد أن خسر- الانتخابات وفقد موقعه كرئيس لحزب العمل، وثانيهما وطني هدفه تجميل وجه إسرائيل وتحسين صورتها عالميا وبخاصة في الوقت الذي يسيء فيه "نتنياهو" إلى سمعة إسرائيل ويظهرها بمظهر الدولة التي لا تشجع السلام ولا تعمل من أجله. وإذا كان "بيريز" يريد السلام حقا فلماذا لا يتحرك مع الأغلبية الإسرائيلية التي يقول بأنها تؤيد السلام لوقف أعمال حكومة "نتنياهو" التي تعطل المسيرة السلمية؟ أن عملا كهذا أنفع وأفضل من إقامة ألف مركز للسلام.

هل تلبي طروحات أنصار السلام الإسرائيلية الحقوق الفلسطينية؟

شهدت القاهرة في الأسبوع الماضي مواجهة سياسية ساخنة بين أنصار السلام ومعارضي التطبيع مع إسرائيل، حيث عقد ما يسمى "التحالف الدولي للسلام"، أو ما يعرف بتحالف كوبنهاغن العربي - الإسرائيلي مؤتمره الأول والذي نظمته "جمعية القاهرة للسلام"، بينما قرر حشد من المثقفين المصريين الرافضين للتطبيع عقد مؤتمر كبير يضم ممثلين لمختلف القوى والفعاليات السياسية والاجتماعية والنقابات والمؤسسات المهنية لإفشال التطبيع.

للزمان والمكان دلالاتهما:

كان لمؤيدي مؤتمر التطبيع ومعارضيه آراء مختلفة، ووجهات نظر متباينة، وحاول كل فريق استقطاب الأنصار والمؤيدين والدعاة. ولاشك في أن توقيت هذا المؤتمر، ومكان عقده في العاصمة المصرية يحملان الكثير من المعاني والأهداف والدلالات. فمن الذي قرر بعث هذا التحالف من مرقده الذي انزوى فيه منذ نشأته، وفي هذا الوقت بالذات؟

يبدو أن هذا المؤتمر جاء ليتزامن مع سقوط حكومة "بنيامين نتنياهو" ونجاح "ايهود باراك". وكأن المؤتمر قصد به إيهام العرب بأن عصر "نتنياهو" المتشدد الرافض للسلام قد ولى وانتهى، وأن عصرا جديدا يستهله "باراك" ترفرف عليه أعلام السلام، وها هو "باراك" يقول في حفل أداء اليمين القانونية أمام الكنيست الإسرائيلية في السادس من هذا الشهر* بأنه يدعو الزعماء العرب لإقرار سلام الشجعان، وأن السلام مع الفلسطينيين وسوريا ولبنان مهم بنفس

---

* ١٩٩٩/٧/٦م

الدرجة لإسرائيل. وحينما قدم أسماء حكومته لحزبه قبل أداء اليمين القانونية قال "باراك" بأن السلام سيكون له الأولوية القصوى في عمل الحكومة. ووعد بإنهاء مئة عام من النزاع العربي الإسرائيلي.

ويقول معارضو التطبيع بأن عقد المؤتمر تزامن مع حملة شرسة لأنصار التطبيع تحاول وبقوة اختراق المؤسسات والنقابات الرافضة للتطبيع في مصر، وعلى رأسها نقابة الصحفيين. كما تزامن مع الحملة الدعائية الأمريكية المغرضة ضد مصر بدعوى اضطهاد الأقباط وانتهاك حقوق الإنسان، واتخاذ مواقف متشددة من إسرائيل وتجميد التطبيع معها.

أما لماذا اختار منظمو المؤتمر عقده في القاهرة فذلك يرجع إلى عوامل منها أن مقر الجمعية هو القاهرة واسمها "جمعية القاهرة للسلام"، وكذلك إلى أهمية مصر وثقلها الكبير في الوطن العربي، ولأنها أول قطر عربي عقد سلما مع إسرائيل. وكما يقول "وارن كريستوفر" وزير خارجية الرئيس "بيل كلينتون" في فترة رئاسته الأولى، في كتاب صدر له حديثا وعنوانه "في مجرى التاريخ ... تشكيل السياسة الخارجية لحقبة جديدة" "... وطيلة الحرب البارة لم يحطم حائط الصراع في الشرق الأوسط الذي ساهم السوفييت في تشييده إلا مصر بصنعها السلام مع إسرائيل. وكان الدور الحيوي والشجاع الذي لعبه الرئيس مبارك في التوصل للاتفاق الإسرائيلي الفلسطيني دليلا قويا على شجاعة مصر وبعد نظرها". ويؤكد "كريستوفر" ضرورة انتشار السلام بين شعوب المنطقة، ولا يظل مقصورا على الحكومات. وفي هذا يقول: "يحتاج استقرار السلام الدائم في الشرق الأوسط إلى أكثر من اتفاقيات مبرمة على الورق بين الحكومات، ولابد أن تولد عملية السلام الحقيقية الثقة بين الناس ويفهمونه في مجرى حياتهم، وأن يحسن نوعية معيشتهم، ويمنحهم الأمل في المستقبل".

نحن مع سلام حقيقي عادل:

نحن لسنا ضد السلام، ولا نعادي من يدعو إليه، ولا نمانع عقد المؤتمرات والندوات واللقاءات التي تدعو له وتنشره في المنطقة وفي العالم بأسره. ولا نبالغ

إذا قلنا بأننا من أكثر أمم الأرض وشعوبه احتياجا للسلام وحبا له وتعلقا به، أننا كنا -
ولا زلنا - من أكثر من اكتوى بنيران الحروب وما نجم عنها من قتل وتدمير وتشريد، ولأننا لسنا
المعتدين ولسنا المحتلين لأراضي غيرنا، وإنما نحن المعتدى علينا والذين احتلت أوطاننا،
وصودرت أراضينا، واستبيحت مقدساتنا، وانتهكت حرماتنا، ونحن الذين شردنا من بيوتنا،
وسفكت دماؤنا وأزهقت أرواحنا ودمرت مدننا وقرانا، وأحرقت مزارعنا وأزيلت معالم حضارتنا
وأقيمت المستعمرات على أراضينا. ومع ذلك فإننا نحن العرب - مسلمين ومسيحيين نرحب
بالسلام وندعو إليه ونستجيب له فقرآننا الكريم يقول "وإن جنحوا للسلم فأجنح لها وتوكل
على الله". فهل جنح الإسرائيليون للسلام الحقيقي الذي يعيد الحقوق لأصحابها أن فعلوا
ذلك لا يسعنا إلا الترحيب، ونقول لهم عفى الله عما سبق من أعمال ارتكبتموها على أرضنا
وبحق شعبنا، لأنها اعتداءات على ذواتنا، ونحن وليس غيرنا من يملك هذا الحق وليسامحنا
آباؤنا وأجدادنا إن فرطنا في دمائهم التي سفكت وأرواحهم التي أزهقت والمعاناة التي
تكبدوها في هجرتهم من أوطانهم، ولكن عزاءهم أن السلام الذي قبلناه هو عودة الحقوق
كاملة غير منقوصة، دفعنا ثمنه بتلك الدماء العزيزة والأرواح الغالية الكريمة. أما إذا كان السلام
سيكرس الاحتلال ويتغاضى عن الحقوق، وينكر حق العودة للاجئين الذي نصت عليه جميع
قرارات الأمم المتحدة فإننا آسفون، لأننا لا نملك هذا الحق لأنه يتعلق بالوطن والذي ليس
ملكا لنا وحدنا وإنما ملك للأجيال القادمة أيضا، أنه وقف ذري لا يحق لنا التصرف فيه. فهل
تقبل بهذا السلام جماعات أنصار السلام الإسرائيلية؟ وهل هناك إسرائيلي واحد مستعد
للتضحية من أجل سلام آمن وعادل كهذا؟.

السلام في المفهوم الإسرائيلي

"اوري افنيري" شخصية إسرائيلية معروفة عند الجميع كان رئيسا لتحرير مجلة "هاعولام
هازيه" أي "هذا العالم" سابقا، وهو أحد مؤسسي حركة "كتلة السلام" المنشقة عن حركة "السلام
الآن". ولد "افنيري" في ألمانيا وهاجر إلى

فلسطين وعمره عشر سنوات، وانضم إلى منظمة إرهابية يهودية هي "ارجون تسفاي لؤمي"، وشارك في حرب ١٩٤٨.وقد أثرت فيه تلك الحرب وجعلته يتحول من أقصى اليمين إلى أقصى اليسار، من إرهابي صهيوني لطخ يديه بدماء الفلسطينيين، وقام بترويع الآمنين وتشريدهم من ديارهم، إلى متحمس للسلام يؤيد حقوق الشعب الفلسطيني بما في ذلك حقه في إقامة دولته المستقلة في قطاع غزة والضفة الغربية، وهو من الداعين لجلاء إسرائيل عن القدس الشرقية وهضبة الجولان السورية وجنوب لبنان وتحقيق السلام بين إسرائيل والعرب. وبهذه الآراء المتحررة لقي "افنيري" الترحيب من العرب الذين لم يطلعوا على جميع أفكاره، ولم يعرفوا كل آرائه التي يحاول أن يبني عليها تصوراته للسلام في المنطقة، وهو سلام صهيوني يتميز ببعد النظر يخدم إسرائيل ويحقق الكثير من أهدافها، ويمكنها من العيش في المحيط العربي حاكمة لا محكومة، ومسيطرة على المنطقة، ويدعم بقاءها إلى ما شاء الله. وقد تمكن الدكتور محمد ضيف أستاذ اللغة العبرية بجامعة عين شمس بالقاهرة من كشف حقيقة "افنيري" حينما وجه له أسئلة واضحة وصريحة منها سؤالان هامان أولهما: رأيه في قرار الأمم المتحدة رقم ١٨١ عام ١٩٤٧، والذي ينص على تقسيم فلسطين وإقامة دولتين إحداهما يهودية والثانية عربية. فكان رده بأن ذلك صعب للغاية، لأن تنفيذ هذا القرار يضر بمليون إسرائيلي على الأقل، وأنه لا يقدم الآن حلا، بل يزعزع كيان الدولة اليهودية.

أما السؤال الثاني فكان عن رأيه في عودة اللاجئين الفلسطينيين إلى الدولة الفلسطينية عندما تقوم. فكان رده بأن هذا الأمر مستحيل، ولا يمكن تحقيقه لأنه غير منطقي. فرد عليه الدكتور محمد ضيف قائلا: و"هل من المنطق أن تفتح إسرائيل أبوابها على مصراعيها أمام المهاجرين اليهود في كل أنحاء العالم وتقدم لهم كل التسهيلات اللازمة لاستيعابهم في الدولة اليهودية بينما ترفض فتح أبواب الدولة الفلسطينية لعودة اللاجئين الفلسطينيين الذين طردوا من ديارهم أو هربوا تحت ضغط وأهوال الحروب الإسرائيلية العربية؟. أي نوع من المنطق هذا الذي تستند إليه في رفض عودة اللاجئين الفلسطينيين إلى الدولة حين تقوم؟ فكان رد "افنيري"

بأن عودة اللاجئين الفلسطينيين إلى الدولة الفلسطينية ستكون خطرا على أمن إسرائيل. وفي اعتقاده بأن من الممكن أن تساهم إسرائيل في حل مشكلة اللاجئين باستيعاب عدد منهم في جنوب البلاد، في النقب، لأنها منطقة غير مأهولة.

ويعلق الدكتور محمد ضيف على إجابة "افنيري" بقوله: "لكن رويدا رويدا تكشفت لي توجهات كتلة السلام الإسرائيلية .. وأدركت أن السلام الذي يدعو له "افنيري" بين إسرائيل والفلسطينيين سلام من نوع آخر .. سلام على الطريقة الصهيونية .."، ويختتم تعليقه بقوله: "فأي نوع من السلام هذا الذي يروجون له الآن في ديارنا وبين ظهرانينا؟ أليس سلاما صهيونيا يعني فرض مقترحات وحلول صهيونية على المفاوض العربي؟ ... ومثل هذا السلام لا يمكن أن يكون سلاما عادلا ودائما".

نعم أيها الأخ الدكتور محمد ضيف يا ابن الكنانة الأبي، أنه ليس سلاما كما يريده أمثالك من أحرار العرب، إنه سلام يفرضه القوي على الضعيف أو أن شئت فقل أنه استسلام. ولكن هل بإمكاننا صنع سلام عادل يعيد لنا حقوقنا المغتصبة بعد أن أسقطنا خيار الحرب؟. ونجيب عن هذا التساؤل قائلين. نعم نستطيع صنع سلام عادل على الطريقة العربية لو وحدنا صفوفنا، واجتمعنا على كلمة سواء، واعددنا كل ما نستطيع إعداده من قوة نرهب بها خصمنا، ونعيد التوازن لصالحنا "وأعدوا لهم ما استطعتم من قوة ومن رباط الخيل ترهبون به عدو الله وعدوكم". صدق الله العظيم.

صهيونية ما بعد الصهيونية

لقد أصبح الإنسان في هذا العصر المسمى "عصر المعلوماتية" أو "ثورة المعلومات" غير قادر على متابعة التطورات العلمية الهائلة. وقد أصبحت وسائل نقل المعلومات وبخاصة الشبكة المسماة "إنترنت" عاجزة عن حمل هذا الكم الهائل من المعلومات والمعارف ولذلك فنحن على وشك دخول عصر "ما بعد الإنترنت" أو ما يسمى "طريق المعلومات السريع".

إن مصطلح الـ "ما بعد" يطبق على الكثير من الأيديولوجيات والنظريات التي سادت العالم لفترة طويلة من الزمن مثل "الرأسمالية" و"الاشتراكية" فأصبحنا نسمع بما يسمى "ما بعد الرأسمالية والاشتراكية" أو ما يسمى بالطريق الثالث.

إن إضافة "ما بعد" لأي نظرية أو مفهوم أو مصطلح معناه أن الشيء وصل إلى مرحلة استوفى فيها أهدافه وحقق أغراضه، واستنفد مقوماته التي قام عليها وانطلق منها، وأنه دخل في مرحلة جديدة تتطلب البحث عن أسس ومقومات ومنطلقات أخرى قادرة على تطوير أهداف وغايات تنسجم مع التطورات والتغيرات التي فرضتها المستجدات المحلية والعالمية.

ويبد أن الـ "ما بعد" هذه تستخدم اليوم في "الصهيونية"، إذ أصبحنا نسمع عما يسمى "ما بعد الصهيونية". وقد ظهرت كتب تحمل هذا العنوان. وقد ظن بعض الذين سمعوا بهذه التسمية بأن الصهيونية قد انتهت، وأن اليهود قد تخلوا عن صهيونيتهم، وأنهم ليسوا بحاجة لها وبخاصة بعد أن حقق المشروع الصهيوني أهدافه وغاياته بإنشاء إسرائيل التي أصبحت أكبر قوة في المنطقة وتحظى بوزن دولي كبير وتساهم في صنع السياسة العالمية وصياغتها. وفي هذا المقال سنحاول تحليل هذا الإدعاء لنطلع على حقيقة ومدى صحته بإلقاء الضوء على ماهية "ما بعد الصهيونية" التي أطلقها كتاب يهود وصهاينة، ويربطون بينها وبين السلام.

تؤكد كثير من المراجع العلمية بأن الصحفي النمساوي الأصل واليهودي العقيدة والتفكير "ناثان برنباوم" (١٨٦٣ - ١٩٣٧) كان أو من ابتكر أو استخدم كلمة "الصهيونية" للدلالة على حركة هدفها تجميع اليهود في أرض فلسطين. ومن المعلوم بأن "صهيون" كلمة كنعانية أطلقت على الجبل الجنوبي الغربي من القدس والذي دفن فيه فيما بعد داود عليه السلام ولذلك يسمى أحيانا جبل داود.

وهناك اعتقاد عند اليهود مفاده بأن المسيح المخلص سيأتي في آخر الزمان ليقود شعبه إلى أرض الميعاد "فلسطين"، ويحكم العالم من جبل صهيون. وقد حول اليهود هذا المعتقد الديني إلى برنامج سياسي. ويعارض الصهاينة المتدينون هذا الاعتقاد ولكنهم يؤمنون بمقولة الشعب المختار وعودته اللازمة إلى أرض الميعاد. وهذا المسيح المخلص ليس المسيح الذي آمن به المسيحيون والذي هو في نظر اليهود دجال، وإنما هو مسيح يهودي من نسل داود الذي يعود نسبة إلى يهوذابن يعقوب عليه السلام.

لقد أدرك الصهاينة ومعظمهم علمانيون أهمية الدين في جذب اليهود إلى الصهيونية بهدف إقامة دولة يهودية في فلسطين وهو هدف كان يراود اليهود من قديم الزمان معتمدين - كما قلنا - على مقولة الشعب المختار وأرض الميعاد. وهما مقولتان استمدهما اليهود من التوراة. وقد أضفى الحاخام "موشيه نخمان" الملقب "رمبان" "١١٩٤ - ١٢٧٠م" في تفسيره للتوراة طابعا من القداسة على أرض فلسطين، واعتبر أنها مركز العالم وأن "اورشليم" هي المركز والقلب لإسرائيل، وأن هذه الأرض هي المكان الوحيد والمناسب لتأدية الوصايا المنصوص عليها في التوراة, وفيها يصل اليهودي إلى قمة كماله، وأن الاستيطان في أرض إسرائيل واجب ديني، وأن هذا الاستيطان يوازي كل فروض التوراة.

وإذا كان "رمبان" لم يستخدم كلمة "صهيونية" إلا أننا نعتبره المؤسس لمرحلة ما قبل الصهيونية لأنه وضع الأسس الدينية والمرتكزات العقائدية

للمنطلقات والأهداف التي قامت عليها الصهيونية بأبعادها الدينيـة والسياسـية التـي تبلورت في القرن التاسع عشر حين رفع لواءها "ثيودور هرتسل" المتوفى في عام ١٩٠٤، ووجـدت الأجواء المناسبة لتنفيذ مخططاتها في هذا القرن.

الصهيونية كفكرة من حيث الجوهر مفادها مناشدة اليهود كي يعـودوا إلى مـا يسـمى "أرض إسرائيل". وهي مقولة توراتية ولكنها في الوقت نفسه تعـبر عـن حركـة سياسـية تبلـورت حول مفهوم قومي مستمد من بيئة أوروبية شهدت في القرن التاسع عشر ظهـور العديـد مـن القوميات التي تتطلع على توسيع حدودها ومد سلطانها لتسيطر عـلى أقطـار وشـعوب خـارج نطاقها. وإذا كانـت الحركـات القوميـة الأوروبيـة قـد اعتمـدت عـلى مقومـات عرقيـة وتراثيـة وحضارية وتاريخية فإن الصهيونية لا تنسجم مع هذا التوجه لأن اليهـود المنتشريـن في جميـع أنحاء العالم لا يشكلون قومية واحدة وإنما ينتمـون إلى العديـد مـن القوميـات ولا يـربطهم إلا العقيدة الواحدة.

أوج الصهيونية

لقد حققت الصهيونية الكثير من النجاحات لعل من أهمها عقد أول مؤتمر صـهيوني في بازل بسويسرا عام ١٨٩٧ حيث اتفق على إقامة دولة يهودية في فلسطين. وتحقق النجاح الثاني الهام بعد حصول الصهاينة على وعد بلفور في الثاني من شـهر تشريـن الثـاني عـام ١٩١٧. وجـاء النجاح الثالث حينما تمكنوا من جعـل بريطانيـا دولـة منتدبـة عـلى فلسـطين وتعيـين هربـرت صموئيل - وهو يهودي بريطاني ومن غلاة الصهاينة - مندوبا ساميا على فلسـطين. أمـا النجـاح الرابع فقط تحقق بإعلان إسرائيل رسميا في ليلة الخامس عشر من شهر أيار عـام ١٩٤٨. وبعـد هذا التاريخ بدأت إسرائيل بتوسيع حدودها غير المعلنة والتـي أريـد لهـا أن لا تكـون محـددة. ونتيجة لحرب الخامس من حزيران عام ١٩٦٧ استولت إسرائيل على جميع الأراضي الفلسطينية وعلى أراض عربية أخرى مما جعل الصهيونية تصل الأوج وتعيش عصرهـا الـذهبي. وكـان مـن نتائج هذا النجاح الكبير بداية ظهور خطاب ديني جديد عند اليهود يعزو الانتصـار في الحـرب إلى معجزة إلهية ساندت

شعب الله المختار في صعود نجم دولته. ولذلك شهدت هذه الفترة ظهور كثير من الأحزاب الدينية، وزيادة نفوذها وسلطاتها وانكماش الأحزاب العلمانية، وهبوط شعبية حزب العمل الذي قاد إسرائيل منذ إنشائها في عام ١٩٤٨.

ويرى بعض كتاب اليهود ومفكريهم بأن الخط البياني للأحزاب الدينية في إسرائيل لن يشهد مزيدا من الصعود، فقد وصل إلى منتهاه وبلغ حده الأقصى، وأن المؤشرات تدل على أنه مرشح للهبوط، ولذلك فإن الصهيونية كمرحلة قد انتهت وأن مرحلة ما بعد الصهيونية قد بدأت.

خصائص ما بعد الصهيونية وملامحها

إذا كانت الصهيونية قد ارتكزت على دعاوى دينية ومزاعم توراتية وحاولت اختلاق قومية لا مقومات لها انثروبولوجيا ولا أسس تاريخية وحضارية فما هي مرتكزات "ما بعد الصهيونية" ومنطلقاتها؟.

إن من أهم ما ينادي به دعاة ما يسمى "ما بعد الصهيونية" صرف النظر عن تلك الدعاوى الدينية والمزاعم التوراتية على اعتبار أن الصهيونية تجاوزتها واستنفدت أغراضها وأهدافها منها، فإسرائيل أصبحت حقيقة وقائمة على أرض الواقع ولا أحد يستطيع تجاهلها وقد اعترف بها العرب وقبلوا العيش والتعامل معها، ولم تعد تخشاهم بل هم الذين يخشون منها ويمدون أيدهم طالبين عقد معاهدات سلام معها.

لقد أصبحت إسرائيل اليوم دولة لجميع يهود العالم وهم في حاجة إليها أكثر مما هي في حاجة إليهم فمن شاء القدوم والاستقرار فيها فعلى الرحب والسعة، ومن لم يستطع فستظل إسرائيل السند القوي لجميع يهود العالم والحامي والمدافع عن مصالحهم وقضاياهم.

ويمثل ما تستغني الصهيونية في هذه المرحلة عن المزاعم الدينية التي كانت تدغدغ بها مشاعر اليهود وعواطفهم فإنها لم تعد بحاجة اليوم إلى الضرب على وتر قومية تعلم أنها زائفة تستعين بها في تجميع يهود العالم وتوهمهم بأنهم

ينتمون إلى قومية واحدة، فالتجمع اليهودي الـذي حـدث عـلى أرض الواقـع والمصالح والمنافع المتبادلة أصبحت قواسم مشتركة صهرت مـع مـرور الأيـام والسـنين أشتات اليهود في البوتقة الإسرائيلية على نحو ما حدث في الولايات المتحدة الأمريكية التـي تضم أصولا وأعراقا مختلفة وحضارات وثقافات متباينة إلا أن الجميع انصهر في البوتقة الأمريكية.

على ضوء ما سبق فإن خطاب ما بعد الصهيونية سيكون ولا شـك مختلفـا في توجهاتـه ومنطلقاته، وأن ملامحه العامة وقسمات وجهه ستكون علمانية أكثر منها دينية، وأن مظاهره سياسـية واقتصـادية أكثر منهـا عقائديـة تسـتدعي انفتاحـا يهوديـا، يحقـق المصـالح والمنـافع الإسرائيلية، والتي لا يمكن إنجازها إلا بتعديل الفكر الصهيوني الـذي ينـادي بإسرائيل الكبرى جغرافيا من النيل إلى الفرات ليتمسك بشعار جديد وهو إسرائيل العظمى اقتصاديا وسياسيا وعسكريا وهو ما بشر به "شيمون بيريز" في كتابه "الشرق الأوسط الجديد" والصادر في ترجمته العربية عام ١٩٩٤، والذي حاول فيه رسم صورة لنظام إقليمـي جديد تمسك إسرائيل بزمـام القيادة فيه.

ولعل من أهم ملامح ما بعد الصهيونية محاربـة كل مـا يمكن أن يشكل خطرا عـلى إسرائيل في المستقبل. وهو خطر تراه قائما مـا بقيت العروبة أمـلا يسعى العـرب إلى تحقيقه بالوحدة، وما دام الإسلام الـدين الـذي يحـث المسلمين عـلى مقاومـة الجـور والظلـم والعـدوان وإقامة دولة الحق والإيمان. ولذلك فإن التركيز سيكون على تشكيك العرب في قوميتهم حتـى يعتقدوا بأنها دعوة وهمية وحركة خيالية، وأن الجماعـات الإسلامية تشكل خطرا عـلى أمـن المنطقة واستقرار العالم.

مما سبق ندرك بأن مرحلة ما بعد الصهيونية أشد خطرا علينـا مـن الصهيونية نفسـها، إنها ولا شك صهيونية ما بعد الصهيونية لأنها تحتفظ بالجوهر نفسه ولا يتغير فيها إلا الشكل والأسلوب.

إعادة كتابة تاريخ الصراع العربي - الإسرائيلي فكرة صهيونية فاحذروها

في بلادنا العربية ترتفع بعض الأصوات في هذه الأيام مطالبة بإعادة كتابة تاريخ الصراع العربي - الإسرائيلي وبخاصة بعد أن دخل العرب عصر السلام مع إسرائيل، وليس من المنطق أن يظل هذا التاريخ حافلا بالكثير من الروايات التي تؤجج نيران الكره والحقد والبغض بيننا وبين الإسرائيليين الذين ينبغي علينا التعاون معهم في إرساء قواعد متينة للسلام وبناء شرق أوسط جديد يساعد على النهوض بمجتمعاتنا وتنمية بلداننا وتطويرها لتحتل مكانها اللائق بين الأمم الحية والناهضة.

(١)

وقبل أن نناقش فكرة إعادة كتابة التاريخ علميا وموضوعيا نتساءل عن مصدرها؟ ومن يقف وراءها ويدعمها؟ وما أهدافها وأغراضها؟ ولماذا تطرح الآن؟

إن الفكرة من أساسها ليست عربية وإنما هي استجابة لدعوة صهيونية أطلقها الإسرائيليون. وقد بدأ الجانب الإسرائيلي بتطبيقها بعد حرب يوم الغفران في تشرين الأول عام ١٩٧٣م بعد أن تبين لعدد من المؤرخين الإسرائيليين الشباب آنذاك أمثال "بني موريس"، و"ايلان بابيه" و"توم سجيف" بأن انتصار إسرائيل على العرب في حرب الخامس من حزيران عام ١٩٦٧م لم يمنحها الأمن الذي كانت تطلبه، وأن ترسانة الأسلحة المتقدمة لم توفر لمواطنيها الأمان والاستقرار والسلام الذي ننشده. وكما يقول أحمد بهاء الدين شعبان في كتابه "ما بعد الصهيونية وأكذوبة حركة السلام في إسرائيل "،والصادر عن ميريت للنشر والمعلومات بالقاهرة عام ١٩٩٩: "فالدولة التي بنيت عنوة، وفرضت فرضا على الواقع المعادي المحيط، وقطعت شوطا مرموقا على مدارج التطور العلمي والنمو الاقتصادي، وأعدت جيشا جرارا مدججا بأحدث الأسلحة وتحصنت - وحدها في المنطقة - بجدار الدرع النووي، وتحدت بغطرسة - غير مسبوقة - العالم

وشرعياته، باتت عاجزة عن أن تلم شتاتها الممزق، أو أن تحمي بيتها الداخلي من التداعي .. ويبدو بناء الدولة للمدققين ولعديد من المحللين هشا مهددا بالانهيار ، وتطرح فيه - وربما لأول مرة - أسئلة مثل من نحن؟ ومن أين أتينا؟ وإلى أين نذهب؟".

وهذه الأسئلة وغيرها التي طرحت عقب غزو إسرائيل للبنان في عام ١٩٨٢م وبعد الانتفاضة الفلسطينية الباسلة التي اندلعت في كانون الأول عام ١٩٨٧م كانت تتركز حول حقيقة التاريخ الذي روته المصادر الرسمية الإسرائيلية عن نشأة الدولة العبرية وحروبها مع العرب وسلوكياتها مع الفلسطينيين حيث بدأ للمؤرخين الإسرائيليين الجدد بأن هذا التاريخ كان مزيفا، والأهم من هذا كله أن "أرض إسرائيل" لم تكن أرضا بلا صاحب تنتظر "شعبا بلا أرض" على النحو الذي صوره "الآباء المؤسسون" ودارت به الدعاية الصهيونية على مر العقود، وأن عرب فلسطين لم يخرجوا طوعا من وطنهم أو استجابة لنداء زعمائهم وقادتهم كما يزعم الإسرائيليون الرسميون وإنما طردوا منها طردا بالإرهاب وبقوة السلاح وبعد ارتكاب العديد من المجازر.

وفي أثناء اللقاءات التي تمت بين جماعات "التحالف الدولي العربي الإسرائيلي من أجل السلام" والتي تعرف باسم جماعة "كوبنهاجن" أو جمعية القاهرة للسلام، طالب بعض الإسرائيليين نظراءهم العرب بإعادة النظر في الروايات التاريخية العربية لما جرى في فلسطين على نحو ما فعل المؤرخون الجدد الإسرائيليون. ويبدو أنهم وجدوا الاستجابة فقد ظهر في العام الماضي كتاب لمؤلف مغمور اسمه أمين المهدي لم نسمع به من قبل وعنوانه "أزمة الديمقراطية والسلام" وقدمه الدكتور سعد الدين إبراهيم وكال له المديح على اعتبار أنه الكتاب الأكثر جرأة خلال الربع الأخير من القرن الماضي وأن مؤلفه كان شجاعا وصريحا ومبدعا.

وتتلخص طروحات المؤلف بأن السبب الأساسي لسوء إدارة العرب في صراعهم مع إسرائيل هو نتيجة غياب الديمقراطية في العالم العربي، مما أدى إلى

توالي الهزائم العربية، وأن المستفيد الأول من استمرار الصراع يتمثل في الدكتاتورية العربية من جانب، والعسكرية الإسرائيلية من جانب آخر، وأن غياب الديمقراطية في الوطن العربي أدت في الوقت نفسه إلى تخلف اجتماعي وتدهور اقتصادي، ويخلص "أمين المهدي" إلى أن استمرار النظم المستبدة في العالم العربي وبأشخاص بعينهم، ولفترات طويلة بأكثر مما يحدث في أي مكان آخر من العالم، وفي منطقة تفيض بالفقر والإرهاب والتوترات السياسية والاثنية والعسكرية، إنما يعكس "ثقافة رسمية رديئة للطغيان" وما كان لهذه الثقافة أن تتجذر وتنمو إلا بوساطة تصنيع "مثقف رسمي قبيح أو كلب حراسة "بديولوجي" غير قادر على الاستفهام، وتوجيه الأسئلة، وعاجز عن الحوار، ولكنه مقاتل عنيد ضد الحقيقة، وضد الحرية، وضد الديمقراطية، ويثابر على قراءة متعسفة أحادية الجانب دون رؤية نقدية من أي نوع.

(٢)

إن هذا الكلام الذي يقوله "أمين المهدي" ربما يلقى الترحيب من الكثيرين وقد يوافقه عليه عديدون، إلا أنه كان بمثابة الطعم يمهد لما بعده من أفكار وطروحات يريد بثها وترويجها بين الناس. ففي المقالات التي كتبها في جريدة الحياة والتي طالب فيها بمراجعة تاريخ الصراع العربي - الإسرائيلي وإعادة كتابته وقد جاء بعضها على شكل عناوين منها: "الصراع العربي - الإسرائيلي: حرب العرب الحقيقية كانت ضد الحرية والحداثة" و"كيف ساعدت الفاشية العربية الصهيونية؟" و"معالم موحدة في جبهتين: صراع المحاربين والمسالمين في الجانبين العربي والإسرائيلي".

ويحرص "أمين المهدي" في مقالاته على الابتعاد عن الروايات العربية للصراع العربي - الإسرائيلي لتشككه في صحتها - كما يبدو - ويصر على كتابة وجهة النظر الإسرائيلية الصهيونية ومفادها بأن المشروع الصهيوني مشروع المؤسسات الحديثة، وأنه يمثل التجربة والخبرة الديمقراطية للنخبة الإسرائيلية صبغت في إطار قومي جاءت بها الصهيونية التي تعبر عن ايديولوجية خلاصية شعبية، وقد نفذت أهدافها بطرق وأساليب علمية عقلانية ومعتمدة على

مؤسسات ديمقراطية، في حين كان المجتمع الفلسطيني عشائريا وقياداته تقليدية وغير قادرة على بناء مؤسسات شعبية تقود الصراع.

ولم يشعر "أمين المهدي" بالخجل وهو يردد مزاعم إسرائيلية أطلقها قادة إسرائيل وحكامها أمثال "بن غوريون" و"ليفي اشكول" و"غولدا مائير" وفندها ونفاها كما سبق وقلنا المؤرخون الإسرائيليون الجدد ومفادها بأن الفلسطينيين كان قد سيطر عليهم وهم بثته وسائل الإعلام العربية بأن الرحيل مؤقت. ومن المعلوم أن الكاتب الإسرائيلي "بني موريس" أثبت كذب هذا الإدعاء منذ نحو خمسة عشر عاما، ولكن أمين المهدي يتجاهل هذا التكذيب ويصر على سرد مزاعم الإسرائيليين الرسميين.

وإذا كنا لا نعارض المهدي في وصفه المجتمع الإسرائيلي بالحداثة وبتطبيق الديمقراطية إلا أن الحداثة لا تبرر احتلال أرض الغير بالقوة وطرد سكانها الأصليين منها وإنكار حق العودة عنهم، وهو حق نصت عليه قرارات الأمم المتحدة بدءا بالقرار رقم ١٩٤ لعام ١٩٤٨م، وكفلته جميع الشرائع والقوانين الدولية.

أما بالنسبة للديمقراطية الإسرائيلية، التي انبهر بها "أمين المهدي" وأمثاله فهي ديمقراطية ناقصة لأنها لا تشمل الفلسطينيين الذين يعيشون في "إسرائيل" ويحملون الجنسية الإسرائيلية. والمجتمع الإسرائيلي عنصري متطرف يحلل لليهود كل شيء ويحرم غير اليهود "الاغيار" والذين يطلق عليهم "الغوييم" من كل شيء. ومن شاء أن يطلع على العنصرية اليهودية والتمييز العنصري في أدق تفاصيله وأبشع صوره وأشكاله فليقرأ كتاب البروفيسور الإسرائيلي "إسرائيل شاحاك" وعنوانه: "الديانة اليهودية وتاريخ اليهود" والذي ترجم إلى العربية وطبع خمس طبعات كان آخرها في عام ١٩٩٩م.

(٣)

نحن لسنا ضد مراجعة التاريخ ولا نعارض إعادة كتابته فالأمم والشعوب الحية تعيد النظر في تاريخها وبشكل مستمر على ضوء التطورات والمستجدات

المحلية والدولية كالمكتشفات الأثرية بالنسبة للتاريخ القديم، ونشر الوثائق السرية بالنسبة للتاريخ الحديث والمعاصر أو ظهور مناهج جديدة يتم على ضوئها تقييم الأحداث والروايات التاريخية ومثل هذه الأعمال يطلق عليها تدقيق التاريخ وتمحيصه بغية الوصول إلى الحقيقة. ولكن ما ينادي به الذين تشبهوا بأساتذتهم الصهاينة وأطلقوا على أنفسهم مصطلح "المؤرخون العرب الجدد" هو تزوير التاريخ لصالح الحركة الصهيونية وطمس جرائم الحركة الصهيونية بحق العرب واغتصابها لأرضهم وتشريدها من أوطانهم، إنهم يريدون محو ذاكرة الأجيال العربية عن حقيقة الصراع العربي - الإسرائيلي، وإحلال ذاكرة بديلة تردد المزاعم والأباطيل الصهيونية التي نجح الصهاينة في زرعها بأذهان الغرب المتصهين، في حين يصر الإسرائيليون على ترويج فكرة المذابح والمحارق الوهمية أو المبالغ فيها في العالم، والويل كل الويل لمن يطعن فيها أو يشك في صحتها والأمثلة على ذلك كثيرة لعل من أهمها ما حدث للمفكر الفرنسي المعروف "روجيه جارودي" والمؤرخ البريطاني "ايرفنج".

وإذا كنا نسمع عن مصطلح شاع في الغرب وهو "المسيحيون المتصهينون" والذي يطلق على الجماعات المسيحية الغربية التي تبنت الأفكار الصهيونية وتحمست لقيام إسرائيل فإن خير مصطلح نطلقه على الكتاب العرب الذين يتبنون الأفكار والآراء الصهيونية هو مصطلح "العرب المتصهينون" والذين هم أخطر علينا من الصهاينة لأنهم عرب مثلنا ويعيشون بيننا وينفثون سمومهم في مجتمعاتنا ويسوقون علينا بضاعة فاسدة وأباطيل ومزاعم وأكاذيب فشل أساتذتهم الصهاينة في تسويقها من قبلهم علينا. إن هؤلاء وأمثالهم ينشرون الفساد، ويضللون العباد بإدعائهم الإصلاح، وفيهم قال الله سبحانه وتعالى: "وإذا قيل لهم لا تفسدوا في الأرض قالوا إنما نحن مصلحون. إلا أنهم هو المفسدون ولكن لا يشعرون"، صدق الله العظيم - البقرة ١٠، ١١".

الصفقة الخاسرة في مقايضة تدريس المحرقة بشعر المقاومة

كتبت في المقال السابق عن موضوع دعوة بعض كتاب ومؤرخين أدعياء طالبوا بإعادة كتابة تاريخ الصراع العربي - الإسرائيلي بحيث يحذف كل ما لا يعجب إسرائيل وتعتبره مهيجا للنفوس، وتفسره بأنه يهدد السلام، وقلت فيه بأنه إذا أراد العرب السلام مع إسرائيل- كما يقول الإسرائيليون - فإن عليهم تغيير هذا التاريخ ليتم محو كل ما يذكر الفلسطينيين والعرب باحتلال الصهاينة لأرضهم، وإن يعتبروا هذا الاحتلال عودة مشروعة إلى أرض الميعاد التي يزعمون بأن الله وهبها لليهود ووعدهم بها.

وفي مقال آخر تناولت فيه أخطار التطبيع الثقافي مع إسرائيل على ضوء فهمها له. ومن ضمن ما قلت بأنهم سيطلبون منا تدريس المذابح والمحارق "الهولوكوست" التي يزعمون بأن ألمانيا النازية ارتكبتها ضد اليهود أثناء الحرب العالمية الثانية حينما كان "أدولف هتلر" على رأس السلطة في ألمانيا وراح ضحيتها نحو ستة ملايين يهودي.

لم تمض على كتابة مقالي ذاك بضعة أيام حتى نشرت صحيفة "السبيل" الأردنية في عددها ٣٣٠ بتاريخ ٢٠٠٠/٤/١٨ خبرا مثيرا يدعو إلى الاستغراب والاستهجان - وربما التشكك - يقول : "كشفت مصادر فلسطينية أن مسؤولا كبيرا في وزارة التخطيط والتعاون الدولي في السلطة الوطنية الفلسطينية أعطى الحكومة الإسرائيلية موافقة مبدئية على إدراج موضوع "المحرقة" ضمن المناهج الفلسطينية التي تدرس في الضفة الغربية وقطاع غزة، وأنه تم تشكيل لجنة مكونة من وزارتي التربية والتعليم، والتخطيط والتعاون الدولي لدراسة إمكانية إدراج هذا الموضوع في المناهج الفلسطينية. وقالت المصادر أن .. وكيل وزارة التخطيط والتعاون الدولي أبلغ وزير التعليم الإسرائيلي "يوسي ساريد" خلال مشاركتهما على رأس وفدين إسرائيلي وفلسطيني إلى جانب وفود عربية أخرى في مؤتمر حول

"ترسيخ السلام من خلال التعليم" بمشاركة شبان فلسطينيين وعرب وإسرائيليين في نيقوسيا "بقبرص" بخطة السلطة الوطنية المقترحة لإدراج موضوع المحرقة في المناهج الفلسطينية".

لقد صدمت كما صدم الكثيرون من سماع هذا البنا وتشككت في صحته إذ كيف يصدر عن مسؤول فلسطيني كبير مثل هذا التصريح؟ وكيف تسمح السلطة الوطنية الفلسطينية بأعمال كهذه في وقت عانى - ولا يزال يعاني - شعبنا الفلسطيني ومعه الأمة العربية من جرائم ومذابح ومحارق وجميع أشكال الأعمال الإرهابية التي مارسها، ويمارسها الصهاينة في فلسطين والبلاد العربية ؟ وفي الوقت نفسه تصر إسرائيل على الاستمرار في تطبيق سياستها بالضغط على الفلسطينيين اجتماعيا واقتصاديا وسياسيا وعسكريا وأمنيا لتجبرهم على النزوح من أرضهم، وتحرمهم من أبسط حقوق الإنسان. ومنها حق العودة إلى الوطن، في حين تصدر إسرائيل القوانين التي تعطي الحق لأي يهودي في العالم بالهجرة إلى فلسطين، وتمنحه الجنسية الإسرائيلية بمجرد دخوله البلاد.

إن صح الخبر فإن ما يدعو إليه هذا المسؤول الفلسطيني الكبير أكثر من تطبيع ثقافي، وأكبر من عملية إعادة كتابة تاريخ الصرع العربي - الإسرائيلي التي يدعو له اليوم كتاب يقولون بأنهم من دعاة السلام، وقلنا عنهم في مقال سابق بأنهم استجابوا لدعوة من أساتذتهم الصهاينة الذين أطلقوا على أنفسهم "المؤرخون الجدد"، وادعوا بأنهم يمثلون مرحلة ما بعد الصهيونية التي إنخدع بها بعض السذج والبسطاء منا معتقدين بأن هؤلاء المؤرخين الجدد من اليهود قد تخلوا عن صهيونيتهم. وتقليدا لأساتذتهم الصهاينة أطلق الكتاب العرب المنادون بإعادة كتابة التاريخ على أنفسهم "المؤرخون العرب الجدد" وهم لا يمتون إلى التاريخ بصلة ولا يعرفون أصوله ومناهجه ولا حتى حقائقه . ولكن نظرا لخطورة طروحاتهم المشبوهة التي تخدم الأهداف الصهيونية فقد قلنا عنهم بأنهم عرب متصهينون.

وإذا كان لهؤلاء الكتاب العرب المتصهينين أطماعهم الشخصية ومنافعهم الذاتية فما هي أهداف المسؤولين في السلطة الوطنية الفلسطينية في الإقدام على أعمال كهذه تلحق بالقضية الفلسطينية ضررا فادحا، في وقت يطالب فيه شعبنا الفلسطيني بحقوقه كاملة ولم يحصل منها على شي يستحق الذكر .!!

إن تصريحات وأعمالا كهذه لا تضع المسؤول الفلسطيني الكبير وحده في دائرة الشك والاتهام وإنما تطال مسؤولين آخرين إن لم يكذبوا أو ينفوا صحة هذا الخبر الذي مضى عليه أكثر من أسبوعين وهي مدة تكفي للنفي أو التكذيب أو حتى التنصل منه. ونحن لا نعتقد بأن هذا المسؤول صرح بذلك دون علم رؤسائه وبخاصة رئيسه المباشر وزير التخطيط والتعاون الدولي ... لابد أنه أخذ الموافقة أو الضوء الأخضر من المسؤولين في السلطة الوطنية الفلسطينية ليدلي بتصريح خطير كهذا يكشف عن عمل في غاية الخطورة له أبعاده وانعكاساته في الحاضر والمستقبل. وإلا كيف تبقى السلطة على هذا المسؤول الكبير وأمثاله الذين أقل ما نقول في وصفهم بأنهم فلسطينيون متصهينون وهم أخطر علينا من الصهاينة اليهود والذين ينفذون مخططاتهم لخدمة بني جلدتهم. أما هؤلاء المتصهينون من بني جلدتنا، ومن أبناء شعبنا، ومن رجال سلطتنا الذين يفترض فيهم أنهم يدافعون عن حقوق أمتهم، ويناضلون في سبيل حرية شعبهم وكرامته فما كنا نتوقع أن تصل بهم الاستهانة بأمتهم إلى هذا الحد، وأن ينزلوا إلى هذا الانحطاط الذي أوصلا فيه شعبهم إلى منتهى الذل والهوان، وجعلوا العرب يوجهون للفلسطينيين أقسى التهم، وأنهم فرطوا في وطنهم، وتنازلوا للعدو عن حقوقهم بعد أن كانوا يتهمون دولا عربية بأنها سبب نكبتهم وبلائهم ومعاناتهم وضياع بلادهم. نحن لا نفترض حسن النية في هذا المسؤول الفلسطيني الكبير. ولا نشك في أنه كان يجهل بخطورة ما قام به من قول وعمل. فلو كان ساذجا لما استحق أن يكون في هذا المنصب الرفيع، وفي هذا الموقع الخطير وحتى لو كان تصرف بنية حسنة لانطبق عليه المثل المعروف، "إن كنت تدري فتلك مصيبة، وإن كنت لا تدري فالمصيبة أعظم". وقد نتساءل ونقول : هل جاءت دعوة المسؤول الفلسطيني الكبير استجابة لنداء من يوسي ساريد ؟.

إن كان الأمر كذلك فإن "ساريد" يكون قد فاز بصفقة لم يكن يحلم بها من قبل لقاء عظمة ألقاها لهذا المسؤول الفلسطيني الذي ظن أن سيده أكرمه وقربه إليه وخصه بشيء مهم ليوقعوه في فخ الصهاينة، ويصبح من أبواقهم الداعية المنادية بعد أن صم أذنيه، وأغمض عينيه، وعطل عقله وأوقف وعيه، ولم يعد يدري ما يدور ويجري في العالم من أحداث في هذه الأيام، حيث يبذل الصهاينة جهودا مكثفة ومساعي حثيثة من أجل تثبيت مزاعم المحرقة في أذهان شعوب العالم وإصرارهم على إدخالها في المطبوعات والمنشورات التاريخية، وفي الكتب المدرسية لتظل ثابتة في الوعي ، وراسخة في الذاكرة،وحية في أذهان الناشئة.

ألم يسمع هذا المسؤول الفلسطيني الكبير وأمثاله في السلطة عن الاتهامات التي دبرها ولا زال يدبرها الصهاينة لجميع الكتاب والمفكرين والمؤرخين الذين حاولوا نفي مزاعم المحرقة، أو شككوا فيها، أو قللوا من عدد ضحاياها ؟ ألم يشاركنا ويشارك الكثيرون من أبناء أمتنا وشعبنا في الرثاء لأحوال دول كبرى وأمم عظمى نراها اليوم ترضى بمثل هذا الابتزاز الصهيوني، وتقبل على نفسها بهذا التسلط الإسرائيلي على سياستها الخارجية والداخلية ؟ إنه تسلط ونفوذ لم يسبق له مثيل مما جعلنا نطلق على هذه الحقبة الزمنية التي يعيشها العالم اليوم بالحقبة اليهودية أو العصر اليهودي الذي أصبح فيه النفوذ الصهيوني طاغيا على العالم كله. وأصبحت جميع الدول تخطب ود إسرائيل، وتطلب حبها، وتستجدي رضاها.

إن صراعنا مع إسرائيل لم ينته، ولن ينتهي ما دام الإسرائيليون يحتلون أوطاننا ويستبيحون مقدساتنا، ويستعبدون شعبنا، ويدنسون أرضنا، فمعاهدات السلام التي وقعتها دول عربية مع إسرائيل لم تحسم الصراع، وإنما أوقفته إلى حين، ورحلته إلى المستقبل لتقول فيه الأجيال القادمة كلمتها، وتتحمل مسؤوليتها. فما بال هذا المسؤول الفلسطيني لا يضع أي اعتبار لهذا كله ؟ وهل يريد منا أن نسلم بالمطلق لإسرائيل حتى تلزمنا في المستقل بسن قوانين نحاكم بموجبها كل من يطعن في صحة المحرقة أو يشكك في عدد ضحاياها كما فعلت ولا تزال تفعل

مع دول غربية، حيث يتهم المتشككون في المحرقة باللاسامية ؟ وهي تهمة خطيرة تحرم كل من يدان بها من حقوقه المدنية، وقد تتسبب في فصله من عمله أو محاربته في سعيه ورزقه. إنها أشبه بالحرمان الذي كان البابا يصدره في العصور الوسطى أو عصور الظلام على كل من يخرج عن سلطته أو يعارض أوامره حتى ولو كان ملكا كبيرا أو أميرا عظيما.

ربما كان من أهم القوانين التي نجحت الصهيونية في سنها وفرضها بفرنسا القانون المسمى قانون "فابيوس-غايسو". وقد يكون من المفيد أن نعطي للقارئ الكريم نبذة عن هذا القانون وكيفية صدوره ليعرف خطره وأبعاده على الصحافة والفكر في فرنسا التي تدعي بأنها بلد الحرية والديموقراطية والنور والمدافعة عن حقوق الفكر والرأي، وبموجب هذا القانون اعتمد الصهاينة في محاكمة المفكر الفرنسي الشهير "روجيه جارودي" على كتبه وبخاصة كتابه عن "الأساطير المؤسسة للسياسة الإسرائيلية".

ينسب قانون "فابيوس - غايسو" إلى كل من "لوران فابيوس" رئيس الجمعية الوطنية في عام ١٩٩٠ والنائب "غايسو". وهذا القانون تعديل أقرته الجميعة الوطنية الفرنسية في عام ١٩٩٠ على حرية الصحافة كان قد صدر في عام ١٩٨١. وبموجب هذا التعديل أدخلت مادة جديدة رقمها ٢٤ ألحقت بالقانون جاء فيها، "يعاقب بالعقوبات المنصوص عليها في الفقرة السادسة في المادة ٢٤، الذين يرتكبون جريمة أو عدة جرائم ضد الإنسانية، وفق ما حددتها المادة السادسة من نظام المحكمة العسكرية الدولية، الملحق باتفاقية لندن في ٨ أغسطس ١٩٤٥".

ومن المعلوم بأن هذه المحكمة هي التي تعرف باسم محكمة "نورمبرج" في ألمانيا والتي تمت فيها محاكمة مجرمي الحرب العالمية الثانية من الألمان بعد هزيمة ألمانيا في عام ١٩٤٥. ومنذ ذلك الوقت أصبح محظورا على كل مؤرخ أو مفكر أو كاتب التدقيق في نتائج هذه المحكمة والتي اعترف رئيسها الأمريكي آنذاك أنها، "شكلت آخر فصل في الحرب العالمية الثانية، وأنها لم تلتزم بالقواعد والأسس الحقوقية العادية في مسألة الأدلة والإدانة".

وقانون "فايبوس - غايسو"يعتبر أن كل من يشكك في صحة المحرقة جريمة يحاكم عليها لأن ذلك بمثابة الطعن في الجرائم ضد الإنسانية التي ارتكبها الألمان النازيون ضد اليهود والمتمثلة فيما عرف باسم "الهولوكوست" وأسطورة أفران الغاز. وقد روجت إسرائيل للمحرقة وابتزت بها دول العالم وبخاصة ألمانيا وحصلت في عهد المستشار "اديناور" على عشرات البلايين من الدولارات مما جعل البعض يقول بأن إسرائيل هي ثمن الهلوكوست. كما أن ناحوم جولدمان رئيس المنظمة الصهيونية في الستينات وبطل عملية التعويضات يقول ، "لم أكن أتصور كيف يمكن أن تقوم إسرائيل كدولة لولا التعويضات".

لم يكن "روجيه جارودي" الضحية الوحيد لما سمي بقوانين المحرقة المزيفة وإنما سبقه وعاصره عدد من الضحايا نذكر منهم المؤرخ الفرنسي "روبرت فوريسون" والمهندس الأميركي "فريد لوختر" . والناشر الألماني الأصل والكندي الإقامة "ايرنست زونديل" الذي نشر بحثا بعنوان، "هل مات ستة ملايين حقا؟". فقامت قيامة الصهاينة وحكم عليه بالسجن خمسة عشر شهرا. ولم يشف هذا غليلهم فحاكموه مرة ثانية بعد خروجه من السجن وحكموا عليه بالسجن تسعة أشهر أخرى.

أما "روبرت فاريسون" و "ديفيد ايرفينج" فمؤرخان أولهما فرنسي والثاني بريطاني استعان بهما "زونديل" وأدليا بشهادتيهما أمام المحكمة وأيدا أقواله التي تشكك في ضحايا المحرقة وأعدادهم في حين أثبت المهندس "فريد لوختر" وهو شاهد ثالث وخبير يعمل في مجال صناعة غرف الغاز بأنه ليس هناك وجود حقيقي لمحرقة نفذت بواسطة غرف الغاز. وعاين وفحص تلك الغرف المزعومة وقال باستحالة تنفيذها.

أما المؤرخ البريطاني الشهير "ايرفينج" فقد قضى سنين طويلة وهويدرس ويحقق ويدقق في الفترة النازية واطلع على جميع الوثائق وعاين الأماكن، ونبش سجلات وأرشيف الفترة النازية وظل خمسة وعشرين عاما وهو ينتقل من بلد إلى آخر بحثا عن المستندات والوثائق حتى وصل إلى حقيقة مفادها بأن غرف الغاز

التي يزعم الصهاينة بوجودها في معسكرات اعتقال اليهود في كل من "اوسفيتز" و "بيركيناو" و "ماجدانيك" في بولندا لم تكن في الحقيقة سوى أسطورة كبيرة كرسها اليهود وضخموها مستغلين دعاية الحلفاء إبان الحرب العالمية الثانية ونشروها لتحقق أهدافهم آنذاك.

وسلط الصهاينة على "ايرفينج" باحثة يهودية أميركية اسمها"ديبورا ليبستات" حيث ألفت كتابا حاولت فيه الإساءة إلسمعة هذا المؤرخ البريطاني الكبير متهمة إياه بالاسامية، فرفع الأمر إلى القضاء، وجند الصهاينة كل إمكانياتهم ونجحوا في كسب القضية والإساءة لسمعة "إيرفينج" والنيل منه، قاصدين تحطيمه ومحاربته في عمله وحكموا عليه بدفع تكاليف المحاكمة التي بلغت نحو ٣.٢ مليون دولار مما سيجبره إلى بيع بيته وجميع ممتلكاته.

ما سبق ذكره مجرد نماذج وأمثلة أردنا أن نسوقها لهذا المسؤول الفلسطيني الكبير وأمثاله وإلى جميع من يفكر بأعمال كهذه أو يدعو لها ويعمل على تنفيذها. ولهؤلاء جميعا نقول بأن قائمة الضحايا كثيرة وأن الابتزام الصهيوني لا يتوقف عند حد معين. فكلما وجدوا التنازل مع الآخر طالبوه بالمزيد حتى لا يبقى شيء يمكنن التنازل عنه. ونقول لهذا المسؤول الفلسطيني الكبير بأنه إذا كان الصهاينة قد نجحوا في إقناعه بمحرقة مزعومة وجعلوه يحزن على ضحاياها، فلماذا فشل في إقناع أصدقائه الصهاينة بضرورة تدريس جميع المذابح والمحارق والأعمال الإرهابية والطرد من الأوطان والتي واجهت البشرية ولا تزال تواجهها في الزمان والمكان وبخاصة ما تعرض له الفلسطينيون - ولا زالوا - من طرد وذبح وإرهاب على يد الإسرائيليين ؟! أنه سؤال يظل مطروحا عسى أن يجيب عليه المسؤول الفلسطيني وشركاؤه في السلطة بالأفعال لا بالأقوال.

التطبيع الثقافي خطر يهدد ثقافتنا العربية الإسلامية

في البداية أود أن أستهل مقالي هذا بالتنويه بالمؤتمر الشعبي الخليجي لمقاومة التطبيع مع الكيان الصهيوني الذي نظمه أخوة كويتيون من أبرزهم الدكتور عبد الله فهد النفيسي- أمين عام المؤتمر، والذي سعدت بزمالته حينما كنت أعمل أستاذا بجامعة الكويت. ولا زلت أكن له كل محبة ومودة. وأقدر له الكثير من مواقفه الجريئة وآرائه النزيهة وتمسكه بمبادئه النبيلة. وكانت سعادتي غامرة وأنا أشاهده في برنامج "بلا حدود" على محطة الجزيرة الفضائية مساء الأربعاء ٢٠٠٠/٤/١٢.

توقيت المؤتمر

إن عقد هذا المؤتمر في زمن تعاني فيه أمتنا العربية من ترد وانحطاط وتدهور وانقسام وتتصدى للتحديات الكثيرة التي تواجه الوطن العربي، يدل دلالة واضحة على أن هذه الأمة لم تمت كما يريد لها أعداؤها. وأنه لا يزال فيها الكثير من الأفراد والجماعات التي ترفع مشاعل الأمل لتنير هذا الليل المظلم. وتتحمل هموم الأمة دون كلل أو ملل، غير آبهة بالمخاطر التي تتهدها وغير حافلة بالعقبات التي توضع في طريق مسيرتها.

إن هذه الفئة المجاهدة والمؤمنة برسالتها والمتشبثة بعروبتها، والمتمسكة بدينها، والواثقة بأصالة أمتها ينطبق عليها قول الرسول صلى اله عليه وسلم : "لا تزال طائفة من أمتي ظاهرين على الحق حتى تقوم الساعة". وفي أمثال هؤلاء قال رسول الله صلى الله عليه وسلم. "يأتي على الناس زمان الصابر فيهم على دينه كالقابض على الجمر".

ربما كان من أهمية هذا المؤتمر أنه عقد في وقت حرج وحساس حيث تتسارع فيه وتائر وإيقاعات التطبيع بين إسرائيل وأقطار عربية، ويتم معها تبادل الوفود الرسمية والشعبية وتنشط الزيارات الودية, وحيث تقوم وسائل الإعلام العربية بما فيها بعض المحطات الفضائية بتطبيع إعلامي مع الصهاينة، وحيث تسمع بين الحين والآخر أصوات ناشزة تدعو للتطبيع غير حافلة بمشاعر الأمة، وحيث ينشط كتاب مغمورون بالدعوة في كتبهم ومقالاتهم إلى مراجعة تاريخ

الصراع العربي - الإسرائيليين وإعادة كتابته، وذلك استجابة لدعوات أساتذتهم الصهاينة الذين أطلقوا على أنفسهم مصطلح "المؤرخون الجدد"، وهدفهم من هذه الدعوة وإعادة الكتابة محو الذاكرة العربية من الأعمال الإجرامية التي ارتكبها اليهود الصهاينة في فلسطين والبلاد العربية وإبدالها بذاكرة جديدة تمجد الصهاينة، وتصور مخططاتهم العدوانية بأنها مشروع حضاري حديث، وترحب بهم وتبارك احتلالهم لأرضنا، وتؤيد سيطرتهم على موارد الأمة العربية وثرواتها.

التطبيع لا يكتمل إلا بتطبيع ثقافي

لقد حقق الصهاينة نجاحا في التطبيع السياسي مع عدد من البلاد العربية، وتم تبادل السفراء بين إسرائيل وعدد من البلاد العربية، ولا زالت المساعي تبذل لفتح المزيد من السفارات بعد أن تتوصل سورية ولبنان وإسرائيل إلى اتفاقيات سلام. وفي الوقت نفسه افتتحت الكثير من المكاتب الإسرائيلية في عدد من الأقطار الخليجية والمغربية. وفي الميدان الاقتصادي فقد قطع التطبيع مع إسرائيل شوطا بعيدا، فالسلع الإسرائيلية اليوم تغزو جميع الأسواق العربية وعلى المكشوف، وأصبحت المقاطعة العربية في خبر كان، ومن مخلفات الماضي الذي عفا عليه الزمن. وزيادة على ذلك أقيمت مشاريع عربية - إسرائيلية مشتركة مما يدل على أن التطبيع الاقتصادي بلغ مداه.

لم يبق من العقبات التطبيعية أمام إسرائيل إلا التطبيع الثقافي والذي يمثل التعاون أو التطبيع الإعلامي جسره الموصل ورأس حربته. ولذلك نعتبر التطبيع الإعلامي في غاية الأهمية والخطورة لأن الإعلام لا زال الموجه الأساسي للفكر والثقافة في عالمنا العربي.

إن التطبيع الثقافي لا زال مستعصيا على إسرائيل رغم محاولاتها الدائبة والمستمرة، ورغم مثابرة ملحقيها الثقافيين في سفارتيها بالقاهرة وعمان في إقامة تعاون بين الجامعات والمعاهد في البلدين بمسميات مختلفة وتحت غطاء علمي. ومنها الطلب من رؤساء الجامعات والعمداء ورؤساء الأقسام العلمية في الجامعات والمعاهد دعوة نظرائهم الإسرائيليين، وقبول دعواتهم لزيارة الجامعات والمعاهد والمؤسسات العلمية في إسرائيل. وقد واجهت ذلك حينما أوكلت إلى

رئاسة جامعة العلوم التطبيقية في عمان.

إنه لما يبعث الأمل والرجاء في أمتنا العربية أن كثيرا من المؤسسات الثقافية والجمعيات العلمية والتخصصية والنقابات المهنية التي تشمل الكتاب والأدباء والصحافيين والحقوقيين والمهندسين والفنانين في البلاد العربية لا تزال ترفض التطبيع وتقاومه بكل أشكاله وألوانه. ومنها من يعاقب كل عضو يخالف ذلك.

لاشك في أن إسرائيل تدرك أهمية التطبيع الثقافي مع العرب وما يحققه لها من مكاسب، وما تعلقه عليه من آمال وتطلعات ، فبدون تطبيع ثقافي يصبح التطبيع الشامل ناقصا وغير مكتمل، ويؤدي إلى فتح المزيد من الثغرات في جدار الرفض العربي لكل تعايش مع المعتدين الصهاينة، وانهيار ما تبقى من حاجز نفسي يحول دون قيام علاقات طبيعية كاملة ومستقرة ثابتة. وهذا ما يبدو لنا صعبا ما دمنا نؤمن بأن الصهاينة يحتلون أرضنا وشردوا شعبنا، ويحرمون أهلنا من حق العودة الذي تقره جميع القوانين والشرائع، ونصت عليه قرارات الأمم المتحدة، وما داموا يرفضون إقامة دولة فلسطينية ذات سيادة كاملة على أرضها وشعبها وتكون القدس عاصمتها.

إن رفض العرب للتطبيع الثقافي يحمل الكثير من الدلالات التي من أهمها نفي الوجود الإسرائيلي في المنطقة العربية مما يؤدي إلى تحويل معاهدات السلام المبرمة مع أطراف عربية والتي ستبرم في المستقل مع آخرين إلى اتفاقيات سلام مفرغة من محتواها، أو هدنة طويلة الأمد، لا تنهي الصراع العربي - الإسرائيلي، وإنما توقفه إلى حين، وترحله إلى المستقبل لتقول الأجيال القادمة كلمتها. وتحدد موقفها، وتؤدي دورها.

متطلبات التطبيع الثقافي ومستلزماته

من المعروف بأن لليهود تفسيراتهم وتأويلاتهم الخاصة للنصوص والمفاهيم بما يخدم أهدافهم، ولذلك فإن للتطبيع الثقافي عندهم مفاهيم وتأويلات تترتب عليها طلبات ومتطلبات قد تكون خافية على الكثيرين منا هنا، وحتى على الداعين له والمشجعين عليه. فإذا كان التطبيع السياسي يتطلب افتتاح

السفارات وتبادل السفراء، وإذا كان التطبيع الاقتصادي يستلزم شطب القوانين التي كانت تمنع دخول السلع والبضائع الإسرائيلية ، وتحول دون تحرك قوة العمل ورؤوس الأموال وإقامة المشاريع الاقتصادية المشتركة بين العرب والإسرائيليين، فإنه وبموجب التطبيع الثقافي يصبح من حق إسرائيل مطالبة العرب بإعادة النظر في التاريخ العربي والإسلامي، وجميع الأعمال الأدبية والثقافية والفنية والشؤون الدينية والتربوية والتعليمية، وحذف جميع الروايات والأحداث والنصوص التي لا تعجب الإسرائيليين. أي أنه يتوجب على العرب أن يشطبوا من تاريخهم القديم والوسيط والحديث، وأن يلغوا من آدابهم وفنونهم كل ما لا ترضى عنه إسرائيل وتعتقد بأنه يسيء لليهود.

وإنه على العرب أيضا تغيير رواياتهم للتاريخ المتعلقة بالصراع العربي - الإسرائيلي فيحذفون كلمات يعتقدون بأنها تهيج النفوس مثل "الغزو الصهيوني" لفلسطين ويستبدلونها بعبارة يقبلها الإسرائيليون مثل عودة بني إسرائيل إلى أرض الميعاد التي وعدهم الرب بها، وحتى يعيدوا - وكما يزعمون - بعث أمجادهم الغابرة، ويحيوا مملكتهم الداثرة. وأن على العرب أن لا يذكروا في كتبهم ونشراتهم ومطبوعاتهم المجازر والأعمال الإرهابية التي ارتكبها الصهاينة في فلسطين والبلاد العربية بحجة أن ذكرها ينكأ الجراح، ويعبئ القلوب، ويهيج النفوس، ويعكر الأجواء، ويهدد السلام.

وحتى يؤكد العرب الولاء لليهود - كما فعل الأوروبيون والأميركيون من قبلهم، وحتى لا يتهموا باللاسامية، على الرغم من أن العرب ساميين - فإن عليهم تضمين كتبهم ومناهجهم الدراسية الإدعاءات الصهيونية ، مثل الإدعاء بأن اليهود تعرضوا على مر العصور للاضطهاد والمذابح "الهولوكوست"، والمحارق والتي كان أخرها وأبشعها مذابح ومحارق ألمانيا النازية بزعامة "هتلر" إبان الحرب العالمية الثانية، والتي يزعمون بأنه راح ضحيتها نحو ستة ملايين يهودي. والويل كل الويل لمن يشكك ويطعن في صحتها أو حتى يقلل من عدد الضحايا، ومصيره سيكون كمصير كل من المفكر الفرنسي "روجيه جارودي"

والمؤرخ البريطاني "ديفيد إيرفنج" واللذين وجهت لهما تهمة اللاسامية وقدما للمحاكمة وصودرت كتبهما.

وعلى العرب أن يعيدوا النظر أيضا في آدابهم فيحذفوا الأشعار والنصوص والروايات التي لا يرضى عنها اليهود. وحتى يصبح التطبيع الثقافي مؤكدا وحقيقيا وصادقا فإن على العرب أن يحذفوا من كتبهم المدرسية جميع الآيات القرآنية والأحاديث النبوية الشريفة التي تهجو اليهود وتذمهم وتتوعدهم وتتهمهم بالكفر وعصيان الله وعدم طاعة أنبيائه ورسله، لأن بقاءها من وجهة نظرهم يسمم عقول الناشئة، ويولد الكره والبغض لليهود ويحول دون التعايش بينهم وبين العرب.

قد يظن البعض بأننا نبالغ فيما نقول وإنا نكتب دون سند أو إثبات. ولهؤلاء نقول سائلين، ألم يطلب اليهود هذا من المسيحيين في الغرب ؟ و ... ألم ينجحوا بالفعل في الزام المسيحيين الغربيين بحذف جميع الأدعية التي تلعن اليهود في صلواتهم ؟ و ... ألم يجبروا الفاتيكان على تبرئة اليهود من دم المسيح على الرغم من أن رئيس حاخامات اليهود أنذاك "قيافا" حينما تردد الحاكم الروماني "بيلاطس" في صلب المسيح بناء على طلب اليهود - كما تقول المصادر المسيحية بما فيها الأناجيل - قال "قيافا": دمه علينا وعلى أولادنا. فما كان من بيلاطس إلا أن قام بغسل يديه بالماء قائلا بأنه بريء من هذا - يعني دم المسيح. ثم ألم ينجح اليهود في إيجاد مسيحيين في الغرب يؤمنون بالأفكار الصهيونية ويعملون من أجل تحقيقها. وكان منهم "آرثربلفور" صاحب الوعد المشؤوم في عام ١٩١٧، ورئيس الوزراء آنذاك "لويد جورج" و "ونستون تشرشل" رئيس وزراء بريطانيا في الحرب العالمية الثانية ؟. وقد أطلق على هؤلاء المسيحيين الغربيين مصطلح : "المسيحيون المتصهينون" . ألم ينجح الصهاينة في تكوين ما يسمى بجماعة "شهود يهوه"؟. و "يهوه" كما يعلم الجميع هو إله اليهود. وشهود يهوه منتشرون اليوم في العالم ويدعون بحماس بالغ للأفكار والطروحات الصهيونية. والإسرائيليون يأملون في إيجاد عرب ومسلمين متصهينين ؟ ألم يدخل

في الإسلام الكثير من الروايات التي تعرف بالإسرائيليات، واستطاعوا بها تشويه الإسلام والتاريخ الإسلامي ؟.

ليس بمستغرب أن يطلب الإسرائيليون من العرب بموجب فهمهم هم للتطبيع الثقافي أن يحذو حذو البابا "يوحنا بولس الثاني" فيعتذرون لليهود ويطلبون منهم الصفح والغفران على ما فعله المسلمون بيهود المدينة من قبائل بني قينقاع وبني قريظة وبني النضير وبني حنين، والذين أجلاهم النبي صلى الله عليه وسلم عن الجزيرة العربية لأعمالهم العدوانية ونكثهم للعهود وخيانتهم للمسلمين وانحيازهم للمشركين؟. وقد يقبل هذا الاعتذار إذا كان مقدمة لتعويضات ينبغي على العرب دفعها لإسرائيل لقاء الأضرار التي لحقت بيهود المدينة بسبب هذا الإجلاء ... ألم يطالبوا الأوروبيين بتعويضات عن أضرار قالوا بأنها أصابت اليهود في أثناء الحرب العالمية الثانية؟. وقد يقول قائل بأن ذلك مستحيل، لأنه حتى لو صحت مزاعم كهذه ، فإنه تكون قد سقطت بتقادم الزمن، فقد مضى على إجلائهم من المدينة نحو ١٤٠٠عام. ونحن نقول بأن اليهود يقولون بأن الحقوق لا تسقط بالتقادم، وهم يجدون في الغرب والشرق من يدعمهم ويؤيدهم. والدليل على ذلك دعم القوى الغربية وبخاصة بريطانيا للمزاعم الصهيونية بعودة اليهود إلى وطنهم فلسطين، وإعادة بناء دولتهم التي لم تدم إلا بضعة عقود وزالت منذ ثلاثة آلاف سنة. ألم ينجحوا في اختلاق تاريخ قديم لهم محوا بموجبه تاريخ الوجود العربي القديم في فلسطين، والسابق للوجود اليهودي وسوقوه بنجاح في كل مكان وحتى علينا وعلى كتابنا ومؤرخينا الذي نقلوا حرفيا عن المؤرخين الغربيين التوراتيين؟. ومن يشك في قولي هذا فهناك الكثير من المراجع العلمية التي تؤكد ما أقول. ولعل من أهمها كتاب صدر في نيويورك عام ١٩٩٦ وعنوانه "اختلاق إسرائيل القديمة: إسكات التاريخ الفلسطيني". وهو من تأليف الدكتور "كيث وايتلام" وصدرت ترجمته في سلسلة عالم المعرفة. العدد رقم ٢٤٩ في شهر سبتمبر ١٩٩٩م.

التطبيع الإعلامي مقدمة لتطبيع ثقافي

وربما كان من ما يؤلمنا وجود نفر منا ينادي بالتطبيع الثقافي مع إسرائيل، ويطالب بإعادة كتابة التاريخ لينسجم مع الطروحات الإسرائيلية، وقيام محطات فضائية عربية باستضافة صهاينة في بعض برامجها ونشراتها الإخبارية. وقد سبق وحذرنا من هذا في مقال سابق لأننا نعتبره بداية لتطبيع إعلامي يؤدي إلى تطبيع ثقافي. فالمثل الشعبي عندنا يقول بأن "أول الرقص حجلان". وإذا كان هناك من يقول بأننا يجب أن نتعرف على طروحاتهم، وأن لا ندس رؤوسنا في الرمال كما تفعل النعام فنرد عليهم قائلين بأن آراءهم معروفة لنا جيدا، ويكفيهم أنهم يسيطرون على جميع وسائل الإعلام العالمية، فلماذا نمكنهم من وسائل أعلامنا؟. ونعطيهم المجال ليتحدثوا ويطرحوا أفكارهم المعادية لنا في عقر دارنا. ونحن نأمل أن لا تكون هنا قوى أجنبية توجه سياسة هذه المحطات أو تشترك في توجيهها.

التطبيع ... نظرة عامة في المفهوم والشكل والمضمون

المقال السابق كان قد نشر في صحيفة "الاتحاد" بتاريخ ٢٠٠٠/٤/٢٢، وبعد نشره اتصل بي بعض الأصدقاء مبدين إعجابهم به، إلا أن بعضهم قال لي بأنه كان من الأفضل أن أوضح مفهوم التطبيع لأنه قد يبدوا غامضا وغير مفهوم عند الكثيرين. فهناك من يوسع المفهوم ليشمل كل اتصال أو احتكاك مهما كان نوعه وشكله حتى ولو كان محادثة هاتفية أو زيارة يقوم بها المرء لرؤية أهله وذويه أو قريته أو مدينته التي سقطت بيد العدو وأصبحت تخضع لسيطرته مما يتطلب الحصول على إذن أو تصريح من السلطات المحتلة.

مفهوم التطبيع :

التطبيع كلمة حديثة الاستعمال لا وجود لها في المعاجم اللغوية العربية، ولكنها كانت تستخدم في اللهجة العامية في الأرياف في بلدان عربية وبخاصة حينما يشتري القروي حمارا كان يقوم بتطبيعه أي ترويضه على تقبل مالكه الجديد حتى يستسلم له إذا ركبه.

لم نكن نسمع بكلمة التطبيع قبل اتفاقية "كامب ديفيد" بين مصر ـ وإسرائيل في عام ١٩٧٨، والتي أعقبتها معاهدة السلام في مارس ١٩٧٩، حيث نصت على ضرورة تطبيع العلاقات بين البلدين. فأصبحت الكلمة من المفاهيم السياسية ودخلت لأول مرة في القاموس السياسي العربي، ولكنها كانت معروفة في الغرب ويطلق عليها في اللغة الإنجليزية (normalization) وهي لا تنطبق تماما على كلمة التطبيع عندنا والتي ابتدعها المترجمون العرب واشتقوها من كلمة "الطبع" وهي مصدر للفعل "طبع". وطبع الشيء صوره أو ختمه أو صنعه. و"الطبيعة" تعني السجية التي جبل الإنسان عليها، ومنها الطبائع والطبيعي ما يختص بالطبيعة، وعلم الطبيعيات وهو العلم الذي يبحث عن طبائع الأشياء وما جعله الله فيها من الخصائص والقوى.

إن من أخطائنا الشائعة أننا نستعمل كلمة "طبيعي" بمعنى الشيء العادي. فنقول على سبيل المثال : "هذا شيء طبيعي"، أي شيء عادي ومألوف وغير شاذ أو غير خارج على العرف والعادة التي اعتاد المجتمع عليها،وأصبحت سنة من سننه التي يحافظ عليها.

أما الكلمة الإنجليزية المقابلة للتطبيع (normalization) فاصلها (norm) وتعني نموذج أو معيار أو قاعدة. وكلمة (normal) الشيء السوي الذي ينطبق على القاعدة أو النموذج. وأما الفعل (normalize) فيعني يقعد أي يجعل الشيء السوي الذي ينطبق على القاعدة أو النموذج، ولذلك يصبح معنى الكلمة (normalization)، قاعدي أو منطبق على القاعدة أو النموذج أو المعيار، وهذه الكلمة تستخدم اليوم حينما يعاد استئناف العلاقات بين دول كانت متخاصمة أو متحاربة وانقطعت العلاقات فيما بينها أو تقلصت واختلت. كما تستخدم حينما تنشأ دولة جديدة وتريد أن تنشئ لها علاقات مع غيرها من الدول. ولذلك لابد من خضوع هذه العلاقات مع غيرها من الدول. ولذلك لابد من خضوع هذه العلاقات للمعايير والمبادئ والقواعد التي تحكم العلاقات الدولية.

إلا أنه من باب التجاوز وشيوع الخطأ محل الصواب،وتمشيا مع المثل القائل، خطأ شائع خير من صواب نادر، فإن كلمة التطبيع أصبحت متداولة اليوم لتعبر عن مفهوم قيام علاقات عادية "طبيعية" بين الدول والمجتمعات، ويصح إطلاقها على الأفراد.

أنواع التطبيع وأشكاله

مجالات التطبيع واسعة، فهي تشمل كل أوجه الحياة ومظاهرها وتفاعلاتها بما فيها العلاقات التي تنشأ بين الأفراد والمجتمعات والشعوب والأمم والدول، وبموجب نوعية العلاقات وطبيعتها يمكننا التعرف على أنواع وأشكال من التطبيع من أهمها : التطبيع السياسي والتطبيع الاقتصادي والتطبيع الثقافي.

وقد جرت العادة على أن يسبق التطبيع السياسي الأشكال والأنواع الأخرى من التطبيع على اعتبار أنه يمهد الطريق إليها ويفتح الآفاق والمجالات أمامها، وبخاصة إذا كانت الأوضاع والظروف هي التي فرضت هذا التطبيع، فإن للدول والحكومات ضروراتها، في حين أن للشعوب والأمم خياراتها.

ويتطلب التطبيع السياسي قيام علاقات سياسية كاملة بين الدول تبدأ بالاعتراف المتبادل وإنهاء حالة الحرب أو النزاع. وإبرام اتفاقيات سلام وتبادل البعثات السياسية، وفتح الحدود وإلغاء القوانين التي تحظر التنقل بين الدول المطبعة، أو التي تمنع الوفود الرسمية والشعبية من حضور المؤتمرات والمعارض فيها، والاشتراك في مناشطها وفعالياتها.

أما التطبيع الاقتصادي فيشمل جميع الفعاليات البشرية الاقتصادية من زراعية وصناعية وتجارية وخدمية، ولذلك فهو يتطلب إلغاء جميع القوانين التي تنص على المقاطعة أو الحظر أو التي تمنع وتعرقل تعاون الدول المطبعة في هذه الفعاليات، وسن قوانين وإبرام الاتفاقيات التي تسهل عمليات انسياب السلع والبضائع ورؤوس الأموال وانتقال الأفراد والخدمات، وتشجع على قيام المشاريع الاقتصادية المشتركة وتبادل الخبراء، والتعاون في إنشاء المناطق الصناعية.

وبما أن الفعاليات الاقتصادية تعتمد اليوم وفي المقام الأول على القطاع الخاص أكثر من اعتمادها على القطاع العام، فإن الحكومة لا تستطيع إلزام الأفراد وإجبارهم على التطبيع، مما يجعل الأمر متروك لقناعات الناس ومدى تقبلهم لهذا التطبيع. ولذلك يستغرق التطبيع الاقتصادي مدة طويلة حتى يأخذ وضعه المناسب. وقد يجد من العوامل والظروف ما يعطله أو يقلل من أهميته. وقد ينقسم المجتمع إلى فئة مطبعة وأخرى مقاومة للتطبيع كما يحدث اليوم في مصر والأردن اللتين وقعتا معاهدتين للسلام مع إسرائيل وطبعتا معها سياسيا. وإذا كان التطبيع السياسي أسرع من حيث التنفيذ إلا أنه يتسم بالهشاشة ما دام يعتمد على الظروف والأوضاع السياسية فقد تجمد الدول علاقاتها أو تقطعها أو

تخفضها حسب مقتضيات الأحوال. أما التطبيع الاقتصادي فعلى الرغم من بطئه إلا أنه إذا ترسخ وتعمقت العلاقات الاقتصادية فإنه ليس من السهل إيقافه أو تجميده وإلغاؤه في فترة قصيرة، لأن نتائج ذلك تكون شديدة الضرر على جميع الأطراف التي دخلت في عملية التطبيع.

أما التطبيع الثقافي فقد سبق وكتبنا عنه في مقال سابق كما ذكرنا في بداية هذا المقال، وقلنا آنذاك بأنه أهم أنواع التطبيع وأكثره خطرا، وهو بمثابة التتويج الشامل للتطبيع واستكماله، والتقبل الكامل لإسرائيل على كافة المستويات الشعبية والرسمية، ومن متطلباته إعادة كتابة الصراع العربي - الإسرائيلي بطريقة ترضي إسرائيل، وإعادة النظر في الآداب العربية والنصوص الدينية، وشطب أو حذف ما لا ترضى عنه إسرائيل. وإتاحة المجال لإسرائيل للدخول في مؤسساتنا العلمية والثقافية والتربوية، والتعاون مع الأجهزة المختلفة في كافة الحقول والميادين التي تشمل فعالياتها ومناشطها بما فيها المدارس والمعاهد والجامعات والنقابات والمنتديات والمتاحف والمعارض الثقافية والفنية مثل معارض الكتب والمهرجانات الفنية كالموسيقى والتمثيل والسينما والتلفاز والشبكات الإعلامية والمعلوماتية.

زيارة الأهل والوطن المحتل لا يعتبر تطبيعا :

إذا كان التطبيع يشمل كل ما ذكرنا من أمور وزيادة ، وقلنا بأنه يغطي كل مناحي الحياة وأوجهها ومظاهرها، فهل نعتبر زيارة الأهل والأقارب في الأرض المحتلة، ومشاهدة مدننا وقرانا الفلسطينية التي احتلتها إسرائيل نوعا من أنواع التطبيع ؟ وهل يدخل تحت بند التطبيع أفعال نقوم بها مثل تحويل النقود للأهل والمحتاجين بحجة أنها تساهم في دعم الاقتصاد الإسرائيلي ؟ وهل إقامة المشاريع في المناطق العربية المحتلة يعتبر تطبيعا ؟ وهل الاتصال بالعرب الخاضعين للسيطرة الإسرائيلية أو الذين تعتبرهم إسرائيل من رعاياها يعتبر شكلا من أشكال التطبيع ؟ وهل أفعال وأقوال وممارسات كهذه تعتبر تطبيق لسياسات الجسور

المفتوحة التي انتهجتها السلطات الإسرائيلية في أعقاب احتلالها الضفة الغربية لنهر الأردن عام ١٩٦٧، وهي السياسة التي أرسى قواعدها، وأشرف على تنفيذها آنذاك "موشى دايان" الذي كان وزيرا للدفاع ومسؤولا عن إدارة شؤون الأرض المحتلة لتحقيق أهداف اقتصادية وسياسية ؟

إننا لا نعتبر زيارة الأهل والأقارب في الأرض المحتلة تطبيعا وإنما هي تعزز ارتباطنا بهم وتبقى على علاقاتنا معهم، وتدعم بقاءهم وتثبت وجودهم بالوطن، وتشعرهم بأننا لن ننساهم، ولن نتركهم وحدهم يواجهون تحديات العدو، وهذا من بعض حقوقهم علينا ومن مسؤولياتنا نحوهم.

كما أن زياراتنا لمدننا وقرانا وأراضينا المحتلة لا تعتبر تطبيعا ما دامت تذكرنا بفردوسنا المفقود وتؤكد على انتمائنا له، وتزيد من ارتباطنا به، وتجدد رغبتنا وحقنا في العودة إليه، وتزيدنا عزما وتصميما على تحريره من الاحتلال. ولذلك فإن علينا تشجيع أجيالنا الصاعدة التي لم تر الوطن ولم تولد فيه، وتعيش بعيدة عنه، على زيارته حتى تتمسك بحقها فيه، وتجدد ولاءها له، وتؤكد على أن بعدها عنه يزيدها شوقا وحنينا إليه ومحبة فيه، وتعلقا به.

لاشك في أن مساعدة الأهل والأقارب في الأراضي المحتلة ومدهم بالمال يساعدهم على البقاء والصمود، ويحبط مشاريع العدو الرامية إلى وضعهم في أحوال اجتماعية واقتصادية سيئة تجبرهم على النزوح من الأوطان مما يفسح المجال لإسرائيل لاستقدام المزيد من المهاجرين اليهود ليحلوا محلهم، وفي الوقت نفسه تتخلص إسرائيل من مشاكلهم التي يولد لها الكثير من المتاعب. ولو تمسك الفلسطينيون بأرضهم ولم يغادروا أوطانهم قبل النكبة وبعدها لما تمكنت إسرائيل من تحقيق أهدافها كاملة. وكلنا يعلم مدى الخوف الذي ينتاب الإسرائيليون من زيادة أعداد السكان العرب في المناطق التي احتلتها وتصفها بالقنبلة السكانية التي تهدد إسرائيل في المستقبل،ولذلك فهي تحرص على تشجيع هجرة اليهود إليها من جميع أنحاء العالم لتحافظ على الأغلبية السكانية اليهودية فيها.

وبطبيعة الحال فإن المساعدات وتحويل الأموال للأهل في الأرض المحتلة لا يكفي وإنما لابد من إنشاء الجمعيات الخيرية لمساعدة الفقراء والمحتاجين، وإقامة المشاريع الاقتصادية التي تعود عليهم بالخير وتوفر الأعمال لهم ولأبنائهم بدلا من الخروج للبحث عن عمل في الخارج أو العمل في مؤسسات يهودية.

إن من مقومات الصمود أيضا إقامة المعاهد والجامعات والمؤسسات التعليمية ومراكز التدريب حتى لا يضطر الشباب إلى مغادرة أوطانهم والدراسة في الخارج وعدم العودة إلى مدنهم وقراهم.

إن ما سبق وذكرناه ليس تطبيعا وإنما هو من مستلزمات الصمود ومتطلبات البقاء في الوطن. صحيح أن إسرائيل تحق منها مكاسب ومنافع إلا أن ما يحققه الأهل الصامدون في الوطن أكثر وأن إيجابياتها تفوق بكثير سلبياتها.

هل كان قلب البابا مع الفلسطينيين وسيفه مع الإسرائيليين؟

على الرغم من أن الفاتيكان كان قد أعلن بأن زيارة البابا يوحنا بولص الثاني للشرق الأوسط دينية محضة وليست لها أهداف سياسية، وأن قداسته اغتنم بدء الألفية الثالثة لميلاد السيد المسيح ليحقق حلمه بالحج إلى الأماكن المقدسة، والسير على خطى الأنبياء إبراهيم وموسى وعيسى عليهم السلام، إلا أن السياسة فرضت نفسها على هذه الزيارة في منطقة تعتبر من أشد مناطق العالم حساسية وأكثرها توترا. وفيها يختلط كل شيء بكل شيء. وينام سكانها ويستيقظون على السياسة ويعيشون عليها ويتنفسون هواءها، فالسياسة قدرهم الذي لا يستطيعون الفرار منه، وهي التي شكلت نمط حياتهم ، وصنعت ماضيهم، وصاغت حاضرهم. ورسمت معالم طريق مستقبلهم.

من الطبيعي أن يحاول كل من الطرفين، الفلسطيني والإسرائيلي تسييس هذه الزيارة وتفسير كل كلمة يقولها البابا أو كل خطوة يخطوها وتأويلها بما يخدم مصلحة كل طرف وبما يحقق أهدافه التي علقها عليها، فالبابا ليس زائرا عاديا ولا حاجا تقليديا . أنه رأس الكنيسة الكاثوليكية التي يتبعها ما لا يقل عن ألف مليون مسيحي.وكان البابا في يوم من الأيام يتمتع بكل الصلاحيات الدينية والدنيوية.ويخضع له ملوك أوروبا وأمراءها. وعلى الرغم من تقلص صلاحياته الدنيوية وانحصارها في الشؤون الدينية إلا أنه وبصفته رئيسا لدولة الفاتيكان فإنه يتمتع بنفوذ سياسي وبخاصة في الأقطار التي يشكل الكاثوليك فيها الأكثرية السكانية مثل دول أميركا اللاتينية، ومن خلال السفراء الذين يمثلونه في معظم دول العالم، ويطلق على الواحد منهم مصطلح "القاصد الرسولي" على اعتبار أن البابا يجلس على كرسي الرسول "بطرس" وهو أحد حواريي المسيح وأقربهم إلى قلبه وكان اسمه "سمعان".

تأويل الزيارة

نحـن نتفهـم رغبـة البابـا في تحقيـق أمنيتـه بالحـج وزيـارة الأمـاكـن المقدسـة التـي تـرك الأنبياء، إبراهيـم وموسـى وعيسـى عليهـم السـلام بصماتهـم عليهـا، إلا أن تأويلهـا وإخراجهـا مـن سياقها الدينـي المحـض يظل أمرا واردا. وهذا التأويل نـاجم عـن برنامـج الزيـارة وتوقيتها.ولو اقتصرت الزيـارة على الأماكـن المسيحيـة المقدسـة في فلسطين كما فعـل سلفه البابا بولص السـادس في يناير ١٩٦٤ لما تـرك المجال لأحد أن يشك في أهدافها وأغراضها وبخاصة أنها جـاءت بعـد تقـارب مسيحي يهـودي بـدأ في عـام ١٩٦٥ بإعلان الفاتيكان بـراءة اليهـود مـن دم المسيح، والاعتراف بدولة إسرائيل وتبادل السفراء معها في عـام ١٩٩٤، وعقد اتفاق في عـام ١٩٩٧ يشـرع للمرة الأولى وضـع الكنيسـة الكاثوليكيـة في الأراضي المقدسـة، واستنكار اضطهاد اليهـود ومـا أصابهم مـن تنكيل وتعذيب فيما سمي بأحداث المحرقة.

إن برنامج الزيارة يعطـي الانطباع الواضح بأن البابا قصد إلى إظهـار القواسم المشتركة بين اليهوديـة والمسيحيـة ومدى التقارب بينهمـا. وهذا يبدو واضحـا مـن رغبتـه أن يبـدأ الزيـارة بمدينة "أور" الكلدانية مسقط رأس إبراهيـم عليه السـلام كما تقول التـوراة. وعلـى الـرغم مـن إلغاء زيـارته لهـذه المدينة إلا أنه استهل زيـارته لمنطقـة الشرق الأوسـط بالتوجـه إليهـا في قـداس احتفالي أقيـم في الفاتيكان في الثالث والعشريـن مـن شهر فبراير هذا العام[*]. وفي اليوم التالي سافر إلى مصر وزار ديـر "سانت كاترين" على جبل الطـور في سيناء مترسمـا خطـى مـوسـى عليـه السـلام حينمـا قاد بنـي إسرائيـل أثناء خروجهم من مصر إلى فلسطين مـرورا بشرق الأردن، ولذلك جـاءت الأردن المحطـة الثالثة بعـد كل مـن أور والطـور فزارهـا في العشريـن مـن شهر مـارس. وفي الحـادي والعشرين دخل الأراضي المقدسة في فلسطين.

أن برنامج هذه الزيـارة البابويـة تلقـى الترحيـب مـن اليهـود لأنهـا تؤيـد مـزاعمهـم بـأن جدهم الأعلى إبراهيم عليه السـلام - والذي يؤكد القرآن الكريم

—————————————

[*] ٢٠٠٠/٢/٢٣م.

بأنه لم يكن يهوديا - "ما كان إبراهيم يهوديا ولا نصرانيا ولكن كان حنيفا"، جاء من "أور" واستقر في فلسطين حيث منحه الله وعدا بأن تكون "فلسطين" له ولنسله من بعده. وأن هذا الوعد أكده الله ثانية لحفيده يعقوب عليه السلام. وعلى هذا الوعد اعتمد الصهاينة في ادعائهم بحقهم في فلسطين.

أما زيارة البابا لدير سانت كاترين ولجبل نيبو في الأردن فهي تكريس لما جاء في سفر الخروج. وهو السفر الثاني من أسفار التوراة والذي يروي قصة خروج موسى عليه السلام من مصر إلى فلسطين مرورا بالأردن كما قلنا.

وإذا كان تلقي موسى الوصايا العشر وقواعد الديانة اليهودية عند جبل الطور بسيناء كما تقول التوراة، فإنه-وكما تقول التوراة أيضا- شاهد من جبل نيبو في الأردن مدينة أريحا الواقعة قبالته. ومن هذا الجبل دعا موسى ربه إلا أنه توفي في أرض مؤاب "في الأردن" ولم يتمكن من دخول الأراضي المقدسة ولكن تلميذه يشوع هو الذي قاد اليهود إلى فلسطين، ولا يعرف أحد حتى اليوم قبر موسى فالتوراة تقول "فمات هناك عبد الرب موسى في أرض مؤاب حسب قول الرب ودفن في الجواء في أرض مؤاب مقابل بيت فغور ولم يعرف إنسان قبره إلى هذا اليوم" (سفر التثنية ٣٤/٣٣).

ونحن نكرر ما قلنا بأنه لو اقتصرت زيارة البابا على الأماكن المسيحية الخالصة، وهي كثيرة في الأردن لما أثارت الشكوك من حولها ولما تجرأ أحد على تأويلها، ولما طرحت الكاتبة اللبنانية "حياة الحويك عطية" أسئلة في مقالها المنشور في الدستور الأردنية بتاريخ ٢٠٠٠/٣/٢١ وتقول فيها :"لم حشر هذا الوهم على قمة "نيبو"، وهي الأكثر إستراتيجية وخطورة في منطقتها؟ وينتج عنه اليوم السؤال الأخطر والأهم: لماذا يبدأ قداسة البابا صلاته من هناك؟ وإن كان لا بد فلماذا ربطها بوقفة موسى، وهي نفسها أمر مشوك به، ولا دليل عليه تاريخيا؟".

هل خاب أمل الفلسطينيين في البابا؟

على الرغم من الشكوك التي أثيرت حول برنامج زيارة البابا وأهدافها وإقحام السياسة فيها. إلا أن الفاتيكان حاول أن يجعل منها دينية محضة، والتزم

البابا جانب الحذر في كل كلمة يقولها وفي كل خطوة يخطوها، ولذلك اتسمت أقواله بالعمومية ولم تخرج عن إطارها الديني أو الإنساني. ففي أثناء زيارته لمخيم الدهيشة الفلسطيني القريب من بيت لحم يوم الأربعاء ٢٠٠٠/٣/٢٢ خاطب البابا اللاجئين بقوله :"لا يمكن أن يتجاهل إنسان قدر معاناة الشعب الفلسطيني في العقود الأخيرة. العالم يشهد عذابكم الذي طال أمده".

ولا شك في أن هذا القول لا يعبر عن أي مدلول سياسي بقدر ما يعبر عن شعور إنساني يشعر به كل من يزور مخيما للاجئين ويرى معاناتهم. لقد كان اللاجئون يتوقعون من البابا أن يؤكد حقهم في العودة إلى أوطانهم بموجب قرار الأمم المتحدة رقم ١٩٤ في عام ١٩٤٨. وعند وصوله إلى بيت لحم قبل البابا تراب البلدة التي قدمه صبي وفتاة في وعاء في خطوة اعتبرها الفلسطينيون اعترافا بابويا لطموحاتهم بإقامة دولة مستقلة في الضفة الغربية وقطاع غزة، إلا أن المتحدث باسم الفاتيكان نفى ذلك قائلا بأنها لا تعني الاعتراف بدولة فلسطينية وأنه "من الغريب ألا يقبل البابا الأرض التي ولد فيها السيد المسيح". وقد أكد البابا ذلك في كلمته التي خلت من ذكر دولة وإنما ركز على وطن حيث قال بأن الفاتيكان يعترف دائما بحق الشعب الفلسطيني في "إقامة وطن والعيش في سلام وهدوء مع الشعوب الأخرى في هذه المنطقة".

لقد أثلجت أقوال البابا هذه صدور الإسرائيليين وارتاحوا لها وأبدوا الشماتة بالفلسطينيين حيث علقت صحيفة معاريف قائلة "لقد أصيب الفلسطينيون بالخيبة لأن البابا تحدث عن وطن وليس دولة فلسطينية". وجاء في عنوان لصحيفة "هآرتس" بشكل بارز "البابا اعترف بحق الفلسطينيين في وطن ولكنه لم يعترف بحق العودة".

حاول الرئيس الفلسطيني ياسر عرفات استثمار زيارة البابا لمخيم الدهيشة وبيت لحم سياسيا حينما قال في خطابه الذي ألقاه في استقبال البابا بأن "القدس عاصمة دولة فلسطين الخالدة". ثم حينما قال:"باسم شعب فلسطين، وباسمي شخصيا أرحب بقداستك يا سيادة الحبر الأعظم، البابا يوحنا بولص الثاني، أرحب بك ضيفا عزيزا في فلسطين، وفي القدس الشريف عاصمة دولة فلسطين الخالدة".

وفي الاجتماع الذي دعا إليه البابا وحضره الشيخ تيسير التميمي رئيس المحاكم الشرعية الفلسطينية والحاخام الأكبر لليهود الغربيين "إسرائيل لو" لم يفلح البابا في تنقية الجو على أثر محاولة الحاخام المساواة بين الزيارة البابوية للدولة اليهودية وبين "الاعتراف بالقدس عاصمة موحدة وأبدية لإسرائيل.

فرد التميمي بكلمة ألهبت المشاعر ودعا فيها إلى "سلام عادل" تقام في إطاره" دولة مستقلة على التراب الوطن الفلسطيني ... تكون "القدس عاصمتها الأبدية" كما طالب أيضا" بعودة اللاجئين إلى وطنهم فلسطين" ووضع حد لاحتلال إسرائيل للأراضي العربية والإفراج عن الفلسطينيين المحتجزين في السجون الإسرائيلية.

البرنامج المسيس للزيارة

لقد حرص الإسرائيليون على تسييس الزيارة أكثر من الحرص الذي أبداه الفلسطينيون بدليل البرنامج الذي أعدوه للبابا وفرضوا عليه زيارة أماكن تحمل أبعادا سياسة مثل النصب التذكاري لما سمي بالمحرقة "يادفاشيم" في مدينة القدس، وزيارة حائط المبكى الذي هو في الأصل الحائط الغربي لسور المسجد الأقصى والذي يطلق عليه "حائط البراق"، لأن النبي محمد صلى الله عليه وسلم ربط البراق عنده حينما صعد إلى السماوات العلا في ليلة الإسراء والمعراج.

وفي زيارته للنصب التذكاري للمحرقة أعرب البابا عن أسفه وأدان كل الأعمال المعادية للسامية التي ارتكبها مسيحيون عبر العصور، وقال بأنه يأمل بأن تقود هذه المأساة إلى علاقة جديدة بين المسيحيين واليهود. وبعد فترة من الصمت قال أنه في حاجة لهذا الصمت للتذكر، ثم قال "لا توجد كلمات كافية للتعبير عن الأسف لمأساة ما يسمى بالمحرقة المريعة".

وعلى الرغم من هذا الحزن والأسف الذي أبداه البابا إلا أن ذلك لم يرض كثيرا من اليهود وعلى رأسهم الحاخام الأكبر "إسرائيل لو" لأنهم كانوا يريدون منه أن يعتذر بصراحة عن تقصير البابا "بيوس الثاني عشر" في شجب وإدانة الاضطهاد النازي لليهود في أثناء الحرب العالمية الثانية وللمحارق التي يزعمون

أنه راح ضحيتها ستة ملايين يهودي. وعلى الرغم من رد الكنيسة على ذلك بالقول بأن البابا "بيوس الثاني عشر" أمر بفتح الأديرة والكنائس لجميع من التجأ إليها من اليهود، وأن الشجب والإدانة ربما كان سيؤدي إلى مزيد من الاضطهاد إلا أن اليهود لم يقنعوا بأقوال كهذه.

وفي زيارته لحائط البراق "حائط المبكى" اتبع البابا تقليدا يهوديا ووضع في فتحة من فتحات الحائط رسالة تضمنت "طلبا" من الرب المغفرة لمعاناة اليهود هذا نصها "يا إله الآباء والأجداد، يا من اخترت إبراهيم وذريته لنقل اسمك إلى الأمم، إن الحزن العميق يغمرنا لتصرفات الذين تسببوا على مدار التاريخ في عذاب أبنائك ونطلب صفحك وغفرانك، ونحن ننشد أن نقيم أخوة حقيقية مع أهل العهد". وذيلها باسمه "يوهانيس باولوس الثاني" وأرخها في ٢٠٠٠/٣/٢٦.

ولأهمية ما احتوته هذه الورقة فقد أعلن مسؤول إسرائيلي بأن الرسالة نقلت إلى نصب محرقة اليهود ليتم عرضها فيه. وصرح مدير المكتب الصحافي للحكومة الإسرائيلية "موشي فوجيل" قائلا :" أخذنا هذه الورقة التي تحمل قيمة تاريخية حتى لا تطير في الهواء أو تدنس".

وبصرف النظر عن متطرفين ومتدينين يهود لم يقنعوا بخطوات البابا وأقواله لدرجة أنهم طالبوه بنزع الصليب حينما يزور حائط المبكى "البراق" إلا أن غالبيتهم وخاصة الرسميين منهم كانوا مرتاحين للزيارة وبرنامج الحج كله بدءا باور، ومرورا بالطور ونيبو وانتهاء بالمحرقة وحائط المبكى. وقد عبر عن ذلك رئيس الوزراء الإسرائيلي ايهود بارا ك في خطابه الذي ألقاه في أثناء زيارة البابا لما سمي بنصب المحرقة، حيث أشاد بالدور المهم الذي قام به البابا في "التغيير التاريخي الذي شهدته الكنيسة الكاثوليكية تجاه اليهود".

تقويم عام

يمكن القول بأن الزيارة حققت الأهداف التي رسمت لها وأنها جاءت تلبية لحلم راود البابا وتطلع إلى تحقيقه وهو الحج إلى الأماكن المقدسة والسير على خطى إبراهيم وموسى وعيسى عليهم السلام متجاوزا بذلك الإطار المسيحي الخالص لتصب في خانة المصالحة بين اليهود والكنيسة الكاثوليكية.

وبفضل ما حشد لهذه الزيارة من دعاية وبقدر ما جند لها من أعلام وما حظيت به من اهتمام واحتفالات فقد أثبتت الحضور الفعلي والعملي للفاتيكان في أكثر المناطق المسيحية قدسية وأكثرها حساسية، مما أثار حفظية الكنيسة الأرثوذكسية الشرقية التي اعتبرتها بمثابة احتواء المسيحية الغربية للمسيحية الشرقية، وفرض الهيمنة عليها. وأخذت على البابا جملة من المآخذ حددت في ست نقاط أطلقت عليها "تحفظات". لعل من أهمها بأن إسرائيل استغلت زيارة البابا، واستنكرت استقباله لرئيس بلدية القدس المتشدد "أولمرت" لدى هبوط طائرته في القدس، وتحفظت على عدم لقائه بمسؤولين فلسطينيين في القدس إرضاء للإسرائيليين فيما عدا لقائه ببعضهم في أثناء زيارته للمسجد الأقصى، وهذا لا تمانع به إسرائيل. كما تحفظت على عدم استنكار البابا على تصريحات الحاخام الأكبر "إسرائيل لو" حينما قال بأن القدس الموحدة هي العاصمة الأبدية لإسرائيل بينما اعترض على كلمة الشيخ "تيسير التميمي" التي قال فيها بأن القدس هي العاصمة الأبدية للدولة الفلسطينية.

وسرت في القدس شائعات مفادها بأن خلافا قد نشب بين بطريرك الكاثوليك في الأراضي المقدسة "ميشيل صباح" وهو فلسطيني وبين وزير خارجية الفاتيكان، وهو مؤيد لإسرائيل، وكان يحث البابا على اتخاذ المواقف المؤيدة للإسرائيليين، بينما كان البطريرك "ميشيل صباح" يريد من البابا دعما للفلسطينيين.

وعلى أية حالة فإن زيارة البابا حاولت تحقيق تعايش الأديان السماوية الثلاثة في الأراضي المقدسة وزادت اللحمة والتقارب بين المسيحيين والمسلمين الذين أبدوا تحمسا وترحيبا بهذه الزيارة وأثبتوا أنهم أخوة في الأرومة والوطن، وأن الدين لله والوطن للجميع وأكدت الزيارة على أن القدس ليست لليهود وحدهم وإنما لجميع الأديان السماوية الثلاثة.

وعلى الرغم من أن الزيارة لم تحقق تطلعات الفلسطينيين كما سبق وذكرنا إلا أنهم ولكونهم الطرف الأضعف في المعادلة فلم يملكوا إلا إبداء الارتياح لها

من خلال تفسيرهم وتأويلهم لأقوال البابا في مخيم الدهيشة وبيت لحم فقد اعتبروها دعما كبيرا لحقهم في إقامة دولة مستقلة عاصمتها القدس. واعتبرت القيادة الفلسطينية بأن المواقف التي اتخذها البابا خلال زيارته إلى بيت لحم، ومخيم الدهيشة للاجئين شكلت "اسهاما سياسيا وحضاريا رفيع المستوى لدعم القضية العادلة والحقوق الوطنية غير القابلة للتصرف لشعبنا الفلسطيني على المستوى العالمي".

أن زيارة البابا واستثمارها لصالح إسرائيل مقابل التعاطف مع الفلسطينيين يذكرنا بمقولة شهيرة في التاريخ الإسلامي حينما نشب النزاع بين علي ومعاوية، وانقسام المسلمين بينهما ومفادها "قلوبهم مع علي وسيوفهم مع معاوية". ونحن نتساءل: هـل كـان قلـب البابـا مع الفلسطينيين وسيفه مع الاسرائيليين؟!

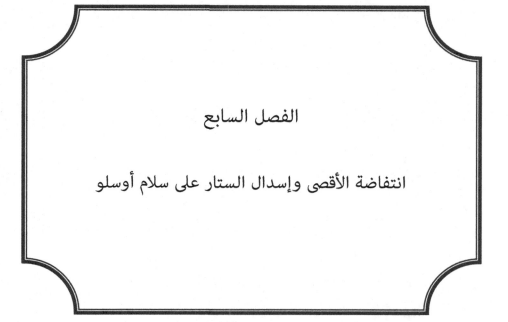

الفصل السابع

انتفاضة الأقصى وإسدال الستار على سلام أوسلو

الانتفاضة التي تفجرت في التاسع والعشرين من شهر أيلول / سبتمبر هذا العام (٢٠٠٠م) على أثر زيارة " أرئيل شارون " زعيم تجمع الليكود وسفاح صبرا وشاتيلا في لبنان عام ١٩٨٢م ، للمسجد الأقصى وتدنيسه لباحته في حراسة إسرائيلية مشددة ، كانت متوقعة حتى ولو لم تتم هذه الزيارة ، وإن كانت ستتأخر قليلا عن موعدها .

صحيح أن توقيت الزيارة كان معدا من قبل ومقصودا لتتزامن مع تعنت حكومة " ايهود باراك " وتمسكها بالقدس وعدم الانسحاب من القدس الشرقية التي احتلت في حرب ١٩٦٧م ، وإصرارها على توسيع سيادتها لتشمل المسجد الأقصى ، والذي يسميه الإسرائيليون " جبل الهيكل " ، وتصميم المتدينين والمتعصبين من اليهود على بناء كنيس يهودي في جزء منه ، ولذلك فإن هذه الزيارة كانت استفزازا للمشاعر الإسلامية والعربية في وقت كان الجو متوترا وقابلا للاشتعال ، وهذا يذكرنا بالأجواء التي سبقت انتفاضة عام ١٩٨٧م والتي كان سببها المباشر قتل أربعة عمال عرب قرب مخيم جباليا للاجئين بقطاع غزة في الثامن من شهر كانون الأول/ ديسمبر ١٩٨٧م . لقد كان قتل هؤلاء بمثابة الصاعق الذي فجر الانتفاضة آنذاك في اليوم التالي .

إن أوجه الشبه كبيرة بين تفجر الانتفاضتين ، ففي الأولى كانت الظروف مهيأة بعد أن طال استمرار الاحتلال الإسرائيلي للأراضي العربية منذ حرب ١٩٦٧م ،وتعرض الفلسطينيين لكثير من الممارسات القمعية بهدف التضييق عليهم لإجبارهم على الرحيل من أوطانهم حتى تتمكن إسرائيل من استقدام المزيد من يهود العالم ليحلوا محلهم كما فعلت في حرب عام ١٩٤٨م ، واستمرار السلطات الإسرائيلية في مصادرة المزيد من الأراضي العربية ، وإقامة المستوطنات عليها .

وربما كان مما آلم الفلسطينيون آنذاك نسيان العرب لهم ، فالقمة العربية التي عقدت في عمان في ٨ ـ ١٩٨٧/١١/١١م ـ أي قبل تفجر الانتفاضة بشهر ـ لم تدعم صمودهم على الرغم من تدهور أوضاعهم الاقتصادية ، وسوء أحوالهم المعيشية .

أما الانتفاضة الحالية فسببها الخيبة التي مني بها الفلسطينيون مـن المسيرة السلمية التي علّق عليها الكثيرون الآمال ، وظنوا أنها ستحقق لهم ولو شيئا مـن حقـوقهم مثـل إقامـة دولتهم المستقلة وعاصمتها القدس ولو على جزء من ترابهم الوطني ، وتوقف الاستيطان الـذي يهدد أراضي الضفة الغربية وقطاع غزة بالابتلاع، وعودة اللاجئين إلى أوطانهم تنفيـذا لقرار الأمـم المتحدة رقم ١٩٤ لعام ١٩٤٨م وغيره مـن القرارات ، وتحريـر الأراضي الفلسطينية مـن البـؤر الاستيطانية التي تهدد أمن الفلسطينيين واستقرارهم ، وتمزق مناطق سلطتهم الوطنية وتجعلها أشبه بما يسمى "بانتوستات" ، وأشبه بالمعازل في جنوب إفريقية أثناء الحكم العنصري ، والالتـزام بسياسـة الأبرتهايـد apartheid ـ أي الفصـل العنصـري ـ ممـا يحـول دون قيـام دولـة فلسطينية متصلة ومترابطة جغرافيا وديموغرافيا وتتمتع بسيادة كاملة .

وعلاوة على ذلك بدأ التململ والتذمر ينتشر بين الفلسطينيين من تدهور الأحوال الاقتصادية وسوء الأحوال المعيشية، وسعي إسرائيل الدائم لمحاصرة الاقتصاد الفلسطيني وخنقه وربطه بالاقتصاد الإسرائيلي وجعله تابع له ، ووضع العقبات أمام أي تعاون اقتصادي بين مناطق السلطة الوطنية الفلسطينية والأقطار العربية .

ولإثبات ذلك فإنه وبناء على الإحصائيات الصادرة عن السلطة الوطنيـة الفلسطينية في عام ١٩٩٧م ، فإن الصادرات الفلسطينية لإسرائيل في عام ١٩٩٥م بلغت ٩٢.١ % مـن جملـة الصادرات الكليـة في مقابـل ٦.٣% فقـط للأقطار العربية ، وفي عـام ١٩٩٧م ارتفعت نسبة التصدير إلى إسرائيل إلى نحو ٩٤% ، في حين انخفضت النسبة للبلاد العربية إلى ٤.٩% .

وتشير الأرقام بأن الصادرات الفلسطينية متدنية جدا بالمقارنة إلى المستوردات من إسرائيل ممـا يعني أن الميـزان التجـاري هـو لصـالح إسرائيل . ففـي عـام ١٩٩٧بلغت قيمة الصادرات الفلسطينية إلى إسرائيل نحو ٣٨١ مليون دولار ، في حين وصلت قيمة الـواردات الفلسطينية مـن إسرائيل حوالي ٢١٦٤ مليون دولار، أي أن الصادرات بلغت نحو ١٧.٦% من الواردات ، وان العجـز في الميـزان التجاري الفلسطيني بلغ نحو ١٢٦٤ مليون دولار في عـام ١٩٩٥م ، وزاد في عـام ١٩٩٧م إلى ١٧٨٣ مليون دولار ، أي أن

نسبة العجز زادت في خلال عامين بنحو ٤١% ، وهي نسبة عالية .

من الأرقام السابقة يتبين لنا مدى تبعية الاقتصاد الفلسطيني للاقتصاد الإسرائيلي ، وإصرار إسرائيل على استمرار هذا الوضع من خلال سيطرتها على المنافذ ، وإلزام الجانب الفلسطيني على الاستيراد عن طريق موانئها ، وبواسطة تجار وسطاء إسرائيليين .

لقد كتبت مقالات هذا الفصل حينما تفجرت هذه الانتفاضة التي أطلق عليها " انتفاضة الأقصى " وجاء عنوان المقال الأول " انتفاضة الأقصى ودلالاتها " حيث حللت فيها أهم الدلالات التي يمكن الاستفادة منها . وقد نشر هذا المقال بالاتحاد الظبيانية في ٢٠٠٠/١٠/١٤م .

أمّا المقال الثاني " قمة شرم الشيخ ... الدوافع والأسباب والنتائج المتوقعة" فقد كتبته قبل بدء انعقاد هذا المؤتمر في ٢٠٠٠/١٠/١٦م الذي دعا إليه الرئيس المصري " حسني مبارك" وحضره الرئيس الأميركي "بيل كلينتون " والرئيس الفلسطيني " ياسر عرفات " ورئيس وزراء إسرائيل " ايهود باراك " ، ولم تخرج توقعاتي كثيرا عن ما أسفر عنه المؤتمر . وقيل يومها أن عقد قمة شرم الشيخ كان هدفها إجهاض مؤتمر القمة العربية الذي عقد في ٢١ ـ ٢٠٠٠/١٠/٢٣م ، ولم تعلق عليه الأمة العربية آنذاك كثيرا من الآمال على الرغم من انه عقد بضغط عربي شعبي كبير . صحيح أن مؤتمر القمة العربية لم يسفر عن قرارات هامة ، ولم يكن في مستوى الأحداث التي أوجدتها الانتفاضة الباسلة للشعب الفلسطيني البطل ، إلاّ أن عقد المؤتمر كسر حاجز الجمود في الوطن العربي بعد توقف عقد القمم العربية عقب آخر قمة عقدت في عام ١٩٩٠م ، أي قبل غزو العراق للكويت باستثناء قمة غير مكتملة لم تحضرها جميع الدول العربية عقدت في عام ١٩٩٦م .

وبصرف النظر عن الدعم المادي الذي قررته القمة عبر تأسيس صندوقين أحدهما لدعم القدس والثاني لدعم صمود الفلسطينيين الذين تضرروا في الانتفاضة ، فإن هذا الدعم كان دون المستوى المطلوب ، إذ لم تزد المبالغ عن مليار

دولار ، كما أن معظم الدول العربية لم تدفع التزاماتها في هذين الصندوقين* ولم يرسل أي مبلغ من هذه المبالغ إلى فلسطين على الرغم من حاجة الناس الماسة لهذا الدعم وبخاصة بعد أن فقدوا أعمالهم ودمرت بيوتهم وانقطعت مواردهم المالية ، ولم يبق لديهم ما يستعينون به على مواصلة الحياة .

في الأسبوع الثاني من بدء انتفاضة الأقصى حلت ذكرى وعد بلفور المشؤوم فوجدت من المناسب كتابة مقال اربط فيه بين انتفاضة الشعب الفلسطيني وثورته وهذا الوعد الذي لولاه لما حلت النكبة بشعب فلسطين ، ولما طرد من وطنه وحرم من حق العيش في دياره كسائر شعوب العالم . وقد نشر هذا المقال ـ وهو الثالث ـ في الدستور بتاريخ ٢٠٠٠/١١/٢م .

في المقال الرابع من مقالات هذا الفصل حللت أسباب تراجع التأييد العالمي لانتفاضة الأقصى وبخاصة على الساحتين الأوروبية والأميركية في حين كان التأييد قويا لانتفاضة عام ١٩٨٧م ، وكذلك في بداية الانتفاضة الحالية . وقد نشر هذا المقال بالدستور في ٢٠٠٠/١١/٦م .

في الثاني عشر من تشرين ثاني / نوفمبر ٢٠٠٠ عقد في مدينة الدوحة بقطر مؤتمر القمة الإسلامية التاسع والتي أطلق عليها " قمة انتفاضة الأقصى " بمشاركة ٥٦ دولة إسلامية .

ولم يتمخض عن هذا المؤتمر قرارات هامة تدعم الانتفاضة الفلسطينية ، فيما عدا تأييدها للانتفاضة وشجب إسرائيل وإدانتها ، ولوم الولايات المتحدة الأميركية الداعمة لها ، والتهديد بقطع العلاقات معها إن نقلت سفارتها إلى القدس .

وباستمرار الانتفاضة تزايد سقوط الشهداء والجرحى ، وصعّدت إسرائيل حربها ضد الفلسطينيين مستخدمة جميع الأسلحة ، وفرضت عليهم حصارا قاسيا، وتعالت الأصوات والاستغاثات الفلسطينية تطالب العون والمساعدة من إخوانهم العرب والمسلمين . وأخذ الكل يردد أغنية حزينة تقول " وين العرب

---

* أي حتى كتابة هذه السطور في ٢٠٠٠/١١/٢٠ على الرغم من مضي شهر على عقد مؤتمر القمة .

وين .... وين الملايين " . وصار منظر مواكب جنازات الشهداء مألوفا كل يوم ، وصور القصف الصاروخي الإسرائيلي من الجو والبر والبحر عاديا . وعلى الـرغم مـن ذلك فقـد تـرك الفلسطينيون وحدهم ليواجهوا مصيرهم ، وليتحملوا وحدهم مسؤوليـة الـدفاع عـن المسجد الأقصىـ والمقدسات الإسلامية والمسيحية نيابة عن العرب والمسلمين والمسيحيين ، وحتى المظاهرات التي عمت البلاد العربية في بدء الانتفاضة خمدت ولم يعد لها ظهور .

في هذا الجو الأليم كتبت المقال الخامس بعنوان : " الـدعم الـذي يأملـه الفلسطينيون من قادة العرب والمسلمين " ، ونشرـ بالدستور في ٢٠٠٠/١١/٢٣ أؤكد فيه عـلى ضرورة دعـم الفلسطينيين ونجدتهم .

لقد كانت إسرائيل تتوقع هذه الانتفاضة فأعدت العدة لمواجهتها حتى لا تفاجأ بها كما فوجئت بانتفاضة عام ١٩٨٧. وقد ذكرت أهم بنود البرنامج الإسرائيلي للقضاء عـلى انتفاضة الأقصى في المقال السادس :"هل سينجح البرنامج الإسرائيلي في القضاء على الانتفاضة؟ ونشرـ في الدستور في ٢٠٠٠/١٢/٢١.

وإذ كانت انتفاضة ١٩٨٧ أطاحت بحكومة اسحق شامير في عام ١٩٩٣ فإن انتفاضة الأقصى كانت وراء سقوط حكومة "باراك" وصعود نجم المجرم" أرئيل شارون" والذي أعلن عـن برنامجه المؤلف مـن ست نقاط. وقد ذكرنا هـذه النقاط في مقالنا السابع:"أرئيـل شارون وخطوطه الحمراء ونشر بالدستور في ٢٠٠٠/١٢/٢٣.

لقد أحدثت انتفاضة الأقصى هزة عنيفة في إسرائيل وجعلت بعض المفكرين الصهاينة يعيدون النظر في المشروع الصهيوني، ومن هؤلاء الشاعر الإسرائيلي المشهور "إيلي راندن" والذي ترجمنا قصيدته التي ينصح فيها صديقا لـه بعـدم الحضور إلى إسرائيل. وقد نشرنا هـذه القصيدة مع التعليق عليها في مقالنا الثامن:"الحقيقة المرة في انتفاضة الأقصىـ كـما يـراه شاعر إسرائيلي مشهور"نشر بالدستور في ٢٠٠٠/١٢/٣١.

على الرغم من معاناة الناس إلا إن معنوياتهم ظلت عالية، لقد فضلوا

مواصلة النضال، رغم ضخامة التضحيات، حتى ينالوا حريتهم ويظفروا باستقلالهم ويفكوا أسر المسجد الأقصى ليعود كما كان المكان الذي تشد إليه الرحال.

لقد أبدى كثيرون عدم الارتياح حينما سمعوا بسفر الوفد الفلسطيني في٢٠٠٠/١٢/٢١ إلى واشنطن تلبية لدعوة من الرئيس الأمريكي "بيل كلينتون" لاستئناف المفاوضات مع الإسرائيليين لقناعتهم بأن الولايات المتحدة أثبتت انحيازها الكامل لإسرائيل، وأن هدف الرئيس الأميركي الذي لم يبق له إلا أيام معدودة في البيت الأبيض تحقيق إنجاز شخصي يختتم به عمله السياسي، وإنقاذ حكومة صديقه باراك المنهارة. ولذلك تقدم بمشروع هو في حقيقته مشروع إسرائيلي تضمن بنودا غير واضحة يمكن تلخيصها في نقاط أبرزها

١- السماح للدولة الفلسطينية بالانتشار على مساحة تتراوح من ٩٤% -٩٦% من أراضي الضفة الغربية وجميع أراضي قطاع غزة.

٢- تعطي إسرائيل للفلسطينيين ما نسبته من ١% إلى ٣% من أراضيها بالإضافة إلى ممر دائم وآمن يربط الضفة بالقطاع بدلا من الأراضي التي اقتطعتها من الضفة الغربية.

٣- ينبغي أن يشكل الجزآن خريطة تستجيب للمعايير التالية:

- ٨٠% من المستوطنين اليهود يبقون في مجمعات استيطانية.

- تواصل الأراضي وتخفيض عدد المناطق التي تضمها إسرائيل إلى الحد الأدنى وتخفيض عدد الفلسطينيين الذين سيتأثرون بهذا الضم إلى الحد الأدنى.

٤- تأييد الحضور الأمني الإسرائيلي في مواقع ثابتة في وادي الأردن (على الحدود الأردنية)، تحت سلطة قوة دولية ولفترة محددة قابلة للتعديل من ٣٦ شهرا.

٥- وبالنسبة للقدس فإن المبدأ العام هو أن المناطق الآهلة بالسكان العرب هي مناطق فلسطينية، بينما المناطق الآهلة باليهود تبقى مناطق إسرائيلية. وفي

موضوع الحرم القدسي فإما أن تكون السيادة الفلسطينية على هذا الحرم وأن تكون السيادة الإسرائيلية على حائط المبكى (البراق) بالإضافة إلى سيادة على المجال المقدس لدى اليهود وذلك في إشارة إلى الجزء السفلي من الحرم، أي أن للفلسطينيين سطح الحرم وللإسرائيليين أسفله، وإما أن تكون سيادة فلسطينية على الحرم القدسي، وسيادة إسرائيلية على حائط المبكى وتقاسم السيادة على مسألة الحفريات تحت الحرم وخلف حائط المبكى.

٦- أما فيما يتعلق باللاجئين فالمبدأ الأساسي هو أن الدولة بالفلسطينية المكان الرئيسيـ للفلسطينيين الذين يقررون العودة إلى المنطقة إلا أنه من غير المستبعد أن تستقبل إسرائيل بعض هؤلاء اللاجئين.

وبصورة عامة فإن قرار استقبال لاجئين فلسطينيين يعود اتخاذه إلى إسرائيل، وسيتم تشكيل لجنة دولية لضمان متابعة ما يتعلق بالتعويضات والإقامة.

٧- يعتبر هذا الاتفاق نهاية للنزاع، وأن تطبيقه يضع حدا لأي مطالبة.

لقد شعر الفلسطينيون بالارتياح حينما سمعوا بعدم قبول السلطة الوطنية الفلسطينية لهذا المشروع وطالبوا الإدارة الأميركية بكثير من الإيضاحات. وقد علق وزير الثقافة والأعلام الفلسطيني ياسر عبد ربه على المشروع قائلا بأنه : "يشكل خطرا على مصيرنا الوطني وعلى مستقبل كل طفل فلسطيني، ولن نتحمل هذه المسؤولية التاريخية .. وأن ما هو مطروح علينا فخ سوف يدفع الفلسطينيون ثمنه ولأجيال طويلة قادمة".

ويأمل الفلسطينيون أن تظل سلطتهم الوطنية متشبثة بموقفها الرافض للمساومة على حقوقهم الثابتة في وطنهم، وبخاصة حق عودة اللاجئين، وحقهم في القدس لتكون عاصمة لدولتهم غير منقوصة السيادة، وعلى أرض غير مقطعة الأوصال، وحقهم في مواردهم الطبيعية بما فيها الموارد المائية، وحقهم في السيطرة على سمائهم وعلى معابرهم ومنافذهم ... فإن لم يتحقق هذا كله فلن يكون هناك سلام، وأن السلام الذي تفرضه موازين القوى المختلة سيكون استسلاما أو هو سلام كاذب وخادع كالسراب الذي يحسبه الظمآن ماء حتى إذا جاءه لم يجده شيئا.

انتفاضة الاقصى ودلالاتها

أكتب هذا المقال وقد مضى على انتفاضة الاقصى أحد عشر يوما، حيث بلغت حصيلتها نحو تسعين شهيدا ونحو ثلاث آلاف جريح، وكانت زيارة السفاح "أرئيل شارون" للحرم الشريف وتدنيسه لباحاته الصاعق الذي فجر هذه الانتفاضة، فالأجواء كانت مهيأة للإنفجار بعد فشل قمة كامب ديفيد الذي عقد في ١٠ / ٧ / ٢٠٠٠م، بالبيت الأبيض بواشنطن وبرعاية الرئيس الأمريكي بيل كلينتون وحضره الرئيس الفلسطيني ياسر عرفات ورئيس الوزراء الإسرائيلي أيهود باراك، واستمر خمسة عشرـ يوما، حيث أعلن الرئيس الأمريكي في ٢٥ / ٧ / ٢٠٠٠م فشل المؤتمر.

لقد كان هذا الفشل متوقعا بسبب تعنت إسرائيل وعدم تنفيذها بنود الاتفاقيات التي أبرمتها مع السلطة الوطنية الفلسطينية، ورفضها الانسحاب من القدس، وتمسكها بالسيادة على المسجد الاقصىـ ودعمها لليهود المتشددين الذين يريدون بناء كنيس على أرضه، وعدم انصياعها لقرارات الشرعية الدولية، ومنها القرار رقم ١٩٤ لعام ١٩٤٨م، والذي ينص على عودة اللاجئين الفلسطينيين. وهذه القرارات تمثل الحد الأدنى للمطالب الفلسطينية، وآخر ما تبقى من الثوابت والخطوط الحمراء التي لا يمكن تجاوزها أو القفز من فوقها، مما ولد اليأس والإحباط لدى الشعب الفلسطيني الذي فقد الأمل في المسيرة السلمية وأصبح السلام بالنسبة له كالسراب.

شعب صامد ومرابط

لقد أكدت هذه الانتفاضة على مدى ما يتمتع به الشعب الفلسطيني من حيوية وقدرة فائقة على التضحية والفداء، قلما تتوفر في شعب من شعوب العالم، فمنذ مطلع القرن الماضي، وهذا الشعب يخوض نضالا مريرا، وكفاحا شديدا، ضد بريطانيا أكبر قوة عالمية آنذاك، ومعها الصهيونية العالمية التي تمكنت من الهيمنة على العالم.

وانتفاضة الاقصى هذه واحدة في مسلسل طويل من الانتفاضات والهبات والثورات التي بدأت كما قلنا منذ بداية القرن الماضي، ولا تزال مستمرة، ولن تتوقف ما دام الشعب الفلسطيني لم ينل حقوقه الكاملة في وطنه كبقية شعوب العالم. وهذه الثورات والانتفاضات لم تتوقف إلا لفترات كان يحاول الشعب الفلسطيني في أثنائها التقاط أنفاسه، وتجميع قواه، وتوحيد صفوفه. لقد ضرب الشعب الفلسطيني الرقم القياسي من حيث طول المدة التي قضاها، ولا يزال يقضيها، في الكفاح والنضال، ومع ذلك لم يزل محروما من نيل حقوقه التي ناضل ويناضل من أجلها، بينما شعوب العالم التي لم يصل كفاحها ونضالها إلى مستوى كفاح الشعب الفلسطيني ونضاله، نالت حقوقها وحصلت على استقلالها.

لقد أثبتت انتفاضة الاقصى على أن الفلسطينيين شعب مرابط، وهم الذين أشار الرسول الكريم صلى الله عليه وسلم إليهم في أحاديثه الشريفة. فيروى عنه أنه قال: "لا تزال طائفة من أمتي ظاهرين على الحق لا يضرهم من خذلهم حتى يأتي أمر الله وهم كذلك"، قيل أين هم يا رسول الله؟ قال: "في بيت المقدس، وأكناف بيت المقدس".

وفي حديث آخر قال فيه صلى الله عليه وسلم: "يا معاذ: إن الله عز وجل سيفتح عليكم الشام من بعدي، من العريش إلى الفرات، رجالهم ونساؤهم وإماؤهم مرابطون إلى يوم القيامة، فمن احتل منكم ساحلا من سواحل الشام أو بيت المقدس فهو في جهاد إلى يوم القيامة".

المسجد الأقصى

ليست هذه هي المرة الأولى التي يهب فيها الفلسطينيون دفاعا عن المسجد الأقصى، فالتاريخ يروي لنا الكثير من الأحداث التي ضحى فيها المرابطون في بيت المقدس وأكناف بيت المقدس، بأرواحهم ودمائهم وأموالهم منذ بدء حروب الفرنجة والتي أطلق عليها فيما بعد "الحروب الصليبية". فاستشهد في المسجد الأقصى آنذاك سبعون ألف شهيد.

وكانت ثورة البراق التي اشتعلت شرارتها في ١٥ / ٨ / ١٩٢٩م، حينما تظاهر اليهود أمام حائط البراق الذي يسمونه حائط المبكى، وطالبوا بملكيته ورفعوا علما صهيونيا عليه، فهب الفلسطينيون للدفاع عن هذا الحائط الذي هو السور الغربي للمسجد الاقصى، واستنجد اليهود بالبريطانيين فسقط ١١٦ شهيدا و ٢٤٠ جريحا من الفلسطينيين.

بعد احتلال إسرائيل القدس الشرقية في حرب ١٩٦٧م، تسلل أحد اليهود إلى الحرم القدسي وأحرق المسجد الاقصى في ٢١ / ٨ / ١٩٦٩م، فهب أهل بيت المقدس وأكناف بيت المقدس للدفاع عنه، وتمكنوا من إطفاء الحريق الذي أتى على منبر صلاح الدين، وأصاب قبة المسجد بأضرار كبيرة.

وشهد الاقصى في أثناء الاحتلال الإسرائيلي مذابح ومجازر منها المجزرة التي ارتكبتها القوات الإسرائيلية في ساحة الحرم بتاريخ ١٩٩٠/١٠/٨م، حيث سقط فيها عشرون شهيدا ومائة وخمسون جريحا.

وقد أكدت الانتفاضة هذه على أن القدس الشريف من أهم الثوابت التي لا يمكن للفلسطينيين التزحزح عنها، كما أن المسجد الأقصى يظل على الدوام رمز القداسة ، وعنوان الكرامة والشرف العربي والإسلامي الذي يفديه المسلمون بأرواحهم وبدمائهم ، وفي سبيله يهون كل شيء.

الوحدة الوطنية:

لعل من أبرز مظاهر انتفاضة الأقصى تماسك الشعب الفلسطيني على اختلاف فئاته وشرائحه وانتماءاته مما أدى إلى تجسيد وحدته الوطنية على أرض الواقع . فعلى الرغم من الخلافات التي كانت قائمة قبل الانتفاضة حول المسيرة السلمية وسير المفاوضات مع الإسرائيليين فإن الانتفاضة عملت على إزالة الكثير من الخلافات أو نحتّها جانبا، ثم التغاضي عنها ولو مؤقتا، لإعطاء الكفاح والنضال المشترك الأولوية، ومواجهة العدو صفا واحدا. لقد ساهمت جميع الأطياف السياسية التي تمثل مختلف الفصائل والتيارات والاتجاهات للشعب

الفلسطيني في هذه الانتفاضة، فضربت المثل الذي يحتذى به في التعاون والتضافر، ونبذ الخلافات في الشدائد والأزمات.

وكان من أهم مظاهر هذه الانتفاضة أنها لم تكن قاصرة على الأراضي التي احتلتها إسرائيل في حرب عام ١٩٦٧م، أي الضفة والقطاع، وإنما اتسع نطاقها، وابتعد مداها لتشمل الأراضي الفلسطينية المحتلة منذ عام ١٩٤٨م. وقد أثبت عرب تلك الأراضي والذين يطلق عليهم خطأ "عرب اسرائيل" بأنهم لا يقلون عن إخوانهم من سكان الضفة الغربية والقطاع تمسكا بفلسطينيتهم، وإيمانا بعروبتهم، وليسوا أقل منهم غيرة على المسجد الاقصى- وسائر المقدسات الإسلامية في فلسطين، وأنهم على استعداد للتضحية في سبيلها بالأرواح والدماء.

إن مشاركة إخواننا سكان الأراضي المحتلة منذ عام ١٩٤٨م، أفزعت الإسرائيليين وأخافتهم، وأشعرتهم بهشاشة وضع دولتهم، وضعف بنيتها الأساسية، ولذلك كان تحركها سريعا وانتقامها شنيعا، وسقط مالا يقل عن ١٣ شهيدا والكثير من الجرحى من إخواننا عرب ١٩٤٨م.

سقوط جماعات السلام ودعاة التطبيع

كان من نتائج هذه الانتفاضة أنها كشفت عن حقيقة أنصار السلام، ودعاة التطبيع في داخل إسرائيل وفي البلاد العربية. ففي الانتفاضة تم الفرز الحقيقي، وأزيلت الأقنعة، وظهرت الوجوه على طبيعتها الأصلية، ولو أن الكثيرين منا يعرف حقيقة هؤلاء الذين انحرفوا عن المسيرة وكانوا أمامنا عراة، إلا أن الانتفاضة قد نزعت أوراق التوت عن عوراتهم، فظهرت سوءآتهم، فنفر الناس منهم، ولم يعودوا يطيقون سماع أباطيلهم وأراجيفهم.

أما قادة أنصار السلام وزعمائهم في إسرائيل فقد اصطف معظمهم- إن لم يكن كلهم- مع حكومتهم، وأخذوا يدافعون عن مواقفها، ويبررون أفعالها العدوانية، ويلقون باللوم على الفلسطينيين، ويحمّلونهم مسؤولية الأحداث الدامية، واشتركوا مع حكومتهم في توجيه الاتهام إلى السلطة الوطنية

الفلسطينية، وبخاصة الرئيس ياسر عرفات، متهمينه بأنه المحرض، والمحرك للانتفاضة.

لقد سبق وحذرنا، وحذر كثير من الكتاب العرب، من جماعات أنصار السلام وأهدافهم المشبوهة، ومن دعاة التطبيع، وبخاصة ما يسمون بجماعة كوبنهاجن للسلام الذين انضم إليهم كثير من العرب، وصاروا يرددون أفكار أساتذتهم الصهاينة بعد أن تبنوا طروحاتهم وآرائهم، واتخذوا من بعض الفضائيات والصحف العربية منابر يبثون من خلالها، وبواسطتها مزاعمهم وأباطيلهم.

في أثناء الانتفاضة لم يجرؤ أحد من دعاة التطبيع على الظهور خشية من الجمهور العربي الغاضب، وبخاصة بعد أن ظهرت الحقائق، وأثبتت إسرائيل بأنها لا تريد السلام مع العرب، وإنما تريد منهم الاستسلام باسم السلام، فما كان من دعاة التطبيع إلا أن اختبأوا في جحورهم مثل الأفاعي التي تختبئ حينما تحس بالخطر، ومنهم من عرف الحقيقة، وصحا ضميره، وأعلن توبته، وانسحب من جماعات السلام.

الفجوة بين الحكام والمحكومين

لقد أعادت الانتفاضة للأمة العربية نشاطها وحيويتها، وكشفت عن حقيقة معدنها الأصيل، وأثبتت صدق الانتماء القومي، وذلك من خلال المظاهرات الحاشدة الهادرة التي قامت في البلاد العربية بما فيها بلدان لم تألف المظاهرات، ولم تشهدها من قبل مثل المملكة العربية السعودية وسلطنة عمان، وأكدت هذه المظاهرات على مساندتها ومآزرتها للشعب الفلسطيني، ووقوفها معه في محنته، وشجبت الأعمال الصهيونية الإجرامية، ورفضت الاحتلال الإسرائيلي، وطالبت بتحرير المسجد الاقصى والقدس الشريف وفلسطين من الاحتلال، ودعت الحكام العرب إلى دعم الشعب الفلسطيني ومده بالسلاح، وطالبت بفتح الحدود لينطلق المجاهدون للدفاع عن الأقصى، واستهجنت استمرار التفاوض مع الإسرائيليين

القتلة، ودعت إلى إقفال السفارات والمكاتب الإسرائيلية في البلاد العربية، ووقف التطبيع بجميع أشكاله وأنواعه، فالإسرائيليون لا يفهمون إلا لغة القوة. وقد عاب المتظاهرون على قادة العرب انقسامهم، وعدم اتفاقهم على عقد قمة عاجلة لاتخاذ قرارات حاسمة تتناسب مع الواقع، وتكون في مستوى الأحداث.

ولم تقتصر هذه المظاهرات على البلاد العربية بل تعدتها لتشمل الساحة العالمية فعمت عواصم العالم وأعلنت عن تأييدها للشعب الفلسطيني وشجبها للعدوان الإسرائيلي. لقد كشفت هذه المواقف الشعبية عن الهوة الواسعة بين الحكام والمحكومين في عدد من البلدان العربية الذين رضخ قادتها للضغوط الأجنبية، مما يتعارض مع مصالح أوطانهم، وعمدوا إلى تعطيل عقد قمة عربية تعالج الأوضاع المتدهورة لهذه الأمة.

وإذا كان الموقف الرسمي لعدد من الدول العربية متخاذلا ودون مستوى الأحداث، فإن المواقف الشعبية العربية كانت قوية جدا فخيبت توقعات أعداء الأمة الذين كانوا يراهنون على انحسار المد القومي، وتراجع الدعوة القومية لصالح التيارات القطرية والإقليمية الانعزالية. ونتيجة هذه الضغوط الشعبية، قام عدد من الدول العربية بإرسال طائرات تحمل الأدوية والطواقم الطبية للأراضي الفلسطينية، وعادت محملة بجرحى فلسطينيين ليعالجوا في مستشفياتها.

وإذ كنا نرحب بهذه الخطوات، ونشكر كل من يقوم بها، إلا أننا لا نريد أن يظل هذا الدعم محصورا في الأعمال الخيرية فقط، وإنما نأمل أن يتسع مداه ليشمل كل ما من شأنه مساندة شبان الانتفاضة ودعمهم بكل الوسائل الممكنة ليتمكنوا من مقاومة هذه الهجمة الإسرائيلية الشرسة التي لن تتوقف إلا إذا أحس الاسرائيليون بالخسائر في صفوفهم، مثلما حدث في جنوب لبنان.

وعلى الرغم من المحنة التي حلت بالعراق، ورغم الحصار الذي تجاوز عامه العاشر، وأدى إلى موت الآلاف من الأطفال، إلا أنه قام بتظاهرات أبدى فيها استعداده لنصرة عرب فلسطين، والدفاع عن القدس والمسجد الأقصى، وأرسل الإمدادات الطبية والغذائية وأعلن عن التطوع للدفاع عن فلسطين.

توقف المشروع الصهيوني

لقد كان أهم درس تعلمه الفلسطينيون واستوعبوه من دروس نكبتهم في عـام ١٩٤٨م هو التشبث بالوطن، والتمسك بـالأرض، وعـدم النـزوح عـن الـديار مهـما كانت الضغوطات، وصاروا يفضلون الموت والاستشهاد على ثرى وطنهم الطهور بدلا من عار النزوح وهوان الحيـاة وذلها في الشتات بعيدا عن الأوطان.

لقد حاولت إسرائيل بعد حرب ١٩٦٧م، تكرار ما فعلتـه في أثنـاء حـرب ١٩٤٨م، وذلك بإجبار الفلسطينيين عـلى مغـادرة وطنهم، مستخدمين جميع الطرق والوسـائل، كالإرهـاب وارتكاب المذابح والمجازر، إلا أن جميع محاولاتها باءت بالفشل.

وبنجاح الانتفاضة الفلسطينية السابقة التي تفجـرت في التاسـع مـن ديسـمبر/ كـانون الأول عام ١٩٨٧م، وبروز قيادة واعية للانتفاضة، تعزز بقـاء الفلسطينيين في وطنهم وتمسكوا بأرضهم، ففرضوا وجودهم ولو على جزء من وطنهم، مما شكل هـما دائمـا لإسرائيل، وأدى إلى توقف المشروع الصهيوني الذي كان ينادي بدولـة يهوديـة تمتد مـن النيل إلى الفـرات، وهـذا التوقف هو مؤشر واضح على فشل هذا المشروع العدواني الاحتلالي الاستيطاني الـذي لم يشـهد له التاريخ مثيلا، وايذانا بزوال الدولة اليهودية، مهما طال الزمن، وأن مصيرها سيكون كمصير الممالك الصليبية في الماضي والتي زالت، حيث عاد الصليبيون من حيث جاءوا، وتحررت البـلاد العربية من سيطرتهم.

يعتمد المشروع الصهيوني في المقام الأول- كما نعلم عـلى تفريـغ فلسطين مـن سـكانها العرب، وبدون التفريغ الكامل، فإن هذا المشروع لن يكتب له النجاح، لأن بقاء الفلسطينيين في وطنهم وتشبثهم بأرضهم سيصبح كالشوكة في حلق إسرائيل، فلا هـي بقـادرة عـلى ابتلاعهـا، ولا هي متمكنة من لفظها والتخلص منها، وإنما ستظل في مكانها تؤلمها وتـدميها حتـى تلفـظ أنفاسها في النهاية.

وماذا بعد ؟

إذا كانت هذه الانتفاضة فجرت طاقات هذه الأمة، وأحيت تضامنها، فإنها في الوقت نفسه رسالة تحذير لكل من يهمهم الأمر، ومفادها أن الكيل قد طفح، وأن السيل قد بلغ الزبى، ولم يعد في القوس منزع، وأن تجاوز الخطوط الحمراء، والقفز فوق ما تبقى من الثوابت عمل مدمر ومهلك، لمن تسول له نفسه الوقوف في وجه رغبة الشعب والأمة.

وقبل أن نختتم مقالنا نتساءل كغيرنا فيما إذا كانت الانتفاضة ستتواصل؟ وعلى أي شكل يمكن أن تستثمر؟ ولمن ستجير؟

أنه سؤال من الصعب الإجابة عليه، ولو أن هناك من يقول بأن هذه الانتفاضة قد تستثمر لصالح استئناف المسيرة السلمية، وتصبح في هذه الحالة كالولادة العسرة التي يضطر الطبيب فيها إلى إجراء عملية قيصرية. ويدلل أصحاب هذا الرأي بالاتفاق الأمني بين الفلسطينيين والإسرائيليين في قطاع غزة وتشكيل غرفة عمليات مشتركة يساهم فيها مسؤولون من الولايات المتحدة الأمريكية*.

وعلى أية حال فإن الانتفاضة حتى ولو توقفت فإن بإمكان القيادة الفلسطينية استثمارها في المفاوضات مع الطرف الإسرائيلي، ودعم تمسك ما تبقى من ثوابت على نحو ما يفعل الاسرائيليون حينما يحسبون ألف حساب للمعارضة عندهم.

ويبدو لنا أن من الصعب على القيادة الفلسطينية التزحزح عن مواقفها، وبخاصة فيما يتعلق بالقدس بعد أن ترددت أصداء الانتفاضة في أنحاء العالم.

---

* كان هذا بناء على قرارات قمة شرم الشيخ التي دعا إليها الرئيس المصري حسني مبارك وحضرها كل من الرئيس الأميركي بيل كلنتون والرئيس الفلسطيني ياسر عرفات ورئيس وزراء إسرائيل ايهود باراك. إلاّ أن إسرائيل لم تلتزم بقرارات هذه القمة فاستمرت الانتفاضة. وقد عقدت هذه القمة في ٢٠٠٠/١٠/١٦م.

وحركت الجماهير العربية. ولا نعتقد بأن هذه الأرواح التي أزهقت، والدماء التي أريقت ستذهب سدى. ولا شك في أن من يحاول تجاوز هذه الخطوط الحمراء يكون كمن وضع نفسه في الاتجاه المعاكس، وألقى بنفسه في مهاوي الردى والهلاك.

الانتفاضة ستظل مستمرة ما دامت الاستفزازات الإسرائيلية قائمة. فالفلسطينيون لم يدعوا شارون لزيارة المسجد الاقصى وتدنيسه، وليسوا هم الذين يطلقون النار على المدنيين العزل من السلاح، وبخاصة الاطفال لمجرد أنهم عبروا بالمظاهرات عن سخطهم لهذه الاستفزازات. والفلسطينيون ليسوا هم الذين طالبوا الجيش الإسرائيلي أن يضرب بطائراته ودباباته وصواريخه الشعب الأعزل وهدم مساكنه وقتل أبنائه. والفلسطينيون ليسوا هم الذين أطلقوا قطعان المستوطنين ليهاجموا الآمنين المسالمين من السكان العرب، وبحماية ودعم الجيش والشرطة الإسرائيلية. والفلسطينيون ليسوا هم الذين يطلب منهم وقف إطلاق النار فهم لا يملكون نيرانا يطلقونها، وليس لديهم إلا الحجارة يرجمون بها أبناء الأبالسة، إن الذين يطلقون النار هم الإسرائيليون*، ومنذ متى يتساوى القاتل والمقتول؟ وهل من العدل أن نطالب الضحية وهي تتلقى الضربات بالسكوت والكف عن الصراخ حتى لا تزعج المجرم وتستفزه؟

هذه حقائق يجب أن يعرفها العالم، وأن يعرفها قبلهم قادة العرب، وزعمائهم ليتحملوا مسؤولياتهم كاملة، ويتخذوا قرارات شجاعة في قمتهم التي تجيء متأخرة لتكون في مستوى الأحداث، قرارات تدعم الشعب الفلسطيني بالأفعال لا بالأقوال، وترفع الظلم عنه، وتوقف العدوان الإسرائيلي وتحمي القدس من الضياع والمسجد الاقصى من التهويد، اللهم أني قد بلغت، اللهم فاشهد.

---

* تطورت الانتفاضة فيما بعد فاضطر الفلسطينيون إلى الدفاع عن أنفسهم بإطلاق النار من البنادق. إلاّ أن هذه البنادق لا يمكن أن تواجه الصواريخ والدبابات والطائرات والبوارج الحربية التي استخدمها الإسرائيليون في حربهم ضد الفلسطينيين بشكل لم يسبق له مثيل.

قمة شرم الشيخ، الدوافع والأسباب والنتائج المتوقعة

من المقرر أن يعقد في هذا اليوم السادس عشر من هذا الشهر(*)، والذي أكتب فيه المقال مؤتمر شرم الشيخ الذي دعا إليه الرئيس المصري محمد حسني مبارك في وقت سابق. لقد وجدت من المناسب أن أبدأ مقالي بطرح عدد من التساؤلات التي تدور في أذهان الكثيرين في وطننا العربي الذين فوجئوا بهذا الإعلان المفاجئ لهذه القمة، ومن أهم هذه التساؤلات:

لماذا تقرر عقد هذا المؤتمر، وبهذا الشكل المفاجئ، وبعد أن كررت مصر رفضها لعقده، وأكدت على لسان وزير خارجيتها عمرو موسى بأنه لا قمة ستعقد قبل القمة العربية المقرر عقدها في الحادي والعشرين من هذا الشهر؟

هل جاء عقد قمة شرم الشيخ هذه نتيجة ضغوط خارجية، وبخاصة تلك التي مارستها الولايات المتحدة الأمريكية؟

وهل تهدف هذه القمة إلى إجهاض الانتفاضة، وسحب البساط من تحت أقدام المنتفضين الفلسطينيين، وحرمانهم من استثمار ردود الفعل العربية القوية، والمتجاوبة مع الانتفاضة بشكل يفوق التوقعات، مما أحرج الأنظمة العربية، وهدد بنسف عملية السلام، وعرض أمن المنطقة واستقرارها للخطر كما يقول البعض؟

وهل عقد هذه القمة تم بالتنسيق مع القادة العرب وموافقتهم، حتى يتم انعقاد القمة العربية في جو يسوده هدوء نسبي، مما يساعدهم على إصدار قرارات باهتة ترضى عنها القوى الغربية، وبخاصة الولايات المتحدة الأمريكية؟

وهل تأخير عقد القمة العربية إلى الحادي والعشرين من هذا الشهر، كان مخططا له ومتفق عليه، لإتاحة الوقت لإجراء المزيد من المشاورات والمباحثات بين الأطراف التي رتبت عقد قمة شرم الشيخ؟ ولمصلحة من سيكون عقد هذه القمة؟

(*) ١٦ / ١٠ / ٢٠٠٠.

ولماذا استجاب الرئيس ياسر عرفات لحضورها، بعد أن كان يرفض حضورها، إذا لم يوافق باراك على الطلبات الفلسطينية؟ وما هي السيناريوهات التي ستسفر عنها هذه القمة المفاجئة.

ويهدف هذا المقال إلى بحث هذه الأسئلة ومحاولة الإجابة عليها.

شبهات حول عقد المؤتمر

لقد كشفت وسائل الإعلام المختلفة - سواء كانت عربية أو أجنبية- عن عدم ارتياح الرأي العام العربي لانعقاد قمة شرم الشيخ، وأن الكثيرين أبدوا سخطهم لعقدها، ففي مصر- وهي الدولة الداعية لهذه القمة والمضيفة لها أبدى المصريون الذين تم استطلاع رأيهم، والذين شاركوا في المظاهرات عن معارضتهم لعقد قمة كهذه تسبق القمة العربية. وعلى سبيل المثال صرح نائب رئيس تحرير إحدى الصحف المصرية لمندوب هيئة الإذاعة البريطانية في الرابع عشر من هذا الشهر بأن موقف مصر يجب أن ينسجم مع مصالحها الوطنية والقومية، مما يحتم عليها دعم القضية الفلسطينية ومقاومة جميع الضغوط التي طالبتها بعقد قمة شرم الشيخ، كما أن الدعم المصري يجب أن لا يكون لشخص ياسر عرفات، وإنما لفلسطين وقضيتها.

لقد استهجن الجميع الإعلان المصري المفاجئ لعقد القمة التي لم تتوافر مقومات نجاحها كما كان المسؤولون المصريون يعلنون، وبخاصة بعد فشل عدة لقاءات واجتماعات عقب انهيار قمة كامب ديفيد في ٢٥ / ٧ / ٢٠٠٠م، وفي التاسع والعشرين من الشهر الماضي فشل لقاء في واشنطن بين وفد فلسطيني ووفد اسرائيلي غايته البحث عن أرضية مشتركة تساعد على استئناف عملية السلام التي وصلت إلى طريق مسدود.

حينما تفجرت انتفاضة الاقصى، دعا الرئيس الفرنسي جاك شيراك إلى لقاء بين الرئيس ياسر عرفات ورئيس الوزراء الإسرائيلي أيهود باراك وبحضور وزيرة الخارجية الأمريكية مادلين أولبرايت. وتم عقد هذا اللقاء في ٤ / ١٠ / ٢٠٠٠م، ولكنه

فشل لتعنت باراك ورفضه مطالب عرفات بإيقاف الحرب التي شنها على الشعب الفلسطيني، وسحب الدبابات والمدرعات من مناطق السلطة الوطنية الفلسطينية، وفك حصار القوات الإسرائيلية للمدن والقرى الفلسطينية، وتشكيل لجنة تحقيق دولية لبحث أسباب الأحداث الأخيرة والتي أدت إلى نشوب الانتفاضة.

بعد فشل لقاء باريس دعا الرئيس المصري إلى عقد لقاء في شرم الشيخ يوم الخميس الموافق ٥ / ١٠ / ٢٠٠٠م، إلا أن أيهود باراك رفض الاستجابة لهذه الدعوة وأصر على العودة إلى إسرائيل ليصعد حملته ضد الفلسطينيين، وعلل هذا الرفض آنذاك بأنه يرفض الشروط التي وضعها الرئيس الفلسطيني ياسر عرفات، ولكنه لا يمانع في حضور أي لقاء دون شروط مسبقة، وأنه يحمل ياسر عرفات مسؤولية الأحداث الدامية في الأراضي الفلسطينية.

وكما يعلم الجميع فإنه لم يطرأ أي تغير على الموقف يشجع على عقد هذه القمة فباراك لا زال متصلبا في موقفه، ورافضا لوقف عدوانه على الشعب الفلسطيني، وغير مستجيب لفكرة لجنة تحقيق دولية، بل على العكس من ذلك نراه يصّعد من عدوانه، ويتخذ من مقتل جنديين اسرائيليين تسللا إلى أراضي السلطة الوطنية الفلسطينية للقيام بأعمال عدوانية، ذريعة لقصف جوي وبحري لمراكز الشرطة الفلسطينية ومقر الرئيس ياسر عرفات في رام الله وغزة. وطال القصف مدنا فلسطينية أخرى مثل نابلس وأريحا، كما شجع قطعان المستوطنين بالاعتداء على الفلسطينيين في عدد من المدن والقرى الفلسطينية.

وإمعانا في التهديد والوعيد، ورغبة منه في التصعيد دعا أيهود باراك إلى تشكيل حكومة وحدة وطنية يشارك فيها آرييل شارون سفاح صبرا وشاتيلا، ومفجر الأحداث الدامية الأخيرة.

الموقف الأمريكي المنحاز

أما الموقف الامريكي فقد أصبح مكشوفا ومعروفا للجميع، إنه موقف مؤيد وداعم للموقف الإسرائيلي، مما يفسر عقد هذا المؤتمر. وربما كان من المناسب أن

نذكر القارئ الكريم ببعض التصريحات لمسؤولين أمريكيين كبار تثبت انحياز الولايات المتحدة التام لإسرائيل. فقد حمل الرئيس بيل كلينتون الرئيس الفلسطيني ياسر عرفات فشل قمة كامب ديفيد في الخامس والعشرين من يوليو هذا العام على الرغم من أنه يعلم بأن عرفات كان يطالب إسرائيل بتطبيق قرارات الشرعية الدولية الصادرة عن الأمم المتحدة والتي صدرت بموافقة الولايات المتحدة نفسها.

واستجداء لأصوات اليهود، وحبا في كسب ودهم ورضاهم تقود زوجة الرئيس الامريكي هيلاري مظاهرة في أمريكا تندد فيها بالفلسطينيين والرئيس عرفات وتحمله أسباب العنف في المنطقة. وفي حمى الصراع على الفوز بكرسي الرئاسة والوصول إلى البيت الأبيض يتسابق المتنافسان آل جور، وجورج بوش الابن في الهجوم على الفلسطينيين والتودد إلى الإسرائيليين.

وفي الوقت نفسه لم تتورع وزيرة الخارجية الأمريكية أولبرايت عن شتم الشعب الفلسطيني متهمة إياه بالرعاع لأنه يدافع عن نفسه بالحجارة، وتبدي تعاطفها مع الجيش الإسرائيلي المدجج بالسلاح، والذي يفتح النار على الفلسطينيين بمن فيهم الأطفال، وتقول بأن الجيش الإسرائيلي "محاصر ومهدد من خطر الحجارة وخطر الرعاع الذين يحيطونه بالمظاهرات".

ويتجلى الموقف الامريكي المعادي للعرب والفلسطينيين في رفض الولايات المتحدة طلبا فلسطينيا يدعو مجلس الأمن الدولي للانعقاد لبحث العدوان الإسرائيلي الشرس على الشعب الفلسطيني، ومناطق السلطة الوطنية الفلسطينية، وقد نجحت بالفعل في تعطيل عقده، مما اضطر العرب للمطالبة بانعقاد الجمعية العامة للأمم المتحدة.

ولماذا تعقد القمة وما أهدافها؟

إذا كان الموقف الإسرائيلي لم يتغير، بل ازداد تصلبا وتعنتا، وإذا كان الموقف الامريكي يزداد كل يوم انحيازا لإسرائيل، وإذا كانت أجواء الانتخابات

الأمريكية تلقي بظلالها السوداء علينا، فلماذا دعت مصر إلى عقد هذه القمة التي كانت ترفض عقدها من قبل؟ ولماذا توافق مصر علي عقد قمة كهذه قبل انعقاد القمة العربية، وفي جو عربي شعبي رافض؟ ولماذا جاءت هذه القمة بهذه السرعة في حين كان التباطؤ واضحا في عقد القمة العربية.

إن الإجابة على هذه التساؤلات ليست صعبة، واعتقد أن المواطن العربي يمكنه الإجابة عليها، لأنه يدرك الضغوط التي بذلتها، ولا تزال تبذلها الولايات المتحدة الأمريكية على القادة العرب، وفي الوقت نفسه يرى عبر وسائل الإعلام وبخاصة الفضائيات تحرك شخصيات أوروبية بعد اختطاف حزب الله لثلاثة جنود إسرائيليين، والخشية من تفجر صراع في المنطقة يهدد مصالح أقطارهم، فقد هرول إلى المنطقة وزير الخارجية البريطاني، ووزير الخارجية الروسي، وممثل الاتحاد الأوروبي، والأمين العام للأمم المتحدة، جميعهم جاءوا إلى المنطقة بحجة نزع فتيل الأزمة وتهدئة الأوضاع، ومنع قيام حرب شاملة. وعلى الرغم من إدعائهم التزام الحياد والموضوعية إلا أن تصريحاتهم كشفت عن انحيازهم إلى إسرائيل أو أن كفتهم مالت نحوها. فعلى سبيل المثال اعتبر الأمين العام كوفي عنان بأن خطف حزب الله لثلاثة من الجنود الإسرائيليين مخالف للشرعية الدولية، ولكنه سكت عن اختطاف إسرائيل لعدد من قادة حزب الله في لبنان، ولم يشجب قتل الجنود الإسرائيليين للأطفال الفلسطينيين، ولم يشجب ضرب إسرائيل المدن الفلسطينية بالطائرات والسفن الحربية والصواريخ.

ونحن نتساءل: ما الذي دعا الأمين العام للحضور إلى المنطقة في الوقت الذي كان ينبغي فيه أن يكون في مقر عمله ويطالب بتنفيذ قرارات هيئة الأمم المتحدة، والمكلف أصلا بمتابعتها؟.

على ضوء هذا كله فإن أهداف عقد قمة شرم الشيخ تبدو واضحة، وأن تخوف الكثيرين من عقدها يظل قائما، وأنه على الرغم من تصريحات بعض المسؤولين العرب والتي حاولوا فيها نفي أي تعارض بين قمة شرم الشيخ والقمة العربية التي تجيء بعدها، فإن هذه التصريحات لم تبدد الشكوك والشبهات التي

تحوم حولها. وربما كان من أبرز غايات هذه القمة كما يراها المراقبون الرافضون لعقدها أنها موجهة لإجهاض الانتفاضة، وقد تجهض القمة العربية، أو تقلل من أهميتها، وتمهد لإصدار قرارات هزيلة لا تتعدى حدود الشجب والإدانة لإسرائيل والدعم والتأييد والمساندة الكلامية للشعب الفلسطيني.

وقد لا نجانب الصواب إذا قلنا بأن عقد قمة شرم الشيخ أراحت عددا من القادة العرب الذين يريدون وقف الانتفاضة، لأن استمرار هذه الانتفاضة يحرج هؤلاء القادة ويضعف مواقفهم أمام شعوبهم التي انتفضت وتظاهرت وطالبتهم بمواقف حازمة وصلبة في وجه إسرائيل، أقلها سحب السفراء، ووقف التطبيع، وإقفال السفارات والمكاتب.

كثيرون من القادة العرب لم يكونوا راضين وهم يسمعون عبر وسائل الإعلام وبخاصة الفضائيات العربية إتهام شعوبهم لهم بالتهاون والتخاذل عن نصرة الشعب الفلسطيني، والرضوخ للولايات المتحدة الأمريكية، وشعروا بأن استمرار الانتفاضة يشكل تهديدا لهم وخطرا عليهم. لقد أعادت هذه الانتفاضة القضية الفلسطينية إلى حضنها العربي الدافئ وإلى بعدها القومي الواسع، وهذا ما أزعج بعض القادة الذين يريدون حبسها وحصرها في مجالها القطري الانعزالي، لأنه إذا عادت إلى البعد القومي فإنه يتوجب عليهم أن يكونوا شركاء، أما إذا انحصرت في إطارها القطري فهم في هذا الحالة وسطاء وهذا ما يريدونه.

لماذا غير عرفات موقفه؟

كان المسؤولون في السلطة الوطنية الفلسطينية يصرحون بأن الرئيس ياسر عرفات يرفض أي لقاء مع أيهود باراك ما لم يوافق على طلبات الفلسطينيين سابقة الذكر. فما الذي غيرّ موقفه هذا على الرغم من أن الهيئات والمنظمات والأحزاب التي تمثل كافة الأطياف السياسية الفلسطينية وقعت بالأمس الأحد ١٥/ ١٠/ ٢٠٠٠م، بيانا استنكرت ورفضت مشاركة الرئيس ياسر عرفات في قمة شرم الشيخ، ودعت بهذه المناسبة للقيام بمسيرات ومظاهرات رافضة لهذه المشاركة؟.

إن الإجابة على هذا السؤال لا يحتاج إلى عناء كبير، وليس هناك من تفسير غير الضغوط الهائلة التي مورست أمريكيا ودوليا وعربيا، ففي حالة الرفض فلن يجد الرئيس الفلسطيني من يقف معه على المستوى الرسمي وعلى كافة الأصعدة والمستويات، وسيتهم بالسلبية وعدم الرغبة في وقف نزيف الدماء. وبحضوره المؤتمر سيغضب شعبه الرافض للحضور، ولن يجد في هذا المؤتمر من يقف معه ويؤيده ويدعمه، ففيما عدا الأطراف العربية التي ستحضر المؤتمر، فإن القوى الفاعلة فيه، وعلى رأسها الولايات المتحدة الأمريكية ستقف مع الجانب الإسرائيلي وتؤيده وتدعمه، وستستخدم الأطراف العربية لتليين موقف الرئيس عرفات. وقد نتساءل عن الدافع وراء حضور ياسر عرفات لمؤتمر كهذا نتائجه معروفة مسبقا، ومواقف الأطراف المشاركة فيه مكشوفة، ونجيب على ذلك بالقول بأن لكل طرف حساباته التي يبني عليها موقفه.

لا شك في أن وضع الرئيس عرفات حرج وحساس للغاية فهو كمن وقع بين مطرقة شعبه وسندان القوى الضاغطة عليه، هو يخشى لو تفاقم الوضع فقد تزداد الأوضاع سوءا وتقوم إسرائيل بإعادة احتلال مناطق السلطة الوطنية الفلسطينية مما يضعه أمام خيارين أحلاهما في نظره مر، فإما الكفاح مع شعبه ومقاومة الاحتلال، وإما الخروج على نحو ما حدث في لبنان عام ١٩٨٢م حينما اجتاحت القوات الإسرائيلية الأراضي اللبنانية ووصلت بيروت، واضطرت منظمة التحرير الفلسطينية إلى الخروج والعيش في المنافي بعيدا عن حدود الوطن، وإذا حدث هذا، فأي بلد عربي يقبل بأن يكون ملجأ للسلطة الوطنية الفلسطينية؟

ربما كانت هذه الحسابات هي التي أملت على الرئيس ياسر عرفات حضور هذا المؤتمر. وفي اعتقادنا أن هذا المؤتمر لن يسفر عن قرارات هامة، وإنما كل ما سيتوصل إليه هو وقف إطلاق النار وتهدئة الأوضاع وإعادة بناء الثقة، والتي لا يمكن أن تعود لأنها غير موجودة أصلا، تمهيدا لاستئناف المفاوضات.

وهذه القرارات ليست علاجية وإنما هي أشبه بالمهدئات والمسكنات التي لم تقض على المرض. وفي يقيننا فإن كل ما سيسفر عنه هذا المؤتمر هو قرارات هزيلة لن توقف الانتفاضة ولن تلزم إسرائيل بوقف عدوانها على الفلسطينيين.

في ذكرى الوعد المشؤوم

الانتفاضة والمقاومة - الخيار الإستراتيجي الوحيد

في الثاني من تشرين ثاني/ نوفمبر هذا العام يكون قد مضى على وعد بلفور ثلاث وثمانون عاما. ففي مثل هذا اليوم من عام ١٩١٧م، أعلن وزير الخارجية البريطاني آنذاك آرثر بلفور وعدا عرف باسمه فيما بعد، منحت بموجبه بريطانيا اليهود وطنا قوميا في فلسطين، في الوقت الذي كان فيه العرب يحاربون الأتراك مع البريطانيين بعد أن أعلنوا الثورة بقيادة شريف مكة الحسين بن علي، فكان هذا الوعد بمثابة طعنة نافذة في ظهر العرب الذين اطمأنوا لوعود بريطانيا لهم، والتي تعهدت فيها بمساعدتهم على التحرر والاستقلال وإقامة دولة عربية في بلاد الشام والعراق.

لقد وضع وعد بلفور حجر الأساس للدولة اليهودية في فلسطين، وبموجبه تعهدت بريطانيا بمواصلة عملية بناء هذه الدولة، وبدأت خطوات التنفيذ منذ احتلال الجيش البريطاني فلسطين عام ١٩١٧م، وعينت في عام ١٩٢٢م، أول مندوب سام فيها وهو السير هربرت صموئيل، والذي كان يهوديا ومن غلاة الصهاينة البريطانيين. وبجلاء بريطانيا عن فلسطين في الخامس عشر من أيار مايو ١٩٤٨م، كان بناء الدولة اليهودية قد اكتمل، وأعلن عن قيام إسرائيل في ذلك التاريخ.

كان من الطبيعي أن يرفض العرب وبخاصة الفلسطينيين وعد بلفور فقاوموا الغزو الصهيوني لبلادهم، وبدأ مسلسل الثورات والانتفاضات منذ احتلال البريطانيين لوطنهم ومجيء الصهاينة في ركابهم، وأصبح قدر هذا الشعب أن يظل في نضال دائم وكفاح مستمر، ولن تستقر أحواله، وتهدأ أوضاعه، ويطمئن باله، إلا إذا تحققت أمانيه وتطلعاته ونال حقوقه الثابتة في وطنه مثل سائر شعوب العالم.

إن الانتفاضة الحالية وما سبقتها من انتفاضات وثورات ما هي إلا نتائج وتداعيات لوعد بلفور. وكل انتفاضة كانت تستمر فترة من الزمن يتلوها هدوء

نسبي يستجمع فيه الشعب الفلسطيني قواه ليستأنف انتفاضته من جديد. فعلى سبيل المثال استمرت انتفاضة عام ١٩٨٧م، ست سنوات، وكانت من أهم أسباب انعقاد مؤتمر مدريد للسلام في عام ١٩٩١م.

وبمقارنة الانتفاضة الحالية التي دخلت في شهرها الثاني مع الانتفاضة التي سبقتها نجد أن انتفاضة اليوم تميزت بكثرة عدد ضحاياها الذين سقطوا، فقد بلغ عدد الشهداء والجرحى في الأسابيع الثلاث الأولى لهذه الانتفاضة ما يعادل عدد جميع ضحايا الانتفاضة السابقة في أربعة أشهر. كما أن إسرائيل لم تستخدم في تلك الانتفاضة الدبابات والطائرات والسفن الحربية والصواريخ في قصف المدن والقرى والبلدات الفلسطينية كما تفعل اليوم، ولم تكن جميع الإصابات موجهة إلى القسم العلوي من الجسم وبخاصة الرأس كما يحدث الآن، فهدف إسرائيل حاليا هو القتل المتعمد، فقد استغلت الانتفاضة لتعلن حربا على الفلسطينيين أعدت خطتها مسبقا.

لقد كانت انتفاضة عام ١٩٨٧م، وليدة ظروف صعبة وقاسية عانى فيها الفلسطينيون في ظل الاحتلال الإسرائيلي للضفة الغربية وقطاع غزة بعد حرب عام ١٩٦٧م، وتعرضوا في أثنائه لكثير من الممارسات القمعية بهدف التضييق عليهم لإجبارهم على الرحيل من أوطانهم حتى تتمكن إسرائيل من استقدام المزيد من يهود العالم ليحلوا محلهم كما فعلت في حرب عام ١٩٤٨م، وكان مما آلم الفلسطينيون آنذاك نسيان العرب لهم، فالقمة العربية التي عقدت في عمان في ٨ - ١١ / ١١ / ١٩٨٧م، أي قبل تفجر الانتفاضة بشهر وهي التي أطلق عليها قمة الوفاق والاتفاق، تجاهلتهم ولم تدعم صمودهم على الرغم من تدهور أوضاعهم الاقتصادية، وتدني أحوالهم المعيشية.

أما انتفاضة اليوم فسببها الخيبة التي مني بها الفلسطينيون من المسيرة السلمية والتي علق عليها الكثيرون الآمال، وظنوا أنها ستحقق لهم ولو شيئا من حقوقهم مثل إقامة دولتهم المستقلة على جزء من ترابهم الوطني تكون القدس الشرقية عاصمتها، وتوقف الاستيطان الذي يهدد أراضي الضفة الغربية وقطاع

غزة بالابتلاع، وعودة اللاجئين إلى أوطانهم، وتحرير الأراضي الفلسطينية من البؤر الاستيطانية التي تهدد أمن الفلسطينيين واستقرارهم وتفصل مناطق سلطتهم الوطنية مما يضع العقبات أمام قيام دولة متصلة ومترابطة جغرافيا وديموغرافيا.

وإذا كانت انتفاضة عام ١٩٨٧م، من أهم أسباب انعقاد مؤتمر مدريد للسلام، وأنها توقفت أو أوقفت لإعطاء المجال للحلول السلمية وبخاصة بعد توقيع اتفاقية أوسلو في عام ١٩٩٣م، فعن ماذا ستسفر انتفاضة اليوم التي تفجرت بسبب فشل العملية السلمية كما قلنا؟ وإلى متى ستستمر؟.

على الرغم من اشتراك جميع الفلسطينيين على اختلاف تنظيماتهم وأطيافهم السياسية في الانتفاضة الحالية، إلا أن المراقبين يرون تباينات فيما بينهم حول أهداف الانتفاضة وغاياتها، ويقولون بأن الفصائل والتنظيمات المعارضة لاتفاقية أوسلو، وللمسيرة السلمية وبخاصة حماس والجهاد الإسلامي ترى في الانتفاضة التي تعبر عن المقاومة للاحتلال الإسرائيلي الطريق الوحيد التي ينبغي على الفلسطينيين سلوكها من أجل التحرير والحصول على حقوقهم، وتحقيق مطالبهم، لأن الإسرائيليين لا يفهمون إلا لغة القوة، وهذا ما حدث مؤخرا في جنوب لبنان، وبعبارة أخرى فإن المقاومة - الانتفاضة - تصبح عند هذا الفريق خيارا استراتيجيا لا بديل عنه.

أما غالبية رجال السلطة الوطنية الفلسطينية فيعتقد المراقبون بأنهم يتخذون من الانتفاضة وسيلة للضغط علي إسرائيل حتى تليّن مواقفها من قضايا المرحلة النهائية وهي القدس، وعودة اللاجئين، والاستيطان، والدولة وشكلها، والحدود، والمياه، والسيطرة على المعابر، واذا كان السلام عند هؤلاء خيارا استراتيجيا فإن الانتفاضة تصبح عندهم هدفا تكتيكيا.

ومهما كان هذا التباين في الأهداف، وعلى الرغم من تأثيره على استمرارية الانتفاضة إلا أن جميع المراهنات على إمكانية ليونة الموقف الإسرائيلي وتخلي الإسرائيليين عن تعنتهم وتصلبهم ستفشل، وهذا من شأنه المحافظة على

وحدة الصف الفلسطيني والاستمرار في الانتفاضة، وهذا ما يتوقعه الإسرائيليون. وكما جاء على لسان الجنرال شاؤول موفاز رئيس هيئة أركان الجيش الإسرائيلي بأن الانتفاضة ستتواصل في عام ٢٠٠١م، وأن الجيش قد أخذ احتياطاته وأعد الخطط اللازمة لمواجهتها أو التعايش معها.

وإذا كان الاسرائيليون قد أخذوا كما يقولون، الاحتياطات لمواجهة الانتفاضة، فهل لدى الفلسطينيين الاستعداد لمواصلتها وبخاصة أن ظروف الانتفاضة الحالية وأوضاعها مختلفة عما كانت عليها في انتفاضة عام ١٩٨٧م، حيث كان الجيش الإسرائيلي منتشرا في القرى والمدن ومحتكا بالسكان الفلسطينيين، أما اليوم وبعد قيام السلطة الوطنية الفلسطينية فقد انسحب هذا الجيش من مناطق التجمعات السكانية الكثيفة وعسكر في المناطق المطلة والمشرفة على القرى والمدن وقام بعملية فصل بين الفلسطينيين والإسرائيليين مما مكن الجيش الإسرائيلي من قصف المناطق الفلسطينية من بعد، وسهل عليه تصيد الفلسطينيين الذين يقتربون من المستوطنات الإسرائيلية أو من المواقع العسكرية؟.

في انتفاضة عام ١٩٨٧م، لم يكن من السهل فرض حصار كامل على المناطق الفلسطينية المحتلة في عام ١٩٦٧م، لاتصالها المباشر بالأراضي التي احتلت في عام ١٩٤٨م، أما اليوم فإن الحصار يبدو أسهل وأيسر، وبالفعل تضرب إسرائيل حاليا حصارا على الفلسطينيين وتتحكم في كل ما يدخل إليهم وما يخرج من عندهم، وتمنع حركة الانتقال بين الضفة والقطاع مما رفع من معدلات البطالة وأسعار السلع وبخاصة الضرورية والأساسية، وأهمها المحروقات التي أصبحت شحيحة ونادرة لأنها تستورد من إسرائيل أو عن طريقها.

صحيح أن الانتفاضة ألحقت أضرارا كثيرة بإسرائيل إلا أن الأضرار التي أصابت الفلسطينيين أكثر، فقد توقفت المصانع عن الانتاج وتعطلت حركة الصادرات والواردات، ومنع العمال العرب من الدخول إلى إسرائيل، والعمل فيها، وهنا تأتي أهمية الدعم العربي للانتفاضة وضرورة ايجاد إدارة تتولى تسيير

الانتفاضة وإدارتها وتوجيه مساراتها وتطوير وسائلها حسب المتغيرات والمستجدات.

وفي هذا السياق فإن الدعم المادي الذي قررته القمة العربية للانتفاضة يتطلب سرعة التنفيذ، لأن الشعب الفلسطيني اليوم في أمس الحاجة إلى هذا الدعم كما أن المبالغ التي خصصتها القمة العربية أقل من احتياجات الانتفاضة بكثير.

وإذا كانت الإجراءات على المستويات الرسمية تتسم بالبطء، وقد تتوقف أو تتعطل لأسباب قد تكون سياسية، فإن على الأمة العربية، أفرادا وجماعات وهيئات، واجبا ينبغي القيام به نحو انتفاضة الشعب الفلسطيني وحبذا لو جندت جميع الدول العربية وسائل إعلامها ووظفت إمكاناتها، على نحو ما فعلت دولة الإمارات العربية المتحدة، لجمع التبرعات لصالح الانتفاضة والصمود الفلسطيني.

صحيح أن المظاهرات التي قامت في البلاد العربية عبرت بصدق عن مشاعر الأمة العربية نحو تأييد نضال الشعب الفلسطيني وكفاحه، وأرجعت القضية الفلسطينية إلى حضنها العربي الدافئ وأجبرت القادة العرب على عقد القمة إلا أن التأييد المعنوي لا يكفي وحده وإنما لا بد من دعم عملي ومساندة فعلية تساعد الفلسطينيين على الصمود والثبات وتدعم اقتصادهم وتؤمن لهم العيش في ظل الحصار الذي تفرضه عليهم إسرائيل وتحاربهم في لقمة عيشهم وأمور حياتهم.

الانتفاضة والتأييد العالمي المتدني

بصرف النظر عن مدى ما حظيت به الانتفاضة عربيا وإسلاميا، وهو موضوع يستحق مقالا خاصا فإن من الملاحظ بأن الانتفاضة الحالية لم تحظ بالتعاطف الدولي الذي حظيت به انتفاضة عام ١٩٨٧م، على الرغم من استخدام إسرائيل في الانتفاضة الحالية الدبابات والصواريخ والطائرات والسفن الحربية وغيرها من المعدات والوسائل الحربية المدمرة التي لم تستخدمها في الانتفاضة السابقة، وتوجيه الإصابات إلى القسم العلوي من الجسم وبخاصة الرأس مما أدى إلى سقوط كثير من الشهداء تعدوا المائة والستين شهيدا، وأكثر من خمسة آلاف جريح حتى كتابة هذه السطور.

إذا بحثنا عن أسباب هبوط نسبة هذا التعاطف الدولي، نجدها كثيرة، ومرتبطة بالأوضاع المحلية والإقليمية والعالمية، وما طرأ عليها من تغيرات ومستجدات، وقد يكون من أبرزها تمكن إسرائيل من استثمار المسيرة السلمية وتوظيف الاتفاقيات التي أبرمتها مع الفلسطينيين لصالحها فأظهرت نفسها أمام العالم بأنها دولة تريد السلام، وأن من قادتها من ضحى بنفسه في سبيل السلام مثل اسحق رابين الذي ساهمنا نحن العرب في تجميل صورته ومنحناه لقب ضحية السلام، ونسينا تاريخه الإرهابي، ودوره في تشريد أهل اللد والرملة، وقيامه بتكسير عظام شبان الانتفاضة السابقة، وكذلك شيمون بيريز الذي أصبح في نظرنا رجل سلام. وشاركناه في احتفال افتتاح المركز الذي أقامه باسمه للسلام، ونسينا ماضيه الارهابي، وجرائمه التي كان آخرها مذبحة قانا بلبنان عام ١٩٩٦م.

إن تحسين صورة إسرائيل التي ساهمنا نحن فيها بأقوال عدد من قادتنا، وتصريحات بعض زعمائنا، استغلتها إسرائيل عالميا وأظهرتها أمام العالم بأنها دولة تريد الاندماج في الوسط الذي هي فيه، والعيش في المنطقة كباقي دولها، وأن تحظى كغيرها بالأمن والسلام والاستقرار، وقد نجحت بالفعل في إقامة علاقات ودية بينها وبين عدد من الأقطار العربية البعيدة عنها جغرافيا، وتبادلت معها في افتتاح المكاتب، وهي أشبه بالسفارات وتتولى عمليات التطبيع.

لقد أوهمت إسرائيل دول العالم بأن كلفة السلام الذي أقامته مع الفلسطينيين كانت عالية، فضحت بالكثير من ثوابتها الوطنية، وتخلت عن عدد من لاءاتها ومنها الاعتراف بمنظمة التحرير الفلسطينية، وسمحت لكثير من كوادرها بالدخول إلى الأراضي الفلسطينية التي تسيطر عليها، وهي التي كانت تعتبرها منظمة إرهابية هدفها القضاء على الدولة اليهودية كما سمحت بإقامة سلطة وطنية فلسطينية أمدتها بالسلاح، ووثقت فيها، وتعاونت معها في الكثير من المجالات، وبخاصة الأمنية بهدف تحقيق الأمن والسلام للإسرائيليين والفلسطينيين، وبناء أسس متينة للتعايش بين هذين الشعبين اللذين كانا ضحية العنف في المنطقة.

وتمكنت إسرائيل من إقناع الكثيرين في العالم بأن هذه التنازلات الإسرائيلية لم تقابل بتنازلات من الفلسطينيين الذين يصرون على مطالبة إسرائيل بمزيد من التنازلات، التي لا يقبل بها الشعب الإسرائيلي، لأنها تمس أمن كيانه وسلامة دولته. ويبدو أن إسرائيل وبمساعدة الإعلام الغربي المتصهين قامت بمحاولات، حققت كثيرا من النجاح، لإقناع العالم بأن ما يحدث في المناطق الفلسطينية ليست انتفاضة سلاحها الحجارة كما في الانتفاضة السابقة، وإنما هي مواجهة عسكرية مسلحة يتعرض لها الجيش الإسرائيلي يقوم بها رجال الشرطة والأمن الفلسطينيين. وقد استغلت إسرائيل حادث قتل الإسرائيليين الثلاثة وإلقائهم من نافذة أحد مراكز الشرطة الفلسطينية لإثبات مزاعمها كما استغلت هدم الفلسطينيين لما سمي بمقام أو قبة يوسف.

ومما ساعد علي نشر هذه المزاعم الإسرائيلية موقف الولايات المتحدة الأمريكية الداعم والمؤيد لإسرائيل، وتحول موقف روسيا وريثة الاتحاد السوفياتي، وشريكة الولايات المتحدة في رعاية عملية السلام.

فالإدارة الأمريكية، وعلى رأسها بيل كلينتون تفوقت على جميع الإدارات التي سبقتها في انحيازها لإسرائيل، فالمتنفذون فيها جميعهم من اليهود الصهاينة، وعلى رأسهم وزيرة الخارجية مادلين أولبرايت، وطاقمها الذي يشرف على عملية

التفاوض والمؤلف من مارتن إندك المدير السابق لمنظمة إيباك الصهيونية في الولايات المتحدة ودينس روس، وهو يهودي لا يخفي صهيونيته وتحمسه لإسرائيل.

إن هذا الثالوث الصهيوني الذي يبدي تحمسا للصهيونية أكثر من الصهاينة أنفسهم، ويشجع إسرائيل على التصلب والتعنت ويجد الدعم والتأييد من الرئيس كلينتون الذي حمّل الرئيس ياسر عرفات فشل مؤتمر كامب ديفيد في ٢٥ / ٧ / ٢٠٠٠م، لأنه لم يتنازل عن القدس، وتمسك بالشرعية الدولية وقراراتها التي سبق للولايات المتحدة أن وقعت عليها بنفسها كغيرها من الدول.

لا شك في أن موقف الإدارة الأمريكية لإسرائيل وتحميل الفلسطينيين مسؤولية الأحداث الأخيرة، واندلاع الانتفاضة، ومطالبتهم بوقفها، وإنهاء ما يسمونه بمسلسل العنف في المنطقة هو المسؤول - وإلى حد كبير- في اتجاهات الرأي العام الامريكي لصالح إسرائيل وإتهام غالبية الأمريكيين الفلسطينيين بأنهم سبب هذا العنف، وهم الذين يتحرشون بالجيش الإسرائيلي الذي لا يملك غير الرد دفاعا عن النفس، وأنهم يدفعون أطفالهم ليقتلهم الجيش الإسرائيلي من أجل الحصول على مكاسب دعائية. وعلينا أن لا ننسى توقيت الانتفاضة التي تزامنت مع موعد الانتخابات الأمريكية، وتنافس مرشحي الحزبين الديمقراطي والجمهوري في الوصول إلى كرسي الرئاسة في البيت الأبيض. وحتى يكسبا أصوات اليهود قاما بتوجيه الاتهامات إلى الفلسطينيين وتحميلهم أسباب العنف. ومما رفع من وتيرة التأييد المطلق لإسرائيل إصدار الكونجرس الامريكي وعلى غير العادة في مثل هذه الظروف، قرارا يحمّل الفلسطينيين مسؤولية تفجير الوضع الأمني، والدعوة إلى الانحياز الكامل لإسرائيل، وتبرئة زعمائها من استفزاز المشاعر الدينية والوطنية للعرب والمسلمين.

وعلى الرغم من أن الرئيس كلينتون على وشك الخروج من البيت الأبيض إلا أنه يجد نفسه مضطرا لتأييد الموقف الإسرائيلي حتى يكسب أصوات اليهود لنائبه آل جور الذي يسعى للفوز بكرسي الرئاسة، ودعم زوجته التي رشحت نفسها عضوا في مجلس الشيوخ الأمريكي.

أما روسيا والتي تعتبر الراعي الثاني لعملية السلام ووريثة الاتحاد السوفياتي، الـذي كـان السند الرئيسي للعرب، في كفاحهم من أجل التحرر، والتخلص مـن التبعيـة والسـيطرة الغربيـة، ومن الهيمنة الأمريكية، ومقاومة الهجمة الصهيونية الشرسة، فقد تغير موقفها وتحول إلى النقيض بسبب عوامل كثيرة لعل من أهمها نجاح اليهود الصهاينة في السيطرة عـلى الاقتصـاد الروسي، بعد تخلي الروس عن الاشتراكية، والتوجه نحو النظام الرأسمالي.

لقد بدأ التحول في الموقف الروسي نحو إسرائيل قبيل تفكك الاتحاد السوفياتي، وذلك حينما تسلم السلطة في الاتحاد السوفياتي عام ١٩٨٥م، ميخائيل غورباتشوف، وأخذ يتقرب مـن الغرب، ويتودد إلى الرئيس الامريكي آنذاك رونالد ريغان، وعقـد معـه عـدة معاهـدات تخلي بموجبها الاتحاد السوفياتي عن انتاج صواريخ نووية سولت ٢، وأتلـف مـا هـو موجود منهـا في ترسانته الحربية، في مقابل أن يتخلى الأمريكان عن برنامج عسكرة الفضاء وبرنامج النجوم، وقد أنهت هذه المعاهدات ما سمي آنذاك بالحرب البـاردة. وزادت حرارة اللقـاءات الأمريكيـة السوفياتية، والتي أدت في الوقت نفسه إلى عـودة الحيـاة في العلاقـات السـوفياتية الإسرائيليـة التي قطعت منذ حرب ١٩٦٧م، وكان من نتائجها السماح لليهود بالهجرة من الاتحاد السوفياتي إلى إسرائيل. وكان وزير الخارجية السوفياتي آنذاك إدوارد شيفارناتزه رئيس جورجيا حاليا، مـن أكثر المشجعين على هذه الهجرة، ومن أشد المتحمسين لعلاقات قوية مع إسرائيل.

ومن أهم عوامل التحول في روسيا لصالح إسرائيل أن وسائل الإعلام يسيطر عليها حاليا يهود صهاينة على رأسهم فلاديمير جوزنسكي، وهي تبث كل ما يخدم وجهة النظر الإسرائيليـة، وتدعم المواقف الصهيونية، وتحجب الحقائق التي تؤيد الحقوق العربية فعـلى سـبيل المثـال، وكما قال صحفي عربي مقيم في موسكو لهيئة الإذاعة البريطانيـة، بـأن الإعـلام الـروسي لم ينشرـ صورة الشهيد الطفل محمد الدرة وهو يقتل في حضن والده، إلا مرة واحدة، وفي لقطة سريعة، بينما ظل يواصل نشر صورة إلقاء الفلسطينيين لجثث الجنود اليهود الذين

قتلوهم، بعد أن تسللوا إلى رام الله في زي مستعربين، معلقا على ذلك بأنها أعمال إرهابية.

ويبدو أن الصهاينة حققوا نجاحا على الساحة الروسية وضربوا على وتر كراهية الروس للشيشان الذين يعتبرونهم أعداء روسيا ويحملونهم الأعمال الإرهابية التي نفذت في المدن الروسية، وبخاصة موسكو، وسقط فيها مئات من المدنيين الروس وكانت من أهم الأسباب التي استغلها الرئيس الروسي فلاديمتر بوتين في غزو جمهورية الشيشان.

لقد نجح الإعلام الروسي المتصهين، وقادة صهاينة، أمثال بنيامين نتنياهو وشيمون بيريز في تشبيه الفلسطينيين بالشيشان - وهذا ما نعتز به - ووصمهم بالإرهاب، وتصوير الإسرائيليين والروس وكأنهم في خندق واحد يواجهون خطرا واحدا، يتمثل في الأصولية الإسلامية، التي تهدد روسيا من الداخل، وبخاصة في بلاد القوقاز، وتحيط بها من الخارج كأفغانستان، وبعض الجمهوريات الإسلامية التي كانت تابعة للاتحاد السوفياتي. وأن هذا الخطر يستدعي من الروس والإسرائيليين أن يتعاونوا لمواجهته والقضاء عليه قبل أن يقضيـ عليهم. وكما نجح الصهاينة في إقناع الهند من قبل بهذا الخطر الإسلامي المزعوم، والإرهاب الأصولي الموهوم وكسبوا الهنود إلى جانبهم بعد أن كانوا يتعاطفون مع القضايا العربية، ويدعمونها، وبخاصة القضية الفلسطينية، فإنهم اليوم يحققون نجاحا على الساحة الروسية.

وفي أوروبا فإن فرنسا ربما تكون البلد الأوروبي الوحيد الذي يلقى الموقف الفلسطيني فيها تفهما على مستوى الرئاسة الفرنسية، وتقوم عدد من وسائل الإعلام فيها ببث أخبار الانتفاضة ونشر حقائق موضوعية عنها. ويعزو البعض ذلك إلى عوامل منها حرص فرنسا، بعكس بريطانيا، على انتهاج سياسة مستقلة عن السياسة الأمريكية، وهي التي أرسى قواعدها الرئيس الفرنسي الأسبق شارل ديجول، وكذلك ما يقوم به العرب والمسلمون في فرنسا والذين يبلغ عددهم نحو ستة ملايين نسمة من جهد كبير ودور بارز ومؤثر.

أما في بريطانيا المسؤول الأول عن زرع إسرائيل في قلب الوطن العربي فإن ضميرها لم يصح بعد، ولا تزال حكومتها تميل إلى الجانب الإسرائيلي، وهي اليوم تحمل كلا من الإسرائيليين والفلسطينيين ما تطلق عليه بمسلسل العنف، وتطالب الجانبين بإنهائه. وبهذا فإنها تساوي بين الضحية والجلاد. أما وسائل الإعلام في بريطانيا فنجد تباينا في مواقف الكتاب ومراسلي الصحف، فهناك من يتعاطف مع الانتفاضة وهناك من يهاجمها.

أما ألمانيا فإنها لا تبدي التعاطف المطلوب مع الانتفاضة على الرغم من تأييد حكومتها قيام دولة فلسطينية ولكن بموافقة إسرائيلية. وهي في الوقت نفسه حذرة جدا وتخشى- إذا أيدت الموقف الفلسطيني أن يتهمها الصهاينة باللاسامية، وهي تهمة تخاف منها وبخاصة أنها لا تزال تعاني من عقدة الذنب تجاه اليهود إبان الحرب العالمية الثانية.

إن هذه الصورة السلبية التي نجح الإعلام المتصهين في رسمها للانتفاضة تستدعي تحرك العرب للقيام بحملة إعلامية عالمية سريعة معدة بشكل جيد. ولا شك في أن اجتماع الجامعة العربية على مستوى المندوبين في أول هذا الشهر، ودعوته وزراء الإعلام العرب للاجتماع يصب في هذا الاتجاه ولو أنه جاء متأخرا عن موعده، إلا أن الاجتماع، ووضع خطة إعلامية أفضل من ترك الأمور متسيبه، وإفساح المجال كاملا للإعلام الصهيوني، حتى يصول ويجول على الساحة العالمية. وحبذا لو اتفق العرب على تنفيذ مقترح بإنشاء محطة فضائية عربية ناطقة باللغات الأجنبية تبث للعالم حقائق عن الصراع العربي - الإسرائيلي، وما يدور في المنطقة العربية من أحداث، وتكون قادرة على التصدي للإعلام المتصهين الذي يحارب العرب وقضاياهم الوطنية والقومية، وعلى رأسها القضية الفلسطينية.

الدعم الذي يأمله الفلسطينيون من قادة العرب والمسلمين

يتساءل الكثيرون عن نوعية ومدى فاعلية قرارات قمة منظمة المؤتمر الإسلامي التي عقدت في الدوحة بقطر ما بين ١٢-١٤ من هذا الشهر وأطلق عليها قمة انتفاضة الأقصى، وهؤلاء السائلون يربطون بين قرارات هذه القمة، وقرارات مؤتمر القمة العربية التي عقدت في القاهرة ما بين ٢١-٢٣ من الشهر الماضي، وعما إذا كانت قرارات القمتين قد ارتقت إلى مستوى أحداث الانتفاضة التي عقدتا لأجلها؟ وهل يمكن ترجمة هذه القرارات إلى أفعال تدعم الانتفاضة، وتساعدها على مواصلة استمرارها، وتؤازر الفلسطينيين، وتخفف عنهم معاناتهم، وتقف معهم في مواجهة الحرب التي شنها الإسرائيليون عليهم ولا تزال رحاها تدور والتي سقط فيها وحتى كتابة هذه السور مالا يقل عن مائتين وثلاثين شهيدا وعشرة آلاف جريح، وأن قوافل الشهداء وأعداد الجرحى في ازدياد كل يوم*.

الحرب تستخدم جميع الوسائل

وفي هذه الحرب تستخدم إسرائيل كافة أنواع الأسلحة من مدافع وصواريخ ودبابات وطائرات، وكأنها تحارب جيشا في مستوى قدراتها وكفاءاتها، على الرغم من معرفتها بعدم التكافؤ، إذ لا يمكن للحجر أن يقاوم الدبابة، ولا يمكن للرصاصة أن تواجه الصاروخ، إنها حرب إبادة مقصودة ومدبرة تحاول إسرائيل بها القضاء على الفلسطينيين وكسر شوكتهم حتى يخضعوا ويستسلموا ولا تقوم لهم بعد ذلك قائمة.

لم تكتف إسرائيل بكل ما تستخدمه من أسلحة الدمار هذه لقتل الفلسطينيين وتدمير ممتلكاتهم وبيوتهم وإشاعة الخوف والرعب والفزع في قلوب الأطفال، وإنما تعلن في الوقت نفسه حربا اقتصادية عليهم، ففرضت الحصار لمنعهم من الذهاب إلى أعمالهم بهدف قطع أرزاقهم ومصدر عيشهم، وتحكمت في أقواتهم وفي كل ما يدخل ويخرج من سلع وحاجات ضرورية، وقامت

---

* وصل عدد شهداء الانتفاضة في هذا اليوم ٢٠٠٠/١٢/١٣ الذي أراجع فيه أصول الكتاب أكثر من ثلاثمائة شهيد. ولا زال القصف الصاروخي يقوم بها الإسرائيليون يوميا على المدن والقرى الفلسطينية، ويفصلون المدن والقرى عن بعضها، فقد قام قطعان المستوطنين يساندهم الجيش بفصل مدينة خان يونس عن مدينة غزة، وسد الطريق الموصل بينهما، وفصل شمال القطاع عن جنوبه. والشيء نفسه يمارسونه في الضفة الغربية، وربما أكثر منه.

بتجريف أراضيهم الزراعية، وإزالت ما عليها من زرع وضرع، ومنعت الناس من قطف زيتونهم لحرمانهم من مصادر دخولهم، وهي تتفنن كل يوم في ابتكار وسائل جديدة وتطبقها في حربها ضد الفلسطينيين كملاحقة من تشتبه فيهم بالطائرات وتغتالهم وهم في سياراتهم.

إن هذه الصورة التي تعكس جانبا من معاناة الفلسطينيين في وطنهم يعرفها الجميع، إلا أننا أردنا تكرار عرضها هنا لنقابلها بما صدر من قرارات للقمتين: العربية والإسلامية حتى يسهل علينا تقييمها.

الإحساس القومي والديني يصحو

لقد كان للانتفاضة الفضل في إيقاظ الأمة العربية من سباتها الذي طال مداه، وتحريك الشارع العربي الذي خيم عليه الإحباط واللامبالاة بعد حرب الخليج الثانية في عام ١٩٩١م، وما ترتب عليها من نتائج وانعكاسات خطيرة منها انقسام الصف العربي وتشرذمه، وبروز الدعوات القطرية والإقليمية والنعرات الطائفية والفئوية، وانحسار التيار القومي والتوجه العروبي.

لقد نزعت الانتفاضة الغشاوة عن العيون، وأثبتت أن الحس القومي والديني لم يذهبا من القلوب، ولم يختفيا من النفوس، وإنما كانتا كامنين في انتظار من يحركهما ويوظفهما لتعود للأمة لحمتها وللعروبة تماسكها وللدين مفعوله وقوته في دفع الناس إلى التضحية بالمال والنفس في سبيل الوطن والعقيدة، كما أثبتت الانتفاضة بأن الجماهير العربية قادرة على إجبار قادتها وزعمائها بعقد القمة بقرار شعبي وليس بقرار أجنبي.

أشكال من الدعم المطلوب

وإذا كانت الأمة العربية، وبحكم خبرتها ومعرفتها بالقمم السابقة التي عقدت في الماضي، لم تكن تتوقع صدور قرارات هامة وخطيرة ترقى إلى مستوى الحدث، فإن الجميع اعتبر عقدها كسرا للجمود الذي خيم على الأوضاع العربية بعد حرب الخليج، وأعاد الحياة من جديد للجامعة العربية لتقوم بدورها في مثل هذه الظروف.

لقد كان بإمكان القمة العربية والقمة الإسلامية أن يصدرا الكثير وبما يتناسب ومسؤولياتهم، وبما يتوافق ومقدرات بلدانهم وإمكانات أقطارهم وعلى

رأسها القدرات البشرية الهائلة التي تشكل نحو خمس سكان المعمورة، والموارد الطبيعية الهائلة التي حباهم الله بها والتي يعتبر النفط واحد منها.

صحيح أن القمة العربية قررت دعما ماديا للانتفاضة وللمسجد الأقصى، وهو دعم دون المطلوب بكثير، ولا تزال بعض الدول العربية مختلفة في طريقة جمعه وأسلوب إيصاله والمستحقين له، إلا أن المال وحده لا يكفي، فمن شاهد الضحايا على الفضائيات العربية والأجنبية وسمع استغاثات وصرخات المتضررين ومطالبتهم إخوانهم من العرب والمسلمين بأنهم ليسوا بحاجة أموالهم بقدر ما هم في حاجة إلى وقوفهم معهم لوقف هذه الحرب الشرسة، ومساندتهم في الدفاع عن بيت المقدس وأكناف بيت المقدس والمسجد الأقصى- وسائر المقدسات التي هي ليست ملكا لهم وحدهم وإنما هي ملك للعرب والمسلمين والمسيحيين، وأن الدفاع عن هذه المقدسات فرض عين لا فرض كفاية.

إن الدعم المطلوب للفلسطينيين يمكن أن يتخذ أشكالا متعددة، منها ما يتعلق بالروابط بين إسرائيل والدول العربية والإسلامية، ومنها مد الفلسطينيين بمتطلبات المقاومة ومقومات الصمود في وجه هذه الحرب الشرسة التي يشنها الإسرائيليون عليهم دون هوادة، ومنها الضغط على الدول الأجنبية والقوى الكبرى وعلى رأسها الولايات المتحدة الأميركية الحليف الاستراتيجي لإسرائيل كي تبذل جهودها لإجبار إسرائيل على وقف الحرب وتنفيذ قرارات الشرعية الدولية التي وقعت عليها، وأن من غير المعقول أن تظل إسرائيل الدولة الوحيدة في العالم والمستثناة من الالتزام بقرارات الأمم المتحدة، وأنه من غير المقبول أن تطبق الولايات المتحدة معاييرها المزدوجة على العرب من دون سائر شعوب العالم، وأن تعطي حق الفيتو لإسرائيل وتجعله في خدمة مصالحها، وتهدد بموجبه أي قرار دولي قد يوافق على إرسال قوة حماية تحمي الفلسطينيين من العدوان الإسرائيلي، ومنذ متى كانت الدولة المعتدية هي التي تملك حقا كهذا؟ وهل استمعت الولايات المتحدة ليوغوسلافيا حينما عارضت تدخل حلف الأطلسي إلى إقليم كوسوفو بحجة حماية الألبان، على الرغم من أن هذا الإقليم يعتبر جزءا من دولة يوغوسلافيا؟ نحن لسنا ضد حماية الألبان - إخواننا في العقيدة والإنسانية - ولكننا ضد المعايير المزدوجة.

السياسة الإعلامية والإعلام الموجه عالميا

إن وسائل دعم الانتفاضة الفلسطينية كثيرة ومتعددة، فإلى جانب ما ذكرنا فإن هناك الجانب الإعلامي الذي لا يقل من حيث الخطر والأهمية عن الحرب الحقيقية، ولذلك فهناك من يطلق على سلاح الإعلام بالحرب الإعلامية، وقد استطاع عدونا أن يعرف أهمية الإعلام ويستخدمه في حروبه التي أعلنها ولا يزال يعلنها علينا، وحقق بموجبها مكاسب كثيرة.

صحيح أن محطاتنا العربية قامت بدور كبير في توعية الجمهور العربي بأحداث الانتفاضة إلا أنها ظلت حبيسة في داخل الوطن العربي وفي إطار الناطقين بالعربية ولم تتعداه إلى الإطار العالمي الذي تركناه للإعلام الصهيوني والمتصهين ليصول فيه ويجول وحده، كما أنه في الوقت نفسه نحن بحاجة إلى سياسة إعلامية عربية ذات أهداف واضحة ومحددة تلتزم بها جميع الفضائيات العربية، وميثاق شرف إعلامي يضبط هذه السياسة الإعلامية من الانحراف عن المسار القومي. وإذا تمكنا من ذلك فتأتي الخطوة التالية وهي تأسيس محطة أو محطات فضائية موجهة للعالم الخارجي وإعلام ناطق باللغات الأجنبية مزود بكفاءات علمية وفنية قادرة على تحمل الرسالة ورفعها إلى مستوى الأمانة.

قرارات قد يصعب تنفيذها

نحن لا نقلل من أهمية ما صدر عن عدد من القادة والزعماء في القمتين من أقوال وخطب تعبر عن قلوب مؤمنة بدينها وبعروبتها، وما أبدته من رغبة صادقة في العمل لصالح القضايا العربية والإسلامية وعلى رأسها القضية الفلسطينية، إلا أنهم - وهذا أمر طبيعي - لم يتمكنوا من إلزام زملائهم بإصدار قرارات تلبي رغباتهم، وفي الوقت نفسه - ومع تقديرنا للقرارات التي أصدرتها القمة وتمثل الحد الأدنى لما هو متوقع - فإن هذه القرارات غير ملزمة للجميع، كما أن بعضها يشك في تنفيذه، فعلى سبيل المثال فإننا نطرح هذا التساؤل: هل ستجرؤ الدول العربية والإسلامية - كلها أو بعضها - بقطع علاقاتها مع الولايات المتحدة الأميركية لو نقلت سفارتها إلى القدس .. وهي خطوة قادمة على الطريق؟ إنه سؤال من بضعة أسئلة ستجيب عليها الأيام القادمة، وإن غدا لناظره قريب.

هل سينجح البرنامج الإسرائيلي
في القضاء على الانتفاضة؟

أرسل لي صديق من الولايات المتحدة الأمريكية بالبريد الالكتروني معلومات عن البرنامج الذي كان قد أعده الإسرائيليون لمواجهة الانتفاضة التي يقوم بها الفلسطينيون إذا ما فشلت المفاوضات ووصلت المسيرة السلمية إلى طريق مسدود. وكانوا يتوقعون هذا الفشل لإدراكهم بأن اتفاقية أوسلو لن تحقق للفلسطينيين متطلباتهم، ولن ترضي طموح الأجيال القادمة وتطلعاتهم نحو التحرر والاستقلال وإقامة الدولة التي يتطلعون إلى إقامتها.

وقد كشف عن هذا البرنامج محقق صحفي إسرائيلي مقيم في زيوريخ بسويسرا اسمه "شراجا إيلام"، وقد نشر مؤخرا كتابا بالألمانية كشف فيه تعاون القيادة الصهيونية مع النازيين في عهد هتلر إبان الحرب العالمية الثانية. ولاقى هذا الكتاب الاستحسان والتقدير من القراء.

السلام مع العنف أو الترحيل:

يقول "شراجا" بأن كل مستخدم للانترنت يستطيع الاطلاع على الخطوط العامة لبرنامج قوة الدفاع الإسرائيلية الذي أعد لمواجهة الفلسطينيين والمنفذ حاليا وما سينفذ في المستقبل، ويتخلص هذا البرنامج في النقاط التالية:

١- ترحيل الفلسطينيين من المناطق الاستراتيجية والحساسة.

٢- القبض على مسؤولين في السلطة الوطنية الفلسطينية المشتبه فيهم.

٣- فرض إدارة عسكرية جديدة.

٤- قتل أكبر عدد ممكن من الفلسطينيين سواء أكانوا مسلحين أو غير مسلحين، واتباع أسلوب من منزل إلى منزل.

ويرى معدو هذا البرنامج بأن الفرصة الوحيدة لتجنب هذا الوضع الخطر قيام السلطة الفلسطينية بوقف الانتفاضة ومقاومتها بقسوة دون اعتبار لمبادئ

حقوق الإنسان. وينبغي على الإدارة الأمريكية الضغط على السلطة الفلسطينية لتنفيذ ذلك. ومن المعلوم بأنه سبق لهذه الإدارة أن مارست ضغوطا على السلطة الفلسطينية. وقد كشف عنها الصحفي البريطاني "روبرت فيسك" في صحيفة الاندبندنت بتاريخ ٧ / ١١ / ٢٠٠٠ ونشرت الدستور بعد يومين ترجمة لهذا التقرير وعنوانه : "تقرير أمريكي يبرر استخدام الإسرائيليين للذخيرة الحية ضد رماة الحجارة". وقد صدم الزعماء الفلسطينيون لدى قراءتهم هذا التقرير الذي يحثهم على التصرف بقسوة ضد معارضي اتفاقية أوسلو حتى لو كان ذلك يشمل استخدام القوة المفرطة، وإجراء محاكمات دون الالتزام بالأصول المتبعة، وممارسة التعذيب النفسي والبدني في أثناء التحقيق.

حقل الأشواك:

لقد نشر تفصيل البرنامج الإسرائيلي تحت عنوان "حقل الأشواك" ضمن تقرير منحاز كتبه "أنتوني كورديسمان" الخبير في شؤون الشرق الأوسط بمركز الدراسات الاستراتيجية والعالمية بواشنطن، وهو مركز يتمتع بنفوذ كبير في الأوساط الأمريكية الرسمية، وله ارتباط بوكالة المخابرات المركزية الأمريكية.

وقد يتساءل البعض عن نشر تقرير عسكري كهذا في وقت كان من المفروض أن يظل سريا حتى لا يطلع عليه الفلسطينيون ويستفيدوا منه؟. ويجيب الصحفي الإسرائيلي "شراجا" قائلا بأن كثيرا مما جاء في البرنامج قد نفذه الجيش الإسرائيلي في الضفة الغربية وقطاع غزة.

ويقول هذا الصحفي أنه منذ بداية أوسلو خططت قوة الدفاع الإسرائيلية لإعادة احتلال الأراضي التي أعطيت للسلطة الوطنية الفلسطينية، وأن تطوير هذه الخطة جرى في عام ١٩٩٦، وفي أثناء مفاوضات كامب ديفيد في شهر آب الماضي باتباع ما يسمى تقنية نموذج النظير والمناورات، وتم تغيير الخطط من أمن بوليسي ـ إلى أعمال عسكرية يقوم بها الجيش حيث يمكنه التدرب على وسائل مكافحة الاضطرابات. وقد أصبح الاسم الحركي لهذه العملية "اللهجة السرية" وهي تمثل

المرحلة الأولى من الخطة. أما المرحلة الثانية والتي اسمها الحركية "العالم البعيد" فتشمل الاستيلاء على أراضي الفلسطينيين بعمليات يقوم بها الجيش الإسرائيلي ويتولى إدارتها عن طريق إدارة عسكرية تقام لهذا الغرض.

حمام الدم:

في عام ١٩٩٧ جاء في تقرير القدس عن حقل الأشواك وصف لمجمل العملية ما يلي:

إنه سيناريو لحمام دم، فستدخل الدبابات الإسرائيلية المدن الفلسطينية لتواجه شبان الحجارة وكل من يتعرض للجنود الإسرائيليين بإلقاء الزجاجات الحارقة أو بإطلاق النار، إن الجنود لن يتورعوا من دخول المنازل لقتل الفلسطينيين، واستخدام الطائرات العمودية لقصف أهداف استراتيجية فلسطينية.

وقدرت الخطة المدة الزمنية التي سيستغرقها الجيش الإسرائيلي في إعادة احتلال المناطق الفلسطينية بحيث لا تزيد عن ٢٤ يوما، وأن الخسائر ستتراوح ما بين ٢٠٠ إلى ٢٠٠٠ قتيل عسكري إسرائيلي.

ويقول "شراجا" بأن كثيرا من هذه الإجراءات قد نفذها الجيش الإسرائيلي، وأنه إذا تدهورت الأوضاع فإن إسرائيل ستقوم بخطوات متقدمة منها ترحيل الفلسطينيين من المناطق الاستراتيجية والحساسة الخاضعة للسلطة الفلسطينية مثل بيت جالا.

ويرى هذا الصحفي الإسرائيلي أن باراك لن يتردد في تنفيذ ذلك فهو يتصف بأنه دموي الطبع ميال للعنف، وعلى استعداد لعمل أي شيء للفوز في الانتخابات، كما أنه واقع تحت ضغط الجيش.

السلاح الاقتصادي:

الى جانب القوة العسكرية فإن البرنامج الإسرائيلي يركز على استخدام السلاح الاقتصادي ومحاربة الفلسطينيين في أمورهم الحياتية، على أن يتم التنفيذ بالتدريج، ويبدأ بتخفيض الدخل الفردي في الضفة والقطاع واتباع سياسة

"التفقير". وبالفعل فقد انخفض الدخل الفردي في الفترة من عام ١٩٩٢ إلى عام ١٩٩٦ بنسبة ٣٦ % .

وترى وكالة المخابرات المركزية الأمريكية التي تتعاون مع الإسرائيليين في تنفيذ هذا البرنامج بأن التدهور الاقتصادي وتخفيض الدخول الفردية سيؤديان إلى خفض معدلات الحياة، وزيادة وفيات الأطفال.

ويقترح "أنتوني كورديسمان" كاتب التقرير سابق الذكر على إسرائيل، أنه بدلا من تحسين الوضع الاقتصادي الميئوس منه للفلسطينيين مواصلة استخدام أسلحة شديدة الفعالية لا تثير الرأي العام ولا تحركه، كما تفعل الأسلحة النارية، وهذه الأسلحة التي ينصح كورديسمان الإسرائيليين باستخدامها ضد الفلسطينيين هي الاستمرار في استخدام التلوث الفيزيائي.

إن هذه الأسلحة الاقتصادية والتي تشمل التضييق على الفلسطينيين بوسائل منها فقدان وظائفهم وأعمالهم، وتدمير مزارعهم وقطع أرزاقهم سيكون لها نتائج على رجال المقاومة، ويجعل الناس يحمّلون حماس والجهاد الإسلامي المسؤولية، ما دامتا تسلكان طريق العنف، مما يؤدي إلى انفضاض الناس عنهما والتعاون مع السلطات لمحاربتهما.

وفي نظر هذا الخبير الأمريكي فإن السلام مع العنف يعني نظام ردع ذاتي تسيطر عليه وكالة المخابرات المركزية وبالتعاون مع الإسرائيليين، وإن على السلطة الفلسطينية واجب السيطرة على من يطلق عليهم المتطرفين والإرهابيين، وهو يرى بأن "إمكانات العنف كجزء متكامل من الحل غير العادل سيستمر لمدة طويلة".

تطوير وسائل الانتفاضة:

هذه فقرات اقتبسناها من برنامج حقل الأشواك الإسرائيلي ومن تقرير كورديسمان، وربما لم تعد معلومات كهذه خافية على السلطة الفلسطينية، وبخاصة المسؤولين عن الأمن فيها، إلا أننا لا ندري إذا كان رجال الانتفاضة على علم بمثل هذه الأمور.

وعلى أية حال - وعلى ضوء معلومات كهذه- فإن الأمر يتطلب إعادة النظر في أساليب الانتفاضة وتطويرها، والتفكير في وسائل جديدة تساير المستجدات وتتلاءم مع المتغيرات.

وإذا كان الإسرائيليون قد استوعبوا دروس انتفاضة عام ١٩٨٧ التـي فوجئـوا بهـا آنذاك بأن أعدوا أنفسهم لمواجهة الانتفاضة الحالية التي كانوا يتوقعونها، ولذلك فإن أساليبنا التـي اتبعناها في الانتفاضة الأولى لم تعد مناسبة لهذه الانتفاضة، وقد يكون مـن أولويـات رجـال الانتفاضة إعداد الخطط المناسبة والفعّالة، والقضاء على ظاهرة العملاء الذين ساعدوا إسرائيل على تصفية عدد من رموز الانتفاضة.

إن إفشال هذا البرنامج الإسرائيلي يتطلب العمل عـلى عـدة مسـتويات، منهـا المسـتوى الفلسطيني حيث ينبغي تطوير نهج الانتفاضة، وابتكار وسائل جديدة والقضاء عـلى العمـلاء، وإعادة ترتيب البيت الفلسطيني من الداخل، والتشديد على الوحدة الوطنيـة، وتعـاون جميـع الفصائل والتنظيمات المختلفة، ومكافحة الفساد، وتلاحم السلطة مع الشعب.

أما على المستوى العربي فينبغي دعم الانتفاضة والوقوف مع الفلسطينيين ومسـاندتهم، وإعادة القضية الفلسطينية إلى بعدها القومي، والضغط على القوى الكبرى وبخاصـة الولايـات المتحدة لتغيير مواقفها الداعمة لإسرائيل، وضرورة إنشاء إعلام موجه باللغات الأجنبية.

وعلى المستوى العالمي يمكن عمل الكثير، وبخاصة مع الهيئات والمنظمات الدولية التي تقاوم العنف وتسعى إلى تحرير الشعوب ورفع الظلم عنها، وتنادي بحقوق الإنسان. وعلى أيـة حال فإن ما ذكرناه مجرد أمثلة لأن الوسائل كثيرة والاستراتيجيات عديدة. وإذا كان لـدى الأمـة العربية القدرة على إعداد الخطط المفيدة لمقاومة مخططات الأعداء فإن الأهـم مـن ذلـك هـو التنفيذ.

أرئيل شارون وخطوطه الحمراء:

بنيامين نتنياهو لم يقبل ترشيح نفسه في الانتخابات الإسرائيلية بموجب قانون تصدره الكنيست يسمح له بالترشيح بعد استقالته منها ومن زعامة تجمع الليكود، واشترط حل الكنيست وإجراء الانتخابات، فجوبه بمعارضة، وبخاصة من حزب شاس الديني الذي يحظى بستة عشر عضوا، ويخشى أن لا يحصل على هذا العدد لو حلت الكنيست وأجريت انتخابات جديدة.

لا شك في أن هذا القرار الذي اتخذه نتنياهو قد أثلج صدر باراك الذي كان قدم استقالته بشكل مفاجئ كمناورة لقطع الطريق على نتنياهو وإقصائه عن منافسته، وبخاصة بعد أن أشارت استطلاعات الرأي في إسرائيل إلى تفوق نتنياهو وهبوط شعبية باراك الذي فشل في تحقيق وعوده للإسرائيليين في أثناء حملته الانتخابية في عام ١٩٩٩م. فبدلا من أن يحقق السلام المنشود تفجرت انتفاضة الأقصى، واختل حبل الأمن ، وشاعت الاضطرابات ، وحدث فراغ سياسي. وقد أصيب جميع الإسرائيليين - سواء كانوا من اليمين أو من اليسار، علمانيين ومتدينين بالإحباط- فاليمين يعتقد بأن باراك أبدى الكثير من التنازلات للفلسطينيين، بينما يرى اليسار بأن باراك فشل في التوصل إلى تسوية مقبولة مع الفلسطينيين تؤدي إلى سلام.

- ١ -

بانسحاب نتنياهو أصبح التنافس محصورا بين باراك وزعيم تجمع الليكود "أرئيل شارون".

من أجل تقوية مركزه في الانتخابات، ورفع اسمه شعبيا، يسعى باراك للتوصل إلى تسوية مع الفلسطينيين. ويبدو أن السلطة الفلسطينية راغبة في التوصل إلى سلام مع باراك إن أبدى ليونة في مواقفه بالنسبة للقضايا المؤجلة، إلا أنها كانت تعارض في استئناف المفاوضات، وتشترط سحب الدبابات وقوات الجيش الإسرائيلي، ووضع حد لهجمات قطعان المستوطنين، وتشكيل لجنة تحقيق

دولية لتحقق في الأعمال البربرية التي يقوم بها الإسرائيليون ضد الفلسطينيين، وذلك تمهيدا لإرسال قوة حماية دولية تحمى الشعب الفلسطيني من العدوان الإسرائيلي.

وعلى الرغم من توقف المفاوضات إلا أن الاتصالات لم تنقطع بين الفلسطينيين والإسرائيليين سواء كانت بشكل مباشر أو غير مباشر، وكانت هذه الاتصالات سرية في البداية، ثم أصبحت هذه الاتصالات علنية بعد أن كشفت الصحف الإسرائيلية عنها، وكان الجانب الفلسطيني ينفيها، ثم أكدها بعد انكشافها.

ويبدو أن هذه الاتصالات تدل على أن باراك لا يخشى وحده من فوز الليكود بزعامة شارون، وإنما تشاركه السلطة الفلسطينية في هذه الخشية، وبخاصة بعد أن أعلن شارون عن برنامجه الذي أطلق عليه "ست خطوط حمراء للسلام" وربما كان من المفيد أن نطلع القارئ الكريم على هذا البرنامج.

- ٢ -

يمهد شارون لبرنامجه بمقدمة تحتوي على الكثير من المزاعم والأباطيل، منها قوله بأن بالإمكان التوصل إلى تسوية تبقى بموجبها القدس موحدة وغير مقسمة، وأن جميع الإسرائيليين يطلبون السلام الذي يحقق الأمن لهم وللأجيال من بعدهم، وهذا لن يتحقق إلا إذا أنهى الصراع العربي- الإسرائيلي والتوصل إلى اتفاقيات سلام مع دول المنطقة بما فيها العراق وإيران وليبيا والسعودية وغيرها من الأقطار الهامشية (أي البعيدة عن حدود إسرائيل). وأن الاتفاقية التي تنهي هذا الصراع يجب أن تتضمن اعترافا واضحا وصريحا من العالم العربي والحكومات العربية بما يسميها "الحقوق التاريخية الشرعية للشعب اليهودي في دولة يهودية مقامة في وطنهم الوحيد والأوحد وهو إسرائيل".

ويقول شارون أنه بدون التقيد بهذه المبادئ وتنفيذها وترسيخها عن طريق التربية والتعليم في الأقطار العربية فإن الإسرائيليين لن يحصلوا على اتفاقية تتضمن اعترافا رسميا بإسرائيل، ولن يكون هناك التزام بصلح بعيد المدى مع

العرب، وأن هذا الصلح هو حجر الزاوية للسلام الدائم.

ويواصل شارون تقديمه لبرنامجه قائلا: "أرى أن نركز جميع جهودنا للتوصل إلى إجماع وطني قائم على خطوط حمراء واضحة لا لبس فيها ولا غموض، وأني اقترح ستة خطوط حمراء من شأنها التوصل إلى اتفاقية أفضل وأكثر أمنا، وهذه الخطوط الحمراء أجملها في النقاط التالية:

١- القدس الكبرى الموحدة غير المقسمة يجب أن تظل العاصمة الأبدية لإسرائيل وتحت سيادتها الكاملة والمطلقة، وينبغي عدم إبقاء ملف القدس مفتوحا حتى لا يصبح قنبلة موقوتة تنفجر في نزاع قادم.

٢- تحتفظ إسرائيل بالسيطرة الكاملة والكافية أمنيا على مناطق في شرق الضفة وغربها، وأن وادي الأردن - بمفهومة الواسع وكما حدده مشروع ألون- سيكون المنطقة الشرقية الآمنة لإسرائيل. وهذا يشمل المنحدرات الشرقية لهضبة وتلال الضفة والتي يطلق عليها "يهودا والسامرة" "، والواقعة إلى الغرب من طريق ألون" ، والتي تشرف على وادي الأردن، وستحتفظ إسرائيل بقوة مراقبة قريبة للسيطرة على جميع مناطق وادي الأردن وحتى النهر بما في ذلك حدود الممرات.

أما منطقة الأمن الغربية فتشمل سلسلة التلال المشرفة على السهل الساحلي والتي تسيطر على مصادر المياه الجوفية الحيوية لإسرائيل.

٣- تبقى تحت السيطرة الإسرائيلية المدن والقرى والتجمعات الإسرائيلية في الضفة وقطاع غزة، وكذلك الطرق الموصلة إليها ، على أن تشمل مناطق أمنية كافية ولازمة للطرق وللمستوطنين اليهود.

٤- إن حل مشكلة اللاجئين الفلسطينيين الذين غادروا أوطانهم من عام ١٩٤٨ وحتى عام ١٩٦٧ ، يكون على أساس إعادة توطينهم وتأهيلهم في الأماكن التي يعيشون فيها حاليا "الأردن، سوريا، لبنان... الخ"، ولن تقبل إسرائيل وتحت أي ظروف طلب الفلسطينيين في حقهم في العودة، وإن إسرائيل لا تتحمل

أية مسؤوليات أخلاقية أو اقتصادية نحوهم.

٥- وكضرورة هامة لبقاء الدولة اليهودية، ينبغي على إسرائيل الاستمرار في السيطرة على أحواض المياه العذبة الجوفية في الضفة الغربية، والتي تمد إسرائيل بقسم كبير من حاجتها من المياه. ويتوجب على الفلسطينيين عدم تلويث موارد إسرائيل المائية.

٦- عقد اتفاقيات أمنية تنص على أن جميع الأراضي الفلسطينية الخاضعة لسيطرة السلطة الفلسطينية تكون منزوعة السلاح، وأن لا يكون للفلسطينيين جيش وإنما قوة شرطة، وتحتفظ إسرائيل بسيطرة كاملة على جميع الأجواء للضفة الغربية وقطاع غزة، أي أن حركة الطيران تظل خاضعة للسيطرة الإسرائيلية.

إن برنامج شارون هذا يحظى بموافقة شريحة لا بأس بها في المجتمع الإسرائيلي، وبخاصة الشريحة المتدينة واليمين والمتشدد، وهو يعكس وجهة نظر ضيقة، وفكرا منغلقا تجاوزه الزمن.

وعلى أية حال وبصرف النظر عن من سيفوز برئاسة الوزارة الإسرائيلية، فإن أي اتفاقية مع الفلسطينيين لا تحقق مطالبهم وحقوقهم الوطنية لن تنهي الصراع، ولن توقف النضال نهائيا، ولن تثني من عزيمة الفلسطينيين في مقاومة الاحتلال الإسرائيلي، بل ستزيد من حدته. وكما قال أحد الحكماء: "الشجاعة أشبه بالطائرة الورقية التي تستمر في الارتفاع كلما واجهتها رياح معاكسة".

الحقيقة المرة في انتفاضة الأقصى
كما يراها شاعر إسرائيلي مشهور

إسرائيل لا تعرف إلا لغة القوة، ولا تفهم إلا أسلوب الكفاح، ولا تستجيب إلا بالنضال، ولا تخشى إلا من الأقوياء، ولا تحسب أي حساب للمستسلمين الضعفاء. فالانتفاضة التي سقط فيها حتى كتابة هذه السطور ما لا يقل عن ثلاثمائة شهيد وعشرة آلاف جريح، أرعبت إسرائيل وأرهبت شعبها، وأنا لا أبالغ في قولي هذا ولا اختلقه، وإنما هو ما يقوله الإسرائيليون. وقد جاء ذلك على لسان الشاعر الإسرائيلي "إيلي راندان". وهو من أكثر الشعراء اليهود شهرة في إسرائيل ، وأكثرهم إنتاجا، والأقرب إلى دوائر صنع القرار، ويؤم منزله معظم السياسيين الإسرائيليين، ويتنافسون في التقاط الصور معه، ويحرص القادة سواء كانوا من الحمائم أو الصقور على الاستشهاد بأبيات من شعره لأن ما ينظم من شعر يعبر فيه عن روح الحركة الصهيونية، إلا أنه لا أحد يجرؤ من الزعماء الإسرائيليين على التلفظ بأبيات من قصيدته الأخيرة، التي يعتبرها بأنها "خلاصة للحقيقة المرة". وهي قصيدة تمثل وجهة نظر الشاعر الصهيوني عن انتفاضة الأقصى ورؤيته الخاصة بتأثيرها على إسرائيل ومستقبلها.

يقول راندان في قصيدته التي يسميها "السم في العسل"، بأن على اليهود الذين يهاجرون إلى فلسطين بحثا عن أرض السمن والعسل أن يعرفوا المصيبة التي تنتظرهم . وهو ينصحهم بأنهم حتى ولو وجدوا السمن والعسل، فعليهم أن لا ينخدعوا بطعمه المغشوش، فالسم قد يكون مذاقه طيبا إلا أنه قاتل.

في بداية القصيدة يخاطب الشاعر شابا يهوديا اسمه "اسحق" يعيش في كييف عاصمة أكرانيا ويستعد للهجرة إلى فلسطين قائلا له:

تمهل يا اسحق...

إلى أين أنت ذاهب؟

هل إلى أرض السمن والعسل؟

لماذا أنت صامت؟

أجبني ...

هل استثارك سؤالي ؟

ليست هناك مشكلة

وأنا لن أظل صامتا بعد اليوم

*   *   *

اسحق...

لماذا يبحث الناس عن السمن والعسل؟

هل السمن والعسل ضروريان لحياة الإنسان

لسدّ جوعه وجوع أطفاله ؟

إن من يصر على ذلك فهو غبي!

وذلك ما يراه بسطاء الناس!

*   *   *

بإمكانك الحضور يا اسحق

وستجدهم في انتظارك

يستقبلونك بحرارة ... وأيد ممدودة نحوك

والفتيات الفاتنات ينتظرنك في المطار عند سلم الطائرة

ويقدمن لك باقة أزهار كبطل لأنك عدت إلى أرض الأجداد

وقد تكون سعيدا فتحظى بقبلاتهن الحارة

وستشاهد مسرحية كبيرة ...

وستكون أنت أحد ممثليها رغما عنك

لأنك أحييت تراث الأجداد ونفّذت نبوءات قديمة

لقد عدت لتعيش في الأبدية وتشرب شهدها

وليسعد أطفالك بأرض السمن هذه !

*   *   *

يا اسحق

إنهم لن يتركوك لتستمتع بالراحة والسلام

ولن يعلموك بالحقيقة

لن يطلعوك على الحقيقة المرة القاتلة

لم يخبروك أن هناك شعبا غيرنا يطالب بأرض السمن والعسل لتكون له

وأنه ليس لنا الحق في أخذها

لم يخبروك أن هناك بعض المشردين "الفلسطينيين"

الذين بالإمكان معاملتهم بما عامل به العم سام الهنود الحمر في أمريكا

وسيقولون لك: لماذا لا تتعلم من خبرة حليفنا الأكبر والأكثر ثقة

ونستعمل الطريقة نفسها مع هؤلاء "المشردين"؟

نحن متحضرون حقا ...

ولكنه الصراع من أجل البقاء

ولذلك فكل شيء مباح...

لقد طبقوا نهج ميكيافيلي

*   *   *

بإمكانك يا اسحق أن تتخذ قرارك

ولكن سرعان ما ستصدم بالحقيقة المرة

وستعترف بخطأ العمر بعد أن تكتشف أنك خدعت

وكذلك انخدع أطفالك ...

فهؤلاء "المشردون" ليسوا هم الهنود الحمر الذين يتحدثون عنهم

- ٤٥٤ -

وهؤلاء الذين أقنعوك بهذا الكلام الزائف جعلوا منك غبيا

حقا إنهم لم يخبروك الحقيقة...

إن من المؤكد أن هؤلاء "المشردين" يمتلكون قدرة كبيرة على تغيير الأشياء ونتائجها

هؤلاء "المشردون" جعلوا السمن والعسل اللذين يمدان الإنسان بالحياة سما قاتلا

إنك ستحب طعمهما ...

ولكن سرعان ما ستصبح جثة هامدة

* * *

إذا كنت تصر يا اسحق على المجيء ...

على الرغم من نصيحتي لك بعدم المجيء

وإذا كنت لا تستطيع الحياة في كييف

وأردت المجيء إلى بلد الفرص الموعودة ...

ففكر مليا

وعليك أن تكون حذرا

فستأتي إلى هنا لتسحب سيفك

الموت يا اسحق مغروس في هذه الأرض

في شوارعها.. وفي جبالها..

في تلالها.. وفي حاراتها وأزقتها

وفي زرقة البحر الداكنة .. بل في سمائها.

كما أخبروك يا اسحق... في الأزمنة القديمة

أنه البلد "الذي يأكل أهله"

أنا لا أروّعك .. ولا أفزعك

فأنا على الرغم من عدم إيماني بكل ما جاء في الكتب القديمة

احترم أجدادنا الذين رفضوا دخول هذا البلد مع نبيهم موسى

إنهم اتخذوا القرار السليم

ذلك أن الضياع في تيه صحراء سيناء ..

والعيش على أوراق الشجر اليابسة

أفضل من الموت على هذا النحو

*   *   *

إذا كنت تصر على المجيء يا اسحق

على الرغم من نصيحتي لك بعدم المجيء ..

فإنك ستحظى بكل الاحترام

لأنك الرجل الشجاع الذي يستحق الاحترام

ولكن ما قيمة هذه التضحية؟

ولأجل ماذا؟

إن سيفك يا اسحق لن يكون كعصا موسى التي فلقت البحر

وليس فينا من هو كالملك داود

لا تنخدع بما يقولون

فالمعركة لم تنته بعد

وجميع أقوالهم عن الانتصارات مضللة

وأي انتصارات هذه .. التي لم تجعل الفلسطينيين يذعنون

ويخضعون على الرغم من قلة إمكاناتهم؟

ما تلك الانتصارات التي لم تقنعهم بالتخلي عن إيمانهم بآيات من القرآن

وعدهم اللـه فيها بالنصر "علينا" مرة أخرى؟

أخي اسحق

اعتقد أن المعركة قد ابتدأت

أخي اسحق .. لك الرحمة ولأطفالك..

ابق حيث أنت .. واسلم

Printed in the United States
By Bookmasters